跨境电子商务实训系列

U0738511

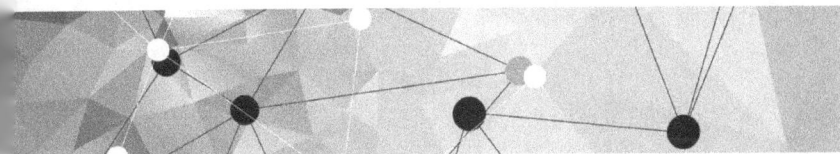

Dianzi Shangwu Gailun

电子商务概论

黄海滨 / 主编

ZHEJIANG UNIVERSITY PRESS
浙江大学出版社

图书在版编目(CIP)数据

电子商务概论 / 黄海滨主编. —杭州：浙江大学出版社，2017.2（2024.8重印）
ISBN 978-7-308-16220-3

Ⅰ.①电… Ⅱ.①黄… Ⅲ.①电子商务—高等学校—教材 Ⅳ.①F713.36

中国版本图书馆 CIP 数据核字（2016）第 216902 号

电子商务概论

黄海滨　主编

丛书策划	曾　熙
丛书主持	曾　熙
责任编辑	曾　熙
责任校对	杨利军　魏钏凌
封面设计	春天书装
出版发行	浙江大学出版社
	（杭州市天目山路 148 号　邮政编码 310007）
	（网址：http://www.zjupress.com）
排　　版	杭州林智广告有限公司
印　　刷	广东虎彩云印刷有限公司绍兴分公司
开　　本	787mm×1092mm　1/16
印　　张	27.75
字　　数	450 千
版 印 次	2017 年 2 月第 1 版　2024 年 8 月第 4 次印刷
书　　号	ISBN 978-7-308-16220-3
定　　价	59.00 元

浙江大学出版社发行中心邮购电话：（0571）88925591；http://zjdxcbs.tmall.com

总　序

　　跨境电子商务是围绕国家"一带一路""中国制造"等战略的贸易产业新模式，是中国商品实现全球市场"贸易通"的重要路径，是"互联网＋"助力传统贸易转型的具体形式，国务院总理李克强多次强调要大力发展跨境电子商务。当今经济社会，跨境电子商务人才奇缺，优秀的跨境电子商务人才可以说是一将难求。然而，高校在跨境电子商务人才培养方面存在的一个重要问题是缺乏系统性的跨境电子商务系列实训教材，导致高校跨境电子商务实践教学无法满足经济社会的需求。

　　浙江师范大学文科综合实验教学中心是国家级实验教学示范中心，紧跟国家经济发展战略的重点领域，对接以义乌为中心的浙中区域经济发展特色，在全国领先将跨境电子商务虚拟仿真实验教学作为学校实验教学的重点新兴发展领域，成立了跨境电子商务虚拟仿真实验教学分中心。中心与义乌的中国小商品城集团股份有限公司、阿里巴巴全球速卖通、浙江金义邮政电子商务示范园、金华跨境通等企业开展深度校企合作。中心组织师资团队对跨境电子商务行业领域开展了广泛的调研，明确了跨境电子商务人才所需具备的基本技能与专业技能，并针对这些技能开发跨境电子商务实训系列教材，从而为提高高校跨境电子商务人才培养的教学，尤其是实验教学起到促进作用。

　　跨境电子商务实训系列教程既可以作为高校电子商务、国际贸易、市场营销等专业的相关实践类课程或理论与实践相结合课程教学的参考教材，也可以作为跨境电子商务从业人员培训或自学的参考教材。计划出版的跨境电子商务实训系列教程全套共 15 本,第一期已完成出版的实验教程有 7 本,分别为:《跨境电子商务平台选择与运营仿真实验教程》(段文奇主编)、《跨境电子商务支付与结算实验教程》(冯潮前主编)、《国际贸易实务仿真模拟实验教程》(徐燕主编)、《物流与供应链虚拟仿真实验》(曹清玮主编)、《电子商务基础实验教程》(黄海滨主编)、《网页设计与制作实验教程》(许德武主编)、《数据库技术与应用实验教程》(张俊岭主编)。第二期将继续推进出版的实验教程有 5 本,分别为:《电子商务概论》(黄海滨主编)、《电子商务规划与设计实验教程》(吕鑫鑫、李辉、包中文主编)、《跨境电商零创平台实用教程》(邹益民主编)、《JAVA 程序设计实验教程》(许德武主编)、《跨境贸易电子商务实操汇编:以金华市为例》(段文奇主编)。

跨境电子商务实训系列教程的出版是浙江师范大学跨境电子商务虚拟仿真实验教学中心师资团队集体智慧的结晶,本人作为这套系列教程体系的设计者和组织者,对大家的辛勤付出深表敬意。教材出版过程中还得到了浙江师范大学实验室管理处林建军处长、潘蕾副处长,浙江师范大学经济与管理学院郑文哲教授、包中文主任,浙江大学出版社金更达编审、朱玲编辑等出版社工作人员的大力支持,在此一并感谢。

跨境电子商务虚拟仿真实验教学中心主任　孙洁

2015 年 7 月 6 日

前　言

　　近几年,在国家"互联网+"相关政策的大力支持下,我国电子商务的发展环境正在不断得到改善,电子商务正在全面向各行各业拓展,线上线下交易紧密结合,交易规模迅速扩大,移动电子商务正成为商业的主流趋势。据中国互联网络信息中心(CNNIC)发布的《第 38 次中国互联网络发展状况统计报告》显示,截至2016 年 6 月底,我国内地网民规模达到 7.1 亿,互联网普及率攀升至 51.7%。手机网民用户达 6.56 亿,网民在网络购物、旅行预订、网上支付和网上银行等方面的使用率分别为 63.1%、37.1%、64.1% 和 48%,显示出我国电子商务市场强劲的发展势头,电子商务已经和半数以上中国人的日常生活、学习和工作密不可分。随着中小企业电子商务的应用趋向常态化,以及网络零售业务的日常化,网络购物市场主体日益强大。同时,移动电子商务展现出巨大的发展潜力,主要购物网站的移动端交易均已超过其各自总交易额的 60%。B2B、B2C、C2C、O2O 等模式正在发展壮大,网络购物更加注重用户体验和安全保障等,令用户对电子商务的信任度不断提高。购物网站加快自建物流或合作物流的步伐,积极主动夯实线下服务基础,通过媒体宣传和促销活动使网络购物加速向社会大众渗透。企业信息化程度的提升、软硬件设施的完善等都加速了电子商务的应用,越来越多的企业通过电子商务进行销售、采购和服务,大量的资金流通趋向于通过网上支付的方式进行。

　　然而,网络安全问题仍然不可忽视,网络欺诈事件仍然频发,网民网络安全意识也有待进一步提高。因此,在互联网全面向商务交易型应用发展的过程中,还需建立更加可信、可靠的网络环境,仍需进一步加强电子商务的教学与宣传推广。

电子商务实践与应用的迅速发展也对电子商务的教学和研究提出了新的挑战。本书前两版出版后收到了许多高校教师和学生的好评,多次重印,累计发行量已逾20000册。随着电子商务技术与应用的发展,加上教学实践过程中经验的积累和读者对本教材的反馈,编者对电子商务也有了新的认识和理解。因此有必要对教材内容进行适当的充实与更新。

本教材内容分为十一章,教材体系以电子商务基本原理(第一章)、电子商务基本模式与基础应用(第二、三、四、五、六、七、八章)、电子商务基本技术(第九、十章)、电子商务环境探讨(第十一章)为基本思路来设计。本教材遵循重点明确、结构清晰、通俗易懂、注重实践应用的指导思想,注重教学引导和实际应用,每章内容由案例、学习目标、正文、小结、思考题、实验操作等部分组成。

本教材教学资源十分丰富。有完整配套的实验教材(《电子商务基础实验教程》,浙江大学出版社2016年版),还能为专业教师提供每学期更新的PPT教案、教学网站、配套习题、试卷样卷等资源,有需要的老师(请注明学校名称和教师姓名等信息)可直接通过电子邮件(请发送邮件至 haibin188@163.com)索取,我们将及时地为您免费寄送。

本书由黄海滨主编,黄海滨老师具有近30年的教学经验,拥有较高的理论和实践水平,从事电子商务专业教学已有15年。他主要负责内容设计和组织人员编写,并对各章内容进行了大量的修改和体例上的统一。感谢参与本教材前几版编写工作的编写人员的辛勤付出,包括吴坚教授、张俊岭博士、胡峰博士、李绩才博士、赵小红博士以及焦春凤、惠淑敏、张晓丽、包中文等专业教师,他们在本次修订中也提供了大量的帮助。在本书的编写过程中,浙江大学出版社朱玲、曾熙老师为本书的出版提供了许多建议和帮助,在此一并表示感谢!

我们在编写过程中参考、借鉴了大量的出版物和网上资料,为表示对原作者的尊重,我们尽量在最后的参考文献中列出资料的出处,但难免有所遗漏。在此,谨向各位原作者表示由衷的感谢和敬意。由于编者水平有限,书中难免有错误和不当之处,敬请读者批评指正。

编者
2016 年 12 月

目录

第一章　电子商务概述

从传统企业到电子商务先锋：海尔集团电子商务的发展战略与模式

海尔是国内大型企业中第一家进行电子商务运营的公司,率先推出电子商务开放式交易平台,构建了 B2B、C2C 以及 B2C 系统。通过构建 B2C 平台,海尔为用户提供个性化定制服务,充分满足客户的个性化需求,使海尔电子商务网站成为海尔与用户零距离接触的平台。海尔电子商务在经历了多年来由定性模式向创新模式转型的艰难探索中找到了适合自己的发展之路,逐步迈向跨境电子商务大市场。

一、海尔集团电子商务发展战略的演进过程

海尔集团自 2000 年成立电子商务公司并发布电子商务网站——海尔商城(www.ehaier.com),伴随着中国电子商务行业的发展,海尔商城也在逐步发展壮大。海尔集团从 2008 年 7 月开始了以互联网、电话网、电视网三网融合的海尔电子商务升级战略(海尔称其为"网单项目"),更加强调虚实结合:虚网,以三网融合创造需求;实网,建立遍布全国的社区店和专卖店配送网络;虚实结合,线上导购、体验,线下快速送达,实现零库存。海尔电子商务平台以海尔商城为核心,与天猫旗舰店、京东商城等综合销售网站、企业采购网站采取多种模式合作,并行展开业务。2014年以来,公司网络化战略使公司加速向平台商转型,并在智能家居、智慧互联工厂、O2O服务平台、供应链整合以及集团资产整合等方面大力拓展。

目前海尔线上渠道保持高增长,线上渠道销售量占总销量的10％,其中天猫、京东、商城各占1/3。海尔智能家居生态圈稳步推进。U＋海尔推出的APP注册用户达600万,其中有10％～20％的活跃用户,生态圈布局稳步发展。

二、海尔电子商务的功能

1. 在线直销

海尔网上商城是完全由海尔集团公司负责建设、维护与经营的。它利用海尔现有的销售、配送与服务体系,为广大用户提供优质的产品销售服务,海尔集团直接对用户订单负责。全国每个地区包括农村的消费者都可以从海尔网上商城购物,海尔利用与顾客最近的海尔经销商和售后机构为用户提供服务。

2. 网上定制服务

海尔极富个性化的创造理念,使客户可以在任何地方通过互联网享受海尔的网上定制服务,随意组合自己需要的组件,网上定制服务主要包括:①产品定制。海尔最先提供的是冰箱的定制服务,海尔针对用户的需要,预先设计了多个套餐,客户也可以选配自己喜欢的产品组件,系统会进行自动报价,直到客户满意为止。定制完成,输入个人信息和收货信息,就可以等待产品的直接送达。②服务定制。同产品定制类似,客户也可以详细选择需要的服务项目。以空调服务定制为例,客户可以从空调移机、清洗保养等十几个服务项目中选出自己需要的服务,系统会整体报价。

3. 网上服务中心

海尔的用户数据库及直接对顾客公开的网上服务中心可以有如下应用:①顾客登记。客户填写的客户登记表的内容海尔将存放到顾客服务数据库中,客户服务人员将会跟踪客户的产品使用情况,为客户提供解决方案,帮助客户了解产品的具体情况。②产品知识。客户可以查询到海尔不同类产品的购买、使用、维护方面的小知识。③产品咨询。客户对海尔的产品及其他方面有任何疑问,可以在线填写表单,海尔会通过邮件或电话解答。④电子刊物。客户可以订阅海尔新闻、市场活动、产品知识等免费电子刊物。⑤在线报修。客户购买的海尔产品有任何问题,可以在线填写报修单,海尔会主动与客户联系。

三、海尔与众不同的电子商务发展模式

1. 做有鲜明个性和特点的垂直门户网站

海尔 B2C 网站采用了 CA 智能化集成的电子商务平台,将多媒体技术、面向对象数据库技术和 Web 技术相结合,构成了一个含有大量文字、图像、录像信息,并可与三维虚拟场景交互的多媒体数据库应用系统,实现了基于 Web 的产品定制与导购功能。目前,海尔集团非常强调国际化、平台化、集团化的特点,将海尔集团网站、海尔分公司网站、海尔电子商城网站、海尔物流等网站集于一体,形成了海尔网站集群。

2. 优化供应链取代本公司的部分制造业,变推动销售的模式为拉动销售模式

海尔电子商务从两个重要的方面促进了经济模式的变化。从 B2B(企业对企业)电子商务的角度来说,促使外部供应链取代自己的部分制造业务;从 B2C 电子商务的角度来说,促进了企业与消费者进一步的交流,这种交流全方位提升了企业的品牌价值。

3. 把商家也变成设计师,产品"个性化"却不增加成本

海尔电子商务最大的特点就是个性化。海尔现共有冰箱、空调、洗衣机等 58 个门类 9200 多个基本产品类型,这些基本产品类型,就相当于 9200 多种"素材",再加上提供的上千种"佐料"——20000 多个基本功能模块,这样经销商和消费者就可在海尔提供的平台上,有针对性地自由地将这些"素材"和"佐料"进行组合,并产生出独具个性的产品。

4. 智慧化转型持续推进

公司的未来规划主要在于推进内外两个平台建设,向智慧生活整体解决方案的平台型企业转型。对内构建全流程实时互联可视的互联工厂,将大规模制造升级为大规模定制,在不提高制造成本的基础上提升产品附加值。目前公司已建成沈阳冰箱、佛山洗衣机、郑州空调、胶南电热等四个智慧互联工厂,使模块化、柔性化大规模定制成为可能,可以快速抓住用户关注点,满足用户的个性化需求。对外搭建 U+智慧生活平台,目前已吸引近百家合作伙伴,初步建立智慧空气生态圈、智慧用水生态圈、智慧洗护生态圈、智慧美食生态圈、智慧健康生态圈、智慧娱乐生态圈、智慧安全生态圈七大生态圈。

四、海尔电子商务的应用效果

通过电子商务平台的运行,海尔集团取得了很好的实际效果。具体表现在如

下几个方面。

1.遏止了价格战

与过去各产品事业部各自为战不同,电子商务平台的运行使海尔电话中心、营销网络中心一起资源共享,统一运作营销,直接降低了交易费,还遏止了价格战,解决了附加值低的问题。

2.防范资金潜在风险

针对过去出现的擅自对外担保、应收账款失控等问题,集团成立了财务公司,统一资金运作。如果某个事业部急需周转资金,也可以向财务公司进行借贷,但也要支付一定的利息。

3.缩短市场响应时间,提高客户满意度

电子商务平台的运行使订单完成时间极大缩短,由原来的 36 天缩短为目前的 10 天,加快了对市场的响应速度。

4.减少仓库

使用电子商务平台以后,海尔集团减少了 43 个足球场大的仓库,降低了供应链成本,使呆滞物资降低了 73.8%,周转天数降低了 60%,库存资金降低了 67%。

5.零部件价格降低,质量上升

整合前各自采购,整合后集中采购,发挥集体采购优势,降价幅度逐年增加。

6.吸引供应商建厂并参与前端设计

请世界优秀的供应商参与前端设计,获取有价值的订单。目前很多国际化的供应商在海尔周边设厂,以快速满足市场的要求,如爱默生、三洋等公司。

7.通过实施业务流程再造,最终实现"三个零"

"三个零",即零距离,实现以空间消灭时间,从大批量生产到大批量定制,快速满足用户的个性化需求;零库存,实现以时间消灭空间,以过站式物流消灭库存采购和生产的问题,把仓库建立在高速公路上;零资金占用,实现产品的即时变现,形成有现金流支持的利润。

◯ 学习目标

通过本章的学习,了解电子商务产生的历史和主要发展阶段,理解电子商务的一般框架和主要功能,掌握电子商务主要商业模式;了解企业实施电子商务战略所面临的挑战、建设电子商务的内部成本和外部成本,以及电子商务可能给企业带来的各种收益;了解电子商务发展的两大趋势:物联网和移动商务。

第一节　电子商务产生的历史和主要发展阶段

一、电子商务产生的历史

(一)互联网催生了中国电子商务

尽管不能在电子商务和网络经济、互联网之间画等号,但谈及电子商务的发展,依然离不开互联网、离不开网络经济。所谓的网络经济,有时候也称为新经济,给了产业界和普通百姓过多发挥想象的空间和一夜暴富的梦想。当互联网泡沫破灭、当喧嚣过去后的宁静到来时,人们才开始有时间真正思考:互联网是什么？存在过"新经济"吗？电子商务的路在何方？经过几年的发展,电子商务的本质——"商务"才开始逐渐浮出水面,经过洗礼后的电子商务在新兴的信息产业和对传统产业的改造中发挥的作用越来越大,它的生命力和威力初显,可以说电子商务真正的发展才刚刚开始起步。我们首先回顾一下互联网经济的发展历程。

如果以主要流量来源和用户行为目标作依据,互联网发展到现在,主要经历了三个大的阶段,并正在经历第四个阶段:第一阶段是传统网络阶段,以传统的网站为主;第二阶段是网站和内容流型社交网络并存阶段;第三阶段,是网站弱化、移动 APP 与消息流型社交网络并存的阶段;第四阶段则是超级 APP 阶段,以用户为基础,APP 承载一切的内容与服务,最终完成互联网信息的全面整合。

1. 第一阶段

在第一个阶段,各种传统的互联网网站以"内容为主、服务为辅"为主要形态,其内容提供方式以信息块为主,有部分信息流。它的特点是,通过静态网站来实现内容的展示,如雅虎、新浪、网易等网站。这个阶段的内容发现机制,是通过搜索引擎做内容聚合来实现的。用户通过搜索引擎寻找内容,使得搜索引擎成为事实上的互联网入口,并成为用户与内容的中间商。

这个阶段的互联网,其缺陷相当明显。第一是用户分散,没法聚焦,账号体系的缺失,导致内容作者与用户无法互动,因此不能提供持续服务。第二则是用户与网站各自独立与分裂。无论是内容找用户,还是用户找内容,都非常困难,这导致信息的流通成本很高。第三则是消息流的缺失,导致部分服务需要跳转到沟通工具上去,如邮件、QQ 等,这加剧了用户与内容提供方的沟通成本。第四则是这个阶段的互联网的核心价值在域名,致使用户使用成本非常高。这也间接导致了域名生意的火爆,抢注域名成为家常便饭。

2. 第二阶段

在第二个阶段,也就是 Web2.0 时代,各种互联网网站与内容流型社交网络(如 Facebook、微博等)并存。这个阶段的互联网形态,仍然是以内容为主,服务为辅。而其内容与服务则主要是提供多种信息块与信息流。其中信息流以内容流为主,以消息流为辅。这个阶段的内容发现机制,是内容与服务终于通过社交网络的统一账号,得以直面用户,而搜索引擎不再是获取信息的唯一渠道。

在这个阶段,互联网出现了一些改进:第一,通过信息流来提供服务与部分动态内容,取代了之前的通过静态网站呈现内容的方式。第二,依托于社交网络的初步发展,用户成为互联网的中心。这也体现了"以用户为中心"的企业一般性策略。第三,因为社交网络的发展与聚合作用,使得用户聚焦。而统一的账号体系,则为用户与内容提供商提供了持续互动的可能,从而也促进了内容提供方为用户提供更加长久的内容展示与服务的能力。第四,动态内容的主动推送,使得内容方不会被遗忘,从而避免边缘化。这种主动推送,节省了用户寻找内容的时间,迎合了人性惰性的一面。所以很多网站的流量,就开始大量来自于微博等社交网络的导流了,而传统的搜索引擎的价值则被弱化了。

但这个阶段的互联网,仍然是有很多缺陷的。第一个缺陷,是信息块的缺失,导致欲展示其他信息时,仍然要跳转到其他网站。第二是消息流的弱化,使得交互不足,导致服务倾向于工具,而不是沟通。不过在国内,在线即时通信工具 QQ 的发达,减少了因交互不足而导致的信息沟通成本的增加。第三则是这个阶段新的工具不断出现,并因此不断改变用户的使用习惯。传统社交网络面临着用户从内容流型社交网络向消息流型社交网络迁移的问题。第四是这个阶段的互联网移动属性较弱,不如移动 APP 能够提供便捷式服务的价值。

3. 第三阶段

在第三个阶段,移动 APP 与消息流型社交网络(如微信等)并存,而传统互联网网站面临萎缩。这个阶段的主要内容形式,是内容与服务并重。而且内容提供方式则主要是信息流。其中以消息流为主,而以内容流为辅。这个阶段的内容发现机制,是借助于各种 APP 或微信这类工具,让用户直面服务。换句话说,APP或微信,成为内容中心,而无须再通过搜索引擎或内容流型社交网络这两类中介了,传统搜索引擎和论坛因而面临巨大冲击。

4. 第四阶段

第四个阶段则得益于移动互联网的深刻发展,量变终将引起质变。在这个阶段,超级 APP 将会诞生,有可能完成早期搜索引擎曾经做过的事情:成为链接中心,打造互联网统一体。在早期 Windows 操作系统时代,它作为"文件操作系统",由操作系统直接管理内容,让用户与内容直接接触,而其内容呈现方式也是文件本身。后来操作系统进化到苹果和安卓系统,应用成为主要的管理内容的工具,所以被称为"应用操作系统"时代。这就是说,在内容和操作系统之间,隔了一层,应用替代了操作系统去实现更方便、更有效的管理内容的功能。而其内容呈现方式也是以应用的方式呈现,用户不再直接接触内容本身,这是内容管理层面的变化。

另一方面,从管理的内容层面来看,Windows 一类操作系统,是管理用户存储在本地的内容,又可称为"本地操作系统"。而到了应用操作系统时代,主要的内容开始向线上转移。用户存储在本地的内容已经不再是核心。所以,一旦没有了网络,基于应用操作系统的智能手机对用户的价值将大打折扣。这可称为"线上操作系统"时代(或叫"网络操作系统"时代)。

在应用操作系统时代,APP 越过操作系统来管理一切内容是可行的——这就是所谓的超级 APP。而在文件操作系统时代,超级 APP 是不可能存在的。至于这个超级 APP,可能是目前大热的微信,也可能是有的人所期望的移动浏览器,还可能是应用分发渠道,比如手机助手、应用商店等。

(二)电子商务的含义

1. 电子商务公认的特征

电子商务正处于不断发展之中,目前不存在统一的电子商务的定义,事实上也不需要这样的定义。对于电子商务,它一般具有这样一些公认的特征:①电子商务采用电子方式,特别是通过 Internet 的方式促成交易;②它可以实现商品交易、服务交易(其中含人力资源、资金、信息服务等);③它包含企业间的商务活动,也包含企业内部的商务活动(生产、经营、管理、财务等);④涵盖交易的各个环节,如询价、报价、订货、售后服务等;⑤它采用电子方式只是形式,跨越时空、提高效率才是其主要目的。笔者认为,不同的机构、政府、企业和个人从不同的高度和不同的位置,对电子商务做出了不同的理解,正是这种差异性,使得电子商务的发展呈现出多样化的特点。

2. 电子商务不同定义之间的差异

为使读者对电子商务有一个全面的了解,我们对比了不同定义之间的差异。

(1) 美国政府在《全球电子商务纲要》里,给电子商务下了这样的定义:电子商务是指通过 Internet 进行的各项商务活动,包括广告、交易、支付、服务等活动,全球电子商务将会涉及全球各国。这是一个宽泛的电子商务定义,强调的是与 Internet 相关联的商务活动。

(2) WTO 给电子商务的定义:电子商务是通过电子方式进行货物和服务的生产、销售、买卖和传递。这一定义奠定了审查与贸易有关的电子商务的基础,那就是继承 GATT 的多边贸易体系框架。该定义强调的是交易方式的电子化特征,着重突出了电子商务所具有的"电子"的一面。

(3) 联合国国际贸易程序简化工作组对电子商务的定义是:采用电子形式开展商务活动,它包括在供应商、客户、政府及其参与方之间通过任何电子工具,如EDI 技术、Web 技术、电子邮件等共享非结构化或结构化商务信息,并管理和完成在商务活动、管理活动和消费活动中的各种贸易。

(4) 欧洲议会关于电子商务给出的定义是:电子商务是通过电子方式进行的商务活动。它通过电子方式处理和传递数据,包括文本、图片、声音、图像。它涉及许多方面的活动,包括货物电子贸易和服务、在线数据传递、电子资金划拨、电子证券交易、电子货运单证传递、商业拍卖、合作设计和工程、在线资料、公共产品获得等。它包括了产品和服务、传统活动和新型活动。

(5)《电子商务世界》给电子商务下的定义是:电子商务是运用现代通信技术、计算机技术和网络技术进行商务活动的一种社会经济形态,其目的是通过降低社会经营成本、提高社会生产效率、优化社会资源配置,从而实现社会财富的最大化利用。该定义强调了电子商务是一种新的社会经济形态,同时强调了电子商务技术对社会经济形态的影响和导致的变革,但对从事电子商务活动的微观层面的企业缺乏指导意义。

(6)著名电子商务专家、清华大学的方美琪教授认为:从宏观上讲,电子商务是通过电子手段建立的一种新的经济秩序,它不仅涉及电子技术及商业交易本身,而且涉及金融、税务、教育等社会其他层面;从微观上讲,电子商务是指各种具有商业活动能力的实体(政府机构、金融机构、生产企业、商贸企业、个人消费者等)利用网络和先进的数字化传媒技术进行的各项商业贸易活动。

(7)电子商务专家李琪教授在《电子商务概论》中给电子商务下的定义是:首先将电子商务划分为广义和狭义的电子商务。广义的电子商务定义为:使用各种电子工具从事商务活动,这些工具包括从初级的电报、电话、广播、电视、传真到计算机、计算机网络,再到 NII(国家信息基础结构——信息高速公路)、GII(全球信息基础结构)和 Internet 等现代系统。商务活动是指从泛商品(实物与非实物,商品与非商品化的生产要素等)的需求活动到泛商品的合理、合法的消费除去典型的生产过程后的所有活动。狭义电子商务定义为:主要利用 Internet 从事商务或活动。电子商务是在技术、经济高度发达的现代社会里,掌握信息技术和商务规则的人,系统化地运用电子工具,高效率、低成本地从事以商品交换为中心的各种活动的总称。这个分析突出了电子商务的前提、中心、重点、目的和标准,指出它应达到的水平和效果,它是对电子商务更严格的、体现时代要求的定义,它从系统的观点出发,强调人在系统中的中心地位,将环境与人、人与工具、人与劳动对象有机地联系起来,用系统的目标、系统的组成来定义电子商务,从而使它具有生产力的性质。

(8)电子商务专家杨坚争教授在《电子商务基础与应用》中给电子商务的定义是:电子商务是指交易当事人或参与人利用现代信息技术和计算机网络(主要是因特网)所进行的各类商业活动,包括货物贸易、服务贸易和知识产权贸易。对电子商务的理解,应从"现代信息技术"和"商务"两个方面考虑。一方面,"电子商务"概念所包括的"现代信息技术"应涵盖各种使用电子技术为基础的通信方式;另一方面,对"商务"一词应做广义解释,使其不论是契约型还是非契约型的一切商务性质的关系所引起的种种事项都应视为商务活动。如果将"现代信息技术"看作一个子集,"商务"看作另一个子集,电子商务所覆盖的范围应当是这两个子集所形成的交集,即"电子商务"标题之下还可能涉及因特网、内部网和电子数据交换在贸易方面的各种用途。

综合以上各种观点,我们给电子商务的定义如下:电子商务通常是指在因特网开放的网络环境下,交易各方通过网络进行各种商贸活动,实现消费者的网上购物、商户之间的网上交易和在线电子支付以及各种商务活动、交易活动、金融活动和相关的综合服务活动的一种新型的商业运营模式。

二、电子商务发展的主要阶段

从技术的角度看,人类利用电子通讯的方式进行商务活动已有几十年甚至上百年的历史了,早在 19 世纪 60 年代,人们就开始利用电报发送商务文件,利用电话进行商务洽谈。20 世纪 70 年代人们又开始普遍采用方便、快捷的传真机来代替电报,但由于传真文件是通过纸面打印来传递和管理信息的,所以不能将信息直接传入到信息系统中。之后,计算机在商业中得以广泛应用,由于早期以人工输入为主,在数据的准确性和工作效率方面都不理想。于是,人们开始尝试在贸易伙伴之间的计算机上使数据能够自动交换,EDI(Electronic Data Interchange)应运而生,EDI 是将业务文件按一个公认的标准从一台计算机传输到另一台计算机上去的电子传输方法,由于 EDI 大大减少了纸张票据的流转,因此,人们也形象地称其为"无纸贸易"或"无纸交易"。与此同时,银行之间也利用自有的网络来做电子资金转账(EFT, Electronic Funds Transfer),从而改变了金融市场。电子资金转账利用电子所提供的缴付信息来将电子付款作最佳处理。如今有许多类似的电子资金转账方式,例如,在商店及零售销售点(POS, Points of Sales)普遍使用的借记卡,以及员工薪金卡的自动转账等。人们开始大量采用电子数据交换和电子资金转账作为企业间电子商务的应用技术,这也是电子商务的雏形。

这些年来,伴随着我国国民经济的快速发展以及国民经济和社会发展信息化的不断进步,我国电子商务行业虽然历经曲折却仍然取得骄人成绩。纵观电子商务发展历程,可以将其划分为 5 个发展阶段:

1. 起步阶段(1993—1998 年)

1993 年,国民经济信息化联席会议及其办公室相继启动了金桥、金卡、金关等"三金工程",取得了重大进展。1996 年,金桥网与因特网正式开通。1997 年,国家有关部门开始起草编制中国信息化规划。1997 年,中国第一家垂直互联网公司——浙江网盛科技股份有限公司诞生。1998 年,中国第一家拍卖网站——易趣网开始运营。

2. 初步发展阶段(1999—2002 年)

1999 年 3 月,8848 等 B2C 网站正式开通,网上购物进入实际应用阶段。同年,电子政务、网上纳税、网上教育、远程诊断等广义电子商务开始启动,并进入实际试用阶段。正是在 1999 年,阿里巴巴网站诞生。这个阶段里中国的网民数量相比今天实在是少得可怜,根据 2000 年年中公布的统计数据,中国网民仅 1000 万。而且这个阶段,网民的网络生活方式还仅仅停留在电子邮件和新闻浏览的阶段。网民未成熟,市场未成熟,以 8848 为代表的 B2C 电子商务站点能说得上是当时最闪耀的亮点。然而,由于这段时期我国信息化发展水平仍然较低,社会大众对于电子商务仍然缺乏了解,加上不久之后的互联网泡沫等,电商网站大多举步维艰。这个阶段要发展电子商务难度相当大。不过,这段时期的经历为我国电子商务发展打下了很好的基础,营造了很好的社会舆论和环境。

3. 快速发展阶段(2003—2007 年)

互联网虽然是舶来品,但是却受到人们的热切期待。这一阶段美国网络热潮兴起,也使我国互联网得以快速发展,在这段时期里,电子商务的发展获得了难得的历史机遇,支撑电子商务发展的一些基础设施和政策也在这一期间发展起来。阿里巴巴先后建立淘宝网并推出"支付宝"。国家也先后出台了一些促进电子商务发展的重要措施,《国务院办公厅关于加快电子商务发展的若干意见》《电子商务发展"十一五"规划》等接连落地,从政策层面为电子商务发展指明了方向。这个阶段对电子商务来说最大的变化有三个:大批的网民逐步接受了网络购物的生活方式,而且这个规模还在高速的扩张;众多的中小型企业从 B2B 电子商务中获得了订单,获得了销售机会,"网商"的概念深入商家之心;电子商务基础环境不断成熟,物流、支付、诚信的瓶颈问题基本得到解决,在 B2B、B2C、C2C 领域里,都有不少网络商家开始迅速成长,积累了大量的电子商务运营管理经验和资金。

4. 纵深发展阶段（2008—2014 年）

这个阶段最明显的特征就是,电子商务已经不仅仅是互联网企业的天下。数不清的传统企业和资金流入电子商务领域,使得电子商务世界变得异彩纷呈。尽管受到国际金融危机的影响,但是 2008 年以来我国电子商务仍然以较高的速度增长。这段时期的特点是,我国电子商务初步形成了具有中国特色的网络交易方式,网民数量和物流快递行业都快速增长,电子商务企业竞争激烈,平台化局面初步成形。这几年中国电子商务交易规模一直保持较快增速,年增速为 GDP（7%～9%）的 2～3 倍。自 2010 年突破 4 万亿元以来,中国电子商务交易额每年以人民币 2 万亿元左右的增幅增长,日益成为拉动国民经济增长的重要动力。2014 年中国电子商务市场交易整体规模达到 12.3 万亿元,同比增长 21.3%。其中,网络购物所占份额为 23%,交易规模为 2.8 万亿,同比增长 48.7%,在社会零售总额中的渗透率首次突破 10%。中国已成为交易额超过美国的全球最大的网络零售市场,网络购物也成为推动中国电子商务市场发展的重要力量。

5. 创新融合发展时期（2015 年至今）

2015 年 5 月 7 日,国务院发布《关于大力发展电子商务加快培育经济新动力的意见》,这是 2005 年以来,国家层面出台的又一部促进电子商务发展的纲领性政策文件,旨在消除束缚电子商务发展的机制体制障碍,进一步发挥电子商务在培育经济新动力,打造"双引擎"、实现"双目标"方面的作用。在"互联网＋"战略、"大众创业、万众创新"理念的推动下,我国电子商务发展迅猛,不仅创造了新的消费需求,引发了新的投资热潮,开辟了就业增收新渠道,为创新创业提供了新舞台。与此同时,电子商务正呈现与制造业、实体经济深度、广泛的融合,高效、低成本地实现了生产要素的流动与配置,推动了服务业的转型升级,催生了新兴业态,成为经济发展新的新引擎、新动力。据商务部统计,2015 年,中国网络零售额达到 4 万亿元,位居世界第一;国家邮政局统计快递业务量完成 206 亿件,同比增长 48%,消费成为经济增长的首要动力。2015 年 9 月,国务院办公厅印发了《关于线上线下互动加快商贸流通创新发展转型升级的意见》,极大地推动了线上线下的协同发展。根据国家商务部统计,2015 年上半年,我国 O2O 市场规模达 3049.4 亿元,同比增长高达 80%。随着移动互联网宽带的普及,中国移动宽带（3G/4G）用户累总数约 7 亿户,同时各类 APP 在手机终端的广泛安装、二维码扫码应用的普及,让 O2O 端口、应用场景越来越广泛、便捷,极大推进了吃、住、行及旅游、娱乐等生活服务的在线化。2015 年 5 月国务院发布《国务院关于加快培育外贸竞争新优势的若干意见》,提出大力推动跨境电子商务发展,积极开展跨境电子商务综合改革试点工作的意见,抓紧研究制订促进跨境电子商务发展的指导意见。此外,电商农村化正在积极推进。以阿里巴巴、京东、苏宁为代表的电商企业,纷纷迈开了电商下乡的步伐。截至 2015 年 12 月底,阿里巴巴农村淘宝已累计覆盖全国 28 省,在 250 多个县布局,建成村级农村淘宝服务站点超 12000 个。阿里巴巴集团推出的"农村淘宝合伙人、淘帮手(村淘合伙人的帮手)"、京东推出的"乡村代理员"和顺丰速运推出的内部创业计划,未来将推动数十万计的农村居民加入电子商务创业和就业大军。

经过整个行业和电商企业的不懈努力,中国电子商务得到迅猛发展,成为互联网经济的重要力量之一。在"互联网+"时代,电子商务行业新应用、新业态将继续蓬勃兴起,产品形态和服务模式将进一步融合创新,成为大众创业、万众创新的重要方向,同时成为推动中国社会经济前行的重要力量。

第二节　电子商务的功能和应用框架

一、电子商务的功能和特征

(一)电子商务的功能

电子商务可提供网上交易和管理等全过程的服务,因此,它具有广告宣传、咨询洽谈、网上订购、网上支付、电子账户、服务传递、意见征询、交易管理等各项功能。

1. 广告宣传

企业可通过自己的 Web 服务器在 Internet 上发布各类商业信息。客户可借助网上的搜索工具迅速找到所需商品信息,而商家可利用网上主页(Home Page)、电子邮件(E-mail)和博客(Blog)等方式在全球范围内作宣传。与以往的各类广告相比,网络广告成本更低廉,而给顾客的信息量却更丰富。

2．咨询洽谈

电子商务可借助非实时的电子邮件(E-mail)、新闻组(News Group)和实时的讨论组(Chat)等方式来了解市场和商品信息、洽谈交易事务,如有进一步的需求,还可用即时信息,如 QQ 和 MSN 等来交流即时信息。网上的咨询和洽谈能超越人们面对面洽谈的限制,提供多种方便的异地交谈形式。

3．网上订购

电子商务可借助 Web 中的邮件交互或企业的信息门户实现网上的订购。网上订购通常都是在产品介绍的页面上提供十分友好的订购提示信息和订购交互格式框。当客户填完订购单后,通常系统会回复确认信息单来保证订购信息的收悉。订购信息也可采用加密的方式使客户和商家的商业信息不会泄漏。

4．网上支付

电子商务要成为一个完整的过程,网上支付是重要环节。客户和商家之间可采用信用卡账号实施支付。在网上直接采用电子支付手段可省略交易中很多人员的开销,网上支付将需要更为可靠的信息传输安全性保障,以防止欺骗、窃听、冒用等非法行为。

5．电子账户

网上的支付必须要有电子金融来支持,即银行或信用卡公司及保险公司等金融单位要为金融服务提供网上操作的服务,而电子账户管理是其基本的组成部分。信用卡号或银行账号都是电子账户的一种标志,而其信用度需配以必要技术措施来保证。数字凭证、数字签名、加密等手段的应用提供了电子账户操作的安全性。

6．服务传递

对于已付了款的客户应将其订购的货物尽快地传递到他们的手中。而有些货物在本地,有些货物在异地,电子邮件能在网络中进行物流的调配。而最适合在网上直接传递的货物是信息产品。如软件、电子读物、信息服务等,能直接从电子仓库中将货物发到用户端。

7．意见征询

电子商务能十分方便地采用网页上的"选择""填空"等格式文件来收集用户对销售服务的反馈意见。这样使企业的市场运营能形成一个封闭的回路。客户的反馈意见不仅能提高售后服务的水平,更使企业获得改进产品、发现市场的商业机会。

9. 交易管理

整个交易的管理将涉及人、财、物多个方面,以及企业和企业、企业和客户及企业内部等各方面的协调和管理。因此,交易管理是涉及商务活动全过程的管理。电子商务的发展,将会提供一个良好的交易管理的网络环境及多种多样的应用服务系统。这样,能保障电子商务获得更广泛的应用。

(二) 电子商务的特征

与传统商务相比,电子商务具有如下特征。

1. 高效性

电子商务作为一种新型的交易方式,将生产企业、流通企业以及消费者和政府带入了一个网络经济、数字化生存的新天地。电子商务为买卖双方进行交易提供了一种高效的服务方式。例如,电子商务可以拓展市场机会,增加客户数量;通过将信息网络连接数据库,企业能记录客户的访问与购买情况,了解客户需求,从而为产品的生产、设计提供有效的信息,甚至为客户提供个性化、差别化的定制服务;网络营销能为企业节约大量的物力消耗,并可提供全天候服务,提高销售量、客户满意度和企业知名度。

2. 便利性

在电子商务环境中,人们不再受时间、地域的限制,客户能以非常简捷的方式完成过去较为繁杂的商务活动。如通过网络可以查询商品详情、寻找稀有商品、实时沟通洽谈和成交;通过网络银行能够全天候地查询账户资金、实时完成支付结算等;通过网络还可以查询订单状况、追踪货物流程,并可以开展售后服务,同时使得企业对客户的服务质量大大提高。电子商务的便利性使客户及企业都从中受益良多。

3. 集成性

电子商务能够规范事务处理的工作流程,将人工操作和电子信息处理集成为一个不可分割的整体,这样不仅能提高人力和物力的利用效率,也可以提高系统运行的可靠性。但是,电子商务中信息技术的应用并非意味着企业原有信息系统和设备将被淘汰和浪费。电子商务系统的真正价值应该在于能协调新技术的开发应用且配合原信息系统的改造利用,使用户能更加有效地利用他们已有的资源和技术,从而更加高效地完成企业的生产、销售及客户服务。

4.安全性

网络系统中存在的欺骗、窃听、病毒和黑客的非法入侵等都是电子商务的大敌。在电子商务中,安全性是一个至关重要的核心问题,它要求网络能提供一种端到端的安全解决方案,如加密机制、签名机制、安全管理、存取控制、防火墙、防病毒保护,等等,这与传统的商务活动有着很大的不同。为了帮助企业创建和实现电子商务安全,SSL(安全套接层协议)和SET(安全电子交易协议)等协议标准被普遍应用,这使得电子商务有了安全的交易环境。甚至从一定程度而言,规范的电子商务交易比起传统交易来说要安全得多。

5.协调性

电子商务活动涉及政府组织、企业、消费者和大量中介机构的参与,商务活动本身是一种协调过程,它需要客户与公司内部、生产商、批发商、零售商间的协调,在电子商务环境中,它更要求银行、配送中心、通讯部门、技术服务等多个部门的通力协作。如政府部门需要制定相关的法律法规来规范与引导电子商务活动,一些组织先后提出了有关信息交互的协议和标准,电子商务可以在这些协议的基础上进行。

二、电子商务的应用框架

电子商务并不仅仅是创建一个门户网站,事实上,电子商务涵盖的内容要多得多。目前电子商务已有很多方面的应用,如网上购物、网上证券交易、网上招聘、网上拍卖等,这些应用都需要相关技术的支持。这里的技术是广义的技术,不仅指构建一个电子商务系统所需要的信息技术,还包括电子商务系统高效、安全运行所需要的政策、法律、法规的支持。所以,电子商务的框架不仅包括实现电子商务系统的硬技术的保证,还包括相应的政策、法规、标准等软技术的保证。如表1-1所示,电子商务的技术支持分为四个层次、两个支柱和应用。自下而上的四个层次分别是网络层、多媒体信息发布层、报文和信息传播层、贸易服务层;两个支柱是政策、法律、法规与各种技术标准和安全网络协议。四个层次之上是电子商务的应用,可以看出,电子商务的各种应用都是以四层技术和两个支柱为条件的。

表1-1　电子商务的一般框架

支柱	应用	支柱
政策、法律、法规	电子商务应用 供应链管理、视频点播、网上银行、电子市场、电子广告、网上娱乐、有偿信息服务、家庭购物	各种技术标准和安全网络协议
	层次	
	贸易服务层 安全性认证、咨询服务、市场调研、目录服务、电子支付	
	报文和信息传播层 EDI、E-mail、HTTP、HTTPS、XML	
	多媒体信息发布层 HTML、JAVA、WWW、JSP、ASP	
	网络层 电信、有线电视、无线设备、Internet	

（一）网络层

网络层是实现电子商务的最底层的硬件基础设施,包括远程通信网、有线电视网、无线通信网和互联网等。远程通信网包括电话和电报;有线电视网是指有线电视网络;无线通信网包括移动通信和卫星网;互联网则是指计算机网络。这些不同的网络提供了电子商务信息传输的线路,但现在大多数的电子商务应用还是基于互联网。

提供计算机网络服务的是互联网接入服务提供商(IAP)和内容服务提供商(ICP),他们通称为网络服务供应商(ISP)。美国著名的 IAP 有 American Online、CompuServe 等,我国则有电信、网通、移动等。大的网络设备供应商有美国的Cisco、3Com 等公司,我国的有华为、中兴等公司。

（二）多媒体信息发布层

有了网络层只是使得通过网络传递信息成为可能,究竟网上传输什么样的内容、以什么样的方式传输,不同的用户有不同的要求。目前网上最流行的发布信息的方式是以 HTML(超文本链接语言)和基于 Java 平台的 JSP、基于.NET 平台的 ASP 的形式将信息发布在万维网上。Internet 使得地域变得不再那么重要,用户只要学会如何使用 Web 浏览器,就能很好地访问和使用 Web 上的电子商务工具。互联网带来了相对公平的商业竞争机会，使得初期像 Amazon 这样的联机书店，也完全有能力在 Web 上发布产品目录和存货清单，从而吸引了 Web 上数目极为可观的顾客。在非 Web 的环境中，这几乎是不可能的，因为这时只有大书店才有能力向这么多的潜在用户提供信息。同样，Web 也使得企业能够为其合作伙伴、供应商和消费者提供更好更丰富的信息，HTML 使得消费者和采购人员能够得到最适当、最精练的信息。比如，一个复杂的 Web 服务器可以向一个特定的查询者提供符合其个人习惯的目录，一个 Web 站点所能完成的功能比任何用户登记卡所能做到的更好、更持久。它能够捕捉和分析用户行为、完成未来规划、掌握动态的个人市场营销情况。网络上传播的内容包括有文本、图片、声音、图像等。但网络本身并不知道传递的是声音还是文字，它把它们一视同仁地看作 0、1 串。对于这些串的解释、格式编码以及还原是由一些用于消息传播的硬件和软件共同实现的，它们位于网络设施的上一层。

（三）报文和信息传播层

消息传播工具提供了两种交流方式：一种是非格式化的数据交流，比如我们用 FAX 和 E-mail 传递的消息，它主要是面向人的；另一种是格式化的数据交流，像我们前面提到的 EDI 就是典型代表，它的传递和处理过程可以是自动化的，无须人的干涉，也就是面向机器的，订单、发票、装运单都比较适合格式化的数据交流。HTTP 是互联网上通用的信息传播工具，它以统一的显示方式，在多种环境下显示非格式化的多媒体信息。目前，互联网用户大多是通过 HTTP 和 URL 找到所需要的信息，而这些用超文本链接语言展示的信息还能够容易地链接到其他所需要的信息上去。为了增加传输的安全性，采用 HTTPS 技术可以增强通信的安全。此外，非格式化的文本、图片等信息转化成 PDF 格式后，可以实现与平台无关，即文件打开后在不同的操作系统下都是一样的。对于格式化数据的传输，运用可扩展的标记语言 XML 技术定义 XML 文件来传输，也可以实现跨平台特性。

（四）贸易服务层

贸易服务层是为了方便网上交易所提供的通用的业务服务，是所有的企业或个人做贸易时都会用到的服务，所以我们将它们也称为基础设施。主要包括安全认证、电子支付、目录服务等。将商品和价格信息妥善组织，可以方便地增加、删除、修改、更新和查询产品的这些信息,这是商品目录和价目表应该提供的服务。任何一个贸易服务都包括三个基本部分:电子销售偿付系统、供货体系服务和客户关系解决方案。比如,当我们在进行一笔网上交易时,购买者发出一笔电子付款(以电子信用卡、电子支票或电子现金的形式),并随之发出一个付款通知给卖方,当卖方通过中介机构对这笔付款进行认证并最终接收,同时发出货物,这笔交易才算完成。为了保证网上支付是安全的,就必须保证交易是保密的、真实的、完整的和不可否认的,目前的做法是用交易各方的电子证书(即电子身份证明)来提供端到端的安全保障,与该过程有关的服务主要是围绕如何提供一个安全的电子销售偿付系统。此外,市场调研、咨询服务、商品购买指南等都是客户关系解决方案的一部分。

(五)电子商务应用

前面四层是企业开展电子商务所必须具备的一般条件,在这个基础上,企业就可以开始逐步建设实际的电子商务应用。企业可根据自己需要通过电子商务开展的具体业务,建设对应的电子商务应用。比如,企业间的货物采购可以通过供应链管理系统进行,也可以建立电子市场和电子广告以及拍卖系统,金融企业可以通过网上银行为客户提供个性化服务,娱乐服务性企业则可以提供视频点播,信息服务企业则可以通过电子商务平台提供有偿信息服务等。

(六)政策、法律、法规与各种技术标准和安全协议

如表1-1所示,整个电子商务框架有两个支柱:社会人文性的政策、法律、法规及自然科技性的各种技术标准和安全网络协议。

第一个支柱是政策、法律、法规,国际上,人们对于信息领域的立法工作十分重视。美国政府在不久前发布的"全球电子商务的政策框架"中,在法律方面做了专门的论述,俄罗斯、德国、英国等国家也先后颁布了多项相关法规,1996年联合国国际贸易法委员会通过了《电子商务示范法》。目前,在我国,政府在信息化方面的注意力还主要集中在信息化基础建设方面,信息立法还没有进入实质阶段,针对电子商务的法律法规还有待健全。其他如个人隐私权、信息定价等问题也需要进一步界定,比如,是否允许商家跟踪用户信息,对儿童发布的信息应该有哪些限制等。随着越来越多的人介入电子商务运营,健全电子商务的法律法规必将变得更加重要和迫切。

另外,提到政策法规,就得考虑各国(地区)的不同体制和国情,而这同Internet 和电子商务的跨国(地区)性是有一定冲突的,这就要求加强国际(地区间)的合作研究。例如,在美国,它的社会体制决定了私有企业在美国经济运行中的主导地位,在制定政策法规时美国政府必将向私有企业倾斜,同时尽量减少政府限制。而中国与美国国情不同,宜采用以政府为主导的经营政策。此外,由于各国(地区)的道德规范不同,也必然会存在需要协调的地方。在通常情况下,由于很少接触跨国(地区)贸易,我们不会感觉到进行贸易时的冲突,而电子商务在全球范围内进行贸易,用户很容易通过网络购买外国(地区)产品,这时就会出现矛盾。比如,酒类在有些国家(地区)是管制商品,但商人对此未必知晓,即使知道,也未必不会在利益驱使下违反当地法律去销售。对于这些大量的小额的跨国(地区)交易,海关该如何应对?当电子商务跨越国界(地区)走向全球时,国际贸易中的税收,如征税主体、税率等又当如何界定,这是当前电子商务国际(地区间)立法中的一个具有挑战性的热点问题。国家(地区)在制定法规时应该充分考虑到这些因素,因为法律的不完善势必会影响我国参与国际竞争的竞争力。

第二个支柱是各种技术标准和安全网络协议。技术标准定义了用户接口、传输协议、信息发布标准等技术细节。就整个网络环境来说,标准对于保证兼容性和通用性是十分重要的。正如有的国家(地区)是左行制,有的国家(地区)是右行制,会给交通运输带来一些不便,又比如不同国家(地区)110 伏和 220 伏的电器标准会给电器使用者带来麻烦,我们今天在电子商务中也遇到了类似的问题。目前许多厂商、机构都意识到标准的重要性,正致力于联合起来开发统一标准,类似Visa,MasterCard 这样的国际组织已经同业界合作制定出用于电子商务安全支付的 SET 协议。还有用来设计各种可扩展标注语言的 XML 标准。这些标准一方面加速了电子商务的发展,但是另一方面标准的制定过程也反映出某些利益集团的利益,发达国家(地区)和先行企业总是通过对标准制定的话语权进行控制,以获取超额利润。由于当前国际(地区间)竞争的格局逐渐升级为标准之间的竞争,因此,我国政府和产业界都应该积极参与到全球有关标准的制定过程中,并对标准的内容发出自己的声音,这样才能够保证我国的电子商务不会受制于人。

第三节　电子商务的主要商业模式及其发展趋势

一、电子商务的主要商业模式

商务模式是一种关于企业产品流(服务流)、资金流、信息流及其价值创造过程的运作机制,它包括三个要素:①产品、资金和信息流的体系结构,包括不同商业角色的状态及其作用;②不同商业角色在商务运作中获得的利益和收入来源;③企业在商务模式中创造和体现的价值。

电子商务商业模式是电子商务活动中的各个主体按照一定的交互关系和交互内容所形成的相对固定的商务活动样式。电子商务活动中的各个主体包括企业(Business,B)、消费者(Consumer,C)和政府(Government,G)。

交互关系指的是电子商务活动的各个主体——企业、消费者和政府之间的关系。按照交互关系的不同,理论上可以有 B2B、B2C、B2G、C2B、C2C、C2G、G2B、G2C、G2G 共 9 种交互关系。电子商务活动的各个主体的交互关系总是伴随着一定的内容,这就是定义中"交互内容"的含义。具体地,可以将交互内容划分为 3个方面:商务信息、商品交易和服务交易。将电子商务活动中的各个主体、交互关系和交互内容结合起来考虑,即将 9 种交互关系,再分别赋予 3 种不同的交互内容,则理论上可以有 27 种电子商务模式。

考虑到目前国内电子商务发展的现状,企业之间、企业与消费者之间的两种电子商务应用,以及提供产品和服务两大类商务活动是电子商务的主要表现形式。因此,电子商务模式仍然可以分为如下四大类:第一类,企业与消费者通过网络实施的商品经营活动;第二类,企业与消费者通过网络实施的服务经营活动;第三类,企业与企业通过网络实施的商品经营活动;第四类,企业与企业通过网络实施的服务经营活动。综合性门户网站有多种商业模式,如新浪、搜狐等公司,网络广告、网络游戏等是其年度主要的收入来源,其中,网络广告是电子商务第四类模式,是新浪、搜狐等企业面向企业的网络广告服务,而网络游戏是电子商务第二类模式;eBay 网主要是为中小企业和个人提供拍卖等信息服务,而它的收入来源主要是交易费用的提成和广告费,它的商业模式是第二类和第四类;盛大公司为个人消费者提供娱乐服务,从事的是第二类电子商务活动;工商银行等金融机构的在线银行通过网络为企业和个人提供金融服务,从事的是第二类和第四类电子商务活动;光大证券等证券机构的在线交易通过网络为企业和个人提供证券服务,从事的是第二、第四类电子商务活动。

一般来说,电子商务商业模式主要分为:企业对企业的电子商务(B2B),企业对消费者的电子商务(B2C),政府对企业的电子商务(G2B),政府对消费者的电子商务(G2C),消费者对消费者的电子商务(C2C),消费者对企业的电子商务(C2B),线上对线下的电子商务(O2O)等。

(一)B2B 电子商务

B2B(Business to Business)即企业对企业的电子商务。它是企业之间通过互联网进行数据信息的交换、传递,开展贸易活动的商业模式,这是电子商务最主要也是发展时间最早、发展最完善的商业模式,它是电子商务的主要效益所在。其利润来源于相对低廉的信息成本带来的各种费用的下降,以及供应链整合后的益处,与上下游企业的紧密合作使交易成本大幅下降。B2B 电子商务平台所提供的服务主要分为四大类,分别是营销推广、竞争情报、在线交易和其他服务。盈利方式主要包括会员费、广告费、竞价排名、增值服务收费、网站联盟与合作等。按照涉及的行业类别分,B2B 中介平台分为综合型和行业型平台。综合型 B2B 也称为水平网站,涉及行业门类十分广泛,大而全,产品丰富,阿里巴巴网站即为其最成功的代表。行业型 B2B 也称为垂直网站,主要专注于一个行业的上下游产业链,专而精是其主要特点,如中国化工网就是其典型代表。

(二)B2C 电子商务

B2C(Business to Consumer)即企业对消费者的电子商务。这是消费者利用互联网参与网络经济活动的方式,类似于网络零售。B2C 可分为综合型、垂直型、直销型、平台型等类型。综合型 B2C 是指中间商或零售商通过电子商务平台向消费者提供多种类型的商品或服务,这种模式是最早出现的 B2C 电子商务,其典型代表是 Amazon、京东商城、当当网等。这种模式的电子商务通常向消费者提供多种类别的商品和统一配送和售后服务,支付方式灵活,有较好的信誉保障。主要靠销售收入、广告收入、增值服务等盈利。垂直型 B2C 专注于某一特定的细分市场而不是综合的商品市场,强调在细分市场上提供更加全面完善的产品和服务。如早期的 Amazon 和当当网都专注于图书的网络销售,京东商城则从 3C 家电销售起步。垂直型 B2C 随着用户的增加和品牌知名度的提升,往往会向综合型拓展。直销型 B2C 是指生产商通过自建电子商务网站向消费者销售自产的产品或服务的模式。这种模式没有中间商,减少了中间销售环节,实现产销对接,有利于企业及时准确地获取消费者的需求和市场信息,有条件的还可以提供个性化定制产品或服务,如戴尔官方网站。平台型 B2C 是指专业的电子商务企业为会员企业提供交易平台,本身不直接参与产品销售与流通过程,平台为入驻的商家提供交易的基本功能和各种配套服务,并收取管理费或交易佣金。这种方式节约了商家自建交易系统的成本,减少了商品流通的中间环节,拓展了销售渠道。如天猫商城、京东商城。B2C 电子商务模式主要靠销售收入、广告收入、会员费、广告费、管理费、增值服务等盈利。

（三）C2C 电子商务

C2C(Consumer to Consumer),即个人对个人的交易形式,也称网络拍卖,类似现实世界的跳蚤市场。早期主要有 eBay、易趣等网络拍卖形式,目前的典型代表有 eBay 和淘宝。个人卖家在 C2C 平台申请开设网上店铺,发布全新、二手或闲置的宝贝在线销售,网上店铺几乎提供了类似 B2C 网站的所有功能支持。早期的 eBay、易趣等 C2C 网站主要以网络拍卖形式进行销售,平台以收取交易佣金、信息发布费、广告费等盈利。淘宝网开创了 C2C 平台的免费模式,淘宝网上的产品交易方式主要以一口价形式标价出售,拍卖形式较少。免费模式的 C2C 平台主要以广告费、增值服务费等盈利。

（四）C2B 电子商务

C2B(Consumer to Business)即消费者对企业的电子商务,又称反向电子商务,是一种创新的电子商务模式。它针对买方市场的特点,通过聚合分散的数量庞大的客户群,整合购买力形成一个强大的采购集团,加大与商家的谈判力度,从而享受到低于正常价格的优惠。此外,客户可以自己定制产品,邀约厂商生产,实现以客户需求为引擎,倒逼企业"柔性化生产"。厂商也可实现以销定产、降低库存,同时减少销售环节、降低流通成本的目标。C2B 主要服务模式包括要约模式、聚合需求模式、服务认领模式、商家认购模式等,通过以上服务,C2B 将庞大的人气和用户资源转化为对企业产品和品牌的注意力,转化为企业所迫切需要的营销价值,并从用户角度出发,通过有效的整合与策划,改变企业营销内容及形式,从而形成与用户的尝试沟通与交流。网络热销品牌"七格格""麦包包"等都是这种模式的成功者。这种模式的营利收入主要来自于量大价优、个性定制、以产定销、客户满意度提升,带来的收入或增值价值,以及营销成本和库存管理成本降低等。

(五)G2B 和 G2C 电子商务

G2B(Government to Business)和 G2C(Government to Consumer)指政府对企业和政府对个人的电子商务,主要指电子政务模式。G2B 覆盖了政府组织与企业间的许多事务,包括网上采购或政府部门的公共产品招标采购和工程招标,企业或商业机构可以以电子化方式回应,政府还可经过网络实施对企业的行政事务管理、政策法规发布与宣传、提供网上服务等。企业可参与政府部门的网上招标采购的报价、利用政府网站办理网上纳税申报、网上报送、网上审批等事项,还可以与政府部门开展信息沟通与交流。G2C 则主要面向个人的政府服务,包括个人网上政策法规查询与下载、网上申报纳税、网上交通违章查询、交通肇事处罚、教育考试成绩查询、民意调查等。政府网站以政务服务为主,除了正常的政府服务收费项目,不以盈利为目的。但网上采购或网上招标能降低采购成本,减少腐败现象,有利于政府开支的减少,促进政府形象提升。

(六)O2O

O2O(Online to Offline),一般是指网络团购。O2O 是近几年兴起的一种主要为本地生活提供服务的新电子商务商业模式,如美团网;也指企业能兼备网上商城及线下实体店,并且网上商城与线下实体店全品类价格相同,如苏宁电器。O2O 即将线下的商务机会与互联网结合在了一起,让互联网成为线下交易的前台。这样线下服务就可以用线上来揽客,消费者可以用线上来筛选服务,还有成交可以在线结算,很快达到规模。O2O 的优势在于把线上和线下的优势完美结合起来,通过网购导购机,把互联网与实体店完美对接,实现互联网落地,让消费者在享受线上优惠价格的同时,又可享受线下的贴身服务。同时,O2O 模式还可实现不同商家的联盟。该模式最重要的特点是:推广效果可查,每笔交易可跟踪。O2O 平台主要靠交易佣金和广告收入等盈利。

二、电子商务商业模式的发展趋势

商业思维决定商业模式,电子商务的核心思路正在发生重大的转变。

中国电子商务已经从连接人与商品的1.0时代,迈过连接人与人的2.0时代,进入了连接人与商品/服务与时空的3.0时代。

电商1.0时代,以淘宝、天猫、京东等电商大平台为代表。他们因为抢得了互联网先机,享有了先天的红利,再经过多年的积累,根深蒂固到令人无法撼动。电商1.0时代,从事电子商务的各项成本都非常低,当时的情况是只要你有货,就不怕没有销量。当时流传着一句话,只要做淘宝,就是在淘宝。后来随着互联网继续向前发展,消费者愈发成熟,开始变得挑剔起来,想要再造一个这样的大平台,已没有太大的可能性。

电商2.0时代,以通过市场细分、制造差异化来精耕细作的电商平台为代表,比如唯品会、聚美优品等,他们实际还是享受到了一小部分互联网早期的流量红利。实际运作的手法和1.0时代没有太大差异,也是靠低价的卖货思维获得营收。

电商3.0时代,社区电商开始成型。电商3.0时代是真正基于用户需求、随时随地满足用户服务的阶段。在3.0时代中,人与人的连接不再是一个个点对点的直线关系,而是精确到用户的需求、使用的场合以及空间和地点;人与物的连接会形成更加立体的消费形态,就是"场景消费"。因此,有必要以大数据为支持开展用户需求研究,将企业内部管理和企业商务活动融为一体,企业在做好内部管理的同时才能为客户提供优质的服务。人脉关系、口碑传播成为有效的营销手段,企业通过APP、微信公众号等拓展和维系用户关系,微博大V推荐、网红营销、微信群转发、朋友圈分享等成为新的营销方式。在这样的时代中,我们要做的就是让对的商品或者服务在对的场景出现在对的消费者面前。每一个商家都应该在这样的背景下塑造适合自己的商业生态链条和一个又一个的商业场景。最好的例子就是支付宝,支付宝团队花了8年的时间让支付工具成长为应用,又花了两年的时间将应用打造成服务平台,支付宝9.0的横空出世更是标志着支付宝将会用未来全部的时间打造一个以使用者为中心,让场景围绕着消费者转的世界。

被视为"网络文化"的发言人和观察者的凯文·凯利曾如此描述未来的商业

世界：未来的趋势是去中心化的，分享和移动化将是趋势，创新将来自前沿和边缘。

可以预见，去中心化将逐步渗透我们生活中的各个领域，纵观近两三年，媒体、金融、租车、售房、快递、电商，都在不断地上演去中心化。分享经济、共享经济、信任经济正是去中心化的具体表现。

第四节　电子商务的效益及影响

一、电子商务环境对企业的影响和挑战

（一）电子商务的本质

许多传统企业在电子商务化过程中存在一些误区：有的认为电子商务就是电子交易，即建一个网站卖自己的产品；有的企业甚至认为只是建一个网页做一做宣传而已。大量电子商务的教材则都集中于对电子商务所涉及的技术的阐述，如HTML、JavaScript、Asp、Java、网络安全等，似乎电子商务（E2Business）就是电子贸易（E2Commerce）。其实，企业电子商务化所强调的是在网络计算机环境下的企业商业化应用，电子商务的本质不是电子，而是商务，电子只是它的手段和方式。这种商务也不仅仅是一种单纯的交易，而是把买家、卖家、厂商和合作伙伴通过互联网、企业内部网和企业外部网全面结合起来的一种应用。简单地说，电子商务就是利用全球化互联网络进行商业活动，它不是单纯的技术问题，而是代表了一次新的经济革命，预示着新的经济增长方式。对于企业来说，需要认识到电子商务不仅是新的交易方式，也不仅是增加竞争优势的工具，随着电子商务的普及和深入应用，电子商务必将成为企业生存的和发展的必要条件，而不是可有可无的辅助工具。

（二）电子商务的影响

随着电子商务的日益发展，产生了虚拟企业、虚拟银行、网络营销、网上购物、网上支付、网络广告等许多新生事物，这些新生事物说明电子商务正对社会产生着深刻的影响。

1. 电子商务将改变商务活动的方式

不同于传统商务,电子商务只要通过点击鼠标就可以实现在网上商场浏览、采购各类产品,得到在线服务等;商家们可以在网上与客户联系,利用网络进行货款结算服务;政府还可以方便地进行电子招标、政府采购;等等。

2. 电子商务将改变人们的消费方式

电子商务将体现消费者的主导性,购物意愿掌握在消费者手中;同时消费者还能以一种轻松自由的自我服务的方式来完成交易,消费者的自主性可以在网络购物中充分体现出来。

3. 电子商务将改变企业的生产方式

由于电子商务是一种快捷、方便的购物手段,消费者的个性化、特殊化需要完全可以通过网络展示在生产厂商面前,为了取悦顾客,突出产品的设计风格,制造业中的许多企业纷纷发展和普及电子商务。

4. 电子商务将为传统行业带来一场革命

电子商务是在商务活动的全过程中,通过人与电子通讯方式的结合,极大地提高商务活动的效率,减少不必要的中间环节,传统的制造业借此进入小批量、多品种的时代,"零库存"成为可能;传统的零售业和批发业开创了"无店铺""网上营销"的新模式;各种在线服务为传统服务业提供了全新的运营模式。

5. 电子商务将带来全新的金融业

由于在线电子支付是电子商务的关键环节,也是电子商务得以顺利发展的基础条件。随着电子商务在电子交易环节上的突破,网上银行、银行卡支付网络、银行电子支付系统以及网上按揭、电子支票、电子现金等服务,将传统的金融业带入一个全新的领域。

6. 电子商务将转变政府的行为

政府承担着大量的社会、经济、文化的管理和服务功能,尤其作为"看得见的手"在调节市场经济运行,防止市场失灵带来的不足方面有很大的作用。电子商务时代背景下,在企业信息化、金融电子化、消费网上化的同时,也会对政府的管理方式提出新的要求,伴随产生的电子政府是电子商务发展的重要保证。

二、电子商务的成本效益分析

电子商务由于具有潜在的成长性而日益受到企业的高度重视,人们通常认为电子商务能给企业带来巨大的商机,但却容易忽视开展电子商务的成本,企业开展电子商务并不意味着企业就一定能从中获利。有调查显示,当企业决定投资100万美元用于电子商务网络系统的开发时,该企业在今后的五年里,至少还会再投入300万美元用于电子商务系统的开发。激烈的市场竞争迫使企业不断创新业务手段,积极开展电子商务,但难以控制的成本和难以预测的收益又常使企业裹足不前。中国以往的信息系统在建设的初期带有一定的盲目性,没有进行必要的成本效益分析和风险预测,由此导致失败的例子比比皆是。因此,正确认识电子商务的成本和收益,对于企业进行电子商务系统的开发和投资是十分必要的。

(一)企业开展电子商务的成本

1. 硬件成本

硬件成本包括实施电子商务所必需的硬件设备的购买开支。PC机、服务器、路由器、交换机等都是企业开展电子商务必不可少的设备,其中有些设备的发展和更新换代是十分迅速的,从而使硬件的投入、更新成为一项经常性、长期性的投资项目。

2. 软件成本

软件成本包括系统软件部分和后期开发应用系统的开发成本。在电子商务中,软件是企业成败的关键。由于软件的发展速度很快,生命周期较短,使得软件的成本相当昂贵。同时,软件的成本要受到电子商务系统的结构及电子商务在企业内部应用推广程度的影响。

3. 系统的运行与维护费用

企业的电子商务网站建立后,需要时时更新网站上的信息,并对软硬件系统进行维护。企业信息技术部门需要倾注大量的精力提供系统维护、信息管理等服务,以确保对业务部门的技术支持,保证网络系统的可靠性、安全性以及效益。

4. 人力成本

实施电子商务需要得到管理信息系统员工的支持,也需要一批电子商务专业人员的参与和支持,这也构成了电子商务成本的一部分。同时人力成本中还包括培训费用,培训费用主要包括由卖方提供的培训及公司内部提供的培训所需的费用。大多数培训在企业采用电子商务之前发生;另一小部分是对员工的在职培训,目的是为了让从事电子商务工作的员工进行进修和深造,以了解和学习新技术和有关标准方面的变化和进展。

5. 风险防范成本

企业开展电子商务面临的风险是很多的,主要是计算机病毒和网络犯罪。对计算机病毒的危害,大家从 1999 年 CIH 病毒的爆发中有所感知。至于网络犯罪,除了一些网络黑客通过编制病毒对企业网络进行无意或有意地破坏外,还有一些犯罪分子通过网络盗窃企业机密,以直接获取非法经济利益,而且网络犯罪的金额往往较大。如果企业试图避免风险防范成本,可能会导致更大的损失。因此,与网络紧密关联的这些风险成本应视为成本管理中的必要组成部分。

6. 企业间的通信成本

企业间的通信成本包括企业与业务伙伴进行电子商务活动时需要支付的通信费、入网费和网络服务费。

7. 物流服务成本

中国地域广阔,区域经济发展不均衡,物流发展水平不一致,导致商品配送困难很大。我国多数物流企业信息化水平较低,而不断上涨的油价和人工成本、大部分公路的高收费、物流业的重复征税以及一些地方执法部门的乱收费、乱罚款等现象都增加了物流成本,电子商务的物流瓶颈依然存在。电子商务的实现是一个庞大的系统工程,它的应用推广,除了需要各行各业的有效参与和配合外,尤其需要政府部门的积极引导和大力支持,企业开展电子商务必定要付出代价,但是通过基础设施建设,改善大环境就可以尽可能多地减少外部成本,为企业开展电子商务创造良好的技术和社会环境。

(二)企业开展电子商务带来的效益

网络的普及和便捷使越来越多的企业加入到电子商务业务中来,把开拓、完善电子商务作为企业今后发展的一个方向,同时,市场竞争的加剧也迫使企业比以往任何时候都关注市场深度的挖掘和新技术的应用。开展电子商务将使企业从以下六个方面获益。

1. 树立良好的企业形象

良好的企业形象对于一个企业的生存和发展至关重要,传统的商务环境中,企业需要长期努力才能达到一定的知名度。在电子商务环境下,企业可以在很短的时间内做到这一点。首先企业通过在 Internet 上建立自己的企业网站,开辟一个可以全面展示企业的虚拟空间,及时向公众公布企业的各种经营数据、新产品信息及服务承诺,经济、快捷地建立良好的公众形象;其次,电子商务可以帮助企业及时获得来自市场和顾客的反馈信息,有利于对市场需求迅速做出调整和反应,更好地服务于顾客,提高企业的声誉;最后,率先建立网站并能提供友好界面和优质产品服务的企业是其竞争实力的表现。

2. 降低交易成本

原材料采购是一项程序繁杂的工作,电子商务可以帮助企业加强与主要供应商之间的协作关系,形成一体化的信息传递和信息处理体系。1996 年通用电器公司照明部启用了由通用信息服务公司开发的 TPN Post 网上在线采购系统,通过这一外联网使公司建立了完善的供应链,可以在全球范围内更广泛地选择供应商,使原材料采购成本平均降低 20%。与此同时,原来手工需要 7 天才能完成的采购程序缩短到 2 小时内即可完成,节省了 30% 的成本。此外,电子商务可以使销售机构运行得更有效率,因为有了自动订货处理能力,销售代表无须进行耗时的手工订货处理,他可以把时间尽量多地花在建立和维护客户关系上。利用电子商务网络营销可以缩短再订货周期,增强销售新产品的能力。而且,网上提供客户服务可以大大减少客户拨打免费咨询电话的次数,从而节省了开支和人员投入。例如,美国联邦快递公司(Federal Express)通过设立网上咨询服务系统,使客户每次查询货物运输情况的费用从 7 美元降低到 10 美分。

3. 降低管理成本

网络管理的最大特点是无纸办公。文具费、纸张费、印刷费是办公室的例行开支,而且办公人员还要对文件进行装订、分发和一些必要的销毁,档案管理还要占用有限的办公空间,耗费了大量的人力、物力。无纸办公解决了这一难题,通过企业内部网络,上级可以向指定的或所有的下级下发文件,下级也可向上级传送工作报表等文件,一些绝密的文件可以通过加密方式传输;档案管理仅需要一台带有数据库程序的服务器就可以实现,而且还可以利用查询系统快速地调出文件;如需打印的文件可以通过打印服务器使一个组织共用一台打印机,既节省了办公成本,又有利于办公设备的管理。另外,由于信息的流通,会议(会晤)的时间也可以减少,旅程也相对减少,还可以节省大量的人工,从而降低了内部管理成本。

4. 减少库存

如果产品生产周期长,企业需要高原材料库存量来保证生产进度,需要高成品库存量来保证按时交货,这不仅增加了运营成本,而且减慢了对客户需求变化的反应速度。而只强调低库存量又可能造成供货短缺,企业若想既满足客户不断变化的需求,又降低运营成本的适当库存量,只有在提高劳动生产率和库存周转率的基础上才能实现。电子商务可以做到这一点,甚至可以做到"即时产销",从而实现"零库存"(即在与原材料供应商、中间商甚至消费者之间共享信息资源的条件下,将实时的市场需求信息融入生产体系,使需求量、生产量、原材料供应量协调一致,保证生产出的产品无须库存等待就可及时地到达消费终点)。例如,IBM 公司 1996 年采用了营销部门、生产计划部、采购部协同工作的高级计划应用系统。此后第一年,库存周转率提高了 40%,销量增长了 30%,节省了 5 亿美元的投资和运营成本。

5. 降低客户服务成本

企业可以将产品介绍、技术支持、常见问题解答等信息全都放在企业的商务网上,客户有任何问题都可以先到这个页面上寻找是否有解决方案,这样企业客户服务部门的工作量将大大减少,客户服务成本也将随之下降。例如,Cisco 公司的产品安装配置是一项复杂的工作,但是通过网络服务,大约 90% 的问题能够由客户自我解决,只有剩下的 10% 需要通过工程师来解决。

6. 提高经营管理效率

企业之间的网络将交易中的商业报文标准化,使其能在世界各地瞬间完成传递,将原料采购、产品生产、需求与销售、银行汇兑、保险、货物托运及申报等过程无须人员干预地在最短的时间内完成。买卖双方从交易的洽谈、签约以及货款的支付、交货通知等过程都在网上进行。通畅、快捷的信息传输可以保证各种信息之间互相核对,防止了伪造信息的流通,克服了传统贸易方式费用高、易出错、处理速度慢等缺点,极大地缩短了交易时间,使整个交易非常快捷、方便、有效。另外,电子商务因能提供每天 24 小时不间断的服务,有利于企业扩大销售市场,提高客户满意度。

总之,企业应在开展电子商务导致的成本上升和开展电子商务带来的收益之间进行彻底分析和权衡,从而做出是否开展电子商务,以及怎样开展电子商务的正确决策。

此外,电子商务还会为全社会带来效益,包括扩大贸易范围,降低贸易成本,增加就业,加强环保和缓解交通压力等。此外,电子商务还会促进知识经济的发展,信息产业是知识经济的核心和主要的推动力,电子商务是信息产业中最具前途的发展方向,它必将带动新行业的出现,如物流配送服务、认证服务、网络银行等。

第五节　电子商务的发展趋势：物联网和移动商务

一、物联网的基本概念、业务模式和核心技术

(一) 物联网的概念与特征

1. 物联网的概念

物联网被看作信息领域一次重大的发展和变革机遇。欧盟委员会认为,物联网的发展应用将在未来5～15年中为解决现代社会问题带来极大贡献。2009年以来,一些发达国家纷纷出台物联网发展计划,进行相关技术和产业的前瞻布局,我国也将物联网作为战略性的新兴产业予以重点关注和推进。物联网的概念由MIT(美国麻省理工学院)的凯文·艾什顿(Kevin Ashton)于1999年提出,它的定义很简单:把所有物品通过射频识别等信息传感设备与互联网连接起来,实现智能化识别和管理。最近,随着美国、欧洲、日本、韩国等国在"物联网"相关项目上的进一步投入,物联网在全球迅速发展。美国的智慧地球计划准备在智能电网和信息化医疗项目上投入300亿美元;欧洲提出i2010的政策,旨在通过更广泛的使用信息技术来提高经济效益并促进信息与通信技术(ICT)的发展。通过实施i2010,欧盟希望提高经济竞争力,并使欧盟各国的生活质量得到提高,减少社会问题,帮助民众建立起对未来泛在社会的"智能环境"的信任感;日本在e-Japan和u-Japan计划基础上又提出i-Japan计划;韩国也提出了新的物联网计划。在中国,

2009年8月,温家宝总理提出"感知中国"概念,在中国政府推动下,物联网产业在中国也得到极大发展。

物联网,英文为 The Internet of Things,是指通过射频识别(RFID)、红外感应器、全球定位系统、激光扫描器等信息传感设备,按约定的协议,把任何物品与互联网相连接,进行信息交换和通信,以实现对物品的智能化识别、定位、跟踪、监控和管理的一种网络。

顾名思义,物联网就是物物相连的互联网。这有两层意思:其一,物联网的核心和基础仍然是互联网,是在互联网基础上的延伸和扩展的网络;其二,其用户端延伸和扩展到了任何物品与物品之间,进行信息交换和通信,也就是物物相息。物联网通过智能感知、识别技术与普适计算等通信感知技术,广泛应用于网络的融合中,也因此被称为继计算机、互联网之后世界信息产业发展的第三次浪潮。物联网是互联网的应用拓展,与其说物联网是网络,不如说物联网是业务和应用。因此,应用创新是物联网发展的核心,以用户体验为核心的创新2.0是物联网发展的灵魂。

2. 物联网的特征

(1) 物联网的基本特征

从通信对象和过程来看,物联网的核心是物与物以及人与物之间的信息交互。物联网的基本特征可概括为全面感知、可靠传送和智能处理:①全面感知,利用射频识别、二维码、传感器等感知、捕获、测量技术随时随地对物体信息进行采集和获取;②可靠传送,通过将物体接入信息网络,依托各种通信网络,随时随地进行可靠的信息交互和共享;③智能处理,利用各种智能计算技术,对海量的感知数据和信息进行分析并处理,实现智能化的决策和控制。

(2) 物联网与传统互联网相比的特征

物联网与传统互联网相比的特征有以下几点。

①它是各种感知技术的广泛应用。物联网上部署了海量的多种类型传感器,每个传感器都是一个信息源,不同类别的传感器所捕获的信息内容和信息格式不同。传感器获得的数据具有实时性,按一定的频率周期性的采集环境信息,不断更新数据。

②它是一种建立在互联网上的泛在网络。物联网技术的重要基础和核心仍

旧是互联网,通过各种有线和无线网络与互联网融合,将物体的信息实时准确地传递出去。在物联网上的传感器定时采集的信息需要通过网络传输,由于其数量极其庞大,形成了海量信息,在传输过程中,为了保障数据的正确性和及时性,必须适应各种异构网络和协议。

③物联网不仅仅提供了传感器的连接,其本身也具有智能处理的能力,能够对物体实施智能控制。物联网将传感器和智能处理相结合,利用云计算、模式识别等各种智能技术,扩充其应用领域。从传感器获得的海量信息中分析、加工和处理出有意义的数据,以适应不同用户的不同需求,发现新的应用领域和应用模式。

④物联网的精神实质是提供不拘泥于任何场合、任何时间的应用场景与用户的自由互动,它依托云服务平台和互通互联的嵌入式处理软件,弱化技术色彩,强化与用户之间的良性互动,更佳的用户体验,更及时的数据采集和分析建议,更自如的工作和生活,是通往智能生活的物理支撑。

(二)物联网的业务模式

目前可以纳入物联网范围的应用很多,分类方式也很多,按照技术特征可以大致把物联网的业务模式分为四类,分别是:身份相关业务、信息汇聚型业务、协同感知类业务和泛在服务。身份相关业务类应用主要指利用射频标志(RFID)、二维码、条码等可以标志身份的技术,并基于身份所提供的各类服务。按照终端是去识别其他身份信息还是被识别可以分为主动模式和被动模式;按照服务是提供给个人还是提供给企业,又可以分为个人应用和企业业务两大类。身份相关业务类应用的实现方法是在物上贴上 RFID 标签,读写设备通过读取 RFID 标签中的信息,尤其是 ID 信息,通过这个 ID 信息向物联网名称解析服务器请求以获取该 ID 所对应的进一步详细信息的统一资源标志符(URI),读写设备通过这个统一资源标志符进行进一步的信息获取。

信息汇聚型业务主要指由物联网终端采集、处理经通信网络上报的数据,物联网平台对物联网终端、数据、应用和服务,以及第三方进行统一管理的业务类型。具体的应用类型包括自动抄表、电梯管理、物流管理、交通管理等。在信息汇聚型业务中,物联网的终端只要接受物联网平台的管理,执行数据的采集、简单处理、上报等功能即可,物联网的终端之间不需要进行通信。

协同感知类业务指随着物联网的发展,物联网应用应该能够担负起更为重要的任务、提供更为复杂的业务和服务,这类服务需要物联网终端之间、物联网终端和人之间执行更为复杂的通信,同时,这种通信能力在可靠性、时延等方面可能有更高要求,对物联网终端的智能化要求也更为突出,这样,才能满足协同处理的要求。这类应用有非常具体的内容,如应用场景、需求、架构、通信协议之类,现在还没有深入研究,但从长远来看,协同感知类业务是物联网发展的趋势。

泛在服务以无所不在、无所不包、无所不能为基本特征,以实现在任何时间、任何地点、任何人、任何物都能顺畅地通信为目标,是人类通信服务的极致。"5C+5Any"是泛在网络的关键特征,5C 分别是融合(Convergence)、内容(Contents)、计算(Computing)、通信(Communication)、连接(Connectivity);5Any分别是任意时间(Anytime)、任意地点(Anywhere)、任意服务(Any Service)、任意网络(Any Network)、任意对象(Any Object)。总体含义是:通过底层的全连通的、可靠的、智能的网络,以及融合的内容技术、微技术和生命技术,将通信服务扩展到教育、智能建筑、供应链、健康医疗、日常生活、灾害管理、安全服务、运输等行业,并为人们提供更好的服务,让人们享受信息通信的便利,让信息通信改变人们的生活,更好地服务于人们的生活。

(三)物联网的核心技术

物联网架构可分为三层:感知层、网络层和应用层。感知层由各种传感器构成,包括温湿度传感器、二维码标签、RFID标签和读写器、摄像头、红外线、GPS等感知终端。感知层是物联网识别物体、采集信息的来源。网络层由各种网络,包括互联网、广电网、网络管理系统和云计算平台等组成,是整个物联网的中枢,负责传递和处理感知层获取的信息。应用层是物联网和用户的接口,它与行业需求结合,实现物联网的智能应用。

物联网技术涉及多个领域,这些技术在不同的行业往往具有不同的应用需求和技术形态。对物联网涉及的核心技术进行归类和梳理,可以将其归纳为感知与标识技术、网络与通信技术、计算与服务技术及管理与支撑技术。其中,感知和标识技术是物联网的基础,负责采集物理世界中发生的物理事件和数据,实现外部世界信息的感知和识别,包括多种发展成熟度差异性很大的技术,如传感器、

RFID、二维码等。传感技术利用传感器和多跳自组织传感器网络,协作感知、采集网络覆盖区域中被感知对象的信息。传感器技术依附于敏感机理、敏感材料、工艺设备和计测技术,对基础技术和综合技术要求非常高。目前,传感器在被检测量类型和精度、稳定性与可靠性、低成本与低功耗方面还没有达到规模应用水平,是物联网产业化发展的重要瓶颈之一。识别技术涵盖物体识别、位置识别和地理识别几个方面,对物理世界的识别是实现全面感知的基础。物联网标识技术是以二维码、RFID 标识为基础的,对象标识体系是物联网的一个重要技术点。从应用需求的角度,识别技术首先要解决的是对象的全局标识问题,需要研究物联网的标准化物体标识体系,进一步融合及适当兼容现有各种传感器和标识方法,并支持现有的和未来的识别方案。

网络是物联网信息传递和服务支撑的基础设施,通过泛在的互联功能,实现感知信息高可靠性、高安全性传送。物联网的网络技术涵盖泛在接入和骨干传输等多个层面的内容。以互联网协议版本 6(IPv6)为核心的下一代网络,为物联网的发展创造了良好的基础网条件。以传感器网络为代表的末梢网络在规模化应用后,面临与骨干网络的接入问题,并且其网络技术需要与骨干网络进行充分协同,这些都将面临新的挑战,需要研究固定、无线和移动网及 Ad-hoc 网技术、自治计算与联网技术等。物联网需要综合各种有线及无线通信技术,其中近距离无线通信技术将是物联网的研究重点。由于物联网终端一般使用工业科学医疗(ISM,Industrial Scientific Medical)频段进行通信(免许可证的 2.4GHz ISM 频段全世界都可通用),频段内包括大量的物联网设备以及现有的无线保真(Wi-Fi)、超宽带(UWB)、紫蜂协议(ZigBee)、蓝牙等设备,频谱空间将极其拥挤,会制约物联网的实际大规模应用。为提升频谱资源的利用率,让更多物联网业务能实现空间并存,需切实提高物联网规模化应用的频谱保障能力,保证异种物联网的共存,并实现其互联互通与互操作。

海量感知信息的计算与处理是物联网的核心支撑,服务和应用则是物联网的最终价值体现。海量感知信息计算与处理技术是物联网应用大规模发展后面临的重大挑战之一。需要研究海量感知信息的数据融合、高效存储、语义集成、并行处理、知识发现和数据挖掘等关键技术,攻克物联网"云计算"中的虚拟化、网格计算、服务化和智能化技术。核心是采用云计算技术实现信息存储资源和计算能力的分布式共享,为海量信息的高效利用提供支撑。物联网的发展应以应用为导向,在"物联网"的语境下,服务的内涵将得到革命性扩展,不断涌现的新型应用将使物联网的服务模式与应用开发受到巨大挑战,如果继续沿用传统的技术路线必定束缚物联网应用的创新。从适应未来应用环境变化和服务模式变化的角度出发,需要面向物联网在典型行业中的应用需求,提炼行业普遍存在或要求的核心共性支撑技术,研究针对不同应用需求的规范化、通用化服务体系结构以及应用支撑环境、面向服务的计算技术等。

随着物联网网络规模的扩大、承载业务的多元化和服务质量要求的提高以及影响网络正常运行因素的增多,管理与支撑技术是保证物联网实现"可运行—可管理—可控制"的关键,包括测量分析、网络管理和安全保障等方面。测量是解决网络可知性问题的基本方法,可测性是网络研究中的基本问题。随着网络复杂性的提高与新型业务的不断涌现,需研究高效的物联网测量分析关键技术,建立面向服务感知的物联网测量机制与方法。物联网具有"自治、开放、多样"的自然特性,这些自然特性与网络运行管理的基本需求存在着突出矛盾,需研究新的物联网管理模型与关键技术,保证网络系统正常高效的运行。安全是基于网络的各种系统运行的重要基础之一,物联网的开放性、包容性和匿名性也决定了不可避免地存在信息安全隐患。需要研究物联网安全关键技术,满足机密性、真实性、完整性、抗抵赖性的四大要求,同时还需解决好物联网中的用户隐私保护与信任管理问题。

(四)物联网在中国的发展

2009年10月24日,在中国第四届中国民营科技企业博览会上,西安优势微电子公司宣布:中国的第一颗物联网的中国芯——"唐芯一号"芯片研制成功,中国已经攻克了物联网的核心技术。唐芯一号芯片具有24G超低功耗射频可编程片上系统PSoC,可以满足各种条件下无线传感网、无线个域网、有源RFID等物联网应用的特殊需要,为我国的物联网产业的发展奠定了基础。无线网络是实现"物联网"必不可少的基础设施,安置在动物、植物、机器和物品上的电子介质产生的数字信号可随时随地通过无处不在的无线网络传送出去。"云计算"技术的运用,使数以亿计的各类物品的实时动态管理变得可能。在"物联网"这个全新产业中,我国的技术研发水平处于世界前列,具有重大的影响力。中科院早在1999年就启动了传感网研究,与其他国家相比具有同发优势。该院组成了2000多人的团队,先后投入数亿元,在无线智能传感器网络通信技术、微型传感器、传感器终端机、移动基站等方面取得重大进展,目前已拥有从材料、技术、器件、系统到网络的完整产业链。在世界传感网领域,中国与德国、美国、韩国一起,成为国际标准制定的主导国之一。中科院无锡微纳传感网工程技术研发中心(以下简称"无锡传感网中心"),是国内目前研究物联网的核心单位。2009年8月7日,温家宝总理在江苏无锡调研时,对微纳传感器研发中心予以高度关注,提出了把传感网络中心设在无锡、辐射全国的想法。温家宝总理指出"在传感网发展中,要早一点谋划未来,早一点攻破核心技术","在国家重大科技专项中,加快推进传感网发展","尽快建立中国的传感信息中心,或者叫'感知中国'中心"。2009年,无锡传感网中心的传感器产品在上海浦东国际机场和上海世博会被成功应用,首批价值1500万元的传感安全防护设备销售成功,这套设备由十万个微小的传感器组成,散布在墙头墙角墙面和周围道路上。传感器能根据声音、图像、震动频率等信息分析判断爬上墙的究竟是人还是猫狗等动物。多种传感手段组成一个协同系统后,可以防止人员的翻越、偷渡、恐怖袭击等攻击性入侵。由于效率高于美国和以色列的防入侵产品,国家民航总局正式发文要求,全国民用机场都要采用国产传感网防入侵系统。

2010年,发改委、工信部等部委已会同有关部门,在新一代信息技术方面开展研究,以形成支持新一代信息技术的一些新政策措施,从而推动我国经济的发展。2012年2月14日,中国的第一个物联网五年规划——《物联网"十二五"发展规划》由国家工信部颁布。该规划中圈定9大领域重点示范工程,分别是:智能工业、智能农业、智能物流、智能交通、智能电网、智能环保、智能安防、智能医疗、智能家居。2013年,国务院发布《关于推进物联网有序健康发展的指导意见》,经过多年发展,我国物联网技术研究水平取得进展,射频识别技术、传感器研发等方面有所突破;行业应用初现成果,在工业、农业、交通运输、能源电力、食品安全、医疗卫生、智能家居、智慧城市等领域应用典范不断涌现。物联网作为新经济增长点的战略新兴产业,具有良好的市场效益。2012年,中国物联网产业市场规模达到3650亿元,比上年增长38.6%。从智能安防到智能电网,从二维码普及到"智慧城市"落地,物联网正四处开花,悄然影响人们的生活。专家指出,伴随着技术的进步和相关配套的完善,在未来几年,技术与标准国产化、运营与管理体系化、产业草根化将成为我国物联网发展的三大趋势。

二、移动电子商务

移动电子商务(M-business 或 Mobile Business)是电子商务的一条的分支,移动商务是指通过移动通信网络进行数据传输,并且利用手机、掌上电脑等无线移动信息终端参与各种商业经营活动的一种新电子商务模式,它是新技术条件与新市场环境下的诞生的新的移动商务,也称移动办公,是一种利用手机实现企业办公信息化的全新方式。

移动电子商务是移动通信、PC 电脑与互联网三者融合的最新信息化成果。移动电子商务是商务活动参与主体可以在任何时间、任何地点实时获取和采集商业信息的一类电子商务模式,移动商务活动以应用移动通信技术和使用移动终端进行信息交互为特性。由于移动通信的实时性,移动商务的用户可以通过移动通信在第一时间准确地与对象进行沟通,与商务信息数据中心进行交互,使用户摆脱固定的设备和网络环境的束缚,最大限度地驰骋于自由的商务空间。

(一)移动电子商务的主要特征

与传统的商务活动相比,移动商务具有如下几个特点。

1. 更具开放性、包容性

移动商务因为接入方式无线化,使得任何人都更容易进入网络世界,从而使网络范围延伸更广阔、更开放;同时,使网络虚拟功能更带有现实性,因而更具有包容性。

2. 具有无处不在、随时随地的特点

移动商务的最大特点是"自由"和"个性化"。传统商务已经使人们感受到了网络所带来的便利和快乐,但它的局限在于它必须有线接入,而移动电子商务则可以弥补传统电子商务的这种缺憾,可以让人们随时随地结账、订票或者购物,感受独特的商务体验。

3. 潜在用户规模大

截至 2015 年 12 月底,中国的移动电话用户总数达 13.06 亿户,为全球之最。显然,从电脑和移动电话的普及程度来看,移动电话远远超过了电脑。而从消费用户群体来看,手机用户中基本包含了消费能力强的中高端用户,而传统的电脑上网用户中以缺乏支付能力的年轻人为主。由此不难看出,以移动电话为载体的移动电子商务不论在用户规模上,还是在用户消费能力上,都优于传统的电子商务。

4. 能较好确认用户身份

对传统的电子商务而言,用户的消费信用问题一直是影响其发展的一大问题,而移动电子商务在这方面显然拥有一定的优势。这是因为手机号码具有唯一性,手机 SIM 卡片上存贮的用户信息可以确定一个用户的身份,而随着未来手机实名制的推行,这种身份确认将越来越容易。对于移动商务而言,这就有了信用认证的基础。

5. 定制化服务

由于移动电话具有比 PC 机更高的可连通性与可定位性,因此移动商务的生产者可以更好地发挥主动性,为不同顾客提供定制化的服务。例如,开展依赖于包含大量活跃客户和潜在客户信息的数据库的个性化短信息服务活动,以及利用无线服务提供商提供的人口统计信息和基于移动用户位置的信息,商家可以通过具有个性化的短信息服务活动进行更有针对性的广告宣传,从而满足客户的需求。

6. 易于推广使用

移动通信所具有的灵活、便捷的特点,决定了移动电子商务更适合大众化的个人消费领域,比如,自动支付系统,包括自动售货机、停车场计时器等;半自动支付系统,包括商店的收银柜机、出租车计费器等;日常费用收缴系统,包括水、电、煤气等费用的收缴等;移动互联网接入支付系统,包括登录商家的 WAP 站点购物等。

(二)我国移动电子商务发展现状

我国移动电子商务经过几年的发展,在政府重视和支持下,配套政策出台,关键技术突破等方面也取得了积极进展,现在正处于从试点示范阶段走向规模应用阶段的关键点上。2007 年,发改委与原国务院信息办联合发布《电子商务发展"十一五"规划》,其中,移动电子商务试点工程成为六大重点引导工程之一。规划中明确指出,"鼓励基础电信运营商、电信增值业务服务商、内容服务提供商和金融服务机构相互协作,建设移动电子商务服务平台","发展小额支付服务、便民服务和商务信息服务,探索面向不同层次消费者的新型服务模式"。2007年6月开始,原国务院信息办开始组织实施该项工程,率先与中国移动通信集团公司组成了联合工作组,编制了《国家移动电子商务试点示范工程总体规划》,确定了转变经济发展方式、方便百姓生活和带动战略产业发展三大目标,依托中国移动通信研究院建立了国家移动电子商务研发中心,并批准在湖南省以及重庆市和广州市开展移动电子商务的试点工作。工业和信息化部组建后,信息化推进司继续负责组织和推动该项工程,目前试点示范工程已经取得了重要突破性进展,三大目标正在逐步实现,初步显现了移动电子商务巨大的效益和潜力。

相关调查数据显示,2014年前三季度,我国移动电商的交易规模已经超过5500亿元,全年达到8956.85亿元,相比之下,美国2014年的规模预计仅为3300亿元左右。从增速上看,2011—2013年我国移动电商的年复合增长率高达388%,是同期美国移动电商增速的5.6倍,也是同期我国网络购物增速的7.3倍。我国俨然已经是全球最大和增速最快的移动电商市场,移动电商正进入爆发期。在2015年"双十一"中,天猫"双十一"全球狂欢节的总交易额达到912.17亿元,移动端成交占比68%。而根据美国的会计制度公布的阿里巴巴财务报告显示,阿里巴巴2016财年移动端营收占比突破七成,达71%,而2015财年这一数字为40%。

中国互联网络信息中心(CNNIC)发布《第37次中国互联网络发展状况统计报告》显示,随着政府和企业大力开展"智慧城市"与"无线城市"建设,公共区域无线网络迅速普及。手机、平板电脑、智能电视带动家庭无线网络使用,网民通过Wi-Fi无线网络接入互联网的比例高达91.8%。目前,Wi-Fi无线网络已成为网民在固定场所下接入互联网的首选方式。网络环境的逐步完善和手机上网的迅速普及,使得移动互联网应用的需求不断被激发。2015年,基础应用、商务交易、网络金融、网络娱乐、公共服务等个人应用发展日益丰富。其中,手机网上支付增长尤为迅速。截至2015年12月,手机网上支付用户规模达到3.58亿,增长率为64.5%,网民使用手机网上支付的比例由2014年底的39.0%提升至57.7%。此外,网民数量的激增和旺盛的市场需求推动了互联网领域更广泛的应用发展热潮。2015年,1.10亿网民通过互联网实现在线教育,1.52亿网民使用网络医疗,

9664 万人使用网络预约出租车,网络预约专车人数已达 2165 万。互联网的普惠、便捷、共享特性,已经渗透到公共服务领域,也为加快提升公共服务水平、有效促进民生改善与社会和谐提供了有力保障。

(三)我国移动电子商务的发展趋势

1. 改变传统的企业营销模式

在当前全球经济危机的背景下,企业需要更低的生产成本以应对残酷的生存竞争;客户也不再满足于坐在电脑面前完成交易,他们需要更加精准、个性化、注重沟通的交易方式,这些都促使企业积极寻找一种新型的营销模式。移动电子商务凭借其低成本、即时性、互动性、个性化的特点,很好地满足了这些需求,美国冠群电脑公司移动电子商务产品管理总监谢涛玲认为:"只有移动电子商务能在任何地方、任何时间,真正解决做生意的问题。"因此可以说,移动电子商务将推动传统企业的营销模式向移动互联网转变。而基于本地化的位置服务 LBS(基于地理位置的服务)将会在未来发挥巨大的作用,它是移动互联网时代的一个突破性发明,传统互联网和移动互联网的最大差别就是后者是非常本地化的,在 LBS 方面具有非常大的优势,企业可以根据用户的位置信息提供更多的整合服务。

2. 加快传统行业的转型升级

"互联网+"上升到国家战略高度,使得移动互联网与传统行业的结合变得更为紧密。尤其是在泛生活服务领域,出行、旅游、教育、招聘、医疗等传统行业都在借助移动互联网的平台优势进行着商业模式的转型升级,未来将有更多的传统行业,包括国家高度关注的供给侧改革中的相关行业也可以借助互联网和移动互联网实现产业的转型升级。

3. 改变人们的生活方式

突破时间和地点的限制,随时随地实现管理、营销、购物、支付等各种活动,是移动电子商务的最大特点。随着安全性、地域局限性及手机功能进一步完善等问题被一一克服后,以手机代替电脑完成各种商务活动将成为人们生活的一部分,移动电子商务将极大地刺激移动信息化消费。移动电子商务应用领域将被不断拓展与创新,由最基本的移动支付,转向商务活动的各个环节。例如,用户可以直接利用移动设备进行网上身份认证、账单查询,享受网络银行业务、基于位置的服务、互联网电子交易、无线医疗等。

4．手机搜索业务将成为下一个掘金点

手机搜索可以帮助用户随时随地获取有效信息，日常生活中人们对它的依赖程度越来越高，比如购物时比较价格，出行时获取目的地信息，碰到各种疑难问题迅速上网寻找答案，等等。中国互联网络信息中心（CNNIC）发布《第 37 次中国互联网络发展状况统计报告》显示，手机搜索用户已达 4.78 亿，网民使用率为 77.1％。未来几年中国移动搜索市场将呈现稳步增长态势，业内人士预测手机搜索业务将成为移动电子商务的下一个掘金点。

5．移动电子商务应用从单个环节向行业解决方案深化

移动电子商务发展初期以最容易切入的单个生产环节应用为主，如移动车辆管理、旅游电子门票等。发展到后期，移动电子商务将逐步向行业的整体解决方案深化，如移动物流解决方案、旅游移动电子商务解决方案等。

小　结

互联网的发展可以划分为四个阶段。

第一阶段是内容为王时代；第二阶段是各种互联网网站与内容流型社交网络并存的时代；第三阶段是移动 APP 与消息流型社交网络并存的时代；第四阶段是应用操作时代。

电子商务是利用计算机技术、网络技术和远程通信技术，实现整个商务过程中的电子化、数字化和网络化的活动。

电子商务具有这样一些公认的特征：①采用电子方式，特别是通过 Internet 的方式促成交易；②它可以实现商品交易、人力资源、资金、信息等服务交易；③它包含企业间的商务活动，也包含企业内部的生产、经营、管理、财务等商务活动；④它涵盖交易的各个环节，如询价、报价、订货、售后服务等；⑤它采用电子方式只是形式，提高效率才是其主要目的。

电子商务的发展，既面临机遇也面临着诸多挑战。发展电子商务需要政府的推动和企业的积极参与，要有完善的信息基础设施，要有可靠的安全保障措施，要建立必要的法律法规和技术标准，要有方便、快捷、安全的支付手段，要有高效的

物流配送体系,要克服观念障碍,提高消费者网上购物的意识、商家使用电子商务的工具意识,要有一大批懂电子商务的专业技术人才。

电子商务可提供网上交易和管理等全过程的服务,它具有广告宣传、咨询洽谈、网上订购、网上支付、电子账户、服务传递、意见征询、交易管理等各项功能。电子商务并不仅仅是创建一个门户网站,它涵盖的内容更为广泛。目前电子商务已有很多方面的应用,如网上购物、网上证券交易、网上招聘、网上拍卖等,而这些应用都需要相关技术的支持。电子商务的一般框架包含了实现电子商务系统的工程技术保证,还包含了相应的政策、法规、标准等软技术保证。电子商务的技术支持分为四个层次、两个支柱和应用:自下而上的四个层次分别是网络层、多媒体信息发布层、报文和信息传播层和贸易服务层;两个支柱是政策、法律、法规及各种技术标准和安全网络协议。电子商务的应用是以四层技术和两个支柱为条件的。

电子商务商业模式是指,电子商务活动中的各个主体按照一定的交互关系和交互内容所形成的相对固定的商务活动样式。电子商务活动中的各个主体包括企业(Business,B)、消费者(Consumer,C)和政府(Government,G),交互关系指的是电子商务活动的各个主体——企业、消费者和政府之间的关系,交互内容包括商务信息、商品交易和服务交易三个方面。一般来说,电子商务商业模式基本上按照参与者性质进行分类,主要分为:企业对企业的电子商务(B2B),企业对消费者的电子商务(B2C),政府对企业的电子商务(G2B),政府对消费者的电子商务(G2C),消费者对消费者的电子商务(C2C),消费者对企业的电子商务(C2B),线上对线下的电子商务(O2O)等。

电子商务的本质不是电子,而是商务,电子只是它的手段和方式。这种商务也不仅仅是一种单纯的交易,而是把买家、卖家、厂商和合作伙伴通过互联网、企业内部网和企业外部网全面结合起来的一种应用。面对电子商务飞速发展的形势,国内传统企业应如何应对电子商务带来的挑战是摆在企业决策者面前的一项重大课题。电子商务对国内传统企业的挑战大致可以分为两大类:一是竞争对手用电子商务增强了竞争能力;二是企业在实施电子商务时遇到的挑战。

企业开展电子商务需要支付的成本包括内部成本和外部成本两大类。内部成本包括硬件成本、软件成本、系统的运行与维护费用、人员成本、风险防范成本;

外部成本包括企业间的通信成本、观念转化及信用成本、物流发展滞后的成本。开展电子商务将使企业从以下六个方面获益：树立良好的企业形象、降低交易成本、降低管理成本、减少库存、降低客户服务成本、提高经营管理效率。

未来电子商务发展的主要趋势是物联网和移动商务。物联网被看作信息领域一次重大的发展和变革机遇。它把所有物品通过射频识别等信息传感设备与互联网连接起来，实现智能化识别和管理。目前可以纳入物联网范围的应用很多，分类方式也很多，按照技术特征可以大致把物联网的业务模式分为四类，分别是：身份相关业务、信息汇聚型业务、协同感知类业务和泛在服务。移动电子商务是利用手提移动通信设备，经即时且高速连线方式来连接网际网路，以进行通信、互动及交易等的相关活动。移动电子商务具有无处不在、个性化、灵活性、安全性等许多优良特性，进而决定了移动电子商务将是未来电子商务的主流形式和发展方向。

思考题

1. 名词解释

电子商务　物联网　移动电子商务

2. 简答题

(1) 电子商务具有什么特征和功能？

(2) 电子商务发展依赖哪些支撑环境？

(3) 简述电子商务一般框架的组成。

(4) 简述电子商务的基本商业模式。

(5) 电子商务对传统企业构成了哪些挑战？

(6) 企业实施电子商务的成本有哪些？

(7) 电子商务给企业带来了哪些潜在收益？

(8) 物联网的业务模式有哪些？

(9) 物联网的核心技术是什么？

(10) 移动电子商务的主要特征是什么？

3. 论述题

（1）结合实际谈谈你对物联网与移动商务的认识。

（2）简述电子商务商业模式的含义、主体和主要类型。

💬 实验操作 ━━━━━━━━━━━━━━━━━━━━━━

访问海尔集团公司网站（http://www.haier.com）和海尔电子商城（http://www.ehaier.com），浏览网站内容，了解海尔集团的产品与服务，然后思考海尔集团如何利用电子商务的方式为客户提供产品和服务。

第二章 网络营销

阿里发布"去啊"竟引发旅游品牌大狂欢

2014年10月，原淘宝旅行举行新闻发布会，推出新独立品牌"去啊"，及独立域名www.alitrip.com。据阿里介绍，"去啊"的品牌内涵是："只要决定出发，最困难的部分就已结束。那么，就去啊！"而浓缩成发布会现场的一页PPT，则是："去哪里不重要，重要的是……去啊。"

不料，这一句并不奇葩的表述，竟然引来了整个中国在线旅游圈的集体戏仿与致敬。好一场久违的狂欢！

存在即是合理的，对于这场狂欢，我们可以比较明确地找到其成因。"去啊"和行业里另一主角"去哪儿"，无论在字还是音上，都太过于相近。从品牌转播角度上看，这是可以指摘的。而事实上，据发布会现场参与者介绍，去啊旅行总经理李少华（花名忽必烈）在台上宣讲时，还真的说成了"去哪儿不重要，重要的是……去啊"。

第一只为这场狂欢风暴扇动翅膀的蝴蝶，正是作为"当事方"的去哪儿。他们表示："人生的行动不只是鲁莽的'去啊'，沉着冷静地选择'去哪儿'，才是一种成熟态度！"将"去啊"和"去哪儿"两个品牌拎出来，制造冲突。而接下来跟进的旅游品牌,也基本延续了这个路数。

携程当仁不让地接过了下一棒。它把老对手和新威胁一道黑了一把,最终突出了自己。"旅行的意义不在于'去哪儿',也不应该只是一句敷衍的'去啊',旅行就是要与对的人,携手同行,共享一段精彩旅程——携程自驾游 用心为您打造完美假期。"

更多相关品牌也参与了这场集体戏仿与营销狂欢。

清华、北大网络营销总裁班创始专家刘东明老师表示,在业务层面,淘宝旅行改为"去啊",绝不仅仅是一个品牌更名,也是在战略和资源上的发力。淘宝旅行升格为阿里旅行,阿里航旅事业部升级为事业群,携程、去哪儿都难免为之侧目,甚至暗暗背脊发凉。表面看,这是一场公关大战或营销推广,但是对整个行业而言,还是有推动作用。在这场狂欢中,受益最多的是小品牌。在旅游行业中,很多团队的知名度不及大企业,不过创业精神却值得钦佩,在这次大战中,很多小品牌也站在公众面前,这无疑是一次最好的推广。

学习目标

通过本章的学习,可以掌握网络营销的基本概念、基本理论和基本内容,明确网站推广的主要方法,认识和理解网络销售渠道管理策略。

第一节　网络营销概述

一、网络营销的含义

网络营销是企业利用网络媒体来开展的各类市场营销活动,是传统市场营销在网络时代的延伸和发展。对于网络营销的认识,国内一些学者或网络营销从业人员对网络营销的研究和理解往往侧重某些不同的方面:有些偏重网络本身的技术实现手段;有些注重网站的推广技巧;也有些人将网络营销等同于网上直销;还有一些把新兴的电子商务企业的网上销售模式也归入网络营销的范畴。

迄今为止,学术界对网络营销还没有一个统一的名称。在国外使用的词有 Cyber Marketing、Internet Marketing、Network Marketing、Online Marketing、E-marketing,等等。这些不同的名称没有本质的区别,只是从不同的角度反映网络营销的特点,而网络营销的概念和内涵还在不断发展之中。其中,Cyber Marketing 主要是指在计算机上构成的虚拟空间进行营销;Internet Marketing 是指在 Internet 上开展营销活动;Network Marketing 是指包括 Internet 在内的可在计算机网络上开展的营销活动,这些网络可以是专用网或增值网;Online Marketing 则是指在线营销与线下营销相对应;而 E-marketing 是目前比较习惯和采用的表述方法,E-表示电子化、信息化、网络化的含义,既简洁又直观明了,而且与电子商务(E-business)、电子虚拟市场(E-market)等相对应。所以 E-marketing 是指在电子化、信息化、网络化环境下开展的营销活动。

综合起来,可以将网络营销更全面地定义为:网络营销是以现代营销理论为基础,建立在互联网环境之上、借助于互联网技术来更有效的满足顾客的需求和愿望,从而实现企业营销目标的一种手段。

网络营销不是网上销售,不等于网站推广;网络营销是手段而不是目的,它不局限于网上,也不等于电子商务,它不是孤立存在的,不能脱离一般营销环境而存在。它应该被看作传统营销理论在互联网环境中的应用和发展。简单地说,网络营销就是以互联网为主要平台进行的、为达到一定营销目的的营销活动。

二、网络营销的基本理论

(一)网络直复营销理论

根据美国直复营销协会(ADMA)为直复营销下的定义,直复营销是一种为了在任何地方产生可度量的反应或达成交易而使用一种或多种广告媒体的相互作用的市场营销体系。直复营销的"直"来自英文的"direct",即直接的意思,是指不通过中间分销渠道而直接通过媒体连接企业和消费者;直复营销中的"复"来自英文中的"response",即"回复"的意思,是指企业与顾客之间的交互,顾客对这种营销能够有一个明确的回复,企业可以统计到这种明确回复的数据,由此可以对以往的营销效果进行评价。"回复"是直复营销与直接销售的最大区别。

从直复营销的定义来看,网络营销所包含的这一系列活动完全符合直复营销的理念,并成为典型的直复营销活动。互联网作为一种交互式的可以双向沟通的渠道和媒体,在企业与客户之间架起了方便的双向互动的桥梁,通过互联网,顾客可以直接参与从产品设计、定价到订货、付款的生产和交易的全过程;企业可以直接获得市场需求情况、开发产品、接收订单、安排生产并直接将产品送给顾客。网络营销作为一种有效的直复营销策略,源于网络营销活动的效果是可测试、可度量和可评价的。互联网信息处理高效率、低成本的特点,使企业可以及时了解消费者需求变化的情况,细分目标市场,提高营销活动效率。有了及时的营销效果评价,企业可以迅速改进以往的营销努力,从而获得更满意的营销执行结果。

(二)网络软营销理论

"软营销"理论是与工业化时代为配合大规模生产经济而提出的"强势营销"理念相对应的新的营销理念,它从消费者心理学角度为网络营销提供了又一个理论基础。

在互联网上,信息交流是平等、自由、开放和交互式的,强调的是互相尊重和沟通。网上使用者比较注重个人体验和自主性。因此,企业采用传统的强势营销手段在互联网上展开营销活动必然适得其反。

软营销和强势营销的一个根本区别就在于:软营销的主动方是消费者而强势营销的主动方是企业。网络本身的特点和消费者个性化需求的回归,使得网络营销成为一种"软营销"。

(三)网络关系营销理论

1985年巴巴拉·杰克逊在产业市场营销领域提出了这个概念,认为"关系营销是指获得、建立和维持与产业用户紧密的长期关系"。关系营销的实质是在买卖关系的基础上建立非交易关系,以保证交易关系能够持续不断地确立和发生,其目标是建立和发展同相关个人和组织的兼顾双方利益的长期联系,包括企业与客户的关系、企业与上游企业的关系、企业内部关系以及企业与竞争者、社会组织和政府之间的关系。关系营销实际上认识到企业不过是社会经济大系统中的一个子系统,企业的营销目标能否实现要受到众多外在因素的影响。20世纪90年代以来,关系营销的重要性越来越受到企业决策者的认同,并获得了广泛应用。

如果说传统营销的核心是获得顾客的话,那么关系营销的核心则是企业获得和保持顾客。企业实施顾客关系营销的原因至少有两点。其一,企业通过服务顾客等手段为保持顾客所支出的费用远远小于争取新顾客的费用。其二,在商品交易过程中,顾客支付价值获得使用价值,企业让渡产品实现价值获得利润。这说明企业和顾客之间存在共同的利益,二者可以通过长期合作实现双赢。信息技术和网络技术的发展为企业和顾客之间建立有效的双向沟通渠道提供了良好的技术支持。依靠信息和网络技术实现全面互动,旨在建立以顾客为导向的顾客关系管理的企业可以高效地收集、处理和传递信息。因此,互联网是企业与顾客建立长期关系的有效保障。网络关系营销的常用方式有以下两种。

1. 互动栏目设计(Interactive Channel Design)

互动栏目的运用是充分发挥网络特性的一种营销手段,通过互动栏目可充分了解访问者的特征及喜好,从而更直接地掌握第一手的市场资料。此手段要与其他网络推广手段相配合。

2. 会员关系管理(Member Relationship Management)

针对网络会员设计一系列服务,通过网络会员管理系统可以准确地了解每个人不同的喜好及基本情况。有针对性地为会员提供信息及服务,可以在恰当的时间把恰当的信息/服务送到恰当的人手中。

(四)网络整合营销理论

整合营销(Integrated Marketing Communication)又称"整合营销传播",它是欧美国家20世纪90年代以消费者为导向的营销思想的具体体现。整合营销理论起步于20世纪90年代,网络互动的特性使顾客真正参与整个营销过程成为可能;顾客不仅参与的主动性增强,而且选择的主动性也得到加强,因为网络上信息丰富的特征使顾客的选择余地变得很大,在满足个性化消费需求的驱动之下,企业必须严格地执行以消费者需求为出发点,以满足消费者需求为归宿点的现代市场营销思想,否则顾客就会选择其他企业的产品。为此,网络营销首先要把顾客整合到整个营销过程中来,从他们的需求出发开始整个营销过程。

不仅如此,在整个营销过程中要不断地与顾客交互,每一个营销决策都要从消费者出发而不是像传统营销理论那样主要从企业自身的角度出发。在此情况下,传统的以4P理论为典型代表的营销管理方法就需要作进一步的扩展。因为1960年美国市场营销学家杰罗姆·麦卡锡提出的4P组合即产品(Product)、价格(Price)、渠道(Place)和促销(Promotion)理论的经济学基础是厂商理论,即利润最大化,它的基本出发点是企业的利润,而没有把消费者的需求放到与企业利润同等重要的位置上,它指导的营销决策是一条单向的链。但网络营销需要企业同时考虑消费者需求和企业利润。20 世纪 90 年代,以舒乐兹教授为代表的营销学者从消费者的角度切入提出了"4C's"理论,从四个方面分析消费者需求,它包括消费者需求(Consumer's Wants and Needs)、成本(Cost)、方便(Convenience)和沟通(Communication)四大因素。企业如果从 4P's 对应的 4C's 出发(而不是从利润最大化出发),在此前提下寻找能实现企业利益的最大化的营销决策,则可能同时达到利润最大化和满足顾客需求两个目标。

网络整合营销的理论模式可以表述为:营销过程的起点是消费者的需求;营销决策(4P's)是在满足 4C 要求的前提下的企业利润最大化;最终实现的是消费者满足和企业利润最大化。而由于消费者个性化需求的良好满足,他对企业的产品、服务形成良好的印象,在他第二次需求该种产品时,会对公司的产品、服务产生偏好,他会首先选择公司的产品和服务;随着第二轮的交互,产品和服务可能更好地满足他的需求。如此重复,一方面,顾客的个性化需求不断地得到越来越好的满足,建立起对公司产品的忠诚意识;另一方面,由于这种满足是针对差异性很强的个性化需求,就使得其他企业进入壁垒变得很高,也就是说其他生产者即使生产类似的产品也不能同样程度地满足该消费者的个性消费需求。这样,企业和顾客之间的关系就变得非常紧密,甚至牢不可破,这就形成了"一对一"的营销关系。上述这个理论框架称为网络整合营销理论,它始终体现了以顾客为出发点及企业和顾客不断交互的特点,它的决策过程是一个双向的链。

第二节 网络营销基本内容

一、网络营销涉及的范围

网络营销产生于 Internet 飞速发展的网络时代,作为依托网络的新的营销方式和营销手段,有助于企业在网络环境下实现营销目标。网络营销涉及的范围较广,所包含的内容较丰富,主要表现在以下两个方面。

第一,网络营销要针对新兴的网上虚拟市场,及时了解和把握网上虚拟市场的消费者特征和消费者行为模式的变化,为企业在网上虚拟市场进行营销活动提供可靠的数据分析和营销依据。

第二,网络营销依托网络开展各种营销活动来实现企业目标,而网络的特点是信息交流自由、开放和平等,而且信息交流费用低廉,信息交流渠道既直接又高效,因此在网上开展营销活动,必须改变传统营销手段和方式。

二、网络营销包括的内容

在 Internet 上进行的营销活动的网络营销,虽然网络营销基本的营销目的和营销工具与传统的营销是大体一致的,但在实施和操作的过程中与传统方式有着很大区别,具体来讲,网络营销包括下面一些主要内容。

（一）网上市场调查

网上市场调查是指企业利用 Internet 的交互式信息沟通渠道来实施市场调查活动,所采取的方法包括直接在网上通过发布问卷进行调查,企业也可以在网上收集市场调查中需要的各种资料。网上市场调查的重点是利用网上调查工具,提高调查的效率和调查效果,同时利用有效的工具和手段收集整理资料,在 Internet 浩瀚的信息库中获取想要的信息和分辨出有用的信息。

（二）网络消费者行为分析

网络消费者是网络社会的一个特殊的群体,与传统市场上的消费群体的特性是截然不同的,因此要开展有效的网络营销活动必须深入了解网上用户群体的需求特征、购买动机和购买行为模式。Internet 作为信息沟通的工具,正成为许多有相同兴趣和爱好的消费群体聚集交流的地方,在网上形成了一个个特征鲜明的虚拟社区,网上消费者行为分析的关键就是了解这些虚拟社区的消费群体的特征和喜好。

（三）网络营销策略的制定

企业在采取网络营销实现企业营销目标时,必须制定与企业相适应的营销策略,因为不同的企业在市场中所处的地位是不同的。企业实施网络营销需要进行投入,并且也会有一定的风险,因此企业在制定本企业的网络营销策略时,应该考虑各种因素对网络营销策略制定的影响,例如需考虑产品周期对网络营销策略的影响。

（四）网络产品和服务策略

网络作为有效的信息沟通渠道,改变了传统产品的营销策略特别是营销渠道的选择。在网上进行产品和服务营销,必须结合网络特点重新考虑对产品的设计、开发、包装和品牌的产品策略研究,因为有不少传统的优势品牌在网络市场上并不一定是优势品牌的例子。

（五）网络价格营销策略

作为一种新的信息交流和传播工具,Internet 从诞生开始就实行自由、平等和信息基本免费的策略,因此在网络市场上推出的价格策略大多采取免费或者低价策略。所以,制定网上价格营销策略时,必须考虑到 Internet 对企业产品的定价影响和 Internet 本身独特的免费特征。

（六）网络渠道选择与直销

Internet 对企业营销活动影响最大的是企业的营销渠道。通过网络营销获得巨大成功和巨额利润的 Dell 公司,借助 Internet 的直接特性建立了网上直销的销售模式,改变了传统渠道中的多层次选择和管理与控制的问题,最大限度地降低了营销渠道中的营销费用。但是企业在建设自己的网上直销渠道时必须在前期进行一定的投入,同时还要结合网络直销的特点改变本企业传统的经营管理模式。

（七）网络促销与网络广告

Internet 具有双向的信息沟通渠道的特点,可以使沟通的双方突破时空限制进行直接的交流,操作简单、高效,并且费用低廉。Internet 的这一特点使得在网上开展促销活动十分有效,但是在网上开展促销活动必须遵循在网上进行信息交流与沟通的规则,特别是遵守一些虚拟社区的礼仪。网络广告是进行网络营销最重要的促销工具,网络广告作为新兴的产业已经得到了迅猛的发展。网络广告作为在第四类媒体上发布的广告,其交互性和直接性的特点具有报纸杂志、无线电广播和电视等传统媒体发布广告无法比拟的优势。

（八）网络营销管理与控制

网络营销依托 Internet 开展营销活动,必将面临传统营销活动无法碰到的许多新问题,例如,网络产品质量的保证问题、消费者隐私保护问题,以及信息的安全问题,等等,这些都是网络营销必须重视和进行有效控制的问题,否则企业开展网络营销的效果就会适得其反。

三、网络营销与传统营销

（一）网络营销与传统营销的区别

在网络环境下，网络营销较之传统营销，从理论到方法都有了很大的变化，这种变化表现在以下几个方面。

1. 产品定位的差异

传统营销的以产定销，导致不适销对路；网络营销可以以销定产，实现个性化定制。

2. 促销手段的差异

传统营销的主要促销手段是单向的广告宣传，广告和购买脱节，无法反馈；网络营销的广告可以双向交流，广告和咨询、订购可以连成一体，传统营销中的促销手段（如打折、贵宾卡等）也可以移植到网络营销中来，还可以提高商品配送效率，切实解决售后服务问题。

3. 营销方式的改变

传统营销需要大量的资金和人员投入，属于资本密集型与劳动密集型；而网络营销是技术密集型的。

4. 竞争形式的差异

传统营销中与竞争对手是面对面的竞争，是企业规模和资金实力的较量，竞争的游戏规则是大鱼吃小鱼；而网络营销面对的是看不见的竞争对手，网站进入的便利性和网站的知名度是竞争中的砝码，运行效率和经济效益是最重要的竞争优势，竞争规则是快鱼吃慢鱼，只有第一没有第二。

5. 营销策略的差异

传统营销策略中，企业追求的是利润最大化目标，4P 营销策略是以产品为导向的，以企业为中心来确定价格，靠强势推销来实行，顾客处于被动地位；网络营销采用 4C's 营销策略，所主张的营销观念是以客户为中心的。4C's 营销策略具体表现为以下几个方面。

（1）消费者解决方案（Customer Solution）

不急于制订产品策略，而以研究消费者的需求和欲望为中心，不是将已制造的产品强行推销给顾客,而是设计消费者想购买的产品,从消费者需求出发开始整个营销过程。

(2)消费者成本(Customer Cost)

暂时把定价政策放在一边,而是研究消费者为满足其需求所愿支付的成本。

(3)方便(Convenience)

忘掉营销渠道,着重考虑消费者购买产品的便利性。

(4)沟通(Communication)

抛开促销策略,加强与消费者的沟通与交流。企业营销决策是从消费者角度进行思考,在满足消费者需求的前提下,寻求企业利润的最大化。

(二)网络营销对传统营销的冲击

Internet 上电子商务对传统的市场营销理念造成了极大的冲击,这种冲击表现在以下几个方面。

1. 对营销渠道的冲击

传统营销依赖层层严密的渠道,并以大量人力与广告投入市场,这在网络时代将成为"奢侈品"。在未来,人员推销、市场调查、广告促销、经销代理等传统营销手法,将与网络相结合,并充分运用网上的各项资源,形成以最低成本投入,获得最大市场销售量的新型营销模式。

因特网大大提高了商品和劳务供应方与需求方直接接触的能力,通过Internet,生产厂商可以更好地直接与最终用户联系,由传统中间人(零售商、批发商、分销商或经纪人)沟通生产与消费的必要性大大降低,流通中介渠道的重要性也因此而大打折扣。

2. 对定价策略的冲击

在网上对商品促销时,如果某种产品的价格标准不统一或经常改变,客户将会通过 Internet 认识到这种价格差异,并可能因此导致客户的不满。所以相对于目前的各种媒体来说,Internet 会使变化不定且存在差异的价格水平趋于一致。这将对企业不同的分销商和分布于海外并在各地采取不同价格策略的销售业务产生巨大冲击。例如,如果一个企业对某地的顾客提供 20%的价格折扣,世界各地的 Internet 用户都会从网络上了解到这个交易,从而可能会影响到那些通过分销商进行的销售业务和本来并不需要折扣的销售业务。另外,通过 Internet 搜索特定产品的代理商也将认识到这种价格差别,从而加剧了价格歧视的不利影响。总之,这些因素都表明 Internet 将导致国际的价格水平标准化或至少缩小国别间的价格差别。这对于执行差别化定价策略的企业不能不说是一个严重问题。

3. 对广告策略的冲击

首先,相对于传统媒体来说,由于网络空间具有无限扩展性,因此在网络上做广告可以较少地受到空间的局限,从而尽可能地将必要的信息一一罗列。

其次,迅速提高的广告效率也为网上企业创造了便利条件。譬如,有些公司可以根据其注册用户的购买行为很快地改变向访问者发送的广告;有些公司可根据访问者特性如硬件平台、域名或访问时搜索主题等方面有选择地显示其广告。

4. 对标准化产品的冲击

作为一种新型媒体,Internet 可以在全球范围内进行市场调研。通过 Internet,厂商可以迅速获得关于产品概念和广告效果测试的反馈信息,也可以测试顾客的不同认同水平,从而更加容易地对消费者行为方式和偏好进行跟踪。因而,在 Internet 大量使用的情况下,对不同的消费者提供不同的商品将不再是天方夜谭。

随着网络技术迅速向宽带化、智能化、个人化方向发展,用户可以在更广阔的领域内实现声、图、像、文一体化的多维信息共享和人机互动功能。"个人化"把"服务到家庭"推向了"服务到个人"。正是这种发展使得传统营销方式发生了革命性的变化。它将导致大众市场的终结,并逐步体现市场的个性化,最终实现按每一个用户的需求来组织生产和销售。

美国一家出版商联机书屋(Online Bookstore)把即将出版的书的某些章节用各种语言装载到 Internet 网上以便全球范围的访问者"品读"。样品书中包含有作者资料及其他相关材料,它的独特之处在于:当来自全球的访问者在"品读"之后产生对本书的需求时,它可将材料译成访问者的当地语言以符合其当地化的需求。这种个性化服务方式的驱动力是最终消费者,而非按惯例由国外分销商的兴趣决定。同时,Internet 网的新型沟通能力又加速了这种趋势。因此,怎样更有效地满足各种个性化的需求,是每个网上公司面临的一大挑战。

5. 对顾客关系的冲击

因特网有力量大大改进公司同顾客的关系。简单地说,这是因为因特网使顾客能够控制他们自己作为产品和服务潜在购买者的价值。

现在,在信息的获取与利用方面,顾客与卖主相比,总是处于相对不利的地位。例如,邮寄公司花费大笔资金建立他们能够向之推销产品的顾客名单;杂志和信用卡公司把它们的订户和持卡人名单"出租"给那些有兴趣对这些顾客进行销售的公司。但是顾客却几乎没有认识到他们的个人信息和个人的交易历史的价值,几乎没有取得由他们自己的信息所创造的经济价值。因特网将在两方面使这种情况发生变化。

首先,因特网提供内容广泛的产品或者服务信息,并把这种内容同便捷的沟通和通信环境结合起来,创造一个能大面积产生并传播信息的环境,这是虚拟社会产生强大力量的关键因素。在这个环境中,对同类产品或服务感兴趣的任何个人可以在公告牌上"公布"谁都可以得到的信息,在交谈区进行实时书面"交谈"。它使成员能够在相互之间的信息交流学习中产生新的信息,同时,在这种不间断的信息交流与学习中,通过比较和判断积累起自己的经验,创造更加丰富的信息,最终使消费者可以在重要信息资源的获取上形成不依赖卖主和广告宣传的意识。

其次,当因特网这个虚拟的社会在组织信息和进行信息交易时,网络信息中介商应运而生,它使顾客在与卖主讨价还价时处于主动的地位,帮助消费者向卖主索取更多的价值。网络信息中介商实质上是顾客(买主)的代理人,它帮助买主从卖主那里获取更多的产品和服务信息,帮助潜在的买主了解可能在哪里找到自己所需要的信息资源,从而帮助消费者摆脱受供应商摆布的境地。

(三)网络营销的主要优势

网络媒介具有传播范围广、速度快、无时间地域限制、无时间约束、内容详尽、多媒体传送、形象生动、双向交流、反馈迅速等特点,可以有效降低企业营销信息传播的成本。

1. 网络营销具有交互性和纵深性

它不同于传统媒体的信息单向传播,而是信息互动传播。通过链接,用户只需简单地点击鼠标,就可以从厂商的相关站点中得到更多、更详尽的信息。另外,用户可以通过广告位直接填写并提交在线表单信息,厂商可以随时得到宝贵的用户反馈信息,进一步减少了用户和企业、品牌之间的距离。同时,网络营销可以提供进一步的产品查询需求。

2. 成本低、速度快、更改灵活

网络营销制作周期短,即使在较短的周期进行投放,也可以根据客户的需求很快完成制作,而传统广告制作成本高,投放周期固定。

3. 多维营销,效果好

纸质媒体是二维的,而网络营销则是多维的,它能将文字、图像和声音有机的组合在一起,传递多感官的信息,让顾客如身临其境般感受商品或服务。网络营销的载体基本上是多媒体、超文本格式文件,广告受众可以对其感兴趣的产品信息进行更详细的了解,使消费者能亲身体验产品、服务与品牌。

4. 更具有针对性,受众关注度高

可通过提供众多的免费服务,网站一般都能建立完整的用户数据库,包括用户的地域分布、年龄、性别、收入、职业、婚姻状况、爱好等。据资料显示,电视并不能集中人的注意力,人们一般都会边看电视边做其他的事,而网上用户在使用计算机时几乎不做任何其他事。

5. 可重复性和可检索性

网络营销可以将文字、声音、画面完美地结合之后供用户主动检索,重复观看。而与之相比电视广告却是让广告受众被动地接受广告内容。

第三节　企业网站推广

一、网站推广及其意义

（一）企业网站是最基本、最重要的网络营销工具

在所有的网络营销工具中,企业网站是最基本、最重要的一个。没有企业网站,许多网络营销方法将无用武之地,企业的网络营销整体效果也将大打折扣。相对于无站点营销,在拥有企业网站的情况下,网络营销的手段要丰富得多,由于有企业网站的支持,效果也较无站点营销要更有保证。例如,同样是利用网上商店开展在线销售,在拥有企业网站的情况下,还可以将企业网站的资源与建立在电子商务平台上的网上商店结合起来,网上商店作为企业网站功能的补充,而企

业站点为网上商店提供丰富的企业信息和产品信息,并且可以通过网站推广获得用户资源,这些资源又为网上商店带来新的潜在用户。由于互联网用户迅速增加,网络营销的价值获得了普遍认可,而且随着网站建设技术和市场的成熟,费用也越来越低,功能却在不断增强,现在已经有越来越多的企业开始建立自己的网站。

(二)企业网站的特点

企业网站的特点主要体现在以下几个方面。

1. 企业网站具有自主性和灵活性

企业网站完全是根据企业本身的需要建立的,并非由其他网络服务商所经营,因此在功能上有较大的自主性和灵活性,也正因为如此,每个企业网站的内容和功能会有较大的差别。企业网站效果的好坏,主动权掌握在自己手里,其前提是对企业网站有正确的认识,这样才能适应企业营销策略的需要,并且从经济上、技术上有实现的条件。因此,企业网站应适应企业的经营需要。

2. 企业网站是主动性与被动性的矛盾同一体

企业通过自己的网站可以主动发布信息,这是企业网站主动性的一面,但是发布在网站上的信息不会自动传递给用户,只能"被动地"等待用户自己来获取信息,这又表现出企业网站具有被动性的一面。同时具有主动性与被动性也是企业网站与搜索引擎和电子邮件等网络营销工具在信息传递方式上的主要差异。从网络营销信息的传递方式来看,搜索引擎完全是被动的,只能被动地等待用户检索,只有用户检索使用的关键词和企业网站相关,并且在检索结果中的信息可以被用户看到并被点击的情况下,这一次网络营销信息的传递才得以实现。电子邮件传递信息则基本上是主动的,发送什么信息、什么时候发送,都是营销人员自己决定的。

3. 企业网站的功能需要通过其他网络营销手段才能体现出来

企业网站的网络营销价值,是通过网站的各种功能以及各种网络营销手段而体现出来的,网站的信息和功能是基础,网络营销方法的应用是条件。如果建设一个网站而不去合理应用,企业网站这个网络营销工具将不会发挥应有的作用,无论功能多么完善的网站,如果没有用户来浏览和应用,企业网站也就成为摆设,这也就是网站推广作为网络营销首要职能的原因。在实际应用中,一些企业由于缺乏专业人员维护管理,于是呈现给浏览者的网站内容往往数年如一日,甚至对用户的咨询邮件也不给予回复,这样的企业网站没有发挥其应有的作用,也就不足为怪了。

4.企业网站的功能具有相对稳定性

企业网站功能的相对稳定性具有两方面的含义:一方面,一旦网站的结构和功能被设计完成并正式开始运作,在一定时期内将基本稳定,只有在运行一个阶段后进行功能升级的情况下,才能拥有新的功能,网站功能的相对稳定性无论是对于网站的运营维护还是对于一些常规网络营销方法的应用都很有必要,不断变化中的企业网站是不利于网络营销的;另一方面,功能的相对稳定性也意味着,如果存在某些功能方面的缺陷,在下次升级之前的一段时间内,将影响网络营销效果的发挥,因此在企业网站策划过程中应充分考虑到网站功能的这一特点,尽量做到在一定阶段内的功能适用并具有一定的前瞻性。

5.企业网站是其他网络营销手段和方法的基础

企业网站是一个综合性的网络营销工具,这也就决定了企业网站在网络营销中的作用不是孤立的,不仅与其他营销方法具有直接的关系,也构成了开展网络营销的基础。整个网络营销方法体系可分为无站点网络营销和基于企业网站的网络营销,后者在网络营销中居于支配地位,这也是在网络营销体系中不能脱离企业网站的根本原因。

(三)企业网站的营销推广

网站建设仅仅是网络营销的第一步,网站建成后,如何增加网站访问量,是至关重要的问题。提高网站访问率的主要方法是将网站通过自动注册技术在搜索引擎或目录服务网站上注册,以及在有影响的网站上做电子广告来实现。但是高访问率并不意味着高购买率,还应该结合本行业的用户群在网上造成影响:一方面要通过技术手段在本行业的网站上进行网络营销;另一方面还要利用专业信息检索手段主动搜寻潜在客户,并与传统的宣传方式相结合,力争达到比较满意的效果。因此网站的营销推广关系到网站的兴衰和企业网络营销的成败。

二、搜索引擎营销

搜索引擎(Search Engine)是检索 Web 信息的工具,它可以通过对某个主题、某个关键词或其他参数搜索来加快搜索的速度。搜索引擎具有阅读、分析与储存网上信息的功能。

基于万维网的搜索引擎自 1993 年出现之后得到了迅速发展,已经成为网络用户获取信息和企业网站推广的重要手段之一。从工作原理来分,常见的搜索引擎有两类:一类是以百度、谷歌为代表的由程序自动索引网页的纯技术型的全文检索搜索引擎,其原理是通过机器手(即 Spider 程序)到各个网站收集、存储信息,并建立索引数据库供用户查询;另一类称为分类目录,即以雅虎为代表的人工分类的目录服务网站,利用各网站登录信息时填写的关键词和网站描述等资料,经过人工审核编辑后,输入数据库以供查询。搜索引擎无论从技术上,还是在服务方式上都在不断发展变化,这种变化也将直接影响搜索引擎营销的基本思想和操作方法。前者通过机器人程序自动搜索,可方便地收集更多的网站并及时更新,发现及删除已不存在的站点,从而大大提高用户查询速度。后者具有分类清晰、准确的优点,但也存在人工成本高而造成收集内容有限、更新速度慢的不足,因而正被逐步淘汰。

搜索引擎营销(Search Engine Marketing,简称 SEM)就是基于搜索引擎平台的网络营销,利用人们对搜索引擎的依赖和使用习惯,在人们检索信息的时候将信息传递给目标客户。搜索引擎营销的基本思想是让用户发现信息,并通过点击进入网站或网页,进一步了解所需要的信息。

对于大多数企业网站来说,搜索引擎营销一直都是网站推广的最重要的活动,主要用于网站推广、网络品牌建设、产品促销等方面。

(一)搜索是网站营销的重要功能

信息社会的一个鲜明特点是信息数量剧增,一个以营销为目的的商业网站,是几十万、上百万个站点中的一个,如何在如此众多的站点中让客户看到你企业的站点,需要搜索引擎。传统管理活动中,"搜索"这一行为的普遍性,是企业内部管理活动的基础;另外,信息社会中信息的过度泛滥是目前企业网络营销活动所处的现实外部环境,两者存在尖锐的矛盾。据 CNNIC 的互联网调查报告显示,2006 年底,中国网页总数有 45 亿,到 2011 年底已增长到 866 亿。一方面,企业管理人员,希望以最小的成本获取相关信息,另一方面,外部环境信息的过度泛滥时刻干扰着企业"搜索"相关信息的行为,信息越多,干扰越大,越不好找。这种企业所需相关信息的有限性与网络信息膨胀的无限性存在长期的矛盾,在目前的技术条件下,解决的途径还是离不开搜索引擎。

此外,搜索引擎体现"体验经济"的特征,让客户在搜索中得到某种体验,某种愉悦的感觉,这将成为客户增值服务的一部分。搜索是收集客户信息的有效手段。用户检索所使用的关键词反映出用户对该问题的关注,这种关注是搜索引擎之所以被应用于网络营销的根本原因。通过服务器日志,或专用软件,能直接分析哪些产品、信息经常被客户搜索,哪些产品、信息从来不被客户查找。这为网站信息布局提供直接的依据,为调整企业的产品线提供线索。

搜索引擎已成为用户获取网络信息的主要渠道,同时也是最有效的网络营销工具。在搜索引擎用户规模快速增长,搜索服务能力不断提升的基础上,搜索引擎在网络营销的精准性和营销效果评估方面的挖掘,大大提升了网络媒体的营销价值。从中国互联网络信息中心在 2016 年 1 月发布的《第 37 次中国互联网络发展状况统计报告》中可以看出:截至 2015 年底,搜索引擎在网民中的使用率达 82.3%,搜索引擎用户规模已达 5.6623 亿人。一方面,搜索引擎用户规模和渗透率持续增长;另一方面,用户使用搜索引擎的频率增加,生活中各种信息的获取更多地诉求于互联网和搜索引擎。为了满足用户的多元需求,进一步提升搜索引擎作为互联网入口的地位,国内各搜索引擎厂商服务更加多元化,增加了浏览器、输入法、网络社区、网络视频、电子商务等不同领域的投入;同时,微博、博客等新兴网络应用的快速发展,助推了国内实时搜索技术的研发和应用。

搜索引擎目前已成为用户使用最多的网络工具。搜索引擎对网络营销很有价值,尤其是在用户寻找新网站时,搜索引擎是第一工具。对于企业来说,出于扩大宣传的目的,可将自己网站的信息提交到搜索引擎数据库,以增加与潜在客户通过因特网建立联系的机会。由于认识了搜索引擎的商业利用价值,越来越多的企业都把搜索引擎注册作为主要的网络营销手段,并且取得了很好的宣传效果。

(二)搜索引擎营销的基本过程

搜索引擎营销的基本过程有如下几个方面。

(1)企业信息发布在网站上以网页形式存在的信息源(包括企业内部信息源及外部信息源)。

(2)搜索引擎将网站/网页信息收录到索引数据库。

(3)用户利用关键词进行检索(对于分类目录则是逐级目录查询)。

（4）检索结果中罗列相关的索引信息及其链接 URL。

（5）根据用户对检索结果的判断选择有兴趣的信息并点击 URL 进入信息源所在网页。

（6）用户搜索某关键词。

（7）搜索引擎将搜索结果呈现给用户。

（8）用户点击搜索结果中的某 URL 链接，打开其所指向的企业网站。

（9）用户浏览企业网站，实现转化。

（三）搜索引擎营销的目标

搜索引擎营销的目标可分为以下四个层次。

第一层是搜索引擎的存在层，其目标是在主要的搜索引擎/分类目录中获得被收录的机会，这是搜索引擎营销的基础，离开这个层次，搜索引擎营销的其他目标也就不可能实现。搜索引擎登录包括免费登录、付费登录、搜索引擎关键词广告等形式。存在层的含义就是让网站中尽可能多的网页被搜索引擎收录（而不仅仅是网站首页），从而增加网页的搜索引擎可见性。

第二层的目标则是在被搜索引擎收录的基础上尽可能获得好的排名，即在搜索结果中有良好的表现，因而可称为表现层。因为用户关心的只是搜索结果中靠前的少量内容，如果利用主要的关键词检索时网站在搜索结果中的排名靠后，那么还有必要利用关键词广告、竞价广告等形式作为补充手段来实现这一目标。同样，如果在分类目录中的位置不理想，则需要同时考虑在分类目录中利用付费等方式使排名靠前。

第三层的目标则直接表现为网站访问量指标方面，也就是通过搜索结果点击率的增加来达到提高网站访问量的目的。由于只有受到用户关注，经过用户选择后的信息才可能被点击，因此可称为关注层。从搜索引擎的实际情况来看，仅仅做到被搜索引擎收录并且在搜索结果中排名靠前是不够的，这样并不一定能增加用户的点击率，更不能保证将访问者转化为顾客。要通过搜索引擎营销实现访问量增加的目标，则需要从整体上进行网站优化设计，并充分利用关键词广告等有价值的搜索引擎营销专业服务。

第四层的目标，即通过访问量的增加最终实现企业收益的提高，可称为转化层。转化层是前面三个目标层次的进一步提升，是各种搜索引擎方法所实现效果的集中体现,但并不是搜索引擎营销的直接效果。从各种搜索引擎策略到产生收益,其间的中间效果表现为网站访问量的增加,网站的收益是由访问量转化所形成的,从访问量转化为收益则是由网站的功能、服务、产品等多种因素共同作用而决定的。

因此,搜索引擎营销原理和目标可以归结如下:首先,信息要被搜索引擎索引数据库收录;其次,当用户搜索某相关关键词时,该网站或页面索引在搜索结果中有良好的表现(主要是排名靠前);再次,用户点击该索引链接并打开目标网站或页面;最后,用户通过浏览或进一步的沟通实现转化,成为企业的真实客户或提高企业品牌知名度。

(四)搜索引擎的主要营销方式

1. 注册式

以新浪为例,搜索是目录式的,你可以把你的网站添加到某一个分类下,需要按年收费,同时可以选择两个关键字供搜索。这样,网民可以通过搜索目录找到你。有一些门户网站,如网易的搜索引擎依然是免费登录的,相比之下,新浪的这个业务诱人程度有限。它仅仅保证收录你的网站,不保证排名和位置,显然,这种收录的推广效果不能保证,当然收费也会便宜些。使用该搜索引擎花费不多,是一种适合小企业的网络推广形式,但由于服务模式的缺陷,它的效果不稳定,并不是最佳选择。

2. 广告位链接

基本上和传统的页面广告位链接一样,有一部分也可以添加少许智能化功能,比如你在搜索中搜"随身听",结果页面中会出现一个图框,"想找更多关于'随身听'的产品,来某某网站",比单一的广告链接生动一些。主要按时间和位置收费,也有按点击量收费的。

3. 竞价广告

代表厂商是百度和 Google,购买关键字,你的网站会出现在搜索结果的页面中,为每次点击付费,竞价方式也是目前企业最愿意投入的一种方式。是因为竞价排名不是按照排名的时间长短收费,而是按照为客户网站带来的实际访问量收费。竞价排名的收费方式是记录下有效点击次数,并以此为收费依据。因此,这是一种真正按照效果收费的网络推广服务。百度的推广方式主要包括搜索推广和网盟推广。在百度,当某个关键词的广告信息少于 8 个时,一般在搜索结果右侧单独列出一列竞价广告信息;超过 8 个时,超过部分则一般在搜索结果的第一页的部分内容后面标为"推广",即为购买了排名服务的企业广告,但最多 10 条。Google 的广告主要是 Google AdWords,即关键词广告。关键词广告一般出现在搜索结果的右侧,并且在关键词广告上标注了"赞助商链接"。对于热门关键词广告,也会在自然搜索结果的上面出现几项广告信息,并用不同的背景颜色区分。此外,Google 还有基于内容定位的广告联盟 Google AdSense,即内容广告。

4. 注册中文实名

原来的 3721 网和现在的 CNNIC(中国互联网络信息中心)的通用网址提供类似的业务,分别被称为网络实名和通用网址。购买通用网址这项服务需要按年付费。

5. 网络联盟推广

百度的网盟推广、搜狗联盟、360 展示网络以及 Google AdSense 服务都属于这种形式。如百度将互联网众多内容网站整合,建立了其网站联盟体系,以 30 万家优质百度联盟网站为平台的网络推广方式,当网民进入互联网海量网站时,网盟推广可以通过网站定向、主题词定向、地域定向等多种定向方式,精确锁定目标人群,并将推广信息以文字、图片、动画等多种形式展现在目标人群浏览的网页上,有效提升企业销售额和品牌知名度。

6. 搜索引擎优化

搜索引擎优化(search engine optimization,简称 SEO)是一种利用搜索引擎的搜索规则来提高目前网站在有关搜索引擎内的自然排名的方式。SEO 是指为了从搜索引擎中获得更多的免费流量,从网站结构、内容建设方案、用户互动传播、页面设计、链接优化等角度进行合理规划,使网站更适合搜索引擎的索引原则的行为。对搜索引擎优化不仅能够提高 SEO 的效果,还会使搜索引擎中显示的网站相关信息对用户来说更具有吸引力。

三、网站链接

链接是 Internet 的本质优势和功能。获得相关站点到本公司主页的链接是站点在线推广的重要部分。从营销的角度看,这种链接是"品牌合作"的一种形式。

（一）与相关网站的链接

与网站链接有助于使这些网站组成一个相互照应的环形网络,形成互利互补、相得益彰的营销氛围。在选择相关站点时,首先要注意相关站点的质量和观众的类型,这在很大程度上直接影响到由链接而产生的质量问题。具体操作方法:一般地,由网站推广者与选定的相关网站的负责人联络,询问他们是否愿意让自己的网站与之链接,作为交换,也在自己的网站上链接对方的网站。

（二）与高点击率网站的链接

为了使网站推广有效地开展,应该注意与高点击率的网站链接。通常每个行业会有一个或几个访问量较大的权威性的网站。通过与这样的网站链接,能够达到较准确地圈定访问者的类型,提高网站浏览率的目的。

（三）免费链接与付费链接

目前,大多数链接是免费的,并且对网上冲浪者来说,这种链接的可行度要比广告高。大多数小型站点都乐意提供免费链接。而作为一种商业战略,许多大型站点对通过自己链接到其他站点的链接是要收费的。

四、网络广告

网络广告(Web Advertisement)是一种新兴的广告形式,简单地说,网络广告就是在网络平台上投放的广告。它是确定的广告主以付费方式运用互联网媒体对公众进行劝说的一种信息传播活动,其目的在于影响人们对所广告的商品或劳务的态度,进而诱发其行动而使广告主得到利益的活动。

旗帜广告(Banner Adwertisement)是当今网络广告的主流。网站推广不可忽视这种"标准"的在线广告形式。总体上,在线广告分付费和免费两大类。尽管免费交换是网络空间的特色,但为了实现网站推广的目标,如在一定时间内要达到客观的访问量,采取付费的旗帜广告方式是必要的。付费与免费广告的形式主要如下。

（一）付费广告形式

采取付费广告的形式主要涉及网站的选择。如果本企业的网站主要为了吸引本地的读者,则不妨选择在 Internet 服务提供商(ISP)的网站上做广告。此外,还可以选择在热门的网站的网页发布广告。需要注意的是网页的观众所在的地区、网页的类别与本产品或服务的匹配程度、广告在网页中的位置、出现的频率以及该网页是否提供统计数据等。

(二)免费广告交换

免费广告交换有两种方式：一是以旗帜广告出现，被称为免费图标交换；二是文本形式的广告交换网。

广告交换曾是网站推广中的一个重要方法。但是，近年来许多严肃的商务网站在参与了广告互换活动以后，收到了一些不太健康的广告，不得不退出广告交换。因此，把广告互换依然作为商务网站推广的主要方法显然已经不太现实。

网络广告更具体的内容将在下一节详细介绍。

五、微博营销

(一)微博及微博营销的内涵

微博即微型博客，其主要功能是将自己在生活中的所看、所听、所想的内容，微缩成不超过140字的话语或一张图片，发到微博网页上与自己朋友分享的方式。

微博的价值在于简练，在于面向普遍的大众的传播形式。微博营销具有成本低、传播速度快、影响范围广、互动性强、精准度高等特点。一般来说，企业只需要在微博平台完成注册，就可以进行营销活动，微博内容不受限制且可随时发布，基本不需要成本；此外，微博的互动性和传播性很强，一条微博在发布出去以后，可能会迅速得到粉丝的转载和评论，传播成本较低；同时，微博只会把信息传播到关注自己的人那里，信息传播更加精准。

微博开放平台是基于微博系统的开放的信息订阅、分享与交流的平台。它为用户提供了海量的微博信息、粉丝关系以及信息裂变式的传播渠道。这使得微博平台与第三方开发平台实现了互利共赢，比如，新浪利用开放平台形成了规模效应，而第三方开发者也找到了帮助其营销推广的优势平台。

(二)微博营销的主要模式

微博营销的主要模式体现在以下几个方面。

1.活动营销

通过微博，一个事件或一个话题可能很轻松地进行传播和引起关注，吸引消费者的注意力，企业可借在微博上举办融入了品牌价值的活动与消费者建立良好的关系,迅速提高企业及品牌的知名度、美誉度和影响力。

2. 事件营销

企业可在微博上进行策划、组织和利用具有新闻价值、社会影响以及名人效应的人物或事件,吸引媒体、社会团体和消费者的兴趣和关注,以求提高企业或产品的知名度,树立良好品牌形象,并最终促成产品或服务的销售。

3. 口碑营销

口碑营销是用户以体验为基础,将自己的体验结果口口相传下去的营销方式。微博用户在使用企业的相关产品或服务后,会通过微博将自己的感受传播出去,实现更快速的营销效果。用户的真实反馈也可以帮助企业迅速触摸到消费者的心理、对产品的感受,以及最新的需求,获取市场动态信息,乃至预见到公关危机的先兆。

4. 植入式广告

植入式广告是指把产品或服务的具有代表性的视听品牌符号通过创意策略手段融入影视剧、电视节目、平面媒体、网络游戏及其他互联网媒介的内容中,通过在这些媒体中再现,使消费者在无意识的状态下接受这些信息,留下对产品及品牌的形象,以达到营销的目的。微博是植入式广告的载体之一,企业通过可传播的植入式广告进行产品宣传,在无形中提高自身产品或品牌的知名度和影响力。

5. 客户服务的互动平台

微博为企业客服打开了一个新鲜的窗口,成为一个 24 小时面对面、即时且可一对多的在线客服。企业可通过官方微博与客户进行线上交流,并及时回答、解决客户的问题。

六、微信营销

微信(WeChat)是腾讯公司推出的一款可快速发送文字和照片、支持多人语音对讲的手机端聊天软件。微信提供公众平台、朋友圈、消息推送等功能,用户可以通过"摇一摇""搜索号码""附近的人"以及扫二维码等方式添加好友和关注公众平台,同时使用微信可将内容分享给好友以及将用户看到的精彩内容分享到微信朋友圈。

2011年1月21日,腾讯推出即时通讯应用微信,支持发送语音短信、视频、图片和文字等功能,也可以群聊。在腾讯QQ邮箱、各种户外广告和旗下产品的不断宣传和推广下,微信的用户不断增加。据微信团队宣布的官方数据显示,截至2016年第一季度末,微信每月活跃用户已达到5.49亿,用户覆盖200多个国家、超过20种语言。此外,各品牌的微信公众账号总数已经超过800万个,移动应用对接数量超过85000个,微信支付用户则达到了4亿左右。调查显示,25%的微信用户每天打开微信超过30次,55.2%的微信用户每天打开微信超过10次。微信成为中国微信用户强大的社交工具,接近一半活跃用户拥有超过100位微信好友。目前,通过微信已实现大部分城市的当地社会公共服务,包括公共交通、生活设施缴费、医疗、市政等服务。微信支付和钱包功能通过新年红包等交互活动获得了用户的广泛欢迎。公众号是微信的主要服务之一,近80%用户关注微信公众号。企业和媒体的公众账号是用户主要关注的对象,比例高达73.4%。

(一)微信营销的优势

1. 独特的语音优势

微信不仅支持文字、图片、表情符号的传达,还支持语音的发送。这大大方便了不会文字输入的用户使用,或当用户疲于打字发信息,那么就可以直接通过微信发送语音信息。

2. 定位功能

在微信的"查看附近的人"的插件中,用户可以查找自己所在地理方位邻近的微信用户。该功能除了显现邻近用户的微信名等基本信息外,还会显现用户签名档的内容。商家也可以运用这个免费的广告位为自己做宣扬,乃至打广告。当你在某餐厅用餐的时候,突然传来朋友的微信,说附近某某商场在促销,或者附近有什么好活动正在进行,就感觉十分方便有趣。

3. 高端用户

根据微信团队宣布的官方数据,微信用户平均年龄只有26岁,97.7%的用户在50岁以下,86.2%的用户在18～36岁之间。职业方面,企业职员、自由职业者、学生、事业单位员工这四类占据了80%的用户。此外,中国高资产净值人群有80%也在使用微信。

4. 稳定的人际关系

有这样一种说法。微信 1 万个听众相当于新浪微博的 100 万粉丝。这种说法有点夸大,但仍然有一定代表性。在新浪微博中,僵尸粉丝和无关粉丝很多,而微信的用户却一定是真实的、私密的、有价值的。微信关注的是人,人与人之间的交流才是这个平台的价值所在。微信基于朋友圈的营销,能够使营销转化率更高。

5. 方便的信息推送

微信大众账号可以经过后台的用户分组和地域操控,完成精准的音讯推送。一般大众账号,可以群发文字、图片、语音三个类的内容。认证的账号则有更高的权限,不仅能推送单条图文信息,还能推送专题信息。

6. 专注于移动客户端

微信的用户主要集中在安卓系统和苹果系统的手机用户,都属于智能系统手机用户,中国智能手机用户数已超过 9 亿,智能手机普及率超过 35%。微信可以在任意位置使用查找附近的人并打招呼、添加好友、添加通讯录、摇一摇等功能,大大提升企业移动营销的能力。微信从诞生的第一天起,就只有移动互联网这一个方向,腾讯的技术平台能力,以及腾讯在电商、团购等领域的经验也有助于其快速整合。

(二) 微信营销模式

微信目前的主要营销方式有以下几种。

1. 活动式微信——漂流瓶

漂流瓶有两个简单功能:"扔一个",用户可以选择发布语音或者文字然后投入"大海"中;"捡一个","捞""大海"中无数个用户投放的漂流瓶,"捞"到后也可以和对方展开对话但每个用户每天只有 20 次机会。微信官方可以对漂流瓶的参数进行更改,使得合作商家推广的活动在某一时间段内抛出的"漂流瓶"数量大增,普通用户"捞"到的频率也会增加。加上"漂流瓶"模式本身可以发送不同的文字内容甚至语音小游戏等,如果营销得当,也能产生不错的营销效果。而这种语音的模式,也让用户觉得更加真实。但是如果只是纯粹的广告语,是会引起用户反感的。

2. 地理位置推送——LBS

企业可以根据自己的地理位置查找到周围的微信用户。营销人员在人流最旺盛的地方后台 24 小时运行微信,然后根据地理位置将相应的促销信息(如优惠券)推送给附近的用户,进行精准投放。如果"查看附近的人"使用者足够多,这个广告效果将十分有效。

3. 互动式推送——微信公众平台

对于大众化媒体、明星以及企业而言,如果说微信开放平台＋朋友圈的社交分享功能的开放,已经使得微信成为一种移动互联网上不可忽视的营销渠道,那么微信公众平台的上线,则使这种营销渠道更加细化和直接。通过一对一的推送,品牌商家可以与粉丝开展个性化的互动活动,提供更直接的互动体验,以赢得用户满意。

4. O2O 模式——二维码

打开微信扫一扫功能,将二维码图案置于取景框内,然后你将可以获得成员折扣、商家优惠或是新闻资讯等信息。移动应用中加入二维码扫描这种 O2O 方式早已普及开来,坐拥上亿用户且活跃度足够高的微信,其价值不言而喻。企业可以设定自己品牌的二维码、折扣和优惠来吸引用户关注,开拓 O2O 营销模式。

5. 社交分享——微信朋友圈

微信朋友圈大都基于熟人关系,信任程度较高。随着你的社交范围的扩大,朋友圈关系得以不断拓展。朋友圈是人感情的延伸,它用最潮流的沟通方重新构建了人与人之间的关系。通过分享微信公众账号里有价值的文章,这种病毒式的营销分享可以带来巨大的商业价值。一篇高质量的软文,只要在朋友圈一转发就会产生分子分裂的效果。一个朋友的转发,会导致 10~20 个朋友的转发、同时这些朋友当中,又有朋友再转发。一篇好的文章可能带来上千次、上万次的转发,营销效果显而易见。

微信营销比较常用的就是以活动的方式吸引目标消费者参与,从而达到预期的推广目的。如何根据自身情况策划一场成功的活动,前提在于商家愿不愿意为此投入一定的经费。以签到打折活动为例,商家只需制作附有二维码和微信号的宣传海报和展架,并配置专门的营销人员现场指导到店消费者使用手机扫描二维码便可获得更多客户的关注。消费者扫描二维码并关注商家公众账号即可收到一条确认信息,在此之前商家需要提前设置好被添加后的自动回复信息,客户凭借此信息在埋单的时候可享受优惠。为防止顾客消费之后就取消关注的情况出现,商家还可以在第一条确认信息中说明后续的优惠活动,使得顾客能够持续关注并且经常光顾。

七、其他在线营销

此外,网站的在线推广还可以利用 Internet 提供的典型服务,如新闻组、邮件列表等来扩大网站知名度。

(一)论坛和新闻组

论坛是 Internet 上的一种电子信息服务系统。它提供一块公共电子白板,每个用户都可以在上面书写,可发布信息或提出看法。它是一种交互性强、内容丰富而及时的 Internet 电子信息服务系统,用户在论坛上可以获得各种信息服务,并可发布信息、进行讨论、聊天,等等。

网络新闻组是一些有着共同爱好的 Internet 用户为了相互交换信息而组成的用户交流网(Usenet)。这些信息实际上就是网络用户针对某一个主题向新闻组服务器张贴的邮件。这些邮件对不同的专题加以分类,每一类为一个专题组,通常称为新闻组。

企业要使用论坛或新闻组营销方法,必须明确自己的产品或者服务项目,明确哪些是网络消费者选择的产品,定位目标群体,因为产品网络销售的费用远低于其他销售渠道的销售费用,因此如果产品选择得当企业可以通过论坛营销获得更大的利润。网站推广可以选择与本公司的网站信息相关的论坛或新闻组,在上面发布软文,或开展与本网站有关的问题讨论,但一般不允许明目张胆地发布广告。

论坛营销中最主要的方式就是营销软文的推广。顾名思义,软文是相对于硬性广告而言,用唯美的语言将产品形象化,刺激阅读者的兴趣,进而产生消费的欲望。软文写作的目的就是要将企业的产品和形象通过美丽的文字来进行包装,以达到宣传的效果。软文已经成为企业或者产品营销推广中一种很实用的形式,通过营销软文可以达到做广告的效果和提高企业知名度和美誉度的目的。

但不可否认的是,随着博客、微博、微信等新型社交网络的兴起和普及,传统的论坛、新闻组等应用渐趋衰落,其营销价值也大打折扣。

（二）利用 E-mail 营销

E-mail 营销是在用户事先许可的前提下，通过电子邮件的方式向目标用户传递有价值信息的一种网络营销手段。

关于 E-mail 营销的定义中强调了三个基本因素：基于用户许可、通过电子邮件传递信息，以及信息对用户是有价值的。三个因素缺少一个，都不能称之为有效的 E-mail 营销。

开展 E-mail 营销的基础之一是拥有潜在用户的 E-mail 地址资源。这些资源可以是企业内部所有（内部列表），也可以是合作伙伴或者专业服务商所拥有（外部列表），因此 E-mail 营销的重要内容之一就是用户邮件地址资源的获取和有效管理及应用。与 E-mail 营销密切相关的一个概念是"邮件列表"。

一般情况下，在采用内部列表开展 E-mail 营销时，有时也笼统地称为邮件列表营销，内部列表开展的 E-mail 营销以电子刊物、新闻邮件等形式为主，是在为用户提供有价值信息的同时附加一定的营销信息。事实上，正规的 E-mail 营销主要是通过邮件列表的方式实现的。

利用邮件列表的独特功能推广网站，有两种具体方法：一是建立自己的邮件列表，在自己的网站上增添邮件列表功能；二是可以利用合作伙伴或第三方提供的邮件列表服务。

（三）病毒式营销

1. 病毒式营销的概念和基本原则

病毒式营销是利用用户口碑传播的原理，通过公众将信息廉价复制，告诉其他受众，从而迅速扩大影响的一种常用的网络营销方法，常用于网站推广、品牌推广、产品推广等。

在互联网上，这种"口碑传播"更为方便，可以像病毒一样迅速蔓延，因此病毒式营销（病毒性营销）成为一种高效的信息传播方式，而且，由于这种传播是用户之间自发进行的，因此几乎是不需要费用的网络营销手段。病毒式营销并非真的以传播病毒的方式开展营销，而是通过用户的口碑宣传网络，信息像病毒一样传播和扩散，利用快速复制的方式传向数以千计、数以百万计的受众。

有关病毒式营销的基本思想，冯英健博士在"成功实施病毒式营销的五个步骤"文中是这样描述的："病毒式营销是一种网络营销方法（常用作网站推广的手段），即通过提供有价值的信息和服务,利用用户之间的主动传播来实现网络营销信息传递的目的;病毒式营销同时也是一种网络营销思想,其背后的含义是如何充分利用外部网络资源(尤其是免费资源)扩大网络营销信息传递渠道。"这一论述充分表达了病毒式营销基本思想,是制订、实施病毒式营销计划的基本指导原则。

2. 病毒式营销的基本要素

美国电子商务顾问 Ralph F. Wilson 博士将一个有效的病毒式营销战略的基本要素归纳为六个方面。

(1) 提供有价值的产品或服务。

(2) 提供无须努力便可向他人传递信息的方式。

(3) 信息传递范围很容易从小向很大规模扩散。

(4) 利用公共的积极性和行为。

(5) 利用现有的通信网络。

(6) 利用别人的资源进行信息传播。

根据这一基本规律,在制定和实施病毒式营销计划时,应该进行必要的前期调研和针对性的检验,以确认自己的病毒式营销方案是否满足这六个基本要素。

3. 成功实施病毒式营销的步骤

(1) 对病毒性营销方案的整体规划和设计。

(2) 对网络营销信息源和信息传播渠道进行合理的设计以便利用有效的通信网络进行信息传播。

(3) 对病毒式营销的效果进行跟踪和管理。

上述成功实施病毒式营销的三个步骤对病毒式营销的六个基本要素从实际应用的角度做出了进一步的阐释,使其更具有指导性,充分说明了病毒式营销在实践应用中应遵循的规律。

4. 病毒式营销的成功案例

2005 年,为提升百度搜索的影响力,百度制作了唐伯虎篇、孟姜女篇、刀客篇、神捕篇等四个短片,仅仅通过员工给朋友发邮件,以及在一些小视频网站挂出下载链接等方式扩散开来,短短半年不到的时间里,传播人群超过 2000 万人次,确乎是一次病毒营销的奇迹。作为"百度,更懂中文"品牌活动的一部分,四个短篇由中国武侠电影和周星驰电影风格中的诸多元素构建,诙谐之余极具意趣。这充分符合了病毒传播的第一定律"传播对用户有价值的东西"。

（四）软文营销

1. 软文营销的基本概念和原则

软文营销，就是指通过特定的概念诉求、以摆事实讲道理的方式使消费者走进企业设定的"思维圈"，以强有力的针对性心理攻击迅速实现产品销售的文字传播和口头传播。比如新闻、第三方评论、访谈、采访、口碑等都可用于软文营销。

软文是基于特定产品的概念诉求与问题分析，对消费者进行针对性心理引导的一种文字模式，从本质上来说，它是企业软性渗透的商业策略在广告形式上的实现，通常借助文字表述与舆论传播使消费者认同某种概念、观点和分析思路，从而达到企业品牌宣传、产品销售的目的。

2. 软文营销实施的具体步骤

（1）确定推广方向、定位推广内容市场价值。

（2）将推广的内容移交策划制定具体发布资源渠道。

（3）策划确定推广计划，移交文案编辑推广软文。

（4）文案编辑策划选定推广软文，移交审核。

（5）审核通过后将软文移交策划，策划确定移交新闻媒体，按照确定的时间，确定的栏目、确定的内容准确发布。

（6）将发布过后效果总结，移交推广需求方。

不少商家希望通过一次软文营销就能带来很高的销量，或者说大幅度提高炒作网站的点击率，其实那是很难实现的。因为软文不如硬广告那样直接，它是通过文字潜移默化地影响人们的思想，只有通过长期的营销宣传，才能提升品牌知名度和美誉度，进而才能在营销上产生质的变化。

3. 软文营销达到最佳效果的方法

（1）受众精准定位

明确目标用户，确定受众群，才能真正针对这些有效人群投放信息。内容的不相关和太浓重的广告色彩都只能引起不相关人群的反感。

（2）抓住受众口味

要想取得最好的传播效果，需要对受众的需求进行系统的研究，抓住受众的胃口，这样才能引得众多受众的关注和阅读。从某种程度上来讲，受众口味也能决定你的软文能够得到较好的推广效果。

（3）选对发布网站

研究好了用户，写好了软文，接下来就是选择软文发布的网站了。收录、新闻源、转载率等都是考量网站的重要标准。用户可以将新闻、软文快速发布到全国几家主要的媒体上，让企业信息迅速覆盖全网络。

（4）软文营销策略的转化

软文信息投放了不代表工作就完成了。还要真正考察这篇软文能够带来多少效益，即效益的评估。多少人是潜在客户，什么人群是忠实用户，什么人群能够真正转化为购买用户，网站的浏览量、关注度都是软文营销应该完成的策略转化。

八、离线广告推广

所谓离线广告宣传就是运用传统大众传媒（如电视、报纸、杂志等）或户外媒体（如户外广告牌、墙体、车身等）来做网站推广，也包括将网站地址印在名片、小册子、信签、宣传资料等一切用户能够看到的载体上，还可以在所有产品信息上印上网址。

电视、报刊等大众媒体对网站品牌建立的作用是受众广，效果大；不足是费用较高。墙体广告、车身广告等户外媒体对提高网站知名度的作用是迅速提高网站知名度，适合网站宣传简洁的要求，有效地到达目标受众，经济实惠；不足是受众对象有限。

美国最大的实体书商庞诺集团（Barnes & Noble）投入网络营销后，就以传统的广告形式发起过广告运动。它的广告词是："如果在我们的网站找不到你要的书，那么在别处也不会找得到。"广告词中明显地含有对网络书商亚马逊（Amazon）公司的挑战性的意味。雅虎网站为在互联网上树立品牌形象，最终达到促进销售的目的，就制定实施了一整套市场营销方案，包括与福特、百事可乐等企业开展合作营销推广。

在线营销与离线营销的整合问题，无疑是网络经济的一个实现利润增长的关键问题。如何整合，则需要根据市场需求和消费者的需要不断进行创新。唯有创新才是在线与离线结合的生命力。在线与离线营销的整合模式主要有：对在线资源进行离线开发，对离线资源进行在线开发，离线营销独立进行与在线营销形成遥相呼应之势。网络公司可利用自己的资源与著名品牌公司合作,以"借势、融势、傍大款"的方式进行利益互补的营销开发,重视线下与线上,传统与网络模式相结合的整合营销方式。

第四节　网络广告

随着电子商务的发展,越来越多的企业意识到网站已经成为其展示产品特点和进行营销活动的主体。在此基础上,网络广告也成为继报纸杂志、电视、广播、路牌等广告后的第五种媒介,开始走入人们的视野。1997 年 3 月,一幅 Intel 的 468×60 像素的旗帜广告出现在 China Byte 网站上,这是中国第一个商业性质的网络广告。国际知名的咨询调研机构普华永道发布了《2015—2019 年全球娱乐及媒体行业展望》,报告中称中国在互联网广告(尤其是在线视频)、电影娱乐和视频游戏领域实现了爆发式的增长。在中国,新旧媒体的区分已不太明显,对于消费者来说,内容体验决定一切。事实上,互联网广告占中国广告市场的份额已经非常巨大。在未来五年还将继续上升至 39%~48%。报告还预测,全球互联网广告总收益预计将从 2014 年的 1354.2 亿元增长到 2019 年的 2398.8 亿元,复合年增长率超过 12.1%。由于互联网广告夺取了广告预算中越来越多的资金,到 2019年,互联网广告将会超过电视,成为最大的广告分类。

一、网络广告特点

(一)受众范围的广泛性

1.决定网络广告受众范围广的因素

(1)传播地域的广泛。其受众对象可达到互联网覆盖的 200 多个国家。

(2)受众范围的广泛。网络广告不分地域、时段,受众随时都可以浏览。加之其无可比拟的生动性,必然进一步增加浏览量,激发购买动因,尽快地促成商机。比如导航广告,它像夜海里的航标灯,亲切自然地指导受众完成浏览,全然没有那种传统广告强人所难地让人接受的腻烦。

网络语言互换技术的发展和网站之间交换播发的发展,又使网络广告的受众范围得到了新的扩展和延伸。比如,法国的一个手版模型网站,被一个中国网民看到了,法国站长还收到了这位中国网民的电子邮件。他非常感慨地说:"想不到我的小网站,被地球那一面的人看到了!"

（二）信息的高度密集性

网络广告的信息容量比传统媒体大得多。正是这种信息的高度密集性使它最早被大众认可,再配以网络的高技术手段,可以递进、动态地表达创意或广告主题,使观众不产生腻烦感,反而产生新鲜感,充分地显示出网络广告的无尽魅力,正因如此,它才迅速地获得了最大的客户群。

这种信息的高度密集性还给了网络广告制作人员以充分的再加工、再创造的可能性,给了网络营销人员深入、全面了解商情信息的可能性。

（三）受众深入了解的可能性

传统广告是一种灌输式广告。它只能给予观众第一印象,当观众想获取进一步印象时,广告已经结束了。而网络广告可以满足观众递进的要求,它可以产生一种互动性,令你的购物欲望一步步地递增。以网上售书为例,它不仅可以使你了解书的封面和作者,当你想进一步了解书的内涵时,通过单击鼠标,即可以看到书的目录,又可以看到作者介绍和书的样章及主要内容。

这种互动性是一种无声的语言,是广告创意的引申和发展。互动产生的沟通,缩短了产品和浏览者的距离,不仅能使浏览者尽快地产生购买欲望,并能尽快促成购买行动。

（四）广告效果的可见性

传统的媒体广告无论是刊发还是播发,其直观效果和后续效果都无法量化和考察。往往形成"投资买时段,播出等着看,管用不管用,钱消云烟散"的局面。

网络广告不同,它具有效果的可统计性也不同。无论是广告在网民面前曝光的次数,还是上网者单击的次数都可以统计成完整的资料,反馈给广告主。有的广告商还会做出完整的广告效果分析报告,使广告主既可了解市场对产品的动态反映、公众对自己产品的认知度,又能进行详细的综合统计分析。这些分析报告对网络营销的战略决策和战术运作,都将是极其宝贵的资料。

（五）广告内容跟进的实时性

传统媒体上的广告一旦发布后便不能进行改动,而网络广告随时可以更换,可以满足客户发现最新商机,及时地进行广告跟进的要求。由于网络广告制作的时间短、速度快,具有高技术含量,因此,它不仅可以根据市场的变化及时地进行内容的跟进,而且可以在跟进广告中突出卖点,催发客户的购买动因。这对促成现实商机的作用很大。

这种实时性的另一个非常重要的作用,体现在对网络广告的互动反馈上。传统媒体上的商务广告信息传送的是单向信息,反馈效应需从其他形式获得,而网络广告则可以同时获得跟进的反馈信息,这是传统媒体无法做到的。

（六）广告价位的可接受性

相比传统媒体,网络广告的制作费较低,播出价位相应也较低。因此,广大客户是可以接受的。这种可接受性,一般在两方面表现出来:其一,是因为网络广告的收费会比传统媒体低 30％以上;其二,是由于网络广告效果的可见性,能产生一种等值效应和心理平衡感,这种等值效应和心理平衡感,会成为广告主再投资的内在动力。

二、网络广告的类型

（一）按钮型广告

这是网络广告最早的和常见的形式。通常是一个链接着公司主页或站点的公司标志,并注明"click me"字样,希望网络浏览者主动来点选。按钮广告的不足在于其被动性和有限性,它要求浏览者的主动点选,才能了解到有关企业或产品的更为详尽的信息。

（二）旗帜型广告

网络媒体者在自己网站的页面中分割出一定大小的一个画面（视各媒体的版面规划而定）发布广告,因其像一面旗帜,故称为旗帜广告。据 Price Waterhouse Coopers 及美国网络广告局称,旗帜广告在所有网上广告中占据 56％的市场份额。旗帜广告允许客户用极简练的语言、图片介绍企业的产品或宣传企业形象。它又分为非链接型和链接型两种。非链接型旗帜广告不与广告主的主页或网站相链接,浏览者可以点选,进而看到广告主想要传递的更详细信息。为了吸引更多的浏览者注意并点选,旗帜广告通常利用多种多样的艺术形式进行处理,如做成动画跳动效果或做成霓虹灯的闪烁效果等。

（三）移动广告

这是一种为改变旗帜广告比较呆板的形式而创造的新形式广告,该广告是一种可以在屏幕上移动的小型图片广告,用户用鼠标点击该小型图片时,该移动广告会自动扩大展示广告版面。

（四）主页型广告

它即将企业所要发布的信息内容分门别类地制作成主页,置放在网络服务商的站点或企业自己建立的站点上。主页型广告可以详细地介绍企业的相关信息,如发展规划、主要产品与技术、产品订单、售后服务、战略联盟、年度经营报告、主要经营业绩、联系办法等,从而让用户全面地了解企业及企业的产品服务。

（五）巨型广告

这是用来解决旗帜广告过小,难以吸引网站访问者注意力的问题。巨型广告的版面一般要占屏幕显示的1/3空间,版面增大后,可以增加广告显示的信息,而且展现的内容主要采用的是 Flash 动画格式,因此显示的信息比原来旗帜广告要丰富,形式也更多样化,可以吸引访问者更多的注意力。

（六）分类广告

它类似于报纸杂志中的分类广告,是一种专门提供广告信息服务的站点,在站点中提供出按照产品或者企业等方法可以分类检索的深度广告信息,这种形式的广告对于那些想了解广告信息的访问者提供了一种快捷有效的途径。

（七）列表分类播发型广告

该类型广告利用电子邮件列表和新闻组(专题讨论组)列表,将客户的广告信息按信息类别发向相应的邮件地址和新闻组。

（八）电子杂志广告

利用免费订阅的电子杂志发布广告,电子杂志的版面与一般的 Web 页广告类似,广告形式可以是文字或者图片。

（九）软文广告

该类型广告利用网上虚拟社区或者公告栏 BBS 发布有关产品、企业的广告信息,但发布时不是以直接广告形式,而是以新闻形式发布,以免引起反感。

（十）链接广告

链接广告会在热门站点的 Web 页上放置可以直接访问其他站点的链接,通过热门站点的访问,吸引一部分流量点击链接的站点。

(十一)富媒体广告

富媒体广告一般指使用浏览器插件或其他脚本语言、Java语言等编写的具有复杂视觉效果和交互功能的网络广告。这些效果的使用是否有效,一方面取决于站点的服务器端设置,另一方面取决于访问者浏览器是否能查看。一般来说,富媒体能表现更多更精彩的广告内容。

(十二)其他形式

其他形式的网络广告包括插入式(弹出式)广告、画中画广告、墙纸式广告、互动式游戏广告、视频广告、植入式广告等。

当然,各家网站对网络广告的分类和发布位置并没有统一的标准。大家可以进入"中国食品产业网"(www.foodqs.cn)的广告服务链接,了解各种网络广告的类别、放置位置和大小样例。

三、网络广告的计价

一个网络媒体(网站)有可能包含成千上万个页面,网络广告所投放的位置和价格就牵涉到特定的页面以及浏览人数的多寡。这好比平面媒体(如报纸)的"版位""发行量",或者电波媒体(如电视)的"时段""收视率"的概念。传统广告一般根据版面、篇幅、时间段、时间长度、次数等因素进行计价,与广告的实际效果关联度不大。而网络广告的计价一般与浏览该广告的人数相关,所以更为合理。具体计价方式如下。

(一)每千人成本CPM(Cost Per Mille,或者Cost Per Thousand, Cost Per Impressions)

网上广告收费最科学的办法是按照有多少人看到你的广告来收费。按访问人次收费已经成为网络广告的惯例。CPM指的是广告投放过程中,听到或者看到某广告的每一人平均分担到多少广告成本。传统媒介多采用这种计价方式。网上广告的CPM取决于"印象"尺度,通常理解为一个人的眼睛在一段固定的时间内注视一个广告的次数。比如说一个广告横幅的单价是1元/CPM的话,意味着每一千个人次看到这个广告就收1元,如此类推,10000人次访问的主页就是10元。至于每CPM的收费究竟是多少,要根据主页的热门程度(即浏览人数)划分价格等级,采取固定费率。

（二）每点击成本 CPC(Cost Per Click,或者 Cost Per Thousand Click-Through)

以每点击一次计费。这样的方法加上点击率限制是宣传网站站点的最优方式。但是,此类方法就有不少经营广告的网站觉得不公平,比如,虽然浏览者没有点击,但是他已经看到了广告,对于这些看到广告却没有点击的流量来说,网站成了白忙活。有很多网站不愿意做这样的广告,据说是因为传统媒体从来都没有这样干过。

（三）每行动成本 CPA(Cost Per Action)

CPA 计价方式是指按广告投放实际效果,即按回应的有效问卷或订单来计费,而不限广告投放量。CPA 的计价方式对于网站而言有一定的风险,但若广告投放成功,其收益也比 CPM 的计价方式要大得多。

广告主为规避广告费用风险,只有当网络用户点击旗帜广告,链接广告主网页后,才按点击次数付给广告站点费用。

（四）每回应成本 CPR(Cost Per Response)

以浏览者的每一个回应计费。这种广告计费充分体现了网络广告"及时反应、直接互动、准确记录"的特点,但是,这个显然是属于辅助销售的广告模式,对于那些实际只要亮出名字就已经实现了一半广告要求的品牌,大概所有的网站都会给予拒绝,因为得到广告费的机会比 CPC 还要渺茫。

（五）每购买成本 CPP(Cost Per Purchase)

广告主为规避广告费用风险,只有在网络用户点击旗帜广告并进行在线交易后,才按销售笔数付给广告站点费用。

无论是 CPA 还是 CPP,广告主都要求发生目标消费者的"点击",甚至进一步形成购买,才予付费;CPM 则只要求发生"目击"(或称"展露""印象"),就产生广告付费。

（六）包月方式

很多国内的网站是按照"一个月多少钱"这种固定收费模式来收费的,这无法保障广告客户的利益。虽然国际上一般通用的网络广告收费模式是 CPM(每千人成本)和 CPC(每点击成本),但在我国,一个时期以来的网络广告收费模式始终含糊不清,网络广告商们各自为政,有的使用 CPM 和 CPC 计费,有的干脆采用包月的形式。尽管现在很多大的站点多已采用 CPM 和 CPC 计费,但很多中小站点依然使用包月制。

（七）按业绩付费 PFP(Pay For Performance)

著名市场研究机构福莱斯特公司高级分析师尼尔说："互联网广告的一大特点是，它是以业绩为基础的。对发布商来说，如果浏览者不采取任何实质性的购买行动，就不可能获利。"丘比特公司分析师格拉克说，基于业绩的定价计费基准有点击次数、销售业绩、导航情况等，不管是哪种，可以肯定的是这种计价模式将得到广泛的采用。

（八）其他计价方式

某些广告主在进行特殊营销专案时，会提出以下个别议价方法：CPL(Cost Per Leads)，以搜集潜在客户名单多少来收费；CPS(Cost Per Sales)，以实际销售产品数量来换算广告刊登金额。

相比而言，CPM 和包月方式对网站有利，而 CPC、CPA、CPR、CPP 或 PFP 则对广告主有利。目前比较流行的计价方式是 CPM 和 CPC，最为流行的则为 CPM。

第五节　网络销售渠道管理

网络营销渠道的选择是整个市场营销组合策略的重要组成部分。合理的网络营销渠道，一方面可以最有效地把产品及时提供给消费者，满足用户的需要；另一方面也有利于扩大销售，加速物资和资金的流转速度，降低营销费用。有些企业的产品质量不错，价格也合理，但缺乏适合营销的渠道或营销渠道不畅，无法扩大销售，这种例子是很常见的。网络营销的渠道可分为直接营销渠道和间接营销渠道。

与之相对应的网络营销的渠道策略可分为直接渠道策略、间接渠道策略，以及直销渠道和间接渠道并用的双道策略（又称双道法）。

一、网络直销策略

网络直销是指生产厂家利用互联网，不借助于其他分销渠道所开展的直接销售活动。这种买卖交易的最大特点是供需直接见面,环节少、速度快、费用低。

网络直销的诱人之处在于它能够有效地减少交易环节,大幅度地降低交易成本,从而降低消费者所得到的商品的最终价格。在传统的商业模式中,企业和商家不得不拿出很大一部分资金用于开拓分销渠道。分销渠道的拓展,虽然扩大了企业的分销范围,加大了商品的销售量,但同时也意味着更多的分销商参与利润分配。企业不得不出让很大一部分利润给分销商,用户也不得不承受高昂的最终价格——这是生产者和消费者都不愿看到的。

网络技术的发展,使遍布全球的网络直接连接到最终消费者,电子商务使消费者能以较低交易费用与生产者直接交易,为网上直销提供了条件。戴尔公司为网上直销树立了典范:它成为最大的个人计算机供货商,主要原因就在于其"网上直销"战略的奏效。戴尔模式取得的巨大成功,使得整个个人计算机行业不得不对它的在线直接销售模式做出反应。

越来越多的调查表明,网络直销将会成为未来营销方式的主流。由于网络直销合并了全部的中间环节,并提供了更为详细的商品信息,买主能更容易地比较商品特性及价格,从而在消费选择上居于主动地位,而且与众多销售商的联系更加便利。对于卖方而言,这种模式几乎不需要销售成本,而且即时完成交易,好处是显而易见的。目前,越来越多的生产商建立了自己的网站,直接面对消费者销售产品。

但是并不是每个企业都适合采用自己建立的网站进行直接销售,一个企业在决定是否自建网站进行直接销售时必须认真考虑企业自身的市场优势和产品品牌的知名度。当然,对于一些企业来讲,不仅技术基础实施需要大量的投资,而且进行有效的管理和网站的推广也是一笔相当高的费用,这不是每个企业都能负担的。所以,对于中小型企业来讲是否建立自己的网站需要慎重考虑。

企业在确定是否采用网上直销策略时,一般要综合考虑以下一些因素。

(1)目标市场的大小。一般来说,企业的目标市场范围越小,面对最终消费者进行网上直销的可能性就越大。

(2)商品特性。产品单价高、产品技术复杂,可采用网上直销策略。

(3)企业条件。如果企业实力强大,能够建立自己的网上销售网络,则实行直接销售;反之,应选择利用中间商推销产品。

（4）营销环境。商品配送能力比较强的地区可以选择网上直销方式；反之，有可能因为配送成本太高，而导致直销无法进行。

（5）传统渠道的影响。企业采用网上直销模式，会对传统渠道构成影响，企业要考虑替代的效果。中间商在广告、运输、储存、信用、训练人员、送货方面的作用如果不能用网络来代替，企业就不能全部采用直销渠道。

二、网络间接分销策略

由于网络是一个虚拟市场，网络直销时，交易双方都会考虑对方的信誉，担心出现对方"拿钱不给货"或者"拿货不给钱"的问题，而影响交易进行。为了克服网络直销的缺点，网络商品交易中介机构（即网络中间商）应运而生。这类机构成为连接买卖双方的枢纽，使得网络间接销售成为可能。阿里巴巴 B2B 网站、中国商品交易中心等都是这类中介机构。网络间接营销是指生产者通过融入了互联网技术的这类中介机构把产品销售给最终用户。

网络间接销售克服了网络直销的缺点，使网络商品交易中介机构成为网络时代连接买卖双方的枢纽。首先是因为这些专业的网络中介机构知名度高、信誉好，并且可以解决"拿钱不给货"或者"拿货不给钱"的问题，从而降低买卖双方的风险，确保了双方的利益。其次，由于网络中介机构汇集了大量的产品信息，消费者进入一个网站（中介机构）就可以获得不同厂家的同类产品的信息，生产者也只要通过同一个中间环节就可以和消费者发生交易关系，这大大简化了交易过程，加快了交易速度，使生产者和消费者都感到方便。虽然这类机构在发展过程中还有很多问题需要解决，但其在未来虚拟市场中的作用是其他机构难以替代的。所以那些认为随着网络营销的发展，网络直销将会完全替代间接销售的看法是片面的。尽管未来网络的进步会使网络直销得到充分的发展，但网络间接销售仍有其生存空间。

网络上的中间商又称为电子中间商。与传统中间商一样，电子中间商起着连接生产者和消费者的作用。

网络中间商建立的交易市场相当于传统营销中的市场，市场的特征、知名度、客流量所能提供的服务直接影响了企业营销活动的效果。因此，网络中间商的选择对企业开展网络营销起着十分重要的作用。企业在选择网络中间商时，需要考虑以下几个主要因素。

(1) 网络中间商的特色。

(2) 网络中间商的影响力。

(3) 网络中间商的服务。

目前,网上中间商按是否拥有商品的所有权,可以分为网上经销商和代理商;按中间商在流通过程中所起的作用,分为网上批发商和零售商。

三、网络营销渠道的双道策略

网络营销渠道的双道策略,又称双道法,是指企业同时使用网络直销渠道和网络间接销售渠道,以达到销售量最大的目的。在西方众多企业的网络营销活动中,双道法是最常见的方法,是企业网络营销渠道的最佳策略。在买方市场条件下,通过两条渠道推销产品比通过单一渠道更容易实现"市场渗透"。

小 结

网络营销是企业整体营销战略的一个组成部分,是建立在互联网基础之上,借助于计算机网络、数据通信技术来来实现企业一定营销目标的一种营销手段。其产生是科学技术发展、消费者价值观的变化和市场竞争等综合因素共同促成的结果。

网络营销主要是指基于企业网站的营销推广活动。企业网站是最基本、最重要的网络营销工具。网站的营销推广关系到网站的兴衰和企业营销的成败。搜索是网民最主要的信息获取渠道,网站推广最有效的推广方式是搜索引擎的推广。网站推广需要多种营销推广工具组合共同作用才能发挥最佳效果。网络广告、网站链接、电子邮件、论坛和新闻组等都是常用的网站推广方式。微博、微信推广是目前新兴的,最为热门的营销推广方式。

网络营销组合策略从产品、价格、渠道和促销等四个方面进行 4P's 与 4C's 整合营销。网络营销组合策略具体包括:产品(与品牌、服务)策略、网络营销的定价策略、网络营销的渠道策略(直销与分销)和网络营销的促销策略等。

思考题

1. 名词解释

网络营销　搜索引擎　网络广告　病毒式营销　软文营销

2. 简答题

(1) 什么是网络营销？网络营销包括哪些内容？

(2) 网络营销对市场营销理念造成了哪些冲击？

(3) 简述网络营销的基本理论。

(4) 微博营销的模式有哪些？

(5) 简述微信营销的优势和主要营销模式。

(6) 网络广告的主要形式和特点有哪些？

(7) 网络广告的计价方式有哪些？

(8) 简述网络营销渠道管理的策略。

3. 论述题

(1) 结合实际谈谈企业应该如何进行网站推广。

(2) 试结合实际谈谈如何通过互联网开展软文营销？

实验操作

1. 就你所关心的某一网络营销问题上网进行一项间接调查，并写出调查的步骤和结果报告。

2. 分别调查网上销售的几种商品的价格，并说明采用了哪种定价策略。

3. 上网了解各种网络促销活动，并对其促销策略进行简单的分析。

4. 打开网易网站，看看有哪些网络广告形式，点击几种进行浏览和比较。

5. 通过网络搜索学习如何运营一个微信公众号。

第三章　网上商店

京东商城，低价的威力

自 2004 年初正式涉足电子商务领域以来，京东商城(http://www.jd.com)一直保持高速成长，连续五年增长率均超过 200%。京东商城始终坚持以纯电子商务模式运营，缩减中间环节，为消费者在第一时间提供优质的产品及满意的服务，目前，"京东价"已经成为国内 3C 销售领域的价格风向标。2014 年 5 月，京东集团在美国纳斯达克证券交易所正式挂牌上市，是中国第一个成功赴美上市的大型综合型电商平台，并成功跻身全球前十大互联网公司排行榜。

2015 年，京东集团市场交易额达到 4627 亿元，净收入达到 1813 亿元，年交易额同比增长 78%，增速是行业平均增速的 2 倍。截至 2015 年 12 月 31 日，京东集团拥有近 11 万名正式员工，业务涉及电商、金融和技术三大领域。

根据艾瑞咨询最新数据显示，2016 年第一季度，中国 B2C 市场中，天猫的市场份额位居第一，为 56.1%，京东以 24.8% 的市场份额位于第二，远高于第三、第四的苏宁易购(4%)和唯品会(3.8%)的市场份额。

一、大而全之路

京东专注于 3C 家电的电子商务的销售，并将所有的资源力量都集中于此，但最近一两年，许多客户提出，希望可以在京东上买到化妆品、鞋子或衣服。于是，在京东相关的部门进行了大量的市场调研后,最终决定进军日用百货领域。

从表面看,京东进入日用百货不是为了吸引新用户,而是为了满足已经注册的用户。但从深层原因来看,京东要做"大而全"的综合型B2C平台,就必须扩展产品线。因为京东未来的增长要借助三个方面:一是老用户健康缓和的增长,随着时间推移,他们的消费需求会放缓;二是新用户的增长,即通过各种市场手段扩大京东知名度,从而吸引新客户;三是新品类带来的增长,新品类激发新老客户产生新的购物需求。

要达到这三个目的,京东必须做一件事:深挖用户需求,给用户提供更多更符合他们需求的货品,而不仅仅限于创业时的只卖IT产品的阶段。因为家电产品属于家庭的刚性需求,而日用百货则会增加客户黏性;从另一方面来看,单一产品无论在抗风险还是在盈利方面都不利于企业的持续发展。

按照这个商业逻辑,收购日用百货类B2C网站,是京东快速做大的路径。收购千寻网是京东第一个"练手"的机会。根据业界的分析,此次收购是基于以下三方面因素的考量。

一是用户资源互补。以中低收入女性为主的千寻网与京东商城的用户重合度不高。京东从数码3C类产品向日用百货类产品扩展,覆盖更为广泛的网民群众是首先考虑的因素,双方用户资源互补。

二是商品品类互补。服装服饰、化妆品、家具类商品正逐渐成为网购市场热销的商品品类,与IT、3C类商品相比,此类商品的毛利率更高,有助于提升京东一直以来的低毛利水平。

三是收购价格合理。2010年初,韩国SK集团前前后后向千寻投资了至少8500万元人民币,但是运营期间全部亏损。B2C网站运营成本很高,资本对于B2C企业的成长具有决定性作用。SK与其退出,不如转手给京东,使得刚获注资的京东商城能够以更合理的价格收购千寻网。

京东预计日用百货的销量增速将高达800%,消费者将有足够多的选择。

客户在京东网上每次购买的各类商品,如果都分散在各个仓库中,配送成本太高,因此必须由超大仓库来集中存放货品。从2009年起,京东开始着手自建4~5个单体面积超过10万平方米的库房,并成立全资快递子公司,在全国20多个城市建立物流配送中心。这些超大库房建成后,日处理订单可达30万~50万,可以满足销售增长带来的物流需求,而且可以直接降低物流成本。目前,京东物流成本仅为其销售额的 6％，而通常一个厂商自建网上销售平台会带来 12％～18％的物流成本。

二、低价策略

为什么京东像一块磁石，紧紧吸引用户的鼠标不断点击购买？它的"磁场"从何而来？答案是：低价。从创办之初，京东商城就采用了商品采购价加 5％毛利的策略进行销售，价格比国美、苏宁便宜 10％～20％。京东网站上的 3C 及 IT 产品，超过 80％均为品牌厂商直接供货。京东一直坚持销售低价的正品行货策略，刘强东被称为"价格杀手"。

传统的家电连锁渠道，除了入场费、装修费、促销费，商场给厂商的返款周期通常长达 3 个月，而与京东合作，不但不用交任何费用，且返款周期只有 20 天，缩短了 2 倍，给厂商的现金流带来了活力和保障。

只赚 5％的毛利，让京东一直不能实现盈利。实际上，京东并非不能盈利，而是必须在能力可控的范围内继续保持低毛利率，以不断扩大市场份额。随着规模不断扩大，拿到厂商的返点不断增多，盈利将是水到渠成的事。2009 年京东的毛利率，已经比头一年提升了 70％，这种提升全部来自于厂商的返点，而非涨价。因此，如何在盈利和成本上寻求最佳的平衡，也不断敲打着京东管理层的神经。

三、修补服务短板

与价格优势正好形成鲜明对比的是京东的服务质量，这一直是京东的短板，也是许多快速成长型公司的共同缺陷，这既是规模扩张的瓶颈，也是做大之后组织能力跟不上所暴露出来的缺陷，甚至会成为今后继续增长的大隐患。

此前京东商城客服部门分布在京、沪、广三地，为使得服务更加统一、规范，运营更加高效，2009 年 11 月 20 日，京东在江苏省宿迁市建了一个集中式的全国服务中心，总建筑面积达 6000 平方米。京东目前拥有中国电商领域规模最大的物流基础设施。通过完善布局，京东将成为全球唯一拥有中小件、大件、冷藏冷冻仓配一体化物流设施的电商企业。截至 2016 年 3 月 31 日，京东在全国范围内拥有 7 大物流中心，运营了 209 个大型仓库，拥有 5987 个配送站和自提点，覆盖全国范围内的 2493 个区县，仓储设施占地面积约 430 万平方米。京东专业的配送队伍能够为消费者提供一系列专业服务，如 211 限时达、次日达、夜间配和 2 小时极速达、GIS 包裹实时追踪、售后 100 分、快速退换货以及家电上门安装等服务，保障用户享受到卓越、全面的物流配送和完整的"端对端"购物体验。京东智能物流持续创新,"亚洲一号"现代化物流中心是当今中国最大、最先进的电商物流中心之一,目前已有6座"亚洲一号"投入使用;京东物流实验室开始测试无人机送货,为农村电商配送提速。成立了自己的快递公司之后,京东自由配送的投诉率为第三方快递公司投诉率的1/10,配送品质达到了最初的设想。

总之,对于京东而言,规模不仅仅提供给用户更多的选择,更重要的是,较大的规模可以大幅降低成本,继续给消费者提供低价的商品,以获得生产和发展的空间。京东的自我定位就是做一家像美国西南航空那样的"低成本公司"。

学习目标

通过学习,可以了解网络消费者的层次、特征与类型,以及影响购物的因素;理解电子商店得以发展的原因,区分电子商店发展的主要形式;掌握电子商店前台、后台功能及建立基本步骤;明确各部门工作人员职责,结合个人网上购物的流程,具备运用适宜的经营策略,开展网上订单交易活动的能力。

第一节　网络消费者行为分析

"人在家中坐,货从网上来"是网络环境下网民的切身体会。本节将从网络消费者的层次、特征、类型,以及影响购物因素等方面对网络消费者行为加以分析,起到事半功倍的效果。

一、网络消费者特征

(一)网络消费者的结构特征

《第37次中国互联网络发展状况统计报告》显示:截至2015年12月31日,我国网民总数达6.88亿,互联网普及率为50.1%。中国网民男女比例为53.6:46.4,网民性别结构趋向均衡。网民年龄结构继续向成熟化发展。网民以10～39岁群体为主,占整体的75.1%。其中20～29岁年龄段的网民占比最高,达29.9%,

10～19 岁、30～39 岁群体占比分别为 21.4%、23.8%。10 岁以下低龄群体和 40 岁以上中高龄群体的占比均有所提升,互联网继续向这两部分人群渗透。网民中具备中等教育程度的群体规模最大,初中、高中/中专/技校学历的网民占比分别为 37.4%、29.2%。中国网民继续向低学历人群扩散。网民中学生群体的占比最高,为 25.2%,其次为自由职业者,比例为 22.1%,企业/公司的管理人员和一般职员占比合计达到 15.2%,这三类人群的占比相对稳定。互联网进一步向低收入者覆盖,网民中月收入在 2001～3000、3001～5000 元的群体占比较高,分别为 18.4%、23.4%。随着社会经济的发展,网民的收入水平也逐步增长,月收入在 3000 元以上的网民人群占比为 39.9%,多数网民收入水平较低(网民性别结构、年龄结构、学历结构、收入结构等详见图 3-1、图 3-2、图 3-3、图 3-4)。

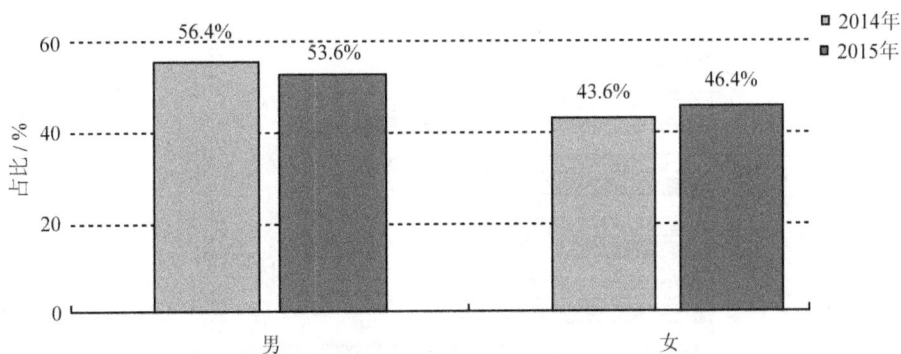

图 3-1　网民性别结构
数据来源:CNNIC 中国互联网络发展状况统计调查(2015 年 12 月)

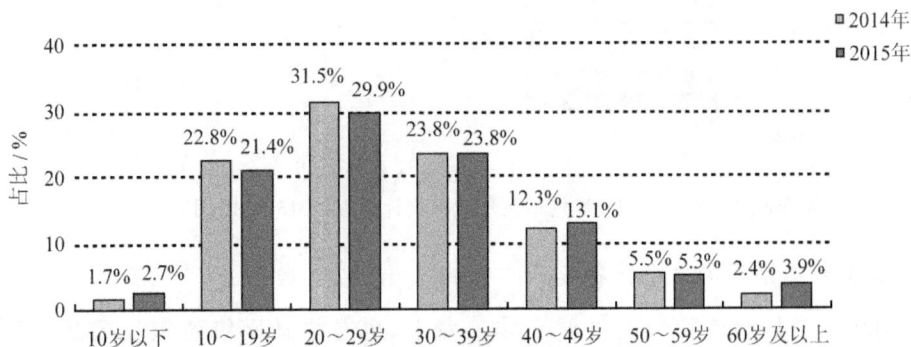

图 3-2　网民年龄结构
数据来源:CNNIC 中国互联网络发展状况统计调查(2015 年 12 月)

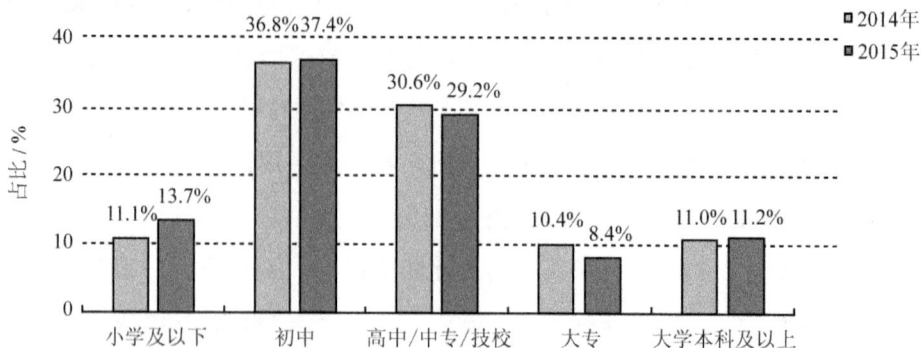

图 3-3 网民学历结构

数据来源:CNNIC 中国互联网络发展状况统计调查(2015 年 12 月)

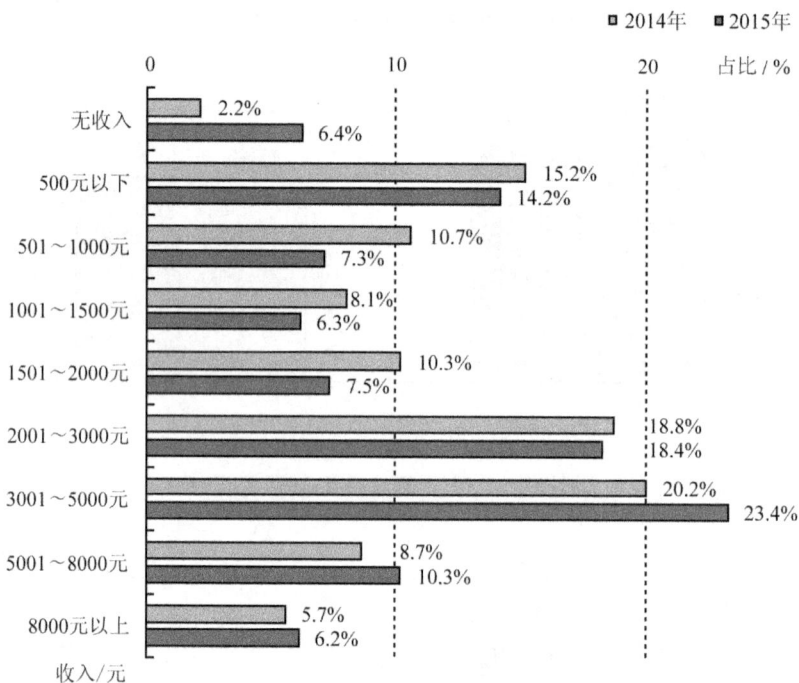

图 3-4 网民收入结构

数据来源:CNNIC 中国互联网络发展状况统计调查(2015 年 12 月)

(二)网络消费者的群体特征

网络用户是网络营销的主要个体消费者,也是推动网络营销发展的主要动力,它的现状决定了今后网络营销的发展趋势和道路。要搞好网络营销工作,就必须对网络消费者的群体特征进行分析。网络消费者群体主要具备以下四个方面的特征。

1. 注重自我

《第 37 次中国互联网络发展状况统计报告》显示,网民中 10～29 岁的年轻人所占比例最高,达到 51.3%;网民中文化程度以中学以上学历为主,初中、高中、大专和大学本科及以上网民的比例达到 86.3%。可见,网民多以年轻、有一定文化程度的用户为主,他们拥有自己独立的见解、爱好和想法,对自己的判断能力也比较自信。所以他们的具体要求越来越独特,而且变化多端,个性化越来越明显。

2. 头脑冷静,擅长理性分析

由于网络用户是以大城市、高学历的年轻人为主,不会轻易受舆论左右,对各种产品宣传有较强的分析判断能力,因此从事网络营销的企业应该加强信息的组织和管理,加强企业自身文化的建设,以诚信待人。

3. 喜好新鲜事物,有强烈的求知欲

《第 22 次中国互联网络发展状况统计报告》数据表明,网民认为当前互联网对于工作/学习、扩大人际交往圈子、加深与朋友的联系和丰富娱乐生活非常有帮助的比例分别是 68.1%、47.1%、60.6% 和 68.6%。《第 26 次中国互联网络发展状况统计报告》数据亦揭示了网民在此方面的明显特征:信息获取应用使用比例分别为网络新闻 78.5%、搜索引擎 76.3%,网络娱乐应用使用比例分别为网络音乐 82.5%、网络游戏 70.5%、网络视频 63.2%、网络文学 44.8%,交流沟通应用使用比例分别为即时通信 72.4%、电子邮件 56.5%、博客应用 55.1%、社交网站 50.1%、论坛/BBS 31.5%,商务交易应用使用比例分别为网络购物 33.8%、网上支付 30.5%、网上银行 29.1%、网上炒股 15%、旅行预订 8.6%。可见,此类网民的消费者行为特征日趋明显,成为制定营销策略的重要参考信息。《第 37 次中国互联网络发展状况统计报告》数据表明,与 2014 年相比,网民应用增长最为明显的主要是网络炒股、网上支付、网络银行、旅行预订、互联网理财、手机网络支付、手机网络购物和团购等应用,增长都在 15% 以上。

4. 好胜但缺乏耐心

网民大都以年轻人为主,可能容易缺乏耐心。调查显示,如果无法获得电子商务网站进一步的确认信息,86.9% 的人会选择退出交易。此类网民对商务站点的联接传输速度、安全性保证级别等要求较高,如不能满足期望则一般会离开当

前站点,转向访问其他竞争站点。

三、网络消费者类型

进行网上购物的消费者可以分为多种类型,网商应将注意力集中在其中一两种人身上,这样才能做到有的放矢。

（一）按照网络消费者的购物心理特征分类

1. 功利型

功利型购物行为是为了达到某种目的和完成某种任务而购物。通常功利型购物要求网上商店要有丰富的商品,若连续两次被告知无货供应,顾客将逃离该网站。功利型购物会受到系统更多的关注。

2. 快乐型

快乐型购物行为是因为可以从购物中感受到乐趣。快乐型的购物反映了购物的娱乐性,要求高度的参与、刺激因素的增长、自由度的体验以及快乐的满足,而购买是整个购物过程的附带品。

（二）按照网络消费者的购物行为特征分类

1. 理智型

理智型消费者需要的是方便、直接的网上购物,购买的大多是生活必需品或高档产品。这类消费者一般工作较为紧张,或对产品有特殊的要求,他们认为在网上购物能够节约时间。商家必须为这一类型的人提供适宜的商品、便利的服务以紧紧抓住此类消费者。

2. 时尚型

时尚型的网上消费者大多是网上冲浪者,他们在网上花费的时间较多,并且把在网上购买一些流行的时尚产品作为主要的目的,他们易受新产品、新颖的广告和促销活动吸引。商家要提供具有活力、创新性的产品,并通过新颖的促销活动来吸引此类消费者。

3. 寻价型

寻价型消费者是进行淘价格的网络消费者,价格是他们最关心的因素,在广泛比较中取得价格上的胜利是他们强烈的愿望。商家应该注重交易模式、流程以及价格策略等方面的优化设计。

4. 浏览型

此类消费者通常是为网站的内容所吸引,定期访问新闻、商务、论坛等网站。对于商家来说,如何引导他们以产生购买意愿是营销策略的重点。

5. 体验型

此类消费者一般是刚接触网购的新手,他们将网络购物视为一种体验,此类消费者是潜在的客户源,购买诸如图书、软件等产品。商家应重视培养并积极引导此类消费者的购买行为习惯。

四、影响网络消费者购物因素

网上购物在很大程度上,解决了商品销售或服务提供的时间、空间局限。虽然网上购物的人数逐年增多,但是一直困扰网民购买、阻碍网上零售蓬勃发展的因素仍还很多,主要表现为以下几个方面。

(一) 产品因素

由于网上商店不同于传统市场,网络消费者有其独特性,因此,并不是所有商品都适合在网上销售。从网络消费者角度看,他们进行网上购物的主要目的就是购买称心如意的商品,以满足自身需求。因此,根据网络消费者的特征,全方面考虑产品因素显得非常重要。第一,要考虑产品的新颖性,以吸引消费者的眼球;第二要考虑产品的价格,尽量提供详细的商品信息和优惠的价格;第三,还要考虑购物的便捷性,包括产品的挑选范围和是否适合物流配送。

(二) 个人因素

网络消费者是电子商务的主要参与对象之一,个人的生活方式、个性需求、心理状态直接影响着购买决策。因为,在生命周期的不同阶段,顾客对商品的兴趣需要和生活方式会有很大的差异;另外,许多消费者具有品牌个性,倾向于购买与其具有相似而独特的个性的产品,或购买那些可以强化并提高自我形象的产品。目前的网络消费者大多为追求现代数字生活、彰显个性的青年群体,因此,网络消费群体可挖掘的潜力还很大。

(三) 环境因素

表 3-4 列出了历年来 CNNIC 有关互联网环境的调查统计数据,可以看出环境因素是影响网上购物发展的重要因素之一。另外,第 26 次 CNNIC 报告显

示,2010年上半年,有30.9%的网民账号或密码被盗过,网络安全的问题仍然制约着中国网民深层次的网络应用发展;89.2%的电子商务网站访问者担心访问假冒网站;而他们如果无法获得该网站进一步的确认信息,86.9%的人会选择退出交易。互联网向商务交易型应用的发展,急需建立更加可信、可靠的网络环境。

表3-4　网民对于互联网环境最反感因素的调查比例

交易不安全	70.8%(第24次CNNIC报告)
担心访问假冒网站	89.2%(第26次CNNIC报告)
产品质量、售后服务得不到保障	45.7%(第18次CNNIC报告)
隐私泄漏	6.30%(第20次CNNIC报告)
网上虚假信息	7.30%(第20次CNNIC报告)
网络入侵/攻击(包括木马)	17.2%(第20次CNNIC报告)
网络病毒	29.0%(第20次CNNIC报告)

第二节　电子商店的产生与形式

一、电子商店的概念

电子商店,即B2C电子商务模式,也就是通常说的直接面向消费者销售产品和服务的商业零售模式。这种形式的电子商务一般以网络零售业为主,主要借助于互联网开展在线销售活动。B2C即企业通过互联网为消费者提供一个新型的购物环境——网上商店,消费者通过网络在网上进行购物、网上支付等消费行为。

利用电子商务技术从事零售业务的企业,称为电子零售企业,也称电子商店。从表象上讲,电子商店是建立在网络世界中的虚拟商店。它出售的商品主要有三类:一类为实体商品,如日用品、消费性电子产品等;一类为信息与媒体商品,如信息提供、软件销售、情报销售和股市行情分析等;还有一类为在线服务,如网络预约服务(航空订票、预约饭店等)、交互服务(网络游戏、医药咨询等)、房屋中介和网络交友等。从商务上讲,电子商店的任何一笔交易都包括四个方面的内容:交易的(商流)、配送的(物流)、转账支付的(资金流)、信息增值及传输的(信息流)。

电子商店,又称网上商店或在线零售商店,即 B2C 形式的网上商场,它是将所销售的商品或服务的相关信息在网上展示供消费者浏览、选购的网站。

二、电子商店的产生与发展

(一)电子商店的发展历程

追溯网上购物的历史,它于 1995 年便在西方兴起。1995 年 7 月,美国第一家购物网站 Amazon 成立。到目前为止,电子商务技术和市场在发达国家已经发展成熟。通过网络平台,用户甚至可以购买到汽车等大件、高价值商品。

相对于第一家购物网站 1995 年在美国出现,中国的网上购物活动开始得并不太晚。我国零售业电子商务开始于 20 世纪 90 年代中后期。1998 年,国内最大的商务拍卖网站易趣开始运行,1999 年 8848 等 B2C 网站的正式开通。此后,当当网、卓越网、京东商城、凡客诚品等一大批 B2C 电子商务优秀网站的发展与壮大,标志着中国开始进入网上购物的 B2C 时代。

据中国电子商务研究中心监测数据显示,2015 年中国网络零售市场交易规模达 38285 亿元,相比 2014 年的 28211 亿元,同比增长 35.7%,占到社会消费品零售总额的 12.7%,较 2014 年的 10.6%,增幅提高了 2.1 个百分点。2015 年,B2C 市场交易规模占 51.6%,C2C 市场交易规模占 48.4%,网络零售市场出现"拐点",B2C 份额首次超过 C2C 份额,成为市场主体。

(二)电子商店发展的原因

电子商店发展的原因有以下几个方面。

首先,现代化的生活节奏促使人们迫切需要新的快捷方便的购物方式和服务;

其次,激烈的市场竞争迫使商家寻找低成本、短周期的途径,要求电子购物的发展;

第三,现代科学技术,尤其是电子信息技术全面的、全方位的向商品流通领域渗透带来新的商业革命,形成电子商业。

三、电子商店的主要形式

我国 B2C 电子商务市场规模的扩大,一方面源于互联网用户数量的增加,使电子商务的用户基础有了明显扩大;另一方面,现有用户对于电子商务的接纳与认可程度也在逐渐提高。而支付、物流和信用环节的逐步完善,也为 B2C 电子商务的发展提供了越来越好的产业环境。

(一)电子商店业主类别

1. 按电子商店的企业类型分

(1)经营着离线商店的零售商

这些企业有着实实在在的商店或商场,网上零售只是作为企业开拓市场的一条渠道,他们并不依靠网上的零售生存。如美国的沃尔玛、中国的上海书城、上海联华超市、北京西单商场等。

(2)没有离线商店的虚拟零售企业

这类企业是电子商务的产物,网上零售是他们唯一的销售方式,他们靠网上销售生存。如美国的 Amazon 书店,中国的当当书店等。

(3)商品制造商

采取网上直销的方式销售其产品,不仅给顾客带来了价格上的优惠及商品的客户化,而且减少了商品库存的积压。Dell 计算机制造商就是商品制造商网上销售最成功的例子。中国的海尔集团是中国家电制造业中的佼佼者,也通过建立自己的电子商务网站,宣传企业形象,扩大销售。

2. 按电子商店经营的商品种类分

(1)综合类的 B2C 电子商务网站

在网上销售多种类型的商品。这些网站大多是由经营离线商店的企业和网络交易服务公司建立的。如美国的 Wal-Mart,中国的西单爱购物网站等。

(2)专门类的 B2C 电子商务网站

仅销售某一类适合网上销售的商品,例如书刊、鲜花、礼品、软件等。这类网站大多由没有离线商店的虚拟零售企业和商品制造商建立,如莎啦啦鲜花礼品网等。

（二）电子商店的商业模式

电子商店的商业模式主要体现在以下几个方面。

1. 无形商品和劳务的电子商务模式

网络本身具有信息传递的功能,又有信息处理的功能,因此,无形产品和劳务,如信息、计算机软件、视听娱乐产品等,往往就可以通过网络直接向消费者提供。无形产品和劳务的电子商务模式主要有以下四种:网上订阅模式、付费浏览模式、广告支持模式和网上赠予模式。

（1）网上订阅模式

网上订阅模式指的是企业通过网页安排向消费者提供网上直接订阅、直接信息浏览的电子商务模式。主要被商业在线机构用来销售报纸杂志、有线电视节目等。网上订阅模式通常有以下几种形式。

①在线服务

在线服务是指在线经营商通过每月向消费者收取固定的费用而提供各种形式的在线信息服务。比如,某些网站的 VIP 会员身份、远程医疗、航空火车订票、饭店旅游服务预约等,按实际使用时间向客户收取费用。

②在线出版

在线出版指的是出版商通过互联网向消费者提供除传统纸面之外的电子刊物。在线服务一般仅在网上发布电子刊物。消费者可以通过订阅来下载刊物的信息。

③在线娱乐

在线娱乐是无形产品和劳务在线销售中令人注目的一个领域。根据不同人群的喜好,提供的在线娱乐常见形式有:在线游戏、在线影视、在线听音乐等。从目前来看,网民在这些领域涉足较多。

（2）付费浏览模式

付费浏览模式是指企业通过网页安排向消费者提供计次收费性网上信息浏览和信息下载的电子商务模式。该模式让消费者根据自己的实际需要,在网站上有选择地购买一章书的内容、参考书的一页或一篇文章,或在数据库里付费获取查询的内容。

（3）广告支持模式

广告支持模式是指在线服务商免费向消费者或用户提供信息在线服务,而营业活动全部用广告收入支持。该模式是目前电子商务应用行业比较成功的一个领域。因此成败的关键在于:怎样吸引大量的业主在知名网站上做广告。

（4）网上赠予模式

网上赠予模式是一种非传统的商业运作模式,是企业借助于国际互联网用户遍及全球的优势,向互联网用户赠送软件,以扩大企业的知名度和市场份额。通过让消费者使用该产品,使消费者下载更新版本的软件或购买另外一个相关的软件。网上赠予模式的实质是"先试用,然后购买"。由于赠送的是无形的计算机软件产品,而用户是通过互联网自行下载的,因而企业所投入的分拨成本很低。因此,如果软件的确有其实用特点,就很容易让消费者接受。采用网上赠予模式的企业主要有两类,一类是软件公司,另一类是出版商。

2. 实物商品的电子商务模式

实物商品指的是在互联网上所进行的实物商品的交易,是电子商务发展的主要模式,应用相当广泛。目前适合进行网上销售的实物商品有:计算机软硬件、家用电器、书籍、音乐唱盘、食品、鲜花、服装、汽车等。企业在线销售实物商品主要有两种形式:

（1）网上超市

网上超市指在网上设立独立的虚拟店铺,如 Amazon 和当当,具有自己的采购和物流、仓储系统,使自己直接销售的商品尽量的大而全,有足够的能力从上游供应商拿到很低的供货价格,也可以向上游供应商定制产品。

（2）网上商城

网上商城指参与并成为网上在线购物中心的一部分,如搜狐、eBay、Dell 和淘宝等网上商城。让无数的中小企业或者个体商户有个能"扎堆"在网上卖东西的地方。

3. 综合模式

在实际应用中,多数企业网上销售并不仅仅采用一种电子商务模式,而往往采用综合模式,即将各种模式结合起来实施电子商务。例如,Golf Web 就是一家拥有 3500 页有关高尔夫球信息的网站,这家网站采用的就是综合模式,其中 40%

的收入来自订阅费用和服务费,35％的收入来自广告,还有 25％的收入是该网站专业零售点销售收入。

四、电子商店与传统商店比较

与传统商店相比,电子商店具有很多新的特性。

（一）经营的场所不同

电子商店是以计算机、网络和通信设备为基础在虚拟空间架构起来的,而非砖瓦结构的商品市场。

（二）经营的手段不同

电子商店以数据库、网页的形式替代传统的柜台、卖场,因而网络消费者在购买时只能靠看、听,而不能通过接触来感受商品的质感。

（三）经营的地域与方式不同

电子商店可通过网络连线把信息流、资金流、商流集为一体,消费者可以足不出户在家购物,且无地域与所选商品国界之分,只要送货、支付条件允许即可。电子商店经营的形式虽是虚拟的,但其经营本质仍然是实体的。

（四）对技术的依赖性不同

电子商店需要建立商品数据库和进行网页制作,它们就像百货商场的商品库和柜台一样,是构建电子商店的重要组成部分。但成功的经营电子商店的关键是如何吸引消费者光顾你的商场,这就需要先进的技术和良好的商业运作。

第三节　电子商店的功能与结构

一、电子商店的构成

图 3－5 是当当网上购物中心的首页(http：//www.dangdang.com),从中可了解电子商店的一般构成：商店标识、商品栏目、商品查询、注册登录、商品广告、商品展示、排行榜、商品推荐、服务指南、联系方式等。

图 3-5　当当网上购物中心首页

二、电子商店的功能

网上商店的功能一般分为前台功能和后台功能。

（一）前台功能

1. 会员注册及登录

为了确保交易信息的有效性和网站功能拓展,购物网站需要以会员机制运作,消费者必须成为会员才能够在网站中购物。网站通过与消费者的交互,记录消费者的基本信息,通过后台审核确定其信息的有效性。

2. 商品分类展示

商品分门别类、分层次展示不仅方便浏览者迅速找到自己的目标商品,同时增强了网站的亲和力,是消费者与网站接触最频繁的部分,突出了用户性和流程性。

3. 商品信息检索

信息检索是网站提供给消费者最基本的商品搜索工具,可以根据商品特点细化,充分照顾消费者的使用方式。

4. 购物车

购物车是一个人性化的工具,消费者对于中意的商品,在购买前临时存放在购物车中,并可以随时增减购物车中的商品种类和数量,以提高购物效率。

5. 生成订单

消费者购物完毕,系统会引导其进行结账,在选择好结账方式后,系统会自动生成并交给客户一个唯一的订单号。

6. 订单查询

客户可以根据自己的订单号,通过专门的入口跟踪订单的处理情况。

7. 商品排行

商品排行功能可以让客户了解最新商品销售排行,让客户关注排行、推荐商品、特价商品、最新定购等情况,客户可以一目了然、非常方便地查看感兴趣产品。

8. 反馈留言

反馈留言是完善客服的功能,客户可通过填写反馈表或网上调查表提出对产品的看法或建议等。

9. 友情链接

友情链接即和其他相关网站互相链接。

(二)后台功能

1. 口令管理

系统操作员可管理其他管理员的账号,设定工作人员的不同操作权限、修改管理密码等。

2. 商品类别管理

我们在网站中所看到的商品分类不是固定的,后台管理员可以根据自己商品种类的变化来对目前的分类进行编辑修改,比如增加产品大类,删除某个产品小类等。

3. 商品管理

如果说商品类别管理确定了网上商品的结构框架,那么本模块则为这些框架增加内容,将商品按照预定的类别进行归类编辑,比如某类产品是否是新到商品,是否需要添加？某些商品已经过季,是否需要撤掉？

4. 会员管理

会员管理功能负责前台注册会员的信息审核,对于有效信息,网站准许其成为会员并购物;否则可以进行清理。会员管理还存储着会员的信息及购物记录,是一个非常有价值的客户信息库。

5. 订单管理

订单管理跟踪并记录订单情况,包括新订单提醒、订单处理纪录、订单查询及阶段性订单统计等功能。

6. 网站管理

该功能主要包括管理顾客的评价、发布或删除商店公告、管理网站固定广告位和浮动广告、增加或删除友情链接、查询访问统计等。

7. 配送支付管理

客户订单生成时,需要该功能来专门增加或删除某些指定的配送和支付方式。

图 3-6 即为网上商店后台管理系统的一个界面。

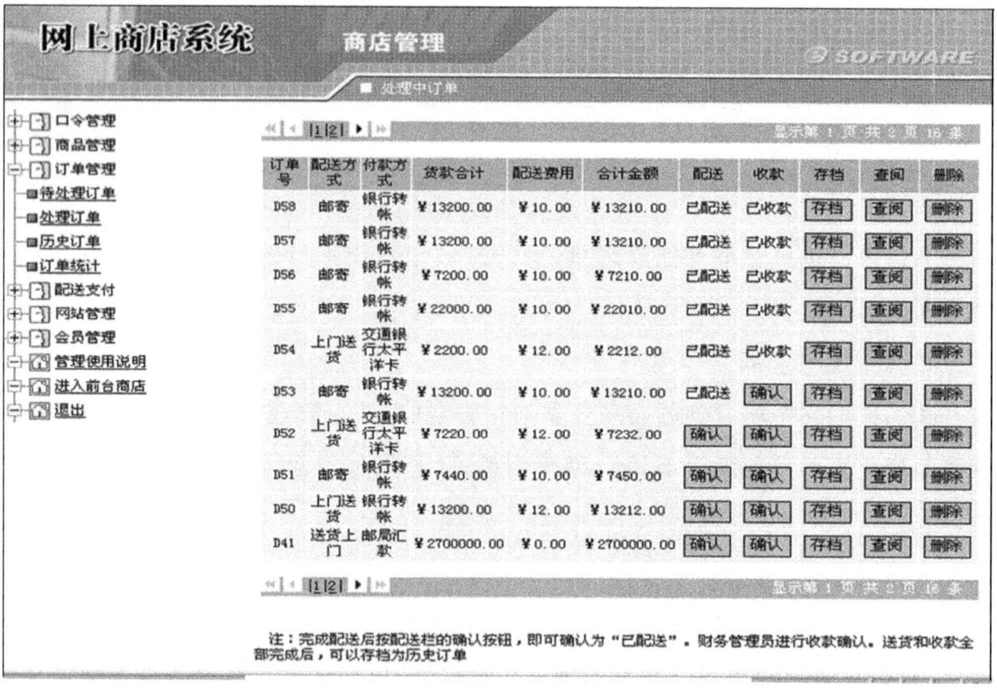
网上商店系统
商店管理
SOFTWARE
处理中订单
口令管理
商品管理
订单管理
待处理订单
处理订单
历史订单
订单统计
配送支付
网站管理
会员管理
管理使用说明
进入前台商店
退出
订单号
配送方式
付款方式
货款合计
配送费用
合计金额
配送
收款
存档
查阅
删除
D58 邮寄 银行转帐 ￥13200.00 ￥10.00 ￥13210.00 已配送 已收款 存档 查阅 删除
D57 邮寄 银行转帐 ￥13200.00 ￥10.00 ￥13210.00 已配送 已收款 存档 查阅 删除
D56 邮寄 银行转帐 ￥7200.00 ￥10.00 ￥7210.00 已配送 已收款 存档 查阅 删除
D55 邮寄 银行转帐 ￥22000.00 ￥10.00 ￥22010.00 已配送 已收款 存档 查阅 删除
D54 上门送货 交通银行太平洋卡 ￥2200.00 ￥12.00 ￥2212.00 已配送 已收款 存档 查阅 删除
D53 邮寄 银行转帐 ￥13200.00 ￥10.00 ￥13210.00 已配送 确认 存档 查阅 删除
D52 上门送货 交通银行太平洋卡 ￥7220.00 ￥12.00 ￥7232.00 确认 确认 存档 查阅 删除
D51 邮寄 银行转帐 ￥7440.00 ￥10.00 ￥7450.00 确认 确认 存档 查阅 删除
D50 上门送货 银行转帐 ￥13200.00 ￥12.00 ￥13212.00 确认 确认 存档 查阅 删除
D41 送货上门 邮局汇款 ￥2700000.00 ￥0.00 ￥2700000.00 确认 确认 存档 查阅 删除
注:完成配送后按配送栏的确认按钮,即可确认为“已配送”。财务管理员进行收款确认。送货和收款全部完成后,可以存档为历史订单

图 3-6 网上商店后台管理系统

二、消费者网上购物流程

(一) 网上购物流程

消费者到网上商店购物的过程与实物商店类似,一般流程如图 3-7 所示。

图 3-7 B2C 网上购物流程

1. 客户会员注册

网络消费者在第一次访问所选定的网上商店进行购物时,先要在该网上商店注册姓名、地址、电话、E-mail 等必要的用户信息,以便网上商店进行相关的操作。

2. 商品搜索选购

网络消费者通过上网进入商城,通过网上商场提供的多种搜索方式,如商品的关键词、分类目录、高级搜索、价格范围等搜索称心合意的商品,并可以查看商品的详细信息以及对相关的商品发表相关的评论。

3. 下订单(放进购物车)

购物车中为已选购的物品清单。当顾客选定了商品,可以点击"购买商品",商品就被放入购物车里,这时会弹出一个购物车的窗口,里面有选购商品的名称、数量、单价和总价,也可更改产品数量,系统会自动重新计算金额,购物车中的内容,在结算前将被保留着,当点击结算后,内容将被清空。

4. 收银台结算

去收银台前要进行会员登录,然后填写或更改收货人姓名、地址等信息,选择支付方式、送货方式、发票信息并提交订单。结算有多种形式,除网上支付外,还可通过邮局付款、银行汇款,或货到付款的方式。货到付款是客户在收到货物及发票后将钱款直接交付给配送人员,并由配送人员带回客户意见的付款方式。

5. 订单查询

客户在提交订单后,如想查看订单详情或状态,则可使用订单查询功能。

6. 购物完成

订单提交后,如无其他修改,则购物完成。

7. 在线支付(或汇款)

订单提交后,可选择在线支付(或汇款)方式进行支付。

8. 选择送货方式

当商店在确定客户所订购的商品后,可根据客户的要求在客户希望的时间内将商品送到客户手中。客户可以查询订单的物流配送信息,并在收到货物后对商品或服务进行评价。

(二)网上购物示例

在当当网购买一本《电子商务物流》教材,基本步骤如下。

1. 会员注册和登录

(1)第一步:点击当当首页顶部点击"成为会员"按钮进入注册页面,如图3-8所示。

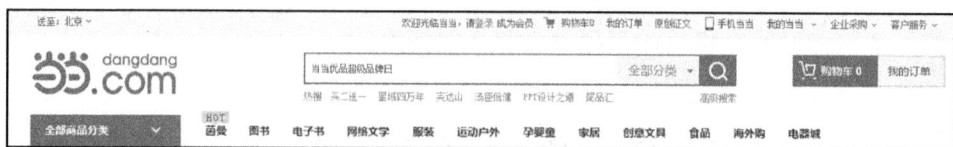

图3-8 当当网首页免费注册按钮

(2)第二步:通过手机号码进行注册,按照提示填写准确信息,点击"立即注册"进行提交,如图3-9所示。

图 3-9　当当网注册页面

（3）第三步：注册完成后，点击当当首页顶部"请登录"正常登录账户即可。

2. 检索、浏览商品，放入购物车

通过分类目录、关键词检索等方式搜索查找商品，如图 3-10 所示。点击浏览检索结果中的某一商品图片或标题，详细浏览商品信息，如需购买，点击"加入购物车"，如图 3-11 所示。如需购买其他商品，重复该步骤。选购好所有商品后，可

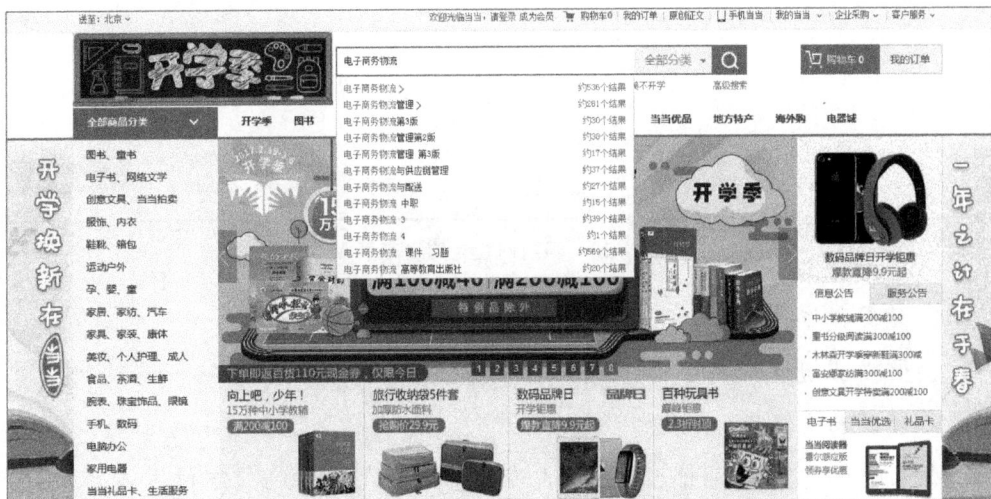

图 3-10　当当网搜索商品页面

对购物车中的商品进行检查修改,在购物车中,系统默认每件商品的订购数量为1件,如果想购买多件商品,可修改购买数量。还可以将商品移至收藏,或是选择删除,或可以进行清空购物车的操作,重新挑选。整理好购物车后确定购买,点击"结算"提交订单,如图3-12所示。

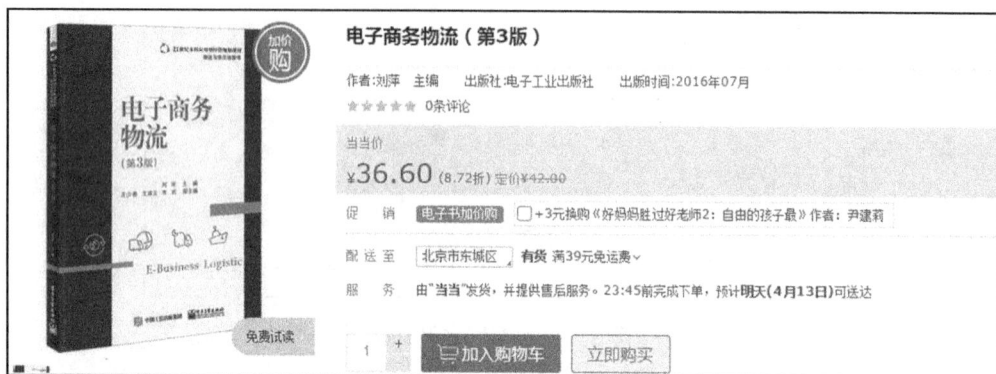

图3-11 当当网浏览商品信息页面

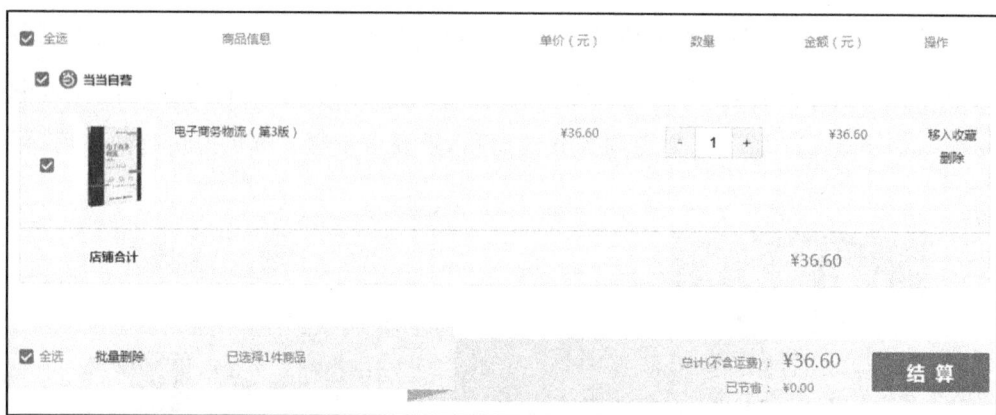

图3-12 当当网检查购物车页面

3.结算操作

会员登录,进入结算中心,如图3-13所示。

4.填写物流信息

填写收货人姓名、地址、联系电话等信息,选择送货方式、支付方式、发票信息,如图3-14至3-17所示。

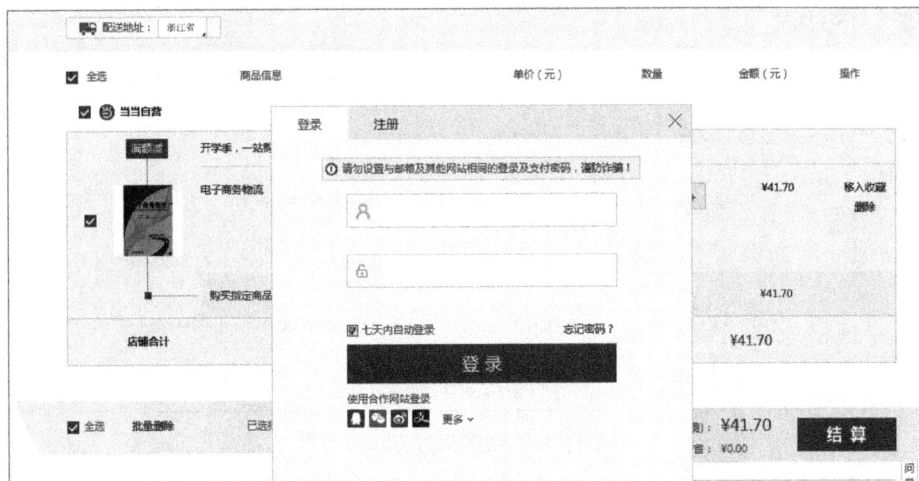

图 3 - 13 会员登录进入结算中心

图 3 - 14 填写收货信息页面

图 3 - 15 选择送货方式页面

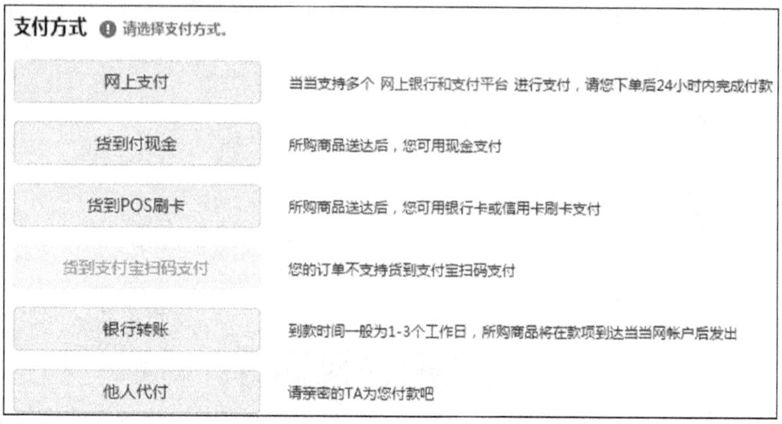

图 3-16　选择支付方式页面

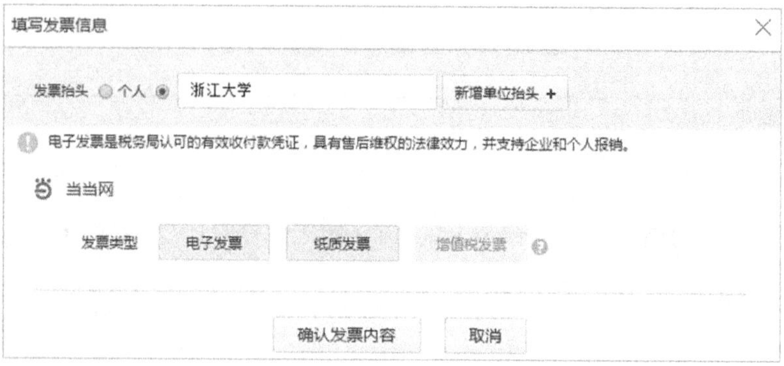

图 3-17　选择发票信息页面

5. 提交订单

填写完相关信息后,进入提交订单页面,点击提交订单按钮,完成订单。

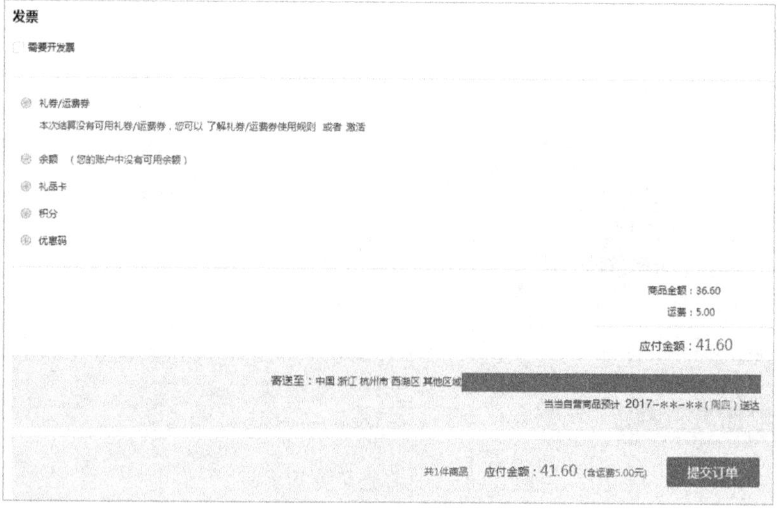

图 3-18　提交订单页面

6. 订单查询

进入"我的当当",可查询订单详情,对订单进行支付、修改、删除等操作。对已经确认的订单,可查看发货情况和包裹跟踪,如图 3-19 所示。最后收到包裹后可对商品或服务进行评价。

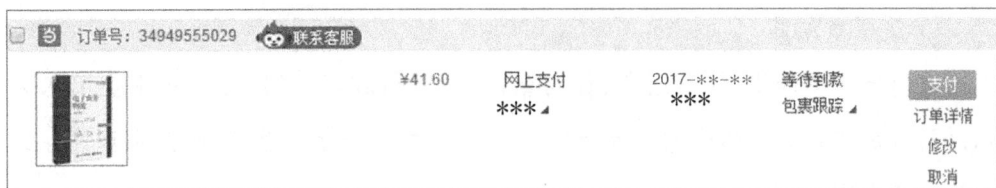

图 3-19 订单查询页面

第四节 电子商店的经营与管理

一、电子商店的建立

要构建一个电子商店是一项较为复杂的系统工程。它涉及硬件的铺设、软件的设计、货币结算和客户管理等。通常构建一家电子商店需要以下几个步骤。

(一)确定电子商店的名称

电子商店的名称,在网络上又称为域名。它在整个网络世界是唯一的,用于映射因特网上服务器的 IP 地址。域名和 IP 地址的转换由域名服务器负责完成。在网络上开办商店,还要完成向工商部门申请登记、向 ISP 申请连线等环节。

(二)电子商店的选址

电子商店地点就是开设电子商店的网络地址。高速的网络连接,就像是把商店开设在城市的黄金地段。

(三)电子商店装修

电子商店装修在计算机领域中称为网页设计,新颖、动人的网页就像装修豪华的商场,自然能吸引顾客。

(四)货物摆放

在网上商店中,它反映的是如何建立商品的目录结构,提供什么样的网络导航和搜索功能,使用户能够快速、便利地寻找到需要的商品和相关信息。

（五）商品更新

商品更新就是网页的日常维护。去除销售完的商品,摆上新货,是每天都要进行的业务。

（六）货币结算

支付方式多样化,如信用卡、邮局划拨、货到付款等,可以让客户根据需求来选择。这是建立电子商店的必要条件。货币结算的安全可靠,直接关系到商业经营的安全可靠。

（七）库存商品管理

无论电子商店还是实体商店,货物和货币都是一样真实的,对库存货物的管理也是一样真实的。

（八）商品最终送达客户

网上购物的最后一个步骤自然是将客户所订购的货物快速可靠地送达到客户手中,这是保证商店可信度的关键。

二、电子商店的经营与管理

（一）电子商店的主要工作人员及职责

1. 电子商店经理

在总经理的领导下,电子商店经理全面负责电子商店的经营管理与商业活动,享有电子商店数据库和网络管理系统的最高权限。

2. 电子商店业务人员

电子商店业务人员中的供应和采购人员主要负责网上商品的选购、资料准备和更改要求;订单处理人员主要负责网上商品的订单处理,包括与客户(消费者)进行联系并确认订单,通知库房或货源单位出货,通知财务部门开单、收款结算。

3. 电子商店信息处理员

信息处理员负责日常信息的处理工作,包括将确定的商品信息和其他上网信息输入数据库(第一次可委托开发单位、开发人员输入),按照业务人员的要求进行商品信息的更改、增删;对每日 24 小时内的订单进行定时、连续接单。

4. 电子商店管理人员

电子商店管理人员主要包括电子商店数据库管理人员和网页维护管理人员。电子商店数据库管理人员的职责是在开发商的指导下负责电子商店数据库的管理和日常维护,并根据不同人员的职责对电子商店人员设置不同的权限,配合业务需求开发新的功能,指导业务、技术人员正确使用数据库,负责与各技术支持部门的联系与合作。电子商店网页维护管理人员的职责是维护企业站点安全运行,根据需要对网页内容和形式进行刷新、负责开发电子商店新的功能等。

5. 广告、营销策划人员

配合业务人员负责网上商品的促销、广告计划(含网下宣传)以及对商品数据库的促销设计。

(二)电子商店的订单处理

电子商店的经营管理主要包括以订单处理为核心的业务处理和电子商店自身的推广与维护。下面就对订单处理进行介绍。订单处理主要包括两方面的内容,即处理订单信息和客户信息管理。

1. 处理订单信息

商店管理人员对电子商店后台管理系统的订单系统进行操作,包括每日定时接收订单,对订单进行分类处理;将订单分发有关人员或部门进行商品配送等。在电子商店技术比较成熟的情况下,这些工作都将由计算机自动完成。目前,因电子商店支付、身份认证的方式不同,订单处理分成以下两种情况。

(1)已完全实现网上支付的订单处理

这类订单信息已能够由计算机自动处理,包括顾客身份的判断、支付能力的确认和扣款等。

(2)非网上支付订单的处理

这时,要求电子商店工作人员必须以人工和计算机网络结合的方式对订单的有效性进行判断,对已经过 CA(Certificate Authority,电子商务认证中心)身份认证的订单,顾客信息可不必以人工的方式进行联系和确认,只需对订单进行常规处理;否则,需以电话、传真或 E-mail 等方式对订单顾客的身份、购买商品信息、送货地点、方式、结算方式等进行确认,然后方能进入商品配送环节。

2. 客户信息管理

凡经电子商店注册登记和发出订单请求的顾客,在电子商店后台管理系统中均留有记录。这类信息将是企业商品营销决策的重要依据,在不损害顾客的隐私和保护消费者合法权利的原则下,商店可要求顾客填写基本信息(必须)和扩充信息(自愿)。信息内容因商店的要求可多可少,可以从客户信息中了解到以下内容。

(1)了解顾客对商品(产品)的基本需求,作为商品(产品)投放市场的信息反馈和下一步决策的依据。

(2)从订单信息中产生老顾客群体和有一定消费水准的消费群,针对这部分顾客有针对性地投放广告和推荐商品,将产生较高的回报率。

(三)商品资源信息更新

网上商店需及时更新商品信息以迎合消费者求新求变的消费心理。

商品资源信息更新根据系统功能和要求有多种途径:可逐条、逐项更新,亦可对要更新商品的内容进行表单式一次刷新,后者对传统的审批和校验过程将是一种较好的补充。

(四)电子商店的送货结算服务

电子商店的送货结算服务可以分为以下三类。

1. 先扣款(费用已入商家账户内)后送货

顾客(消费者)只需在送货单上的签收处签名,送货员凭签收单证明其送货工作完成,并将签收单信息录入电子商店后台管理系统。

2. 先扣款(费用尚未划入商家账户内)后送货

顾客(消费者)在送货单上的签收处签名,送货员凭签收单证明其送货任务完成,信息处理员将签收单信息录入电子商店后台管理系统,自动或人工通知支付系统将该笔费用划入商户账内。目前易趣的安付通、淘宝的支付宝都属于这种形式。

3. 先送货后付款

顾客(消费者)在送货单上的签收处签名的同时,应当场交付现金,一般不受理支票和个人转账。送货员凭签收单及货款证明其工作完成,并将签收单信息录入电子商店后台管理系统。

三、电子商店的经营策略

据调查,目前网络购物存在的问题主要是网站对商品作夸大的虚假宣传、商家不及时送货、商品质量低劣、对售出的商品不承担"三包"责任、网上隐私保护及交易安全措施不是很完善等。因此,要经营好一家电子商店,务必从以下几方面着手。

（一）设定具体可行的经营目标

与传统商店的经营类似,在开设电子商店前,首先要了解市场状况,确定商店的经营内容和目标市场,并且考虑到网上商店经营的特点,确定商店的发展方向。对于新开设的电子商店,营业目标不宜定得太高,而应适应实际状况,使所定目标具有可行性。依据业界的统计,上网购买率仅占访问率的1％不到,而超市的购买率为24％,因此,营业初期应以建立商店形象、提高知名度、吸引尽可能多的顾客进入电子商店浏览作为主要目标。

（二）运用正确的营销手段

1.进行网上广告或促销

网络上存在着无数的站点,要想经营好自己的电子商店,首先要提高该电子商店的知名度,吸引更多的上网者进入网站,这就需要运用各种媒体,对网站进行宣传。目前有许多在网上做广告的方法,如到各大搜索引擎及索引站登录你的网站,如 Yahoo、Baidu 等;到各大 ISP 网站刊登广告或建立链接;到相关协会信息网资料库登录;与其他网站互链共同推广市场。

2.加强网站建设

在网站建设上增强网站的功能,如提供产品或服务的查询功能,让拜访者可以轻易得到想要的咨询;提供客户服务的功能,包括 Q&A、产品咨询、服务咨询等;成为企业的咨询中心,可作为对外的窗口及公司宣传之用,亦可塑造企业的专业形象。

3.加强网页设计

电子商店的网页,如同是传统商场的店面布局,其设计的好坏,直接关系到网上客户查寻商品的便利与购物环境氛围的营造。良好的购物环境,有助于吸引更多的客户进入你的电子商店。因此在整个营销过程中,网页的设计是非常关键的一步。为了使网上商店更吸引人,让顾客来了又来,设计者们必须注意以下问题。

(1)首页的设计应把握简洁精美的原则,让人看起来清爽干净,而且要十分专业,主要包括公司的标志、欢迎词及简介等,企业想放在首页的内容,例如产品特色、价格政策和购买政策方面的信息应精心组织,不要冗长、花哨,首页中还包括电子商店提供的产品与服务、方便的目录及索引等基本要素。

(2)每个网页不要内容"超载",尤其是不要太多的图画,仅一些精选画面就足够了,因为,图表需要更多时间下载,用户会在等待中失去兴趣;同时,网页上的每条信息应该简捷,容易看懂,每个重点突出,每个网页的空间应充分及有效地被利用。

(3)对网页的内容须定时更新,唯有让网站一直保持新鲜感,顾客才会一再光临。加强促销手法,如上网特价天天送活动;善用聊天室,促进网友间的双向沟通;连接生活咨信,如新闻要点、购物快信等;使用留言板,让网友直接输入意见;时常更新首页图示等。

4.做好网上营销商品策划

(1)恰当的商品选择

理论上,任何商品都可以在网上销售。但实际上,商家在选择上网销售的商品时都会有一些特别的考虑。主要的影响因素有商品的特性,客户在线购买的习惯、安全问题和送货等。根据目前网上销售的情况来看,像书籍礼品、游戏软件和电脑、家用电器等很适合在网上购物。

(2)定期推荐商品

完整充分的产品信息能帮助客户了解产品,而推荐商品并加上推荐理由(比较有说服力的语句)则可帮助客户做出购买的决定。具体做法主要包括网站推荐、顾客推荐、畅销商品排行榜、提供更多的与商品相关的信息(如销售家用电器的网站可介绍一些家用电器的选购及保养知识等)。还可以借鉴大型超市的做法,定期选择一些特价商品,增加对价格敏感性高的消费者的吸引力。

(3)改善物流状况,实施良好的物流配送

要保证电子商店取得良好的经营业绩,还需要电子商店拥有优秀的物流体系,这样才能使电子商店购物快捷的经营特点得到体现。具体的做法主要有:对于实体化商品,在成交后安排人工递送,如大件商品可以直接送货上门,小件商品可以采用邮寄的方式,或与市内其他信递公司合作进行送货服务。对于数字化商品,可直接利用电子商店将数字化信息直接传送给客户。商品的配送应掌握便利与效率的原则,建立下单及售后服务的管道,节省物流费用。

5. 便利的客户付款与结算方式

电子商业的支付方式有多种,但银行卡自然是最好的支付手段,随着银行卡网络的发展,以及接受银行卡的 Internet 网站的迅速增加,银行卡跨地区使用,可实时授权、消费,用卡环境正不断得到改善。除信用卡方式外,尚有邮局付款、银行付款(支票、电汇、IC 卡、转账等)、亲自付款(到门市店面付款或到厂商消费者处付款)以及电子货币支付等。提供较多的支付和结算方式,尽量方便客户。

(三)珍视信用,做好客户服务

网上购物本身就可能给人一种不可信的感觉,因此在对客户做出承诺前一定要慎重,一旦做出承诺,就一定要实现。重要的经营管理因素有以下几个方面。

1. 站在消费者的立场思考

考虑消费者在购物过程中会有什么样的需求;会想要得到什么样的解答并决定购买;如何帮助消费者找到他们想要的并提供消费者最充分的信息;设计的浏览及订购流程是否符合消费者采购过程的思维模式;消费者购买的商品如果不满意是否有明确的退货或换货政策。唯有提供了能让消费者满意的购物服务,才算拥有一个成功的网络营销利器。

2. 注重安全性及隐私权

交易是否安全是许多上网者进行网上购物的主要疑虑。电子商店具有良好的安全控制系统十分重要,不但要保障使用者在网上购物时网络传输资料的安全,避免重要资料被窃取或篡改,也要加强保护商店自身的资料库,避免受到黑客入侵。公司内部也要对客户资料进行有效管理,以免损害消费者的利益。不过通常安全控制要做得好,花费成本也不低。许多电子商店限于规模,肯花投资在安全控制方面的还不多。如果网站有安全交易系统,例如利用安全套接层(SSL)技术,那么要在首页上特别强调;客户的隐私也要特别地尊重,在首页上也要特别强调,不会将客户的资料作为他用。没有客户的同意不要乱寄广告信函等,以免造成消费者的反感。

3. 建立值得信赖的品牌形象

设计一个简明的商标并申请注册,摆在网页最醒目的位置,并连同网址做宣传推广,积极建立一个值得信赖的商标品牌形象。除了可以加深消费者印象之外,更能增加客户的信赖及品牌忠诚度。

4. 主动提供客户感兴趣的新信息

提供消费者想要的,帮助消费者找他们需要的,始终是服务的宗旨。若能做到只要消费者提出简单的需求,如"我想要有关 Java 语言方面的书",电子商店就能给他一份清单,并加上几个推荐,必能给消费者一个满意的、受尊重的感觉,找到产品之后若能主动通知消费者,相信更能增加他的购买意愿。

(四)降低成本

1. 降低进货成本

增加供应商来源可以避免缺货影响业绩,提高客户满意度,还可以降低库存成本。除了积极拓展业务,增加订单数量可以降低进货的成本外,缩短营销渠道,降低退货率(甚至零退货率),因客户下订单才跟供应商订货(与传统商店先订货才开始销售,造成高退货率情形不同),也可以帮助公司与供应商洽谈取得较低的进货成本。

2. 改善物流配送

改善物流配送应与物流业者建立良好关系、协调物流配送问题及签订合作契约,不仅在取货时可以透过物流业者代为取货,还可以送货至大量订购的客户手上(如学校);并可代收货款,如此除了可以降低物流成本减少客户需付的邮寄费用之外,还可降低呆账的风险。

3. 增加营业收入,增加营业之获利能力

依据会员类别不同做不同等级之折扣优惠,或针对促销商品给出较高的折扣,而一般商品则可调整成较少之折扣,或是依据订购之金额做不同等级之折扣优惠价格。弹性运用价格策略,依据会员类别作不同等级之折扣优惠。例如,信用卡会员七五折、一般会员九折;或促销商品七折,一般商品八折或九折;500 元以下商品九折,5000 元以上商品五折等弹性价格策略交互运用。增加并促销高价商品,高价商品通常会有较高的报酬率,要有效提高营业额,可以考虑增加高价商品,并强力促销,但也要估计高价商品在网上的接受程度。例如珠宝,可能就不适

合。增设广告业务增加收入来源,若所设立的电子商店来客率已达一定的水平,可以考虑增设广告业务,增加收入来源,例如,旅行社的电子商店可提供交通业、餐旅业及保险业等广告服务以增加获利。

（五）建立强大的管理信息系统

企业内部信息系统的建设,将为电子商店的外部商业平台发挥效力,提供内部的技术支撑。因此,电子商店需要建立一系列的内部管理信息系统,如商品资料库系统、订单管理系统、顾客信息管理系统等,从而更利于开展网上的销售业务。

1. 商品资料库管理系统

建立完整的商品资料库,首页商品目录上会显示的相关资料都应建立在资料库中,再由首页与资料库连接,可节省人工重复输入资料的时间。

2. 订单管理系统

明快顺畅的订购流程,加强搜索功能,并有清楚、简明、完整的操作指引及范例,结合线上查询及线上订购系统,自动将不同客户的订单归入同一供应商的订单,并自动用 E-mail 或电子商务通信系统将订单传给供应商。

3. 顾客信息管理系统

建立会员管理系统,分析消费者行为。通过对消费者行为模式、客户消费行为的分析,自动发电子邮件给大客户及贵宾卡会员,对不同顾客加以细分管理。

最后,如果能将传统的市场经营策略中的 4P's（Product，Price，Promotion，Place）转化为 4C's（Customer Solution，Customer Cost，Convenience，Communication），从企业战略由市场导向转为顾客导向,更关心网上消费者的需要,就一定能经营好一家电子商店了。

小 结

本章主要分析了开展网上交易的两大参与主体:网络消费者和网上商店。

网络消费者行为按照不同的层次可划分为五类:全球网民、社区网民、网站新客、真正的客户和回头客。网络消费者群体特征主要表现为:①注重自我;②头脑冷静,擅长理性分析;③喜好新鲜事物,有强烈的求知欲;④好胜但缺乏耐心。按网络消费者的购物心理特征可以分为：功利型、快乐型消费者；按网络购物者的行为特征可分为理智型、时尚型、寻价型、浏览型和体验型消费者。分析困扰网民购买、阻碍网上零售蓬勃发展的因素主要是：产品、个人和环境等因素。

电子商店的交易实现形式是：电子商店和拍卖网站。电子商店业主类别是：经营着离线商店的零售商和没有离线商店的虚拟零售企业。电子商店商业模式是：无形商品与劳务的电子商务模式、实物商品的电子商务模式和综合模式。

电子商店主要由前台、后台系统构成。前台功能有：①会员注册及登录；②商品分类展示；③商品信息检索；④购物车；⑤生成订单；⑥订单查询；⑦商品排行；⑧反馈留言；⑨友情链接。后台功能有：①口令管理；②商品类别管理；③商品管理；④会员管理；⑤订单管理；⑥网站管理；⑦配送支付管理。个人消费者网上购物流程为：①客户会员注册；②商品搜索和选购；③下订单(放进购物车)车；④收银台结算；⑤订单查询；⑥购物完成；⑦在线支付(或汇款)；⑧选择送货方式。

构建一个电子商店是一项较为复杂的系统工程，涉及硬件的铺设、软件的设计、货币结算和客户管理等。主要步骤如下：①确定电子商店的名称；②电子商店的选址；③电子商店装修；④货物摆放；⑤商品更新；⑥货币结算；⑦库存商品管理；⑧商品最终送达客户。电子商店的工作人员通常有：①电子商店经理；②电子商店业务人员；③电子商店信息处理员；④电子商店管理人员；⑤广告、营销策划人员。电子商店主要处理订单信息和客户信息管理。电子商店的经营策略主要是：①设定具体可行的经营目标；②运用正确的营销手段；③珍视信用，做好客户服务；④降低成本；⑤建立强大的管理信息系统。

思考题

1. 名词解释

电子商店　网络消费者特征　电子商店商业模式

2. 简答题

(1) 简述网络消费者的特征有哪些？

(2) 电子商店的主要形式有哪些？

（3）电子商店与传统商店的主要区别有哪些？

（4）简述电子商店的功能。

（5）简述电子商店购物的一般流程。

（6）影响电子商店经营的主要因素有哪些？

3. 论述题

（1）如果让你构建一个简单的在线订购鲜花礼品的电子商店，请设计该商店前、后台应具备的基本功能。

（2）试结合案例论述 B2C 电子商店的经营策略。

实验操作

1. 访问中国鲜花礼品网（http://www.hua.com），浏览网站内容，了解电子商店的结构和功能，熟悉网上购物流程等。

2. 访问中国亚马逊网（http://www.amazon.cn），浏览网站内容，比较与中国鲜花礼品网的区别，并在此网站购买一张 DVD 唱片或一本图书。

第四章 网上拍卖

案 例

淘宝网

淘宝网(http://www.taobao.com)是国内领先的个人交易网上平台,成立于2003年5月10日,由全球著名B2B公司阿里巴巴投资创办。淘宝,顾名思义,没有淘不到的宝贝,没有卖不出宝贝。淘宝网是在中国深受欢迎的网购零售平台,截至2014年底,淘宝网拥有注册会员近5亿,日活跃用户超1.2亿,在线商品数量达到10亿,在C2C市场,淘宝网占95.1%的市场份额。淘宝网在手机端的发展势头迅猛,据易观国际2014年最新发布的手机购物报告数字显示,手机淘宝+天猫的市场份额占整个网购零售平台的85.1%。截至目前,淘宝网创造的直接就业机会达467.7万个。随着淘宝网规模的扩大和用户数量的增加,淘宝也从单一的C2C网络集市变成了涵盖C2C、分销、拍卖、直供、众筹、定制等多种电子商务模式在内的综合性零售商圈。

淘宝网致力于推动"货真价实、物美价廉、按需定制"网货的普及,帮助更多的消费者享用海量且丰富的网货,获得更高的生活品质;通过缩减渠道成本、时间成本等综合购物成本,淘宝帮助更多的人享用网货,获得更高的生活品质;通过提供销售平台、营销、支付、技术等全套服务,淘宝帮助更多的企业开拓内销市场、建立品牌,实现产业升级,帮助更多胸怀梦想的人通过网络实现创业就业。新商业文明下的淘宝网,创造了约 1500 万就业岗位。淘宝的出现为整个网络购物市场打造了一个透明、诚信、公正、公开的交易平台,进而影响人们的购物消费习惯,推动了线下市场以及生产流通环节的透明、诚信,从而衍生出一个"开放、透明、分享、责任"的新商业文明。

淘宝网不仅是中国深受欢迎的网络零售平台,也是中国的消费者交流社区和全球创意商品的集中地。淘宝网在很大程度上改变了传统的生产方式,也改变了人们的生活消费方式。不做冤大头、崇尚时尚和个性、开放和擅于交流的心态以及理性的思维,成为淘宝网上崛起的"淘一代"的重要特征。淘宝网多样化的消费体验,让淘一代们乐在其中:团设计、玩定制、赶时髦、爱传统。

淘宝网倡导诚信、活泼、高效的网络交易文化,在为会员打造更安全高效的商品交易平台的同时,也全心营造和倡导互帮互助,轻松活泼的家庭式文化氛围,让每位淘宝客户都能更迅速高效地交易,并在交易的同时,交到更多朋友,淘宝成为越来越多网民网上创业和以商会友的最佳选择。2016 年 3 月 29 日,2016 年度卖家大会在杭州召开,阿里巴巴集团 CEO 张勇在会上明确了淘宝未来的战略:社区化、内容化和本地生活化是三大方向。淘宝充分赋予大数据个性化,通过通信、视频、社区等工具,搭台让卖家唱戏。利用优酷、微博、阿里妈妈、阿里影业等阿里生态圈的内容平台,紧密打造从内容生产到内容传播和内容消费的生态体系。

学习目标

通过学习,可以了解网上拍卖的产生、发展及其优势,了解拍卖网站的信用机制及其盈利模式,明确网上拍卖的概念、拍卖形式及其特点,重点掌握网上拍卖的具体流程、网店经营的管理策略,体验网店的开设与经营管理。

第一节　网上拍卖的产生与发展

一、拍卖概述

作为一种古老而又独特的交易的形式,拍卖最早出现在公元前 500 年的巴比伦。根据记载,公元前 500 年的中亚巴比伦地区,男人们就通过拍卖的方式来得到妻子。拍卖在古罗马也很盛行,人们用拍卖的方式出售战利品、货物、地产甚至王位。古往今来,被拍卖的物品也形形色色,从古玩字画到日常用品,从农产品到政府债券、营业执照、电波频率等,各种有形无形的商品都无所不包。

"拍卖"一词的英文 auction 源自拉丁文 auctio,意思是渐增。事实上,拍卖并不完全是价格攀升的形式,也有价格递减的拍卖方式,如荷兰式拍卖。

在我国,根据《中华人民共和国拍卖法》第三条规定:"拍卖是指以公开竞价的形式,将特定物品的财产权利转让给最高应价者的买卖方式。"在拍卖中,一般以"当事人"一词来统称拍卖人、委托人、竞买人和买受人。委托人是指委托拍卖人拍卖物品或者财产权利的公民、法人或者其他组织。买受人是指以最高应价购得拍卖品的竞买人。本书按网上拍卖的习惯用语,分别用"卖家"和"买家"来指称"委托人"和"买受人"。

1874 年,英国远东公司在中国上海开办了第一家拍卖行——鲁意斯摩洋行。自此开始了中国拍卖业的发展史。但由于当时是半殖民地半封建的社会,商品经济不发达,拍卖业发展不成熟而且畸形。到了 20 世纪 50 年代末,中国的拍卖业并入了信托贸易行业。1958 年,天津关闭了最后一家拍卖行,一个拍卖的旧时代结束了。从此,拍卖在中国中断了 30 年。1986 年,广州率先在全国恢复了第一家拍卖行,中国拍卖从此进入了恢复、试点阶段。1997 年 1 月,《中华人民共和国拍卖法》正式施行,标志着中国拍卖业进入规范发展时期。随着社会对拍卖业的认知度不断提高,拍卖领域不断拓宽,拍卖企业市场竞争能力有所增强,拍卖成交额不断攀升。中国的拍卖业已经成为中国社会主义市场体系的一个新兴行业,它和期货、批发、租赁、旧货和其他各种商品市场、要素市场一起,共同构筑了中国较完整的市场框架。

最近几年,因特网和电子商务的发展,使得网络拍卖也日渐兴盛。不但出现了专业的拍卖网站,许多传统交易也开始采用网上拍卖的方式。

二、网上拍卖

1995 年,程序员皮尔·欧米达(Pierre Omidyar)在自己建立的网站上增加了一个小的拍卖功能,帮助他的女朋友和那些与她同样爱好的人交换各自的收藏品,没想到网上拍卖活动迅速发展了起来,欧米达于是在一年后辞去了程序员的工作,全身心投入自己创建的网上拍卖业务中,全球网上拍卖业的老大 eBay 由此诞生。eBay 的诞生开辟了互联网商业的全新模式。

网上拍卖(Auction Online)也称电子拍卖(Electronic Auction),是基于互联网的拍卖(Auction Based on Internet),网上拍卖通过 Internet 来实施价格谈判并交易,即利用互联网在网站上公开有关待售物品或服务的信息,通过竞争投标的方式将它出售给出价最高的投标者。其实质是以竞争价格为核心,建立生产者和消费者之间的交流与互动机制,共同确定交易的价格和数量,从而达到均衡的一种市场经济过程。拍卖网站可以向参加拍卖的买家和卖家提取一定的费用,还可以出售网站上的广告版面来牟利。

（一）网上拍卖的产生

网上拍卖不是凭空诞生的,传统拍卖行业发展的需要、信息技术与互联网的发展、法律法规的不断完善以及人们对网上购物观念的逐渐认同共同推动了网上拍卖的发展。

1. 传统拍卖业行业发展的需要

拍卖这种交易形式最早出现在公元前 500 年的巴比伦,而作为目前国际拍卖业的两大巨头——有着悠久历史的索斯比和克利斯蒂拍卖行,则分别成立于 1744 年和 1766 年。在我国,拍卖业同样也有着悠久的历史,几百年的发展已使拍卖业日臻成熟。

拍卖业在自身的发展过程中不断地拓展其发展空间,作为一个传统行业,拍卖业也力求突破传统形式对它的局限性,主要体现在以下几个方面。

（1）时间和地域上的限制,使传统拍卖业无法开展大范围的拍卖业务。

（2）地域上的各自为政,使拍卖业无法形成统一、大规模的拍卖市场。

（3）拍卖周期和拍卖成本的影响,使拍卖业无法扩大拍卖品的征集数量。

所以,当因特网这种先进、快速的信息交流平台出现以后,时间与空间的限制逐渐消失了,依托于互联网而产生的网上拍卖也就顺理成章地成了历史发展的必然。

2. 信息技术与互联网的发展

信息技术的发展,不仅使商品信息在网上传播变得迅速,而且使得网上交易的另一个必备的条件也随之在网上实现,那就是资金的流动。多种网上支付手段的出现,使每个人都可以拥有自己的个人网上银行账户,足不出户的完成支付过程。

互联网的迅速普及,使得越来越多的人有机会接触到网络,网络带来的影响也越来越大,加上信息技术与电子商务的发展,为网上拍卖的出现提供了"硬件"基础。因特网的快速发展不仅改变了人们的生活方式,同时也改变了传统的市场交易方式。电子商务的产生和发展大大拓展了传统市场的范围,降低了市场交易成本,提高了市场的交易效率。网上拍卖作为电子商务的一种重要形式,已经成为备受商家和消费者喜爱和关注的一种新的交易机制。我国网民参与网上拍卖的比率也在逐年增长。

3. 法律法规的不断完善

随着电子商务的深入发展,网上拍卖的立法工作也在迅速发展。网上拍卖涉及的法律问题非常多,知识产权、税收、法律适用、安全保密和合同等问题均要求在网上拍卖中得到解决或确认。虽然在现阶段,这些问题大多没有得到彻底解决,但是全世界正在朝这个方向努力。1996年12月,联合国国际贸易法委员会制定通过的《电子商务示范法》,为各国电子商务立法提供了一个范本。在我国,目前已经通过的主要电子商务法规有《中华人民共和国电子签名法》等。当前对网上拍卖行业进行管理的主要依据还是《中华人民共和国拍卖法》《中华人民共和国合同法》《中华人民共和国消费者权益保护法》等传统法律法规,虽然这些法规无法对网上拍卖做到非常有效的管理,但是网上拍卖的立法问题正在成为理论界讨论的热点,其相关的法规也在酝酿之中,可以预期未来的网上拍卖,将会有良好的法律环境来规范和制约。

4. 人们对网上购物观念的逐渐认同

据CNNIC发布的《第38次中国互联网络发展状况统计报告》显示,截至2016年6底,网络购物、网上支付的使用率分别占网民总数的63.1%和64.1%,用户规模分别达到4.48亿和4.55亿。网络购物用户普及率较高,规模较快增长,显示出我国电子商务市场强劲的发展势头。随着中小企业电子商务的应用趋向常态化,网络零售业务日常化,网络购物市场主体日益强大。

人们对网上交易的态度正在慢慢发生变化,网上交易从无到有,从少到多,正在被越来越多的人所接受。法律法规的完善和人们消费理念的变化,为网上拍卖准备了"软件"。"硬件"与"软件"同时具备,加上拍卖行业自身的成熟,网上拍卖的出现与快速发展也就很正常了。

（二）网上拍卖的概况

1. 国外网上拍卖概况

在全球范围内，网上拍卖市场主要参与者包括 eBay 等数十家拍卖网站，热点区域主要在美国与欧洲各国。其中 eBay、Yahoo、Amazon、uBid、QXL 和 Overstock 等位于第一阵营，表现出明显的领先态势。其他竞争者中，市场影响较大、发展潜力较好的包括 www.bidville.com、www.onsale.com、www.carsfrom200.com、www.auctionspass.com、www.cheaporfreecars.com、www.bid4assets.com、www.skyauction.com 等十余家拍卖网站。这些拍卖站点不少成立于 2000 年以前，多数主攻特定领域，业务各有特色。比如，有的竞价拍卖物品以高端或大型资产为主，如房产、汽车等；有的则是政府机构的传统拍卖企业的转型，专注国家资产与企业财产领域；也有的拍卖网站只做旅游产品的二手交易，如飞机票、酒店房屋、旅行套餐等。

2. 我国的网上拍卖发展概况

我国网上拍卖是从 1999 年开始出现的。1999 年 6 月 16 日，雅宝拍卖网站正式开通。1999 年 8 月，易趣网于开通，短短几个月的时间，注册用户就一路飙升到 8 万余名，登录的商品多达 1.5 万件，交易成交金额突破 5000 万元。经过了 10 多年时间的发展，网上拍卖已经普及网民的日常生活，60% 的网民曾在网上购物，这个数字还在增长，中国网上拍卖市场正处于一个高速成长阶段。

1999 年 8 月，易趣在上海创立；2002 年，易趣与 eBay 结盟，更名为 eBay 易趣；2006 年 12 月，eBay 与 TOM 在线合作，通过整合双方优势，凭借 eBay 在中国的子公司 eBay 易趣在电子商务领域的全球经验及国内活跃的庞大交易社区与 TOM 在线对中国市场的深刻理解，2007 年，两家公司推出了为中国市场定制的在线交易平台；2010 年 2 月，易趣正式推出海外代购业务，为买家提供代购美国购物网站商品的服务；2012 年 4 月，易趣不再是 eBay 在中国的相关网站，易趣为 TOM 集团的全资子公司，易趣网站提供的各项服务均不受影响。截至目前，易趣网虽然仍在运营，但已经完全被边缘化。

淘宝网成立于 2003 年 5 月 10 日，由阿里巴巴集团投资创办。经过多年的发展，截至 2014 年底，淘宝拥有注册会员近 5 亿；2016 财年电商交易额达到 3 万亿元人民币，是亚洲最大的网络零售商圈。

拍拍网是腾讯旗下知名电子商务网站，于 2005 年 9 月 12 日上线发布，2006

年 3 月 13 日宣布正式运营,曾经是国内第二大电子商务平台。拍拍网依托于腾讯QQ 的庞大用户群及优势资源,具备良好的发展基础。拍拍网在 2014 年京东与腾讯达成电子商务战略合作后并入京东集团旗下。2015 年 11 月 10 日,京东集团发布公告称,因 C2C 模式当前监管难度较大,无法杜绝假冒伪劣商品,决定于 12 月31 日停止提供其 C2C 模式(拍拍网)的电子商务平台服务,并在三个月的过渡期后将其彻底关闭。

2008 年 10 月 28 日,全球最大的中文搜索引擎公司百度推出"百度有啊"C2C电子商务交易平台,正式进军网上拍卖市场。2011 年 3 月 31 日,百度宣布有啊购物平台的商品、店铺、交易相关功能将予以关闭,商城业务将有计划地转移给乐酷天、耀点 100 等合作伙伴。

因此,从中国网上拍卖市场发展过程来看,目前国内 C2C 市场呈现出淘宝网一家独大的垄断状态。

第二节　网上拍卖的形式与特点

一、网上竞拍的形式

由于网上拍卖的原型是传统拍卖,所以网上拍卖竞价方式也借鉴了传统拍卖的方法,目前常见的网上拍卖方式有英式、荷兰式和密封拍卖,此外,还有双向拍卖和逆向拍卖等。随着网上拍卖的发展,近年又出现了更加适应于互联网的集体议价方式和多属性拍卖。许多拍卖网站并不是仅仅使用一种拍卖方式,而是采用多种拍卖方式相结合的形式。网上拍卖的类型如表 4 - 1 所示。

表 4 - 1　网上拍卖的类型

类型	规则
英式拍卖 (递增价格、公开)	拍卖标的物的竞价由低至高,依次递增,直到以最高价格成交为止
荷兰式拍卖 (递减价格、公开)	拍卖标的物的竞价由高到低,依次递减,直到以适当价格成交的一种拍卖。对一定价格的第一个应价者即成为获胜者

续　表

类型	规则
密封拍卖 （包含一级密封式拍卖 和二级密封式拍卖）	不公开价格，密封投标。以密封 E-mail 等形式提供标书，其他出价者不知道彼此的价格 一级密封式拍卖中，赢家付实际所出的价格 二级密封式拍卖，赢家付第二高价
双向拍卖	买卖双方实时在线到达市场，观察价格，然后双方同时提供公开的或者秘密的买卖价格，进行实时交易；拍卖商宣布投标价及出清价格。同类拍卖物品的成交价格成为即时的市场价格
逆向拍卖	由买者列出想要购买的商品，而由卖者对买价进行投标。可以使个人或者组织能够以最低价格获得商品或服务的专门拍卖方式。
团购	利用互联网将零散的消费者及其购买需求聚合起来，形成类似集团采购的庞大的订单，从而与供应商讨价还价，争取最大最优惠的折扣
多属性拍卖	允许买卖双方就拍卖品的多个属性同时进行谈判

（一）英式拍卖

英式拍卖（English Auction）也称为公开拍卖或增价拍卖，是传统拍卖中最常见的拍卖方式。大多数参加过拍卖或在电视上看过拍卖的人，所见到的就是英式拍卖。在英式拍卖中，出价人叫一个比前一个出价更高的价格，直到没人出更高的价为止。这时，拍卖人就宣布，这件物品按最后一个出价，卖给出价最高的出价人。这类拍卖也被称为"出价逐升式拍卖"。因为出价是公开宣布的，所以英式拍卖又是开放式的拍卖或开放出价的拍卖。

英式拍卖在有些情况下会有起拍价或保留价格。出价的起价是开始拍卖的价格，如果没人出价高过这个价格，那么拍卖品就停止拍卖，不再出售了。有些拍卖不宣布出价的起价，但要是没人出价超过卖家的保留价格，那么拍卖品就退出拍卖不再出售了。如果每种拍卖品有很多数量，允许出价人指定购买量的英式拍卖被称为美式拍卖。当美式拍卖的出价结束时，出价最高的人得到了他想要的数量，如果拍卖品给了出价最高的人以后还有剩余，那么就把剩下的拍卖品分给出价次低（出价第二高）的出价人，直到所有的拍卖品都分配完为止。虽然所有成功的出价人都得到了他想要的数量，但他们只按成功的出价人中出的最低价来付款。

这种拍卖方式被网络拍卖所采用，成为网络拍卖中最基本、最常见的在线交易方式。网络英式拍卖采用的是正向竞价形式。网络英式拍卖的规则是后一位出价人的出价要比前一位的高,竞价截止时间结束时的最高出价者可获得竞价商品的排他购买权。其过程中,买方可以通过浏览历史价格(当前其他买家的出价)决定自己对物品的最高报价,然后提供给系统,系统自动更新后,其所出的价格和历史价格就可以显示在网页上。

英式拍卖对卖家和出价人来说都有缺点。既然获胜的出价人出的价格只需要比前一个最高价高一点,那么每个人都不愿马上按照其预估价出价。当然,出价人也要冒风险,他可能会被令人兴奋的竞争出价过程吸引,出价超出了预估价格。这种心理现象称为胜者的苦恼,它已被理查德·泰勒(Richard Thaler)和其他行为经济学家证明存在了。

(二)荷兰式拍卖

荷兰式拍卖(Dutch Auction)是一种公开的减价拍卖,又称"出价渐降式拍卖"。荷兰式拍卖多交易的是量大的物品,在传统拍卖中,物品价格每隔一定的时间会下降一些,此过程中,第一个出价人可以按照他出价时的价格购买所需的量。如果他买完后物品还有剩余,降价过程继续,直到所有物品都被买走为止。虽然拍卖中,物品价格处于下降趋势,但第一个出价人因考虑到其他竞买人可能先于他出价而使他无法获得所需的物品,所以他会先于其他人出价,这时他的应价实际上就是物品的最高出售价。网络荷兰式拍卖,也是针对一个卖家有大量相同的物品要出售的情况而产生的,它采用的是逆向竞价形式。网络荷兰式拍卖不存在价格下降的情况,一般是竞价截止时间结束时,出价最高者获得他所需要的数量,如果物品还有剩余,就由出价第二高的人购买。网络荷兰式拍卖的原则是:价高者优先获得宝贝,相同价格先出价者先得。成交价格是最低成功出价的金额。

(三)密封拍卖

密封拍卖可分为一级密封拍卖和二级密封拍卖。一级密封拍卖也称为密封递价最高价拍卖,即在密封递价过程中,出价最高的竞买人中标。如果拍卖的是多件相同物品,出价低于前一个的竞买人购得剩余的拍卖品。二级密封拍卖也称为密封递价次高价拍卖,其竞价过程与一级密封拍卖类似,只是出价最高的竞买人是按照出价第二高的竞买人所出的价格来购买拍卖品。由于它鼓励所有的竞买人都按其预估价出价,这样就降低了竞买人串通的可能性,获胜者不必按照最高价付款,从而使所有的竞买人都想以比其在一级密封拍卖中高一些的价格出价,这种拍卖方式能使卖方获得更高的收益。威廉·维克瑞因对此拍卖的研究而荣获 1996 年诺贝尔经济学奖,因此,二级密封拍卖也称维氏拍卖。

网上密封拍卖多用于工程项目、大宗货物、土地房产等不动产交易以及资源开采权出让等交易。目前,这种拍卖方式已被越来越多国家政府用于在网上销售库存物资以及海关处理的货物。

（四）双向拍卖

双向拍卖就是买卖双方实时在线到达市场,观察价格,然后双方同时提供公开的或者秘密的买卖价格,进行实时交易,拍卖商宣布投标价及出清价格。同类拍卖物品的成交价格成为即时的市场价格。

（五）逆向拍卖

除此以外,一些传统拍卖模式的有趣的变种也在网上出现了。在传统拍卖中,由卖者公布要出售的商品,潜在的买者进行投标。而在逆向拍卖中,由买者列出想要购买的商品,而由卖者对买价进行投标。这是一种可以使个人或者组织能够以最低价格获得商品或服务的专门拍卖方式。例如,有些网站是由商品或服务的卖家标出愿意卖出产品的价格。这种类型的拍卖有时称为逆向拍卖,因为买家作为出价人变成了卖家作为出价人。在 TravelBids 网站上,某个想订机票或船票的人可以发出通告,让旅行社相互竞争,这种出价会一直降到没有旅行社再出价或者买家接受了较低的出价为止。

（六）团购

团购是一种创新的网上拍卖方式。通过 Internet 集合买家的购买力从而使得集合中的每个成员都可以获得价格折扣。团购网充分利用了互联网的特性,将零散的消费者及其购买需求聚合起来,形成类似集团采购的庞大的订单,从而与供应商讨价还价,争取最大最优惠的折扣。根据薄利多销、量大价优的原理,商家可以给出低于零售价格的团购折扣和单独购买得不到的优质服务。

（七）多属性拍卖

随着网上拍卖的兴起,拍卖中不仅要考虑单个属性,还需要关注多个属性。多属性拍卖就是允许买卖双方就拍卖的多个属性同时进行谈判,构建多属性拍卖模型,完成交易。

二、网上拍卖的主要特点

作为一种新型的网上交易模式,与传统意义上的拍卖相比,网上拍卖有诸多引人瞩目的特点。

(一)拍卖物品范围不同

传统的拍卖物品(比如艺术品、不动产、大型机器设备等)一般价值昂贵,而网上拍卖物品的价格区间却非常有弹性,从几元到上千万元不等,拍卖物品的种类从旅游帐篷、电脑软件到生活用品、玩具、艺术品、大型机器设备等,种类极其繁多。

(二)参与拍卖活动的空间不同

传统拍卖一般在一定的场所和环境中进行,一般要求参加拍卖活动的投标者共处一室,并且实时投标。而在网上拍卖中,参加拍卖的投标者分布在世界各地,并且一般都是进行异步投标,它更自由灵活。

(三)拍卖活动结束方式不同

传统拍卖中,拍卖师三声询问无人应答后即宣布拍卖结束,出价最高或最低者获胜。而在网上拍卖中,一般是按预定的截止时间来结束拍卖,确定获胜者。

(四)拍卖活动的成本不同

在网上拍卖中,买者和卖者可以方便地通过网络参与拍卖过程,不受时间和空间的限制,他们的参与成本降低了,而且拍卖仲裁人可以有先进的网上拍卖程序来代替,不仅方便快捷,不易出错,而且可以 24 小时仲裁拍卖。

(五)中介机构的服务不同

传统的拍卖一般由实业性质的拍卖中介机构(拍卖行或者拍卖公司)来承担,中介机构同时代表买卖双方的利益,必须依照法律和章程的规定来进行拍卖活动,中介机构有义务保证拍卖的公正性和公平性。而网上拍卖的中介机构是拍卖网站,它一般不对买卖双方的拍卖行为承担法律责任,在网上拍卖中所遇到的风险由买卖双方共同承担。

第三节　网上拍卖的流程

一、网上拍卖的基本流程

网上拍卖承袭了传统拍卖行业的竞价特点,通过网络实现从拍卖物品的原始搜集、展示,拍卖竞价过程到拍卖价款的电子支付等一系列活动。网上拍卖的交易一般包括三个"流",即信息流、物流、资金流。信息流包括网上拍品展示,即网上用户所展示的拍品的图像及有关文字资源、竞价信息、拍卖网站用户的反馈信息、拍卖当事人之间的信息交流等。物流,即使拍卖成交的商品成功到达竞买人的手中。资金流即网上拍卖交易双方支付拍卖价款,包括拍品价格和拍卖费用。

网上拍卖是通过互联网进行的拍卖活动,与传统拍卖相比,网上拍卖不受时空限制,而且实际成交费用更加低廉,网上拍卖已经逐渐被大多数网民所认可。下面将以淘宝网为例介绍网上拍卖的操作流程。

网上拍卖的流程步骤如下。

(1)卖家选定拍卖方式,添加商品信息,开始售卖商品。拍卖信息包括:货品说明、货品数量、拍卖底价、拍卖方式等内容。

(2)拍卖信息审核后正式发布到网上;买家通过搜索找到自己所需要的商品,缴纳保证金,然后再出价竞拍。

(3)拍卖结束,按最高价格成交;卖家待买家拍下商品,并通过支付宝支付商品款额后,寄送商品。

(4)买家收到商品,检查商品是否符合预期,满意后发出付款指令,卖家收到货款。

(5)买家在收到商品后,对卖家和本次交易做出评价,同时,卖家也对买家在本次交易中的行为做出评价,若交易满意,则拍卖结束,若交易发生纠纷,将提交至淘宝进行协调。

下面将从买家和卖家两个角度详细介绍国内网上拍卖实现的具体流程。

二、买家流程

（一）注册淘宝账号

首先，先进入淘宝网的首页（http://www.taobao.com），打开这个网站后，点击"免费注册"，可以选择手机号码注册或邮箱注册，一般选择"邮箱注册"，填好一切资料，点击"同意协议并提交注册信息"，如果没有意外的话网站会提示注册成功。接下来就是进入自己的邮箱中，收取淘宝网确认邮件。点击确认链接，激活账号，第一步就完成了。

（二）支付宝账户激活

淘宝账号注册完成后，用户将免费获取一个支付宝账号，用户可以点击"点此激活"按钮激活这个账号，填写相关信息完成支付宝账号的注册。注册过程中，证件号码和姓名一定要填写自己真实证件号码和姓名，否则将影响到交易中的付款和收款。

（三）浏览拍卖货品

买家在淘宝网上浏览或搜索感兴趣的商品，买家可以在拍卖网站上看到本次拍卖的标题、起拍价、货品数量、货品详细描述、交易条件等。

（四）出价

买家对中意的宝贝，需先"报名交保证金"，然后在拍卖开始后点击"我要出价"按钮。买家将看到出价区域，包括出价金额输入框、验证码输入框、我要出价按钮，如果是"多拍"，还有需要的数量输入框。买家输入想出的价格（货品单价）、验证码，如果是多拍，买家还需要输入想购买的数量，确认后点击"出价"按钮。出价成功后，买家的出价领先，拍卖结束前，如果别人的出价超过你，拍卖网站将发送电子邮件通知买家，买家可以再次进行出价。买家在出价前，还应仔细阅读并确认拍卖服务条款。

目前，淘宝网很多商品只设置了"一口价"，买家不需要参加竞拍，直接点击"一口价"就可以购买该商品。

（五）付款

拍卖结束后，如未成交将退还保证金。成交后买家将进入交易操作阶段。登录买家的支付宝账户，买家将看到本次交易的货款金额、支付期限，点击"付款"支付尾款。

（六）收货确认和评价

当买家收到货品并确保无误后，点击"确认收货"，并登录支付宝完成确认收货。此确认表示买家对货品满意，并将货款转给卖家。由于此操作是不可逆的，买家应慎重操作。交易成功了后，货款将转给卖家，当前的交易状态也将更新为"已结束的交易"。特别注意的是：自卖家发货日起10日内，买家未确认收货，并无退款申请，则默认交易成功，系统自动划款至卖家账户，交易关闭。

收货确认后，即可针对本次交易情况对卖家做出"好""中""差"的信用评价，并就"宝贝与描述相符""卖家的服务态度""物流服务的质量"等几个方面进行评分。

三、卖家流程

（一）注册淘宝账号

和买家流程一样，卖家首先需要在淘宝网上进行注册。需要注意的是，如果原来已经是淘宝网买家，不用重复注册。在淘宝网，你注册一个账号即可同时拥有买家和卖家两个身份。

（二）进行实名认证和实人认证

第一步已经成功注册了淘宝网账户。接下来就是要进行支付宝实名认证，对于卖家，这是必需的一步。点击"我的淘宝"后，可以点击首页上方"卖家中心"按钮。进入后，可以看到"马上开店"按钮，点击进入后在"申请开店认证"栏目下可看到认证提示："抱歉，您还未绑定支付宝账户，请先绑定支付宝账户再进行认证。"然后根据提示操作即可。

在淘宝上开店是要经过实名认证的（店主必须是年满18周岁的中国合法公民），再输入一个和支付宝有合作的银行的银行卡信息。支付宝公司会往你的卡里打入一笔数目为几分钱的人民币，你到柜台或银行网站进行查询后把数额填入支付宝的网页，确认后即能通过认证。

2015年3月31日，淘宝宣布启动"实人认证"程序，要最大程度消除由于虚假注册信息带来的交易安全隐患。也就是说，想在淘宝开店的商家，除了要"实名认证"外，还要"实人认证"了。

所谓"实人认证"，就是淘宝年检。在开店"实名认证"的基础上，还要进行每年一次的"实人认证"。每次审核前,淘宝会通过旺旺弹窗、手机短信、站内信、邮件等多种方式提前通知复核时间。卖家要根据淘宝"动态手势认证"(手势是随机的)的具体要求,摆一个一模一样的手势,拍张照片上传系统,进入复核流程。新"实人认证"系统上线后,淘宝将针对所有卖家进行定期复核,对有不良记录的卖家,还将增加不定期身份复核。

相比"实名认证","实人认证"有哪些优势呢?淘宝相关负责人表示,"实名认证"锁定的是淘宝账号,无法核对该账号是否是同一人在使用;而"实人认证"需要拍照核实,且照片要求的手势都是随机的,无法造假,可以锁定人。同时,"实人认证"可无线端认证,方便卖家随时随地上线认证。

(三)创建店铺并发布商品

在淘宝网首页登录后进入"卖家中心"并通过实名和实人认证后,即可创建店铺。然后进入"卖家中心—我的应用—宝贝管理",即可发布商品。

(四)发货

卖家在"我的淘宝"可以浏览卖出的商品信息,卖家可以选择适合的快递公司承担商品的物流环节。如物品有成交,卖家应该根据拍卖的交易条件(买家自提或卖家规定)和买家要求及时安排发货。当发货完成后,卖家应填写运输信息,然后点击"确认已发货"。此时,交易状态将更新为"等待买家确认到货"。

(五)评价与提现

当交易状态为"交易成功"后,卖家需对本次交易进行评价。支付宝账号允许卖家"提现",卖家如需"提现",可点击"提现"申请,将支付宝账号中的资金转账到卖家其他银行账户。

在淘宝网上交易,和买家沟通不是通过 QQ、手机或者是其他通信工具,而是阿里旺旺。阿里旺旺是淘宝网卖家和买家沟通的法宝,有很多卖家功能集成在里面,非常实用。在买卖过程中如果卖家与买家有任何的纠纷,阿里旺旺的聊天记录是以后处理纠纷的最重要的证据。

第四节　网上开店与基本管理

一、网店的前期准备

（一）选择适合自己的经营模式

如果你正在考虑网上开店，应该根据个人的实际情况，选择一种适合自己的经营方式。网上开店的经营方式主要有以下三种。

1. 网店与实体店相结合

现在，许多实体代理专卖店也纷纷在网上开店，以扩大销售渠道，赢得更多的收益。这种方式具有以下优点：第一，由于有实体店铺的支持，货源比较稳定，能快速了解市场行情；第二，由于有线下的销售经验，在网上销售的技巧会更高一筹；第三，由于有实体店铺，也容易取得消费者的认可与信赖。

2. 全职经营网店

经营者将全部的精力都投入到网站的经营上，将网上开店作为自己的全部工作，将网店的收入作为个人收入的主要来源。这种方式具有以下特点：第一，网店是虚拟店，暂时还不会收费，可以免去昂贵的店铺租金，经营成本比较低；第二，网店的经营场所一般可以在家里或者你暂时居住的地方，比较方便；第三，网店一般存货量不会很大，如果发现生意不好，转型销售其他商品也比较容易。

3. 兼职经营网店

经营者可以将经营网店作为自己的副业。比如，现在许多在校学生利用课余时间经营网店，也有一些职场人士利用工作的便利开设网店，增加收入来源。这种方式具有以下特点：第一，具备全职经营网店的各个特点；第二，是一种新的体验，能满足部分人自己做老板的愿望；第三，成本较低，收入可观，一定程度上会改变经营者的生活方式。

（二）选择网店商品

要在网上开店，首先就要有适合通过网络销售的商品。但并非所有适合网上销售的商品都适合个人开店销售，比如数码产品，假如你不熟悉进货渠道，没有价格优势,网店经营就很难获得成功。本节从三大竞争策略入手探讨网店商品的选择。

1. 差异化的竞争策略：物以稀为贵

一定不能选择那些到处都能买得到的商品。既然到处都能买到,自己在价格上不会有优势,加上邮寄费,肯定比别处的贵,即使能卖出去,也赚不了钱。而那些少见的商品,自然有人愿意花大价钱来买。例如,一些家乡的特产可以满足出门在外的老乡们的需求,这样也容易培养固定的客户群。

2. 成本领先策略：地区价格差异

这一策略也就是利用地区价格差异来赚钱。许多商品在不同的地区价格差异很大,例如电器类,广东等沿海城市要比内地便宜很多,而收藏品在古都城市(北京、西安、洛阳)又比沿海城市便宜得多。所以,要从自己的身边着眼,找找身边特有而其他地方没有的商品,这样就能卖个好价钱。

3. 专业化的相对创新策略：做熟不做生

尽量不要涉足不熟悉的领域。如果热爱手工、手绘等,不妨开个相关的 DIY 店铺,特色店铺在哪里都是受欢迎的;如果你对摄影在行,喜欢数码类的产品,不管自己是否有实体店铺,都可以在这方面尝试一下。

(三)寻找好的货源

网上开店成功的关键在于进货渠道。怎么才能寻找到适合自己的货源是所有网上创业者最关心的问题,直接关系到网上创业能否成功。下面简单介绍几种比较常见的货源渠道。

1. 批发市场进货

这是最常见的进货渠道,如果你的小店经营的是服装,那就可以从周围一些大型的服装批发市场进货。在批发市场进货可以尽量压低自己的进货成本,同时也可以与批发商建立长期合作关系,并且可以事先协商好调换货的问题,以免日后引起纠纷。

适合的人群：当地有大型批发市场,自己有一定的议价能力。

2. 厂家直接进货

正规的厂家货源充足,信用度高,如果长期合作,一般都能争取到"产品调换"。不过相对而言,厂家的起批量比较高,不太适合小批发客户。

适合的人群：有一定的经济实力,并有自己的分销渠道。

3．实体店家

一些小的实体店家由于刚起步，没有固定的批发客户。为了争取客户，他们的起批量一般比较小，价格也不会太高，而且有时候还低于大批发商。这类批发商为了争取回头客，售后服务比较好，不过因为是新的批发商，因此需要了解他们的诚信度。

适合的人群：起步资金较少，销售数量不大。

4．大批发商进货

一般使用 Google、百度等搜索引擎就能找到很多这类专门从事贸易批发的供货商，他们一般由厂家供货，货源较稳定。不足的是因为他们已经做得比较大了，订单较多，服务有时会跟不上。而且他们都有自己固定的老客户，这样刚开始的创业者比较难与他们谈条件，除非你成为他们的大客户，才有可能得到折扣或其他优惠。在开始合作时就要把发货时间、调换货品等问题沟通协商好。

适合的人群：有自己的其他分销渠道，销售量比较大。

5．购进外贸产品或 OEM（代工）产品

目前许多工厂在为外贸订单或者一些知名品牌贴牌生产之外，会有一些剩余产品处理，价格通常十分低廉，一般仅为市场零售价格的 2～3 折左右，而这些产品的做工品质也能够保证。这个进货渠道非常不错，但一般要求进货者全部吃进，所以创业者要有足够的经济实力。

适合的人群：有一定的分货渠道，同时有一定的识别能力。

6．吃进库存或清仓产品

因为急于处理，这类商品的价格通常极低。如果有足够的砍价能力和经济能力，就可以用一个极低的价格吃下，然后转到网上销售，利用地域或时间差获得足够利润。所以，要经常关注市场变化。

适合的人群：有一定的资金能力，对该行业比较了解。

7．寻找特别的进货渠道

如果在海外有亲戚朋友，就可以由他们帮忙，进到一些国内市场上买不到的商品或是国内价格相对较高的产品，比如一些化妆品、品牌箱包等。例如，可以从日本进一些电子产品，还可以从俄罗斯进一些工艺品，这类产品就比较有特色或者有价格优势。

适合的人群：有这样的渠道，而且能把握流行趋势。

8. 网上代销

代销就是自己不用进货，只是将批发商的商品图片及文字放到自己的小店里代为销售，如果交易成功了，则由批发商出货，自己从中赚取差价。目前提供外包服务的网站公司很多，甚至还可以与批发市场的实体店沟通，帮他们在网上代销商品。使用这种方式几乎不需要投入进货成本，只要必需的硬件设备齐全就可以营业了，真正可以说是"不花一分钱就能当老板"。

适合的人群：起步资金较少，有一定的沟通能力和销售能力。

二、网店经营管理

网上开店，与网下开店有类似之处，最重要的就是经营，有再好的商品，如果不善于经营，同样无法销售出去，获取利润。本节主要介绍一些网上开店的经营管理策略。

（一）网上开店的定价策略

为你经营的商品制定一个适当的网上销售价位是十分必要的。网上开店的商品定价可以遵循以下的原则。

（1）销售价格要保证自己的基本利润点，不要轻易降价，也不要定价太高，定好的价格不要轻易去改。

（2）包括运费后的价格应该低于市面的价格。

（3）线下买不到的时尚类商品的价格可以适当高一些，低了反而影响顾客对商品的印象。

（4）店内经营的商品可以拉开档次，有高价位的，也有低价位的，有时为了促销需要甚至可以将一两款商品按成本价出售，主要是吸引眼球，增加人气。

（5）如果不确定某件商品的网上定价情况，可以利用购物网站查询比较同类商品在网上的报价，然后确定自己的报价。

（6）如果自己愿意接受的价格远远低于市场售价，直接用一口价就可以了；如果实在不确定市场定价或者想要吸引更多买家，可以采用竞价拍卖的方式。

（7）定价一定要清楚明白，定价是不是包括运费，一定要交代清楚，否则有可能引起麻烦，影响到自己的声誉。

（二）网上开店的广告策略

网店运作起来,下一步就要吸引浏览者进来浏览你的商品,才会有成交的机会,卖家需要做好网络营销工作,增加自己网店的知名度。

1. 利用好网站平台的收费推广

在淘宝等网站上开网店,网站本身提供了一些广告宣传方式,如图片橱窗、首页推荐位展示等,有些服务是收费的,但是可以为自己的网店带来浏览量,值得一试。需要注意的是,没必要将自己网店里的每一个商品都采用收费推广的方式,只需要选出一两件有代表性的商品进行推广,将买家吸引到自己的网店,自然也就会浏览其他的商品。

2. 利用好网站内其他推广方式

比如多参加网站内的公共活动,为网站做贡献,可以得到一些关照,网店自然也可以得到相应的推广。

3. 利用各种留言簿或论坛宣传自己的网店

注意一般不要采用直接发广告的形式,可以采用签名档,将自己的网店地址与大概的经营范围包括在签名档里,无形中会引起阅读者的注意,进入你的网店,进而成为你的客户。

4. 广开门路,广交朋友

通过认识许多朋友,介绍他们关注你的产品,争取回头客,更争取让你的客户为你介绍新的客户。

5. 利用其他网站推广店铺

在各种提供搜索引擎注册服务的网站上登录网店的资料,争取获得更多的浏览者进入网店。

（三）网上开店的支付方式选择

目前的网上开店主要有这几种付款方式:网上支付(包括网上银行和第三方支付)、邮局汇款、银行汇款、货到付款等,首选是支付宝等第三方支付方式。支付宝支付在淘宝网具有担保支付的功能,在一定程度上能保障消费者付款后收到满意的商品。当然,为了方便顾客付款,应该给出多种选择,不要只接受一种支付方式,因为这样很可能会使顾客感觉不便而失去成交机会。当然,一般情况下不要接受货到付款的方式,这会增加己方的经营风险。

（四）网上开店的经营技巧

网上开店也要深谙经营之道，要掌握一些经营方面的技巧。

1. 网上商品的图片要美观清晰

网上出售商品，绝大部分的时候买家是无法看到实物的，所以需要拍出清晰漂亮的商品照片，还要有详细的商品描述，这样才能对买家有更大的吸引力。如果你的网店里的商品照片不够清晰，描述也很简单，是很难得到买家青睐的。

2. 网店里的商品种类尽可能齐全，更新迅速

把新货挂到网店明显位置，但是不要为了增加数量而不顾及质量。不要因为生意不好而放弃上货，如果网店里的商品总是几张老面孔，不能给买家带来新鲜感，买家会看烦的。

3. 售后服务要周到

卖出商品后，要在第一时间和买家取得联系，发货后尽快给您的买家发一封发货通知信，最好能附上包裹单的照片，让买家能看清楚上面的字迹和具体编号等信息，让买家更放心，也让买家感到亲切，这对吸引"回头率"很重要。

4. 重视网店的"信用度"评价

商品网上成交，达成交易后，买卖双方都有义务为对方做信用评价，高信用度对于网店的经营至关重要，所有买家都会以信用度来选择是否买你的商品。

5. 诚信第一

在网络上经营，最主要的就是诚信。在网上，每个卖家都有一个关于诚信的记录，买家都可以看到卖家以前的销售状况以及别的买家对卖家的评价。

6. 聚集人气

开店之初先要增加人气，可以考虑设定一元拍或"秒杀"出售的方式达成交易，只要你有比较多的成交记录，有不错的好评，就会有更多的买家信任你的店，来你的网店买东西。这些活动能在短时间内聚集人气，但是最好能配合做一些广告，让大家都知道你这里的"优惠"政策，目的是通过这些活动，吸引买家顺便看你的其他商品。

7. 采用促销策略

采用一些有效的促销策略，如给予回头客一定的折扣，或者是购物满多少元可以有礼物赠送，也可以是免邮费。配合活动，还要去其他地方发布这个"促销消

息",充分利用好每一个资源来宣传网店。

8. 额外赠送小礼品

为了增加自己的良好的评价,可以事前不让买家知道,当他收到你寄出的货品和礼物的时候一定会很开心,礼物不在于贵重,而在于一份心意。不论您的买家以后还会不会继续购物,把他当作朋友,真心地面对每一个买家,定会有好的回报。

9. 安心对待拍下但不买的买家

在网上开店总会遇到拍下但不买的买家,这是很正常的,作为卖家要保持一份平和的心态。这样才能面对以后更激烈的网上店铺的竞争。

10. 平心对待差评

有时因为自己或其他原因,可能会在自己的信用记录里出现差评的现象,对此卖家要安心面对,采取相应的补救措施,或者在网上说明真实的情况。同时争取用更多的优评来获取买家的正面印象。

11. 做好前期调研,知己知彼

要看某种货物是否好卖,可以先在网站上搜索一下,卖相同商品、类似商品的人有多少,他们的销售情况如何、产品价格如何定位、店铺如何设计、产品如何介绍,等等,这也是研究分析市场的方法,做到"知己知彼"。

12. 聚集人气,服务客户

网上开店要循序渐进,一般开店的前3个月是适应网上开店和聚集人气的阶段,这个时候要多学习好的卖家的经验,及时根据市场调整自己的经营,同时可以积累一些客户,这些客户都有可能成为老客户,一定要服务好,老客户服务好是会不断给你介绍新客户的。

13. 重视沟通

任何一门生意的成功都离不开沟通,网上开店更是如此。人们认为网上商店的最大缺点之一就是缺少人性化的交流,很难满足逛街那种"现场感",留言有时得不到问复。所以沟通是关键。

当你在淘宝网上开店时,可以直接在阿里旺旺中留下自己的联系方式。卖家在和访问者沟通时,可以主动出击,如果卖家积极主动了解买家对自己商品的看法,一般会给买家一个负责、认真的印象。沟通要及时,简单地说,就是让买家在发现你家店里的商品时,能够及时联络到你。

第五节　淘宝网的信用机制及盈利模式

一、淘宝网的信用机制

和网下购物相比,网络购物以虚拟的交易平台为依托,减少了信息搜集成本和信息传播成本,因此,买家和卖家很容易配对,交易成本降低。但网络购物先天存在着信息不对称的缺点,在虚拟的环境下,买家看不到实物商品,没有网下购物的亲身体验,只能通过卖家的图片和描述来选择商品,付款后可能会出现货不对板,卖家收款后不发货,或卖家发货后收不到货款等情况,因此信用问题是网络购物业务发展的瓶颈问题。

本节将以淘宝网为例,简要介绍拍卖网站的信用管理机制。淘宝网的成功和其信用模式的建立密不可分。在其建立之初,就高度重视诚信建设,奉行"宝可不淘,信不可弃"的宗旨。

（一）注册认证

在淘宝网上交易的用户,无论买家或卖家,首先要进行注册认证。实行注册认证的作用有 3 个:一是防止不法用户趁机混入 C2C 平台从事商业欺诈行为;二是确认用户的真实身份,对用户的交易进行监督;三是建立用户个人档案,让所有的交易都可以记录在案,从而建立用户的信用指数,约束用户使其在淘宝网上诚信交易。

对买家来说,在淘宝网上只需用网名注册,就可以建立相应的买家档案;对卖家来说,必须进行实名认证,即进行身份证认证、手机认证、地址认证和银行账户认证。这样的认证可以在一定程度上鉴定卖家身份,减少卖家欺诈买家的情况。

（二）信用评级

买家在淘宝网上购物,信息搜寻是影响最后购买行为是否会发生的关键的一步。包括商品属性信息的获得,卖家信用度和商品评价信息的获得。其中和淘宝信用模式紧密相关的就是卖家信用度的评价,它的实现有赖于淘宝网的信用评级制度。

淘宝会员在淘宝网每使用支付宝成功交易一次,就可以对交易对象作一次信用评价。评价分为"好评""中评""差评"3类,每种评价对应一个信用积分,具体为:"好评"加1分,"中评"不加分,"差评"扣1分。在交易中作为卖家的角色,其信用度分为15个级别。对于一次交易,淘宝网规定:进行信用评价的用户为评价用户,接受信用评价的用户为被评用户,其中,评价用户可以是买方也可以是卖方,同样,被评价用户可以是买方也可以是卖方;用户信用度为该用户总得分,信用等级根据用户信用度来确定。这种信用评级制度在一定程度上约束了网上交易行为,使卖家更诚信更规范,为了达到更高的信用级别,获得买家的青睐,从而获得更多的人气,达到更大的交易量,形成良性循环,卖家就会规范自己的交易流程,提高货物质量,诚信服务。

(三)第三方支付平台——支付宝

支付宝是由阿里巴巴公司创办,为解决电子商务交易过程中的诚信问题而提供的第三方支付服务。其实质是作为第三方平台,在买卖双方确认交易成功以前,替买卖双方暂时保管货款的一项增值服务。支付宝在设计之初就更多地考虑买方的利益,用户通过支付宝付款时,货款并不直接打到卖方的账户上,而是由支付宝暂时替买卖双方保管,只有用户确认收货,并在自己支付宝账户中认可交易时,货款才会被转到卖方账户中,这些服务极大程度激发了买家在网上购物的热情。

(四)消费者保障服务

消费者保障服务是指经用户申请,由淘宝在确认接受其申请后,针对其通过淘宝网这一电子商务平台同其他淘宝用户达成交易并经支付宝服务出售的商品,根据服务协议及淘宝网其他公示规则的规定,用户按其选择参加的消费者保障服务项目,向买家提供相应的售后服务。包括"商品如实描述"(基础服务,必选)、"先行赔付""7天无理由退货""假一赔三""虚拟物品闪电发货"和"数码和家电30天维修"等具体服务项目。

(五)网上交流社区

淘宝网建立了网上交流社区,方便用户对网络购物的经历进行体验交流,可以有效地监督防止欺诈行为的产生,也可以让用户从其他用户身上学到购物经验,避免重蹈覆辙,被不诚信卖家损害利益,同时也起到了为诚信卖家做宣传的目的。由此可见,网上社区是淘宝网信用体系之中的重要部分,对其他的信用措施可以起到完善补充的作用。

二、淘宝网的盈利模式

目前,淘宝网对 C2C 交易仍然实行的是免费模式,目的是为了"放水养鱼",但是将来淘宝网的收费运营是其必然的趋势。"收费"必须基于"价值",如何推出卖家和买家都需要的、可以接受的、具有价值的服务是实现淘宝网盈利模式的前提和关键。淘宝网目前的收入来源主要有以下几个方面。

（一）通过支付宝获得收益

淘宝网成功的原因之一是拥有支付宝这个第三方支付平台,支付宝的担保交易模式为 C2C 买卖双方提供了安全保障。没有支付宝,淘宝网就没有一个强大的支付平台和一个高效的信用管理系统。而没有淘宝网,支付宝就没有了赖以生存的买卖交易,因此两者是一个相互依赖以达到生存的整体。

据报道,阿里巴巴中国零售交易市场 2015 年商品交易总额突破 3 万亿元人民币,其中,绝大多数的交易都是通过支付宝这个第三方支付平台进行交易的,因此在支付宝中沉淀了大量的资金。仅仅是按照交易额计算的利息收入,淘宝网就所获非浅,另外还要算上许多买家和卖家由于个人原因而保留在支付宝中的更大数量的存款,支付宝的获利就相当可观了。如果淘宝网能够拥有一个比较好的财务管理团队,就可以把这些巨额资金利用合理的财务政策进行管理,从而获得比存款利息更高的收益。

（二）通过开发 B2C 业务盈利

通过免费的 C2C 交易积累到大量的注册会员后,淘宝网推出其 B2C 购物平台——天猫商城。天猫商城在 B2C 领域中主要定位为商家提供 B2C 的平台服务,不仅给 C2C 市场中高级别卖家一个提升品牌的机会,更给传统的渠道销售商带来了进行网络渠道销售拓展的机会。淘宝网自己不去做库存、做物流,而是将这些业务都交给产业链中最擅长的企业来做。天猫商城以高品质的货物,7 天无理由退货服务和购物返积分等活动吸引网络高端消费者,同时也给商城的商家带来了更好的保障。但是加入天猫商城和使用淘宝商城的商家服务都是需要付出一定成本的。首先商户加入天猫商城需向第三方支付一笔信息确认费,用于核对用户的身份信息。其次根据店铺所使用的服务与级别,支付不同的服务费和保证金。其中天猫商城的商户被分为三类,每一类所享受的服务不同,所支付的服务费用也相应不同。随着 B2C 市场规模的不断拓展,天猫商城将成为淘宝网盈利的又一个重要增长点。

(三)网络广告盈利

淘宝网自 2007 年 7 月正式启动网络广告业务,将网站中重要的旗帜广告位和搜索结果的右侧广告位对外销售。网络广告服务是淘宝官方正式宣布的首个赢利模式,主要指开拓网络营销渠道,包括品牌旗舰店建设,代理商招募等方式,比如帮助广告客户提升品牌,帮助客户促进销售等方面。淘宝直通车广告是淘宝最主要的广告形式。另外,淘宝网还向广告客户推出了增值的服务计划,包括品牌推广、市场研究、消费者研究、社区活动等。

(4)其他盈利方法

除以上三种盈利方式,淘宝网其他盈利方式都可以归结在这一类之中。例如旺铺就是其中主要的盈利手段之一,旺铺主要是在卖家服务上盈利。加入消费者保障服务的卖家需要向淘宝缴纳一定金额的保证金,巨额的保证金账户也为淘宝带来了资金的利息收入及其增值收益。此外淘宝网还通过支付宝开展信贷业务,通过与银行合作推出的一些小企业和个人小额信贷服务。信贷业务的开展,一方面使卖家的资金流转速度加快,从资金方面支持了卖家以及淘宝网的发展,另一方面给银行与淘宝网带来了一定收益。

拍卖作为一种古老而又独特的交易的形式,最早出现在公元前 500 年的巴比伦。在我国,根据《中华人民共和国拍卖法》第三条规定:"拍卖是指以公开竞价的形式,将特定物品的财产权利转让给最高应价者的买卖方式。"本书按网上拍卖的习惯用语,分别用"卖家"和"买家"来指称"委托人"和"买受人"。

网上拍卖(Auction Online)也称电子拍卖(Electronic Auction),是基于互联网的拍卖(Auction Based on Internet),网上拍卖通过 Internet 来实施价格谈判并交易,即利用互联网在网站上公开有关待售物品或服务的信息,通过竞争投标的方式将它出售给出价最高的投标者。其实质是以竞争价格为核心,建立生产者和消费者之间的交流与互动机制,共同确定交易的价格和数量,从而达到均衡的一种市场经济过程。拍卖网站可以向参加拍卖的卖家和卖家提取一定的费用,还可以出售网站上的广告版面来牟利。网上拍卖不是凭空诞生的,传统拍卖行业发展的需要、信息技术的发展、互联网的产生发展、法律法规的逐渐完善以及人们购物观念的改变共同推动了网上拍卖的发展。

由于网上拍卖的原型是传统拍卖,所以网上拍卖竞价方式也借鉴了传统拍卖,目前常见的网上拍卖方式有:英式、荷兰式、密封拍卖,此外,还有双向拍卖和逆向拍卖等。随着网上拍卖的发展,近年又出现了更加适应于互联网的集体议价方式和多属性拍卖。许多拍卖网站并不是仅仅使用一种拍卖方式,而是多种拍卖方式相结合。

作为一种新型的网上交易模式,与传统意义上的拍卖相比,网上拍卖的特点主要有:拍卖物品范围不同;参与拍卖活动的空间不同;拍卖活动结束方式不同;拍卖活动的成本不同。

网上拍卖的交易一般包括三个"流"。即信息流、物流、资金流。信息流包括网上拍品展示,即网上用户所展示的拍品的图像及有关文字资源,竞价信息,拍卖网站用户的反馈信息,拍卖当事人之间的信息交流等。物流,即使拍卖成交的商品成功到达竞买人的手中。资金流即网上拍卖交易双方支付拍卖价款,包括拍品价格和拍卖费用。

网店的前期准备主要有:选择适合自己的经营模式;选择网店商品;寻找好的货源等。网店经营管理的内容主要有:网上开店的定价策略;网上开店的广告策略;网上开店的支付方式选择;网上开店的经营技巧等。

淘宝网的信用机制主要体现在:注册认证;信用评级;第三方支付平台——支付宝;消费者保障服务;网上交流社区等。淘宝网的盈利模式主要有:通过支付宝获得收益;通过开发 B2C 业务盈利;网络广告盈利;其他盈利方法等。

🔲 小 结

拍卖作为一种古老而又独特的交易的形式,最早出现在公元前 500 年的巴比伦。在我国,根据《中华人民共和国拍卖法》第 3 条规定:"拍卖是指以公开竞价的形式,将特定物品的财产权利转让给最高应价者的买卖方式。"本书按网上拍卖的习惯用语,分别用"卖家"和"买家"来指称"委托人"和"买受人"。

网上拍卖(Auction Online)也称电子拍卖(Electronic Auction),是基于互联网的拍卖(Auction Based on Internet),网上拍卖通过 Internet 来实施价格谈判并交

易，即利用互联网在网站上公开有关待售物品或服务的信息，通过竞争投标的方式将它出售给出价最高的投标者。其实质是以竞争价格为核心，建立生产者和消费者之间的交流与互动机制，共同确定交易的价格和数量，从而达到均衡的一种市场经济过程。拍卖网站可以向参加拍卖的买家和卖家提取一定的费用，还可以出售网站上的广告版面来牟利。网上拍卖不是凭空诞生的，传统拍卖行业发展的需要、信息技术的发展、互联网的产生发展、法律法规的逐渐完善以及人们购物观念的改变共同推动了网上拍卖的发展。

由于网上拍卖的原型是传统拍卖，所以网上拍卖竞价方式也借鉴了传统拍卖，目前常见的网上拍卖方式有英式、荷兰式和密封拍卖，此外，还有双向拍卖和逆向拍卖等。随着网上拍卖的发展，近年又出现了更加适应于互联网的集体议价方式和多属性拍卖。许多拍卖网站并不是仅仅使用一种拍卖方式，而是多种拍卖方式相结合。

作为一种新型的网上交易模式，与传统意义上的拍卖相比，网上拍卖的特点主要有：拍卖物品范围不同，参与拍卖活动的空间不同，拍卖活动结束方式不同，拍卖活动的成本不同。

网上拍卖的交易一般包括三个"流"，即信息流、物流、资金流。信息流包括网上拍品展示，即网上用户所展示的拍品的图像及有关文字资源，竞价信息，拍卖网站用户的反馈信息，拍卖当事人之间的信息交流等。物流，即使拍卖成交的商品成功到达竞买人的手中。资金流，即网上拍卖交易双方支付的拍卖价款，包括拍品价格和拍卖费用。

网店的前期准备主要有：选择适合自己的经营模式；选择网店商品；寻找好的货源等。网店经营管理的内容主要有：网上开店的定价策略；网上开店的广告策略；网上开店的支付方式选择；网上开店的经营技巧等。

淘宝网的信用机制主要体现在：注册认证；信用评级；第三方支付平台——支付宝；消费者保障服务；网上交流社区等。淘宝网的盈利模式主要有：通过支付宝获得收益；通过开发 B2C 业务盈利；网络广告盈利；其他盈利方法等。

思考题

1. 名词解释

网上拍卖　英式拍卖　荷兰式拍卖　维氏拍卖　团购　逆向拍卖

2. 简答题

(1) 相对于传统拍卖,网上拍卖有哪些优势?

(2) 网上竞拍的方式有哪些?

(3) 简述网上拍卖买家流程。

(4) 简述网上拍卖卖家流程。

(5) 结合淘宝网谈谈网上开店与运营管理的基本流程。

3. 论述题

(1) 试论述网店的经营管理策略。

(2) 淘宝的信用机制有哪些?请分析其优势与不足。

(3) 结合实际谈谈拍卖网站的赢利模式及发展前景。

实验操作

1. 访问网上拍卖网站淘宝网(http://www.taobao.com),浏览其网站内容,熟悉其拍卖流程,参与某件物品的拍卖或购买。

2. 在淘宝网等拍卖平台上开设一家网上商店并开展经营与管理。

第五章　企业间电子商务

案例

阿里巴巴集团

1999年3月诞生于中国杭州的阿里巴巴目前运营着全球最大、最活跃的网上市场,在国际著名商学院的教材中成为经典案例的阿里巴巴网,是目前全球5种成功的互联网模式中,唯一一家代表中国的最成功的B2B网站。阿里巴巴网被著名的《远东经济评论》杂志评为全球最佳的B2B电子商务平台。在全球网站浏览量排名中,稳居国际商务及贸易类网站第一,遥遥领先于第二名。2010年9月,阿里巴巴荣膺《财富》(中文版)"最受赞赏的中国公司",互联网公司首次超越传统赢家海尔、联想而荣登榜首。

阿里巴巴借助于互联网,为中国乃至全世界的中小企业做了两件事,一是向全球买家展示中国企业,二是向中国企业提供国际买家,将中国企业以往的商业习惯向更高一级的行为阶层推进,使他们迅速地向电子商务靠拢,并得以提高自身实力和竞争力,从而为海外企业所熟悉。

阿里巴巴的使命——促进开放、透明、分享、责任的新的商业文明。阿里巴巴相信互联网可协助中小企解决它们长久以来在采购、销售、管理及融资方面的问题,并让它们通过网上协作,与大企业一同享受规模经济所带来的效益。在新商业文明里,价值链中的不同人士,如生产商、供应商、分销商及客户,有着更为密切的关系,可谓环环相扣。互联网为他们带来更多机会,让他们共享成果,创造双赢局面。阿里巴巴集团正与小企业、创业家及消费者携手,通过互联网及多个平台,共同推动新的商业文明,主张企业对新思维持开放态度、提升运营透明度、主动分享知识和资讯。

阿里巴巴的愿景——分享数据的第一平台、幸福指数最高的企业、"活102年"。阿里巴巴集团拥有大量市场资料及统计数据,正努力成为第一家为全部用户免费提供市场数据的企业,希望让他们通过分析数据,掌握市场先机,继而调整策略,扩展业务。同时希望成为员工幸福指数最高的企业,并成为一家"活102年"的企业,横跨三个世纪。

阿里巴巴的经营理念——"让天下没有难做的生意",让客户赚钱,帮助客户省钱,帮助客户管理员工。客户服务中首先树立"客户永远是对的"理念,"第一是用户获利,第二是合作伙伴获利,然后才是自己"。其次是加强与客户的配合,认为"电子商务的交易是一个工具,它能帮助用户把产品推到全世界,帮助客户收集贸易信息及帮助客户加强内部的管理与调节"。

阿里巴巴的经营策略——曲线发展的经营策略,从免费体验到通过增值服务收费。先免费吸引访问,推出以商会友汇聚人气,提升口碑,赢得竞争力,然后推出诚信通服务、关键词服务,并组建商盟社区留住客户。

营造电子商务信任文化——"诚信通"解决网络交易的诚信问题。截至2010年底已有67万诚信通会员。

阿里巴巴集团经营多元化的互联网业务,包括B2B国际贸易、网上零售和支付平台,以及以数据为中心的云计算服务,致力为全球所有人创造便捷的网上交易渠道。通过旗下三个交易市场协助世界各地数以百万计的买家和供应商从事网上生意。三个网上交易市场包括:集中服务全球进出口商的国际交易市场(http://www.alibaba.com)、集中国内贸易的中国交易市场(http://www.1688.com),以及透过一家联营公司经营、促进日本外销及内销的日本交易市场(http://www.alibaba.co.jp)。此外,阿里巴巴也在国际交易市场上设有一个全球批发交易平台(http://www.aliexpress.com),为规模较小、需要小批量货物快速付运的买家提供服务。阿里巴巴交易市场拥有来自240多个国家和地区的超过

1.2亿名注册用户,超过1000万家企业旺铺,网站每天访客超过1200万次,每天在线浏览量1.5亿次。

为了转型成为可让小企业更易建立和管理网上业务的综合平台,阿里巴巴亦直接或通过其收购的公司(包括中国万网及一达通),向国内贸易商提供多元化的商务管理软件、互联网基础设施服务及出口相关服务,并设有企业管理专才及电子商务专才培训服务。阿里巴巴亦拥有Vendio及Auctiva,该两家公司为领先的第三方电子商务解决方案供应商,主要服务网上商家。阿里巴巴在中国、印度、日本、韩国、欧洲和美国等地共设有70多个办事处。

据阿里巴巴集团2016年财年(2015年4月1日至2016年3月31日)财报显示,阿里巴巴集团平台成交额突破3万亿元人民币,达到3.092万亿元人民币,同比增长27%。其规模不亚于欧美主要发达国家全年的GDP总量,这表明阿里巴巴已成为全球最大的移动经济实体。此外拥有3.6万名员工的阿里巴巴,2016财年收入已突破千亿元人民币,达到1011亿元人民币,由此成为人均产能最高的中国互联网公司。

学习目标

通过学习,可以了解企业间的主要业务活动和业务流程,明确企业间电子商务的内涵、分类、优势及企业间电子商务的模式,学会使用B2B电子商务平台提供的基本功能,掌握企业电子数据交换的工作原理和EDI系统的组成,认识EDI标准化和互联网应用对电子商务发展的重要意义。

第一节 认识企业间的电子商务

一、企业间的主要业务活动

(一)传统商务下企业间的主要业务活动

传统商务起源于史前社会。当人类社会出现社会分工时,商业活动就开始了。由于社会分工的进一步发展,社会的一些成员创造有价值的商品,而这种商品又是其他社会成员所需要的。所以,商务或商务活动就是至少有两方当事人参与的有价物品或服务的协商交换过程,它包括买卖各方为完成交易所进行的各种活动。

1. 买方

在传统商务中,涉及买方的业务活动如图 5-1 所示。

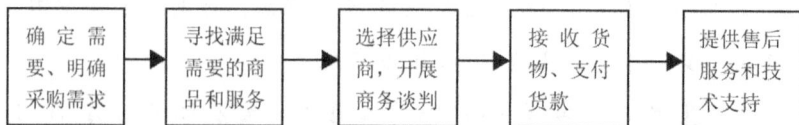

图 5-1 传统商务中买方的业务活动流程

2. 卖方

对于上述买方完成的每一项业务,卖方都有一个业务活动与之相对应,如图 5-2 所示。

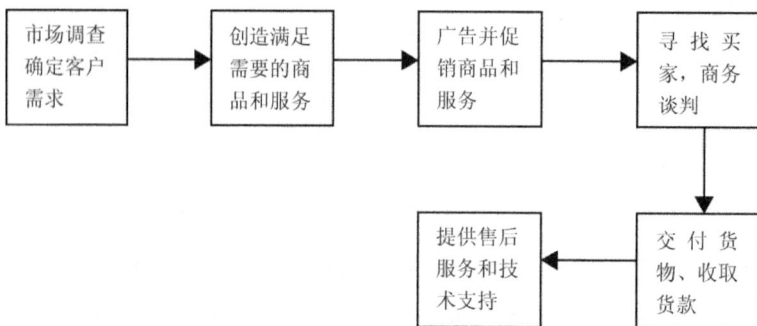

图 5-2 传统商务中卖方的业务活动流程

(二)电子商务下企业间业务活动的流程

就目前来看,电子商务最热心的推动者是企业。随着电子商务的不断发展,B2B 即企业与企业间的电子商务将是电子商务的重头戏,因为相对来说,企业间的交易才是大宗的,也是电子商务产生效益之主要体现。所以说,企业间电子商务是电子商务发展的最基本形式。

一般来说,企业间电子商务的交易流程可以分为以下五个阶段。

1. 交易前的准备

这一阶段主要是指买卖双方和参与交易的各方在签约前的各种活动。

买方根据自己的购买需求,制订购货计划、进行货源市场调查和市场分析,通过各种途径了解市场行情、了解有关国家的贸易政策,反复修改购货计划和进货计划、确定和审批购货计划。再按计划确定购买商品的种类、数量、规格、价格、购货地点和交易方式等,尤其要利用 Internet 登录各种电子商务网站寻找自己满意的商品和商家。

卖方根据自己所销售的商品,制作广告进行宣传,全面进行市场调查和市场分析,制定各种销售策略和销售方式,了解各个买方国家的贸易政策,利用 Internet 和各种电子商务网站发布商品广告,寻找贸易伙伴和交易机会,扩大贸易范围和商品所占市场的份额。

2. 交易谈判和签订合同

这一阶段主要是指买卖双方对所有交易细节进行谈判,将双方磋商的结果以书面文件形式和电子文件形式签订贸易合同。电子商务的特点是可以签订电子合同,即交易双方可以利用现代电子通信设备和通信方法,经过认真谈判和磋商后,将双方在交易中的权利、承担的义务,对所购买商品的种类、数量、价格、交货地点、交货期、交易方式和运输方式、违约和索赔等合同条款,全部在电子合同中做出全面详细的规定。合同双方可以利用电子数据交换进行签约,可以通过数字签名等方式签名。

3. 办理交易进行前的手续

这一阶段主要是指买卖双方签订合同后到合同开始履行之前办理各种手续的过程,也是双方贸易前的交易准备过程。交易中可能要涉及中介、银行金融机构、信用卡公司、海关系统、商检系统、保险公司、税务系统、物流公司等相关各方。买卖双方要利用 EDI 与有关各方进行各种电子票据和电子单证的交换,直到办理完将所购商品从卖方按合同规定开始向买方发货的一切手续为止。

4. 交易合同的履行和索赔

这一阶段是从买卖双方办完所有各种手续之后开始,卖方要备货、组货,同时进行报关、保险、取证、信用等,卖方将所购商品交付给物流公司包装、起运、发货,买卖双方可以通过电子商务服务器跟踪发出的货物,银行和金融机构也按照合同处理双方收付款、进行结算,出具相应的银行单据等,直到买方收到自己所购商品,完成整个交易过程。当买卖双方交易过程中出现违约时,需要进行违约处理的工作,受损方要向违约方索赔。

5.售后服务与技术支持

销售活动结束后,卖方需要根据协议或有关法律对售出的产品和服务提供质量担保,以确保这些产品或服务能正常地发挥作用。优质的售后服务和技术支持可以提高客户满意度,并促进客户再次购买企业的产品。

二、企业间的电子商务概述

(一)企业间电子商务的内涵

企业间电子商务主要是指两个实体之间的网上交易和结算等商务活动。广义的实体主要是指区别于个人的有法人地位的主体,一般指赢利性质的企业实体和非营利的组织机构,如社会团体、政府部门。因此,企业间电子商务涉及企业与企业之间的电子商务和企业与政府之间电子商务两大主要形式。

企业与企业间合作就是电子商务中的 B2B 型。B2B 型电子商务是今后电子商务发展的主要形式。政府与企业网际合作就是通常所说的 G2B 型。G2B 型主要有两种业务,一种是政府招标采购;另一种是政府为企业提供职能服务,如国际贸易的海关报关、税务部门税收征缴等。

(二)企业间电子商务的优势

企业间电子商务的实施将带动企业成本的下降,同时扩大企业收入来源。

1.降低采购成本

企业通过与供应商建立企业间电子商务,实现网上采购,可以减少双方为进行交易投入的人力、物力和财力。另外,采购方企业可以通过整合企业内部的采购体系,统一向供应商采购,实现批量采购获取折扣。

2.降低库存成本

企业通过与上游的供应商和下游的顾客建立企业间电子商务系统,实现以销定产,以产定供,实现物流的高效运转和统一,最大限度控制库存。

3.节省周转时间

企业还可以通过与供应商和顾客建立统一的电子商务系统,实现企业的供应商和企业的顾客直接沟通和交易,减少周转环节。如波音公司的零配件是从供应商采购的,而这些零配件很大一部分是满足它的顾客航空公司维修飞机时使用。

为减少中间周转环节,波音公司通过建立电子商务网站实现波音公司的供应商与顾客之间的直接沟通,大大减少了零配件的周转时间。

4. 扩大市场机会

企业通过与潜在的客户建立网上商务关系,可以覆盖原来难以通过传统渠道覆盖的市场,增加企业的市场机会。如戴尔公司通过网上直销,大大降低了双方的交易费用,增加了中小企业客户网上采购的利益动力。

(三)企业间电子商务的分类和发展过程

1. 企业间电子商务的分类

从企业间电子商务系统所针对的企业间商务业务类型来看,目前的企业间电子商务系统又可分为针对国际贸易业务的国际电子商贸系统、针对一般商务过程的电子商务系统和针对支付和清算过程的电子银行系统。企业间的商务活动比较规范,从支持业务过程中的不同阶段可以划分为交易前、交易中和交易后三个阶段。按照这三个不同阶段划分,相应的针对一般商务过程的电子商务系统也有三个阶段,它们在技术上有较大的差别。

(1)支持交易前(Pro-Trade/Transaction)的电子商务系统

这类系统主要支持商务信息交流和贸易磋商。这是整个企业间电子商务业务中技术要求最低的一种。目前我国针对企业的各类电子商务应用系统大都是这一类。

(2)支持交易中(Trade/Transaction)的电子商务系统

这类系统主要支持企业间商务活动过程中的各种业务文件或单证交换过程。这类系统一般对数据交换的可靠性会有很高的要求。从技术上必须有两点要保证:一是数据交换的准确性;二是单证报文记录的法律效力。

(3)支持交易后(Post-Trade/Transaction)的电子商务系统

这类系统主要涉及银行、金融机构和支付问题,所以对数据交换的可靠性和安全保密性都有很高的要求。数据交换不但要求绝对可靠,同时要求对信用卡账号、数字签名、开户银行等严格保密。要完成整个电子商务交易的过程,不仅需要企业应用电子商务系统,还需要有与商务活动相关的企业和服务机构提供电子商务服务应用,如银行提供网上银行服务、CA 认证中心提供认证服务等,它是一个系统性、社会性的综合工程。

2. 企业间电子商务的发展

从技术发展角度来看,企业间电子商务的发展要经历三个阶段。

(1) 第一阶段:企业内部的互联(Intranet)

此阶段主要是控制企业内部成本,提高管理生产效率。

(2) 第二阶段:企业与企业的互联(Extranet)

随着企业内部网络不断向外延伸,企业将自己的局域网与那些与自己有密切业务关系的企业的网络进行互联,企业可以与自己的业务伙伴(包括供货商、经销商、服务商等)随时保持联系与沟通,不断拓展自己的业务。此阶段的目标主要是降低销售成本,提高交易效率。

(3) 第三阶段:电子商贸(E-commerce)

这是一个战略性的转变,企业开始在网上进行电子交易,并通过整合企业内部业务来推动企业实现网上交易方式的转变。这一阶段的商务软件主要是基于Web 的解决方案,如 IBM 的 E-business 和 HP 的 E-services,它涉及相关行业和关联业务的电子商务处理。此阶段的目标主要是拓展市场范围和寻求更多商机,从而增加销售收入。

(四) 企业间电子商务的模式

根据采用技术的不同,目前企业实施的电子商务模式有三大类。

1. 基于增值网络和内联网(Intranet)的封闭电子商务模式

企业有选择性的接受信息及控制与企业连接的用户,企业间电子商务的活动主要是支持交易前和交易中阶段的信息交换和单证传输,至于交易后阶段还须依赖传统方式。

2. 基于 EDI 企业间网(Extranet)的企业间电子商务模式

利用互联网络技术,允许与企业有密切业务关系的单位通过互联网实现与企业的互联,通过防火墙禁止非关联的单位或个人连接,以保证网络的安全,并通过该网络可以实现企业间的网上交易。

3. 基于 Web 互联网(Internet)的企业间电子商务模式

这是目前使用较多的模式,因为基于 Web 的企业间电子商务模式是采用标准化的网络和标准化的电子商务协议,以及标准化的通用网络商务软件,使网上电子商务的开展和维护更规范。采用这种模式建设万维网站,互联网络访问者在站点规定权限内,可以通过标准化的支持超文本多媒体的浏览器访问企业站点。访问是交互式的,一方面可以从网站获取需要的信息,另一方面可以直接发送信息给网站,由于该模式有标准的软件支持平台,对使用者要求不高,但对企业却要求很高。企业建设的网站必须有丰富产品信息和提供相关支持服务,因此要建设一个功能比较完善的支持电子商务的企业网站需要很大投入。

目前,基于 Web 的企业间电子商务模式(B2B)有网上直销型、专业服务型、混合型和中介型。

(1)网上直销型

网上直销型又称联机商店型。这种方式是一些大型企业经常采用的。该方式投入比较大,但企业节约的成本和扩大的销售收入也是非常可观的。如戴尔公司将其产品目录、类型、规格和相关信息在其网站公开,顾客可以根据需要进行查询和订购。进行企业间电子商务的企业分为两大类:大型企业一般在网站查询信息、订单情况和寻求技术支持,但并不通过电子订单订购;目前直接采用网上订购,比较多的还是中小型企业和消费者。

(2)专业服务型

由于服务已经成为国际贸易和商务活动中重要环节,服务成本上升非常快。加之许多企业对服务要求越来越高,越来越要求服务及时,专业服务型电子商务网站就是满足这种需要建设的。这种网站的建设费用、技术支持和运转费用较高。但比传统依赖人工方式实现服务的成本要低。如联邦快递公司为方便顾客查询包裹投递情况,专门建设网站提供网上实时查询服务,并为一些主要客户专门提供终端,方便客户在办公室进行邮寄。

(3)混合型

许多企业在提供产品的同时还要涉及服务,因此上面两种类型的商务网站经常是融合在一起的,即在提供产品网上销售的同时,还提供技术支持和售后服务。如戴尔公司的网站就可以为客户提供软件下载、技术支持和订单查询等服务。

(4)中介型

许多小型企业,因无法单独承担昂贵的网络建设和维护费用,却想利用互联网络进行企业间电子商务活动。对此,可以借助一些提供中介服务的电子商务站点实现企业间的商务活动。这类中介的站点一般是将相关的供应商和采购商汇集在一起,客户只需要向站点交纳一定的费用即可使用。

上述几种不同企业间电子商务模式,不管采用的技术如何不同,但共同之处是通过网络实现企业间的交易,实现企业间信息流、资金流和物流的高效率畅通和自动化进行,只是不同模式对信息流、资金流和物流支持的方式和支持程度不同。目前的发展趋势是以 ERP 的电子商务模式作为企业内部电子商务的基础,同时通过 EDI 或者 WEB 实现与客户的网上业务整合。

第二节　企业间电子商务主要模式的功能及应用

一、网上直销型企业间电子商务

(一)网上直销型企业间电子商务概述

网上直销型企业间电子商务是指直接提供产品或服务的企业,抛弃了传统的营销渠道,将 Internet 作为新兴的销售渠道实现企业间的交易。对于企业来说,一方面作为产品或服务的提供者,它通过建立网上直销电子商务站点为其顾客提供网上直销渠道;另一方面作为产品或服务的使用者,它从供应商建立的网上直销电子商务站点中进行直接购买。这两种方式是从不同角度来分析问题的,其实企业要积极面对的是如何通过网上直销渠道实现与客户之间的网上交易。网上直销型电子商务网站如图 5-3 所示。

网上直销型企业间电子商务的主要特点是利用 Internet 代替传统的中间商,如零售商和批发商。这一方面可以提高企业对市场的反应速度,有效地消除传统销售渠道导致的信息传输的延迟和放大等信息失真现象(即"牛鞭效应"),也可以减少企业的营销费用,特别是营销渠道费用,以更低廉的价格为客户提供更满意的服务。因此,企业一旦建立网上直销渠道模式,便可以大大提高企业的竞争能力。利用网上直销渠道,企业可以直接与客户建立企业间电子商务交易方式,突破经由传统中间商分销时所受到的时间和空间的限制,企业服务的客户可以跨越时空,从而扩大企业的市场份额。

但是,网上直销型企业间电子商务由于直接面向终端客户,面对需求各异的

图 5 - 3 戴尔(Dell)电子商务网站

客户,实现网上直销型企业间电子商务,要求企业的实力比较雄厚,而且企业必须能进行柔性化生产,企业的业务流程必须是顾客导向的。企业实现网上直销型的企业间电子商务,主要目的是降低成本,并扩大服务市场范围。

网上直销型企业间电子商务的商务模式主要靠销售商品取得利润,而其经营成本则要比传统销售方式低得多。对于提供个性化定制的企业还可以由此而获得超额利润。

(二)网上直销型企业间电子商务的功能

网上直销型企业间电子商务功能主要有以下几个方面。

1. 网上订货功能

企业提供网上订货功能时,要根据企业产品特性和企业生产的能力,最大限度地满足客户的需求。

一般可以分为三个阶段:第一阶段是企业将已经设计出的产品在网上进行展示,允许客户随时随量进行订购,这只要求企业的生产系统的生产能力比较充足即可;第二阶段是企业不但展示已经设计生产的产品,还允许顾客对产品某些配置和某些功能进行调整，以满足客户对产品的个性化需求，这就要求企业的生产系统必须是标准化的和柔性化的；第三阶段就是允许客户提出需求，在企业设计系统引导下，客户自己设计出满足自己需求的产品，这要求企业的内部系统必须高度柔性化和智能化。目前，最多的方式是第一阶段的模式，少数企业如戴尔公司达到了第二阶段，至于要达到第三阶段还需要很多智能化技术进行配合。

2．网上支付功能

企业可以借助第三方提供的网上支付平台，来建立企业的支付系统，如采用银行提供的信用卡支付方式实现。

3．配送功能

由于网上直销服务的客户可以超越时空，因此仅仅依赖传统的企业内部固有的配送系统是远远不够的，必须与一些专业化的全球性的物流公司建立紧密的合作伙伴关系。如戴尔公司的配送服务是通过联邦快递公司进行的，它们之间通过网络实现配送信息的同步，当戴尔公司有订单需要配送服务时，该订单同时送达联邦快递公司，由联邦快递公司根据订单需要从生产地直接送到企业的顾客。

一旦实现网上直销型的企业间电子商务模式，企业可以直接与客户进行面对面接触，这就要求企业能根据客户直接提出的要求生产满足客户需求的产品，因此企业内部的生产系统和后勤系统必须与客户需求同步。要实现及时满足客户需求，做到与市场同步就要求企业的生产系统必须是柔性化的，即根据订单进行生产；同时企业的后勤系统必须紧密配合柔性化生产过程中的原料需求和人员配备需求。

实现网上直销型企业间电子商务，不仅仅是在网上销售产品或服务，还需要注意将传统营销渠道中提供的各种服务特别是售后服务整合到网上去，否则难以完全满足客户的全部需求。如戴尔公司在网上为客户提供产品的同时，允许客户实时查询订单处理情况，从网上获取技术支持和升级软件。当然，网上不可能提供所有的售后服务，但可以提高企业整体售后服务水平。

二、网上中介型企业间电子商务

（一）网上中介型企业间电子商务概述

网上中介型企业间电子商务是指企业利用第三方提供的电子商务服务平台

实现企业与客户或者供应商之间的交易。由于网上中介型企业间电子商务方式服务的对象无论是买方还是卖方都没有限制，因此这种方式形成的交易平台也称为电子虚拟市场。

网上中介型企业间电子商务与直销型企业间电子商务的根本区别在于，直销型的电子商务服务平台是由参与交易的一方提供，一般是产品服务的销售方；而中介型的则是交易双方都参与由第三方提供的服务平台进行交易，交易过程中交纳一定佣金即可。网上中介型方式一般适合于中小型企业，或者大企业建设自己的电子商务站点不合算的情况下才采用这种方式。

根据提供服务的层次不同，网上中介型企业间电子商务分为简单信息提供型和全方位服务提供型。前者主要是提供买卖双方的信息，通过中介服务买卖双方可以在全球范围内选择成交对象。选定交易对象后并不直接在网上交易，而是另外接触并签订合同。这种方式中介无法全面深入参与交易，提供的只是简单的信息服务，如中国服装网（http://www.efu.com.cn）。后者是指在网上不但提供信息服务，而且还提供全面配合交易的服务，如网上结算和配送服务等，这类站点要求中介机构对贸易特别熟悉，特别是对国际贸易业务更要非常熟悉，如阿里巴巴网站。

提供中介服务的企业间电子商务站点的商务模式主要是通过收取中介费用和会员费来获取收入，随着服务深入，可以通过提供的增值服务来实现收入。

（二）网上中介型企业间电子商务的功能

网上中介型企业间电子商务的功能主要有以下几个方面。

1. 最基本功能是为买卖双方提供信息服务

买方或者卖方只要注册后就可以在网上发布自己的供求信息，并根据发布的信息来选取企业自己潜在的供应商或者客户。

2. 提供附加信息服务

该服务即为企业提供企业需要的相关经营信息，如行业信息、市场动态；为买卖双方提供网上交易沟通渠道，如网上谈判室、商务电子邮件等。阿里巴巴还可以根据客户的需求，定期将客户关心的买卖信息发送给客户。

3. 提供与交易配套的服务

最基本的服务是提供信用认证、交易洽谈、网上签订合同服务、网上支付服务等实现网上交易的服务,阿里巴巴网站可以根据客户的需要,为客户提供诚信通身份认证、支付宝支付结算、阿里旺旺交易洽谈等贸易服务。如诚信通服务即是阿里巴巴网站为从事商业活动的机构或个人提供的一种全方位网上贸易服务,并对享受该服务的对象由第三方认证机构核实认证身份。

4. 提供客户管理功能

该功能为企业提供网上交易管理,包括企业的合同、交易记录、企业的客户资料等信息的托管服务。当然这些属于企业的保密资料,但对于中小型企业来说有安全保密的托管服务机构是非常必要的而且是可以接受的。

(三)网上中介型企业间电子商务的应用

用户可以在阿里巴巴网免费注册为会员,即可登录"我的阿里"接受服务,如图 5-4 所示。"我的阿里"包括发布供求信息和公司介绍,开通诚信通服务和旺铺服务,开展交易管理和支付宝账户管理,使用客户管理功能进行客户联系和维护等项目。

图 5-4 "我的阿里"首页

此外,为帮助中小企业拓展国际贸易渠道,阿里巴巴还推出了中国供应商出口通服务。"出口通"提供一站式的店铺装修、产品展示、营销推广、生意洽谈及店铺管理等全系列线上服务和工具，帮助企业降低成本、高效率地开拓外贸大市场。主要服务有：建立企业网站、专享海外求购信息、代您全球参展、参加大买家采购会、专业网络贸易培训、实时监控使用效果、翻译直通车等。

网上中介型的企业间电子商务服务对象主要是中小型企业，也就是那些急需拓展市场，但又缺乏资金实力和技术力量的企业。对于大型企业，它们可以凭借自己资金实力建立以自己为主导的、服务更贴近用户的企业间电子商务系统。

阿里巴巴网相当于一个综合性网上贸易市场，也称作水平网站，各行各业均可在上面发布信息，其网上中介的产品是不受限制的，它可以是工业品、消费品，也可以是科学技术成果等无形的东西。只要是企业需要的，能够提供的产品服务都可以通过网上中介实现交易。

此外，还有一种只针对某一个行业的 B2B 网站，也称作垂直网站，它相当于一个网上的专业批发市场。如中国化工网、中国服装网、中国食品产业网等。与水平网站不同的是，行业网站上发布的供求信息都只是针对某一行业产业链上下游的产品或服务，具有明确的行业特色。

网上中介型企业间电子商务系统一般是由第三方的新兴的电子商务服务公司提供。网上中介型服务网站发展有两大趋势，一是由原来的综合型服务向专业型服务转型，如转向针对性市场或者针对性的行业；二是由提供初步的信息服务，向提供全方位的交易支持服务发展，如提供支付结算、配送等服务。提供中介型服务公司由原来的专业性信息技术类公司，扩散到传统企业参与进来提供中介服务。如目前许多传统企业，在行业内纷纷联合建立网上虚拟的采购市场，实现原材料的统一采购，降低企业的采购成本，如美国的通用、福特和戴姆勒·克莱斯勒等三大汽车巨头联合建立网上汽车零配件的采购市场。值得注意的是，传统企业联合建立网上市场时，主要集中在原材料的采购方面，而对于产品的销售则是企业倾向于建设自己专用的网上销售渠道。

企业利用中介服务实现网上交易，给企业带来的好处是市场范围拓宽，将市场覆盖到原来难以覆盖的地区，同时可向国外延伸。这样就增加了企业的商业机会。与此同时，也增强了企业之间的竞争，因为利用网上中介服务，买卖双方可以不再受到地理位置的限制，在原来的市场竞争格局中还可能出现网上来的新竞争対手。

网上中介市场对企业既是机会也是挑战，企业必须不失时机地上网参与网上交易了解情况。首先，企业如果自身有力量建设以自己为主的直销型的企业间电子商务系统，则应该考虑自行建设；如果企业缺乏力量，则可以利用中介服务实现网上交易。其次，企业在选择中介服务时要慎重，一是要选择与自己行业比较相近的中介服务，二是要选择有一定品牌影响和知名度的中介型网站。企业可以选择几个中介网站提供服务，但不宜过多，如果选择过多可能影响到企业收集的商业机会信息的质量，因为有的网站提供的中介服务信息缺乏有效控制，导致虚假商业信息过多，反而给企业带来负面影响。

第三节　企业电子数据交换

一、电子数据交换概述

（一）电子数据交换的概念

电子数据交换是英文 Electronic Data Interchange(EDI)的缩写，中文译为"电子数据交换"。它是通过计算机网络将贸易、运输、保险、银行、商检和海关等行业和部门信息，用一种国际公认的标准格式，实现各有关部门或公司与企业之间的数据交换和处理，并完成以贸易为中心的全部过程。

联合国国际贸易法委员会 EDI 工作组给 EDI 下的法律定义是："EDI 是计算机之间信息的电子传递，并使用某种商定的标准来处理信息。"EDI 的技术定义为："EDI 是使用一种商定的标准来处理所涉及的交易文件或电子数据，实现商业或行政事务处理从计算机到计算机的电子传递。"

国际标准化组织(ISO)将 EDI 描述成："将商业或行政事务按照一个公认的标准，形成结构化的事务处理或信息数据格式，实现从计算机到计算机的电子传输方式。"

由于使用 EDI 可以减少甚至消除贸易过程中的纸面文件，因此，EDI 又被称为"无纸贸易"。

从上述 EDI 定义不难看出,EDI 包含了三个方面内容,即计算机应用、通信网络和信息数据格式的标准化。其中计算机应用是 EDI 的条件,通信网络是 EDI 应用的基础,信息数据格式的标准化是 EDI 的基本特征,也是实现 EDI 的关键。

(二)EDI 的产生背景

1. EDI 产生的经济背景

EDI 的产生来自于对国际贸易简化的需求。国际贸易中,由于买卖双方地处不同的国家和地区,在大多数情况下,交易不是简单、直接、面对面的买卖,而必须以银行担保为信用,以各种纸面单证为凭证,以实现商品与货币交换的目的。这时,纸面单证就代表了货物所有权的转移,因此,从某种意义上讲,纸面单证就是外汇。

随着经济全球化和产业结构的调整,促进了国际贸易的快速发展。全球贸易额的上升带来了贸易单证和文件数量的激增,导致贸易成本太高。虽然计算机及其他办公自动化设备的出现在一定程度上减轻了人工处理纸面单证的工作量,但由于各种型号的计算机不能完全兼容,各地单证格式不统一,实际上大大增加了人工录入的工作量,而其中相当大的一部分数据是不断重复录入的。大量纸质文件的手工处理和邮局传输,费时费力,且易出差错,导致贸易成本太高。因此,纸面贸易文件成了阻碍国际贸易发展的一个比较突出的因素。

市场竞争的日益激烈,要求快速适应市场变化,需要快速传递信息。价格因素在竞争中所占的比重越来越小,而服务性因素所占的比重增大。销售商为减少风险,要求小批量、多品种地快速供应,以适应瞬息万变的市场行情。而在整个供应链中,大多数企业既是供应商又是销售商,因此,提高商业文件的处理速度和传递速度成为大多数企业的共同需要。正是这种需求刺激了 EDI 技术的产生和发展。

2. EDI 的技术背景

信息技术及其应用的飞速发展是 EDI 产生的技术基础。随着信息技术的发展,国际贸易简化的努力将注意力集中到各种单证的传输和管理的自动化处理上来。现代计算机的大量普及和应用以及功能的不断完善,已使计算机应用从单机应用走向系统应用;同时通信条件和技术的完善、网络的普及又为 EDI 的应用提供了坚实的技术基础。

20 世纪 70 年代,传真技术解决了文件传输的方便快捷问题,但手工管理纸质文件的问题仍然没有解决。20世纪80年代,电子邮件系统解决了文件传输和管理问题,但传输的信息仍是一种非结构化的信息,需要人工识别。20世纪90年代,互联网的崛起和推广,使得文件传输和管理更加方便。随着EDI标准的制订和普及使用,解决了电子单证在形式上的传输问题,而且实现了在不同系统中对电子单证的理解和自动处理。

正是在上述经济和技术背景下,以计算机应用、通信网络和EDI标准为基础的EDI应运而生。EDI一经出现便显示出强大的生命力,迅速地在世界各地得到广泛的应用。由于EDI具有高速、准确、远程和巨量的技术性能,因此,EDI的兴起标志着一场全新的、全球性的商业革命的开始。有国外专家深刻地指出:"能否开发和推动EDI计划,将决定对外贸易方面的兴衰和存亡。如果跟随世界贸易潮流积极推行EDI就会成为巨龙而腾飞,否则就会成为恐龙而绝种。"

（三）EDI的使用范围

EDI最初应用于贸易事务。从EDI应用的地区范围看,在国内贸易中,要涉及买卖双方、银行和运输业。跨国贸易中,要涉及订货、发货、运输、报关、商检和银行结算、保险等活动,因此涉及进出口商、运输公司、保险公司、海关、商检、银行等部门。

但EDI的应用远不止贸易事务,还可以广泛应用于各经济、行政等部门。EDI用于计算机之间商业信息的传递,包括日常咨询、计划、采购、到货通知、询价、付款、财政报告等,还用于安全、行政、贸易伙伴、生产分销等信息交换。目前正在开发适用于政府、广告、保险、教育、娱乐、司法、保健和银行抵押业务等领域的EDI标准。因而,我们认为,仅仅把EDI认为是"无纸贸易"是一种片面的理解。

（四）EDI的优势

EDI的优势有以下几点。

1. 降低纸张的使用成本

EDI可以大幅度节省文件的纸张、印刷、复印、存储及邮寄等费用。据估算,纸张成本可以节省50%。

2. 加快了企业电子商务过程,提高工作效率

EDI使企业间信息资料传输及处理时间均大幅减少,如订单提前确认,生产计划更易安排,采购及库存成本均因时效性而产生效益。

3. 节省库存费用

订货时间缩短,订货反应及时,为实现"零库存管理"打下基础。据统计,可以降低库存 23%。

4. 减少差错率,业务处理更加准确

用 EDI 避免了报文在反复的人工抄录中所出现的各种错误,降低数据对人的依赖性。据统计,资料错误处理费用可以减少 30%。

5. 节省人员费用

重复输入文件、装订、邮寄文件,手工填写单据及文件检查等费用大大减少,配合内部工作流程重组,节省人员费用效果惊人。如福特汽车应用 EDI 简化对账付款流程后,其相应工作的人员由 500 人减少到 150 人。

6. 其他效益

如改善客户关系,提高企业的竞争力。如通过零售企业的 EDI 子系统,企业可以即时了解市场行情,从而及时调整生产和市场的关系。而完备、系统的数据资料和即时的信息反馈都为企业管理决策提供了可能性。

与传统的商业活动相比,使用 EDI 最大的好处就是与企业的管理信息系统(MIS)的紧密结合。由于 EDI 使用的是标准的报文结构,计算机可以识别并从中拣出有用的数据,直接存入企业的内部管理信息系统的数据库中。这样就减少了贸易活动的中间环节,不仅减少了纸张的使用,更重要的是减少了手工输入的工作,使出错的可能性变小,提高了单证的响应速度。在商业活动中,对客户的要求做出快速反应是极其重要的。据联合国贸发会统计,直接成本与文书工作成本占国际贸易总值 10%(约 3000 亿美元),如减少 25% 就节约 750 亿美元。我国对外贸易每年单证费用约 70 亿美元,使用 EDI 可大大节省这笔费用。

(五)EDI 的分类

根据 EDI 的功能,EDI 可分为四类。

(1)第一类是贸易数据互换系统(Trade Data Interchange,TDI),它用电子文件来传输订单、发货单和各类通知。

(2)第二类是电子金融汇兑系统(Electronic Fund Transfer,EFT),即在银行和其他组织间实行电子汇兑。EFT 已使用多年,近来最大的改进是同订货系统联系起来,形成一个自动化水平更高的系统。

（3）第三类是交互式应答系统（Interactive Query Response,IQR）。它可以应用在旅行社或航空公司作为机票预定系统。这种 EDI 在应用时可询问到达某一目的地的航班,要求显示航班的时间、票价或其他信息,然后根据旅客的要求确定所要的航班,打印机票。

（4）第四类是带有图形资料的自动传输的 EDI 系统。最常见的是计算机辅助设计（Computer Aided Design,CAD）图形的自动传输。比如,设计公司完成一个厂房的平面布置图,将其平面布置图传输给厂房的委托方,请委托方提出修改意见。一旦该设计方案被认可,系统将自动输出订单,发出购买建筑材料的报告。在收到这些建筑材料后,自动开出收据。

（六）实现 EDI 的环境和条件

1. 数据通信网是实现 EDI 的技术基础

为了传递文件,必须有一个覆盖面广、高效安全的数据通信网络作为其技术支撑环境。由于 EDI 传递的是具有标准格式的商业或行政文件,因此,除了要求通信网具有一般的数据传输和交换功能之外,还必须具有格式校验、确认、跟踪、防篡改、防被窃、电子签名、文件归档等一系列安全保密功能,并当用户之间出现法律纠纷时,能提供有效的法律证据。

2. 计算机应用是实现 EDI 的内部条件

EDI 不是简单地通过计算机网络传送标准数据文件,它还要求对接收和发送的标准报文进行自动识别和处理。因此,使用 EDI 的用户必须具有完善的计算机处理系统。

从 EDI 的角度看,用户的计算机系统可以划分为两大部分:一部分是与 EDI 密切相关的 EDI 子系统,包括报文处理、通信接口等;另一部分是企业内部的计算机信息处理系统,一般称之为电子数据处理 EDP（Electronic Data Processing）。一个企业的 EDP 做得越好,使用 EDI 的效率就越高。同时,只有将 EDI 系统与 EDP 紧密地结合起来,EDI 的应用才能发挥预期的效益。

3. 标准化是实现 EDI 的关键

EDI 是实现商业文件、单证的互通和自动处理的系统,这不同于人机对话方式的交互式处理,而是计算机系统之间的自动应答和自动处理。因此,文件结构、格式、语法规则等方面的标准化是实现 EDI 的关键。

4. EDI 立法是保障 EDI 顺利运行的社会环境

EDI 的应用必将引进贸易方式和行政方式的重大变革,也必将产生一系列的法律问题。例如,电子单证和电子签名的法律效力问题,发生纠纷时的法律证据和仲裁问题,等等。因此,为了全面推行 EDI,必须制定相关的法律法规。只有如此,才能为 EDI 的全面使用创造良好的社会环境和法律环境。

二、EDI 的标准化

(一) EDI 标准化的意义

EDI 的发展依赖于 EDI 标准的应用。EDI 标准实际上是报文在国际网络和各系统间传递的标准协议,是国际社会共同制定的一种用于在电子邮件中书写商务单证的规范和国际标准。

制定 EDI 标准的目的是消除各国语言、商务规定、表达与理解上的歧义,为国际贸易操作中的各种单证数据交换搭起一座电子通信的桥梁。

EDI 标准应遵循以下两条基本原则:提供一种发送数据及接收数据的各方都可以使用的语言,这种语言所使用的语句是无二义性的;这种标准不受计算机型的影响,即适用于计算机之间的交流,又独立于计算机之外。

标准化的工作是实现 EDI 互通互连的前提和基础。早期的 EDI 使用的大都是行业标准,不能进行跨行业互连,严重影响了 EDI 的效益,阻碍了全球 EDI 的应用发展。

(二) EDI 标准的发展过程

1. 产业发展阶段(1970—1980 年)

早在 1975 年,美国几家运输公司联合起来,成立了运输数据协调委员会(TDCC),并公布了传输运输业文件的第一个共同标准,这极大地促进了 EDI 在美国运输行业中的应用。继 TDCC 之后,其他行业也陆续开发了各自行业的 EDI,如杂货行业的统一通信标准(UCS),仓储行业的仓库信息网络标准(WINS)等。这些标准大多产生于基础性物流行业。

2. 国家标准阶段(1980—1985 年)

20 世纪 80 年代,德国、加拿大、英国、法国、韩国、新加坡等都在许多领域推广应用 EDI。但由于交易活动不可能限制于单一产业和一国(地区)之内,因而,需要解决跨行业和跨国(地区)交易的问题。1979年,美国国家标准协会(ANSI)授权ASC X.12委员会依据 TDCC 的标准,开始开发跨行业且具有通用性的 EDI 国家标准 ANSI X.12。与此同时,欧洲方面也由官方机构及贸易组织推动共同的 EDI 标准,并于 20 世纪 80 年代早期提出(TDI)标准。

3.国际通用标准阶段(1985 年以后)

在欧美两大区域的 EDI 标准制订、试行几年后,1985 年两大标准(北美 ANSI ASC X.12 与欧洲的 GTDI)开始进行国际 EDI 通用标准的研究。联合国欧洲委员会贸易程序简化工作第四小组(UN/ECE/WP.4)承办了国际性 EDI 标准制订任务,并于 1986 年正式以 UN/EDIFACT 作为国际性的 EDI 标准。另一方面,ANSI ASC X.12 于 1992 年决定在其第四版标准制订后,不再继续发展,全力与 UN/EDIFACT 结合,因而,UN/EDIFACT 已成为全球 EDI 使用者所遵循的唯一国际标准。

(三) UN/EDIFACT 国际标准的简介

UN/EDIFACT 标准已被国际标准化组织(ISO)接收为 ISO 9735 标准。

UN/EDIFACT 是行政、商业和运输用的电子数据交换的联合国规则,包括在独立的计算机信息系统之间进行物品和服务贸易时的结构化数据电子交换的一套世界范围内的统一的标准、目录和指南。

EDI 标准包括 EDI 网络通信标准、EDI 信息处理标准、EDI 联系标准和 EDI 语义语法标准等内容。

EDI 网络通信标准是要解决 EDI 通信网络应该建立在何种通信网络协议之上,以保证各类 EDI 用户系统的互连。通信标准用于明确技术特性,以使计算机硬件能正确地解释与交换。通信标准确定了字符设置、传输优先权和速度等。目前国际上主要采用 MHX(X.400)作为 EDI 通信网络协议,以解决 EDI 的支撑环境问题。

EDI 信息处理标准是要规范那些不同地域、不同行业的各种 EDI 报文。它规定传输文件的结构和内容,明确文件类型以及当一份文件被传输时的数据顺序。EDI 标准主要提供语法规则、数据结构定义、编辑规则和协定已出版的公开文件等。它与数据库、管理信息系统(如 MRP Ⅱ、ERP 等)接口有关。

EDI 联系标准解决 EDI 用户所属的其他信息管理系统或数据库与 EDI 系统

之间的接口。

EDI 的语义语法标准(EDI 语法标准)是要解决各种报文类型格式、数据元编码、字符集和语法规则以及报表生成应用程序设计语言等,EDI 的语义语法标准是 EDI 技术的核心。

三、EDI 系统的组成

EDI 系统一般包括 EDI 系统软件、硬件和通信网络等三大要素。

(一)EDI 软件系统

EDI 标准报文是根据 EDI 标准语法编写的贸易单证,它由一系列数据段、数据元及一些分割符组成。这些抽象的字符串虽然能被计算机直接理解而不需要人工干预,但却不易被人们所理解。因此,需要一个 EDI 应用系统,在 UN/EDIFACT 字符串和自然语言间进行翻译。

EDI 系统的软件需求即 EDI 应用系统,包括转换软件、翻译软件(将用户计算机系统的信息转换成 EDI 报文)和通信软件。

1. 转换软件

用户在现有的计算机应用系统上进行信息的编辑处理,形成贸易单证的原始格式,然后通过 EDI 转换软件将原始单据格式转换成翻译软件能理解的平面文件(Flat File),或是将从翻译软件接收来的平面文件转换成人们能识别的原始文件。用户系统与平面文件之间的转换过程,是连接翻译和用户应用系统的中间过程。用户应用系统(如管理信息系统 MIS)存储了生成报文所需要的数据,该过程的任务就是读取用户数据库,按照不同的报文结构生成平面文件以备翻译。在实际应用中,用户可以将翻译系统与应用系统集成起来,在输出数据时直接生成平面文件,随后再翻译成标准的 EDI 报文。如果用户的应用系统中不含翻译软件,翻译工作则可由 EDI 增值网服务商或 EDI 服务中心提供服务。

2. 翻译软件

翻译软件主要是将平面文件翻译成 EDI 标准格式的报文或将接收的 EDI 标准格式报文翻译成平面文件。翻译是根据报文标准、报文类型和版本由 EDI 系统的贸易伙伴清单确定的,或由服务机构提供的目录服务功能确定。在翻译之前需对平面文件做准备工作,包括对平面文件进行编辑、一致性检查和地址鉴别。

3. 通信软件

通信软件具有管理和维护贸易伙伴的电话号码系统,自动执行拨号等功能。将 EDI 标准格式报文的外层加固上通信信封,通过 EDI 通信网络发送到 EDI 系统交换中心的信箱,或从 EDI 系统交换中心将收到的文件取回。在某种程度上,通信模块与通信网络是一体的,它们的作用就是使 EDI 系统能够在一个安全、可靠、方便的通信平台上顺利运行。

可见,EDI 软件具有报文的发送和接收功能,报文的生成和发送过程与接收和处理程序具有相反的过程。

EDI 实现过程就是用户将相关数据从自己的计算机信息系统传送到有关交易方的计算机信息系统的过程。该过程因用户应用以及外部通信环境的差异而不同。在有 EDI 增值服务的条件下,这个过程分为以下 6 个步骤,如图 5-5 所示。

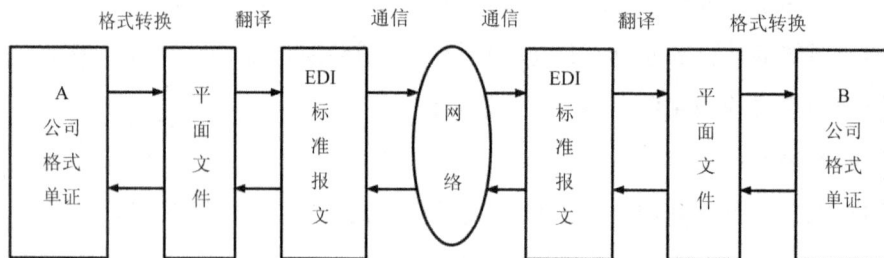

图 5-5 EDI 的实现过程

(1)发送方将要发送的数据从信息系统数据库提出,转换成平面文件(亦称中间文件)。

(2)通过转换软件将平面文件翻译成标准的 EDI 报文。

(3)通过通讯软件发送 EDI 信件到接收方的 EDI 邮箱。

(4)接收方通过通讯软件从 EDI 信箱中收取信件。

(5)EDI 信件拆开并通过翻译软件翻译成平面文件。

(6)将平面文件通过转换软件转换并送到接收方信息系统中进行处理。

由于 EDI 服务方式不同,平面转换和 EDI 翻译可在不同位置(用户端、EDI 增值中心或其他网络服务点)进行,但基本步骤是上述 6 步。其中后 3 步是前 3 步的逆过程。

（二）EDI硬件系统

从硬件系统来看，有4种基本类型的计算机平台可以用来进行电子数据交换。

1. 只使用一台主机或中型机

此方法将所有的EDI软件放到主机或中型机上并执行全部的EDI功能。这种方法的主要优点在于它能对大量交易进行处理，这就提高了数据处理速度，同时又消除了因数据重新键入而可能带来的误差。这种方法的缺点在于成本高，且在主机或中型机上建立EDI系统由于一般没有现成的软件，故需要花费大量的时间来编制，通常要做许多测试和调试工作。

2. 只使用一台PC机

可以将所有的EDI软件放到一台PC机上去，执行全部的EDI功能，这台PC机和公司的其他计算机没有密切联系，EDI活动只是在这台PC机上单独进行。这种方法的优点是成本低，系统的安装调试容易。缺点有数据需要重复输入，容易出错；处理速度低，处理数据的容量、能力也比较小；不容易在公司内部各部门的计算机系统之间搭桥联系，不能大幅度地减少办公室的工作量。

3. 把PC机作为主机的前端处理器

PC机也可以作为实行EDI的一种平台。在这种情况下，PC机与主机相连，存储在主机中的数据可以传输到PC机中（下载），同样存储在PC机中数据也可以传输到主机中（上传）。如果要向外发送一份EDI报文，先从主机里取出所需的数据，将这些数据传向PC机，在PC机上将这些数据翻译成符合EDI标准格式的电子报文。这种方式，可以同时具有某些只使用一台主机或只使用一台PC机时所具有的优点。如把PC机作为主机的前端处理器，费用要比只使用一台主机来实行EDI少得多，但它与只使用一台PC机相比有更大的容量和处理速度。此外这种方式的EDI平台容易买到现成的软件，容易安装。并且由于这种方式的处理过程用不着手工重新输入，因而可以减少误差。主要缺点是费用要比只使用一台PC机时大，而处理速度又比只使用一台主机的情况下来得慢。

4. 专用的EDI操作系统

这种系统通常采用一台中型机平台以及专业化的EDI软件，这个EDI软件把EDI活动和公司的计算机应用系统进行一体化处理。在许多情况下，这种操作系统被用来对组织内部的 EDI 网络的所有 EDI 活动和功能进行总的管理。例如,某连锁商店系统,有一个总的配货中心,各个商店通过条形码的扫描,对各种货物的存货和销售进行计算机管理。当商店里某些货物的存货水平降低到某一事先设定的水平时,计算机就能自动产生一份配货通知单送往配货中心,而配货中心的计算机系统又会自动安排这种货物的发送,并和商店进行电子化的结算。

（三）通信网络

通信网络是实现 EDI 的手段。EDI 通信方式从最初的点对点到目前最为开放的 Internet-EDI 方式,EDI 通信方式的成熟标志着电子商务发展进入新阶段。

1. 点对点方式(Point to Point)

早期的 EDI 通信系统形式是直接连接的点对点方式,即在贸易伙伴之间建立专用网进行数据交换。

点对点方式的网络只有在贸易伙伴数量较少、其内部贸易交流软硬件系统都比较一致的情况下才能使用。EDI 双方用户按照约定的格式,实现交互的文件传送和交换。这种通信交换方式优点是安全性高。缺点在于必须事先安排好双方单据交换的时间;对不同的贸易伙伴的单据须分别传递,网络通信费用昂贵;限制了贸易伙伴的数量发展。随着贸易伙伴的增多,当多家企业直接计算机通信时,会出现由于计算机厂家不同、通信协议相异等问题而造成相当大的困难。

2. 增值网方式(VANS)

由于 EDI 涉及各部门和各行业,它并非只是简单地在两个贸易伙伴之间的通信,也不只是自己业务部门之间的通信,必须把相应的业务,例如海关、商检、金融、保险、交通运输部门等联在一个 EDI 网络之内。为避免点对点的通信方式的缺点,在 Internet 普遍应用之前,EDI 通信方式更多地采用了增值网方式。

增值网方式是在原有的通信网络基础上,增加 EDI 服务功能而实现的计算机网络。增值网的构建一般是由增值数据业务公司租用信箱来进行协议和报文格式的转换。许多应用 EDI 的公司逐渐采用第三方网络与贸易伙伴进行通信,即增值网络(VAN)方式。它类似于邮局,为发送者与接收者维护邮箱,并提供存储转送、记忆保管、通信协议转换、格式转换、安全管制等功能。因此通过增值网络传送 EDI 文件,可以大幅度降低相互传送资料的复杂度和困难度,大大提高 EDI 的效率。此种网络建网快,费用省,但由于各种网络的协议和报文格式的差异,增加了网际交换的复杂性和技术难度,不适合于国际交换和多网的互联和转换。

3. Internet-EDI 方式

随着 Internet 的出现,越来越多的 EDI 借助 Internet 来进行通信,即 Internet-EDI,从而大大降低了成本,提高了速度,促进了 EDI 技术应用的普及。

随着互联网逐渐成为商务活动的主流工具,那些采用 EDI 的贸易伙伴开始考虑用互联网代替昂贵的专线和拨号连接。对那些愿意采用 EDI 的小企业来说,昂贵的 VAN 不再是必需的选择了。

节省投资和运营成本是多数企业选择互联网 EDI 的主要原因。主要是因为:Internet-EDI 通信费用低廉,特别是利用企业已有的 Internet 网络租用线路,外加 Internet 传输,而不需要采用费用较高的 VAN。这样,大约能节约近 75% 的 EDI 实施资金。此外,基于 Internet 的 EDI 系统容易实现,技术上不复杂。一般地讲,通过 VAN 建立全球的 EDI 系统是列入排名 1000 强内的大型企业才具有的形成规模经济的条件。但通过 Internet,节省了 EDI 投资和运营成本,降低了企业进入门槛,促进了交易范围的扩大,使中小企业也能方便地建立自己的全球 EDI 系统。

在 Internet 上实施 EDI 是一种必然趋势。虽然有些用户对 Internet 上的安全性有一些疑虑,但前面提到的 VAN 技术已经可以通过加密使用户更安全地在公用网络上传输自己的私有数据。因此,预计使用 Internet-EDI 的比例将越来越高。

小 结

本章主要分析了企业间电子商务的内涵及其应用类型。介绍了传统企业和电子商务企业的商务运作内容和一般流程,企业间电子商务主要模式的功能和应用,企业间电子商务实施的技术基础——电子数据交换 EDI 等内容。企业间电子商务可分为 B2B、G2B 两大主要形式。企业间电子商务的交易是大宗的,也是电子商务能够产生效益之所在。企业间电子商务的实施需要了解需求、制订规划方案和组织实施等几个步骤。企业间电子商务的模式主要有基于增值网络和内联网的封闭电子商务模式、基于 EDI 企业网的企业间电子商务模式和基于 Web 互联网的企业间电子商务模式。目前发展和应用的主要是基于 Web 互联网的企业间电子商务模式。

EDI 的产生来自于对国际贸易简化的需求,而信息技术及其应用的飞速发展是 EDI 产生的技术基础。EDI 的应用目的是为减轻处理重复交易的大量纸面工作的负担,降低贸易成本。EDI 的标准化对电子商务的发展具有重要意义。随着互联网这种经济、方便、快捷的通信方式应用的普及,EDI 的投资成本和通信费用得以降低,促使越来越多的企业开始采用 EDI 方式进行贸易单证的传递。

思考题

1. 名词解释

网上直销型 B2B　网上中介型 B2B　EDI　EDI 标准

2. 简答题

(1) 简述企业间电子商务的交易流程。

(2) 企业间电子商务的实施能带来哪些效益?

(3) 企业间电子商务模式有哪些,并比较各模式的特点。

(4) 实现 EDI 的环境和条件要求是什么?

(5) 简述 EDI 软件系统的组成及其主要功能。

(6) 为什么 EDI 最后选择 Internet 作为通信网络?

3. 论述题

请介绍网上中介型 B2B 的主要分类和功能,并结合实例说明。

实验操作

1. 访问戴尔公司的直销网站(http://www.dell.com.cn),浏览网站内容,了解网上订购的业务流程,尝试在网上进行个性化订制台式电脑。

2. 访问阿里巴巴中文网站(http://www.1688.com),了解网站提供的业务内容,尝试为一家企业申请会员资格,并发布供求信息和企业介绍。

第六章　电子政务

案　例

"首都之窗"升级解决方案

北京作为首都,在电子政务建设方面一直走在全国的前列,自 1999 年提出"数字北京"概念,近几年的电子政务建设方面更是如火如荼。

"首都之窗"(http://www.beijing.gov.cn/)是北京市政府门户网站。它是为了统一、规范地宣传首都形象,落实"政务公开,加强行政监督"的原则,建立网络信访机制,向市民提供公益性服务信息,促进首都信息化,推动北京市电子政务工程的开展而建立的。

"首都之窗"既是服务公众的平台,也是我国首都形象的窗口,其质量因此受到了北京市政府的高度重视。北京市政府期望通过网站升级建设一个良好的内容管理技术平台,来实现网站信息的采集、编审、发布等统一集成管理,实现开发利用整合政府信息资源、加强对市属委办局各网站的统一管理、提供网上审批等综合政务服务,推行务实电子政务的目的。通过详细地调研和综合评估各厂家产品与方案,TRS 公司从激烈竞标中脱颖而出,全面负责网站的技术改造和内容建设。

一、TRS 电子政务门户内容管理整体解决方案

TRS WCM 内容协作平台电子政务套件是一套完全基于 Java 和浏览器技术

的内容管理软件,它提供内容编辑、修改、发布、管理、统计等全方面功能,支持信息、模板、发布、站点、系统管理,并支持先进的工作流管理和企业级的团队协作。TRS WCM 系统以 Web 应用为基础,所有操作均通过浏览器进行,提供了多个人性化操作和可视化模板编辑功能。同时提供强大的二次开发功能,方便用户根据自己的需求进行开发。

(1)"首都之窗"网站采用 TRS 内容协作平台(TRS WCM)对网站内容进行统一、集成管理,实现了网站维护管理、内容创建、内容编辑、内容发布、工作流管理、模板管理等功能。

(2)TRS 内容管理系统支持多站点管理,不仅管理"首都之窗"网站,还管理其他市属委办局的 150 多个网站,实现分布式内容采编和发布。

(3)TRS 内容管理系统具有便捷的网站、栏目维护管理功能,可以根据网站规划方便地管理现有网站和栏目,还能根据未来需要方便地管理新的网站和栏目。

(4)TRS 内容管理系统实现内容创建、编审、发布、传递机制相对分离,即技术和内容编辑相分离。例如,系统支持模板管理,内容编辑人员可以仅关注内容本身,提高了内容制作的质量和效率。

(5)TRS 内容管理系统具有完善的用户管理、权限管理、分组管理机制,加强了安全性,例如,系统权限管理可以依据内容为中心,针对不同的用户、不同权限的工作人员分组管理。

(6)TRS 内容管理系统提供良好地个性化访问体验,支持信息订阅、短信订阅等功能。

(7)TRS 内容管理系统具有强大的工作流管理功能,支持规范的工作业务流程管理,提供内容质量和协作需求。

(8)TRS 内容管理系统具有完善的日志管理功能,增强了系统的安全性和维护管理能力。在此基础之上的统计功能,方便了系统的使用和工作跟踪。

二、"首都之窗"英文版

"首都之窗"英文版——北京市国际化交流服务平台(http：//www.ebeijing.gov.cn)是由北京市外办和北京市信息办合办,是向外国人提供信息交流服务的外语交流平台。建设外语平台是为优化北京发展环境采取的一项新举措。平台在信息资源整合、多部门分布式协作、信息个性化动态发布及公众交互反馈方面更加完善,打破了部门间的条块分割和信息孤岛现象,为建设更高效的现代服务型交流平台添加了动力。

在外语平台的建设中,TRS 提供了完善的技术解决方案,集成了 TRS 内容协作平台(TRS WCM)、TRS 内容交付系统(TRS CDS)及 TRS 大规模企业论坛系统(TRS BBS)等内容管理产品,为实现对外交流与沟通、首都形象宣传、网站内容管理提供了技术保障。

三、"首都之窗"的综合政务服务

(1) TRS 内容管理系统综合市属所有委办局网站,提供"首都之窗"网上综合服务。

(2) TRS 内容管理系统提供"首都之窗"网上投票、网上调查、新闻评论等方便的动态扩展和交互功能,适应网站交互式服务应用系统的部署。

(3) TRS 内容管理系统提供网站"一站式审批"网上办公服务,流程主要分为以下几方面。

①公众访问"首都之窗"主站点。

②网上填写申报表。

③提交后,进入内部审批流程。

④经过相关部门审批、会签。

⑤形成审批后的文件归档、对外发布。

四、"首都之窗"的安全性与可靠性

TRS 解决方案充分考虑了项目的安全性与可靠性,在各层面上,包括 TRS 数据库安全机制、TRS 内容管理系统安全机制、TRS 应用层安全认证机制、TRS 数据访问安全机制,保证系统安全可靠运行和数据的安全访问。

五、"首都之窗"升级效益

TRS 公司仅用了一个月的时间就完成了"首都之窗"升级项目的产品安装、用户培训、架构设计、模版加工、功能附加、数字证书集成等各项目标,得到了政府领导的高度认可,事实证明 TRS 产品除了完成内容管理方面的本质功能外,在搭建大型门户网站方面也有不俗的表现。同时,英文网站的正式投入运转,作为首都信息化建设的重要举措,必将强化对外宣传效能,促进首都外向型经济的发展。

"首都之窗"在改版之后,其网站质量和使用效率大幅提升,其访问量稳步快速上升,特别是在北京两会期间,"首都之窗"作为两会信息的主要发布网站,大量用户通过它来获取信息。

尤其是 TRS 内容管理功能的应用,使得"首都之窗"的内容质量、更新频率以及网站管理和栏目管理上有了质的飞跃,并且高效的流程设计大大方便了网站的管理人员的运用,提高了工作效率,为政府的其他网站建设起到了典范作用。

学习目标

本章教学目标包括两个基本的方面:其一,系统地论述现代电子政务的基本原理和基本方法,突出电子政务范畴的管理要点和特点,注意信息技术与政府业务的紧密结合,使学生从政府业务管理者和信息管理者的角度了解电子政务中的管理问题;其二,全面介绍国内外电子政务有关理论和方法的最新动态及技术成果,阐释我国电子政务发展概况及发展战略,电子政务的主要应用和运营理念。

第一节　电子政务的内涵和意义

一、电子政务的内涵

围绕电子政务有三层含义:第一是电子政务;第二是电子政府,或者叫电子网络政府;第三是政府信息化。

（一）电子政务的概念

电子政务在国外一般不叫电子政务,更多的叫电子政府,或者叫电子网络政府。这些提法都只是从某个角度说明了电子政务的概念与特征。在政府信息化的过程中,国内创造了电子政务这样一个概念,把它中国化了。

1. 概念

理解电子政务,首先要理解电子政务的主体。

（1）定义一：所谓电子政务,就是政府机构运用现代信息和通信技术,将管理和服务通过网络技术进行集成,在互联网上实现政府组织结构和工作流程的优化重组,超越时间、空间与部门分隔的限制,全方位地向社会提供优质、规范、透明、符合国际水准的管理和服务。这是一个常用的定义,这个定义给出的电子商务的主体是政府机构。

(2)定义二:所谓电子政务,是指公共管理组织运用信息技术、网络技术进行办公管理的一种政务管理活动。电子政务的主体没有用政府这个概念,而是用了一个公共管理组织,在国外就叫公共部门,实际上它比广义政府的概念还要宽泛。在国外,广义政府包括狭义的行政权力机构、立法机构、司法机构,共同构成广义政府的概念。在中国,电子政务在某种意义上比国外广义政府概念还要宽,因为还有执政党、有一定行政职能的事业单位,也要信息化,所以电子政务的主体是公共管理组织。

因此,电子政务概念,可以分为广义、狭义的两个方面。从广义上讲,只要行使公共权力,管理公共事务,这种活动都可以叫作政务活动。电子政务就是把传统的政务活动,通过信息化的手段来实现,从这个意义上讲,广义的电子政务应该包括很宽泛的内容,它渗透到公共部门、公共组织,行使公共权力,管理公共事务的各个方面。从狭义来讲,电子政务也可以指一个单位、一个部门内部一项很具体的政务活动。如到工商部门注册一个企业,通过网络,从申报开始,把企业执照申办下来,意味着注册这个政务活动,用传统政府、传统政务实现了电子政务。再如税务部门纳税,一个企业要给国家纳税,通过网络从交税开始一步一步申报,到最后国家税务部门,把银行账户的钱划到国库,这个过程如果都是通过网络实现的,那么在报税这个政务上就实现了电子化、信息化。所以电子政务这个概念也可以很微观,很具体。在后面的电子政务概念的使用中,既可以指广义的,也可以指狭义的。

2.理解

不管狭义的电子政务,还是广义的电子政务,它包括三层基本含义:第一层,它必须利用信息技术和网络技术;电子政务离不开信息基础设施和相关软件技术的发展,如果不用信息技术或者网络技术,就不是电子政务,可能是传统政务。第二层含义就是电子政务总是与公共事务的管理、公共权力的行使相联系;电子政务处理的是与政权有关的公开事务,除了政府机关的行政事务以外,还包括立法、司法部门以及其他一些公共组织的管理事务,如检务、审务、社区事务等;如果不是管理公共事务,不是行使公共权力,就不属于电子政务的范围,可能属于电子商务,可能属于电子事务。第三层含义,电子政务不意味着对传统的政务过程进行一个信息化的复制,而是对传统的政务活动、传统的政务过程进行信息化的改造;电子政务并不是简单地将传统的政府管理事务原封不动地搬到互联网上,而是要对其进行组织结构的重组和业务流程的再造,电子政府不是现实政府的一一对应。因此,电子政府与传统政府之间有着显著的区别。传统政府向电子政府的转变过程,将逐步形成一个复杂的电子政务系统。

（二）电子政府的概念及核心价值

1. 电子政府的概念

电子政府,也可以叫电子化政府、电子网络政府,是一个与虚拟相结合的跨平台政府,它的最大特色,就在于虚拟性,即通过网络构建起一个跨区域的、跨时空的远程政府,可以为社会、公众提供 24 小时不间断的在线服务,或者叫一站式服务。它不受传统政府部门上下班的限制,打破了时空。这样一种虚拟性,虽然不能完全取代传统的物理形态政府的存在,但是它对传统物理政府的运行、管理会产生非常深刻的印象。电子网络政府的建成,意味着在政府治理这个层面上,将有可能从传统的实体管理走向程序式管理,它对政府治理产生的影响非常深刻。

电子政务和电子网络政府两个概念之间是一个什么关系呢?如果把电子政务理解为一个狭义的、一项一项具体政务活动的信息化,那么一级政府,不管是中央政府还是地方政府,都承担很多管理服务职能,把一个政府主要的管理服务职能通过电子化手段来实现,电子政务便走向了电子网络政府,也就是说当一个政府承担的主要管理服务职能,通过信息化的手段来实现,就意味着它可以建成一个电子网络化的政府。

一级政府承担的服务管理职能,永远不可能百分之百的信息化,只能说它主要承担的管理服务职能能够信息化,就由电子政务走向了电子网络政府,也就是说,电子网络政府建成了。从这个意义上讲,从电子政务一个一个具体的政务工作信息化,到一级政府承担的主要管理服务职能信息化,整个是一个过程。

2. 电子网络政府的核心价值

电子网络政府的核心价值可以概括很多方面,集中表现在三个层面上:第一方面是通过构建电子网络政府,大大提高了政府管理运作的透明度、公开性,使政府管理、治理真正变成透明的政府、公开的政府。第二方面是通过构建电子网络政府,使政府和社会、企业与公众之间形成一种广泛的互动和广泛的信息沟通。在过去的传统政务下,政府和社会很难进行互动,因为它们处于一种严重的信息不对称状态,政府往往控制整个社会信息的 80%,而社会公众掌握的信息最多超不过 20%,政府和社会长期处于一种信息不对称状态,所以很难互动。但是这种信息不对称状态将随着电子网络政府的构建而被打破,为政府和社会的公众互动提供了可能。第三方面是通过构建电子网络政府,可以大大提高政府的管理绩效,提高政府的效率,降低行政管理成本,对政府治理来讲意义深远。

（三）政府信息化的概念

信息化是一个过程,如果把一项项具体的电子政务活动比作一个个点,那么,到电子网络政府的构建就是将这一个个点连成一张网,这个聚点成网的过程可以理解为政府信息化的过程。政府信息化的过程是一个由低级到高级、由简单到复杂且不断深化的过程,从 20 世纪 80 年代中期的办公自动化,到现在构建的电子网络政府,都是政府信息化的发展历程。

二、电子政务的基本特征

（一）内容广泛

电子政务有着广泛的内容。电子政务处理的是与公共权力相关的业务,或是公共部门内部的事务。

（二）需要技术支持

电子政务必须借助现代信息技术、数字网络技术和办公自动化技术,同时也离不开信息基础设施和相关的软件技术的支撑。

（三）不同于政府管理

电子政务并不是将传统的政府管理和运作简单地搬上互联网,而是要对现有政府的组织结构、运行方式、行政流程进行重组和再造,使其在信息技术的支持下,更加高效地运行,并实现政府为公众提供更加优质的服务。

（四）政府机构进行管理和服务的过程

电子政务是指政府机构运用现代网络、通信与计算机技术,将政府管理和服务职能通过精简、优化、整合、重组后在互联网络上实现运作,以打破时间、空间以及条块分割的制约,从而加强政府对自身业务的监管,提高政府的运作效率,并为社会公众提供高效、优质、廉洁的一体化管理和服务的各个环节和过程。

三、电子政务的具体内容

电子政务虽然是公共管理组织尤其是政府部门办公自动化、网络化、电子化的产物,但绝不仅仅是政府上网那么简单,它包括网上信息发布、政府政策公开等多方面的资源建设,下面以上海市政府的门户网站"中国上海"(http://www.shanghai.gov.cn/)为例来对电子政务内容做一个简单的介绍。

"中国上海"政府门户网于 2001 年 9 月 28 日试开通,2002 年 1 月 1 日正式开通,始终坚持以努力建设"服务政府、责任政府、法治政府"为目标,以"为民、便民、利民"为宗旨,以发布政府信息、提供便民服务和拓展网上办事事项为主要内容,成为上海市人民政府各部门在互联网上发布权威政府信息和提供在线服务的总平台,是上海市人民政府各部门和区县政府子网站与公众联络和交流的总窗口。

"中国上海"政府门户网着力体现"透明"和"亲民"特色:信息公开——为市民第一时间发布市委重大决策和市政府规章、规范性文件及权威信息;网上办事——为市民、企业和投资者提供办事指南、网上事务受理与办理、办事状态查询等一体化服务;便民服务——为市民提供与生活和工作密切相关的各类公共服务和实用信息查询;互动平台——市长信箱、民意调查、百姓评议、在线咨询与投诉为市民提供与政府互动渠道;导航链接——为浏览者提供市政府部门网站、区县政府网站和常用热门网站导航链接。

"中国上海"政府门户网不仅开辟了传统政务网包含的功能模块,更是紧密结合新技术应用,对不同人群开辟了具有针对性的个性化模块,还有繁体中文、英文等不同语言版本;2010 年上海世博会期间,针对世博会的参观者,还提供了世博信息窗口;针对移动手机用户,又开辟了"WAP 无线门户"。

从上可知电子政务的内容非常广泛,不同国家也有不同的内容规范,根据国家及政府所规划的项目一般可以将电子政务规划为三大主要内容,即:

政府间的电子政务(G2G);

政府对企业的电子政务(G2B);

政府对公民的电子政务(G2C)。

（一）政府间的电子政务

政府间的电子政务(G2G)是上下级政府、不同地方政府、不同政府部门之间的电子政务。主要包括以下内容。

1. 电子法规政策系统

对所有政府部门和工作人员提供相关的现行有效的各项法律、法规、规章、行政命令和政策规范,使所有政府机关和工作人员真正做到有法可依,有法必依。

2. 电子公文系统

在保证信息安全的前提下在政府上下级、部门之间传送有关的政府公文,如报告、请示、批复、公告、通知、通报等,使政务信息十分快捷地在政府间和政府内流转,提高政府公文处理速度。

3. 电子司法档案系统

在政府司法机关之间共享司法信息,如公安机关的刑事犯罪记录、审判机关的审判案例、检察机关检察案例等,通过共享信息改善司法工作效率和提高司法人员综合能力。

4. 电子财政管理系统

向各级国家权力机关、审计部门和相关机构提供分级、分部门历年的政府财政预算及其执行情况,包括从明细到汇总的财政收入、开支、拨付款数据以及相关的文字说明和图表,便于有关领导和部门及时掌握和监控财政状况。

5. 电子办公系统

通过电子网络完成机关工作人员的许多事务性的工作,节约时间和费用,提高工作效率,如工作人员通过网络申请出差、请假、文件复制、使用办公设施和设备、下载政府机关经常使用的各种表格,报销出差费用等。

6. 电子培训系统

对政府工作人员提供各种综合性和专业性的网络教育课程,特别是适应信息时代对政府的要求,加强对员工与信息技术有关的专业培训,员工可以通过网络随时随地注册参加培训课程、接受培训,以及参加考试等。

7. 业绩评价系统

按照设定的任务目标、工作标准和完成情况对政府各部门业绩进行科学地测量和评估。

（二）政府对企业的电子政务

政府对企业的电子政务(G2B)主要是指政府通过电子网络系统进行电子采购与招标,精简管理业务流程,快捷迅速地为企业提供各种信息服务。主要包括以下内容。

1．电子采购与招标

通过网络公布政府采购与招标信息,为企业特别是中小企业参与政府采购提供必要的帮助,向他们提供政府采购的有关政策和程序,使政府采购成为阳光作业,减少徇私舞弊和暗箱操作,降低企业的交易成本,节约政府采购支出。

2．电子税务

电子税务使企业通过政府税务网络系统,在家里或企业办公室就能完成税务登记、税务申报、税款划拨、查询税收公报、了解税收政策等业务,既方便了企业,也减少了政府的开支。

3．电子证照办理

电子证照办理让企业通过因特网申请办理各种证件和执照,缩短办证周期,减轻企业负担,如企业营业执照的申请、受理、审核、发放、年检、登记项目变更、核销,统计证、土地和房产证、建筑许可证、环境评估报告等证件、执照和审批事项的办理。

4．信息咨询服务

政府将拥有的各种数据库信息对企业开放,方便企业利用。如法律、法规、规章政策数据库,政府经济白皮书,国际贸易统计资料等信息。

5．中小企业电子服务

政府利用宏观管理优势和集合优势,为提高中小企业国际竞争力和知名度提供各种帮助。包括为中小企业提供统一政府网站入口,帮助中小企业同电子商务供应商争取有利的能够负担的电子商务应用解决方案等。

（三）政府对公民的电子政务

政府对公民的电子政务(G2C)是指政府通过电子网络系统为公民提供的各种服务。主要包括以下内容。

1. 教育培训服务

教育培训服务通过建立全国性的教育平台,资助所有的学校和图书馆接入互联网和政府教育平台;政府出资购买教育资源然后提供给学校和学生;重点加强对信息技术能力的教育和培训,以适应信息时代的挑战。

2. 就业服务

就业服务通过电话、互联网或其他媒体向公民提供工作机会和就业培训,促进就业。如开设网上人才市场或劳动市场,提供与就业有关的工作职位缺口数据库和求职数据库信息;在就业管理和劳动部门所在地或其他公共场所建立网站入口,为没有计算机的公民提供接入互联网寻找工作职位的机会;为求职者提供网上就业培训,就业形势分析,指导就业方向。

3. 电子医疗服务

电子医疗服务通过政府网站提供医疗保险政策信息、医药信息,执业医生信息,为公民提供全面的医疗服务,公民可通过网络查询自己的医疗保险个人账户余额和当地公共医疗账户的情况;查询国家新审批的药品的成分、功效、试验数据、使用方法及其他详细数据,提高自我保健的能力;查询当地医院的级别和执业医生的资格情况,选择合适的医生和医院。

4. 社会保险网络服务

社会保险网络服务通过电子网络建立覆盖地区甚至国家的社会保险网络,使公民通过网络及时全面地了解自己的养老、失业、工伤、医疗等社会保险账户的明细情况,有利于加深社会保障体系的建立和普及;通过网络公布最低收入家庭补助,增加透明度;还可以通过网络直接办理有关的社会保险理赔手续。

5. 公民信息服务

公民信息服务使公民得以方便、容易、费用低廉地接入政府法律法规规章数据库;通过网络提供被选举人背景资料,促进公民对被选举人的了解;通过在线评论和意见反馈了解公民对政府工作的意见,改进政府工作。

6. 交通管理服务

交通管理服务通过建立电子交通网站提供对交通工具和司机的管理与服务。

7. 公民电子税务服务

公民电子税务服务允许公民个人通过电子报税系统申报个人所得税、财产税等个人税务。

8.电子证件服务

电子证件服务允许居民通过网络办理结婚证、离婚证、出生证、死亡证明等有关证书。

第二节　电子政务对政府管理的影响

一、电子网络政府对传统政府治理的影响

电子网络政府的构建、建成,虽然不能完全取代传统的政府实体管理,但是对传统政府管理会产生非常深刻的影响,这种影响主要集中在四个层面上:第一,对政府形态会产生影响;第二,对政府组织结构会产生深远影响;第三,对政府运行方式会产生一定影响;第四,对政府管理功能会产生直接影响。具体体现为以下几方面。

首先,从政府形态来看,在传统政务条件下,政府是一种物理政府、实体化政府,比如要到北京市政府,必须到北京市政府这个办公地点去。在传统政府管理下,这种实体政府、物理政府进行的是一种实体化管理。但是,电子网络政府建成以后,政府这种形态很可能变成数字化政府,即一个虚拟化的政府,实行一种程序化管理。

其次,从政府的组织结构来讲,在传统政务下,政府管理一般都是垂直化的、分层次的,它的管理幅度比较狭窄,管理层次比较多,而在电子网络政府状态下,可能使这个组织结构变成一个扁平化的、放射性的结构,它的管理幅度可能更宽,管理层次相对减少。

再次,从政府管理运行来看,在传统政务下,政府通过层层审批、控制、管制来运行和管理,管理的透明度比较低;在电子网络政府状态下,有可能提供 24 小时不间断的在线服务,公众可以公开参与,政府和企业、政府和社会成员能够产生双向互动。

最后,从管理功能来看,传统政务可以概括为一种粗放式的管理,政府对社会

管理的成本比较高,管理的效率比较低;在电子网络政府状态下,有可能实现由程序化管理取代传统政务手工化管理的目标,做到精细化管理。从发展的视角来讲,可能降低政府的管理成本,提高政府的管理效益。

二、政府管理创新推动电子政务的发展

在构建电子政务,推动政府信息化时,一定要和政府管理创新、行政体制改革紧密结合起来,如果没有这样的紧密结合,就可能构建一些失败的系统。政府管理创新必然会推动政府信息化和电子政务的建设。

(一)政府管理创新要树立一种新的政府管理观念

新的政府管理理念、观念,主要表现在三个层面上。

1. 有限责任政府的行为理念

有限责任政府的行为理念,即政府对社会的管理服务,政府对社会承担的责任是有限度的,政府对社会不承担无限责任,对社会承担的是一种有限责任,即有所为有所不为,这是一种新的观念。这种有限责任政府的行为理念不同于计划体制下,政府扮演一种全能政府的角色,政府管理的事项无所不包。

2. 由管制、管理走向服务的新观念

在计划体制下,政府对社会更强调它的管制、管理,而淡化服务;在市场经济条件下,计划体制下管制的色彩几乎不存在了,而突出了两种职能——管理职能和服务职能,管理、服务两者之间,要逐步地更强调服务,政府要强调对纳税人服务,对社会公众、对企业提供永久的服务,树立一种新的服务理念。

3. 成本效益理念

成本效益理念即投入产出理念,政府管理虽然是一种公共管理,不以营利为目的,花的是纳税人的钱,即使如此,政府管理、公共管理仍然应该强调投入产出,强调成本效益。也就是说,公共管理、政府管理、公共服务绝不可以不讲成本,而应最大限度地降低管理的成本,降低管理服务的投入。要把政府管理创新和电子政务的构建、政府信息化推动紧密结合起来,这是非常重要的。

(二)政府管理创新要深化行政体制改革

把电子政务的推进,把政府信息化系统的构建与政府管理创新相结合,就要深化行政体制改革,最终要建立起中国的公共行政体制。这种公共行政体制,有

几个关系需要认真来解决。

1. 合理的政府职能定位：解决好政府与市场的关系

不同地区政府、不同层级政府，其职能的实现形式是有差异的，所以建立公共行政体制，首先要有一个合理的政府职能的定位。要解决好政府职能的合理定位，构建好公共行政体制，最突出的就是要解决好政府与市场的关系。从整体上来讲，要减少政府对市场的干预，降低市场的门槛，也就是说市场能够解决的问题，尽量要让市场来解决，政府要最大限度地减少对市场不必要的干预。从国家的经济结构布局来讲，一方面要靠国家的力量，靠政府的力量来调节市场经济活动，使国家经济结构能够保持一个比较合理的科学的状态；另一方面，也要借用市场的力量，市场能够解决的问题，政府尽量少干预，要依靠市场的力量解决在经济结构中存在的一些问题。

2. 科学合理的职能配置：解决好政府和企业的关系

解决好政府和企业的关系，除了平常所说的要减少政府对企业的干预，还有对国有企业如何加强国有资产管理的问题。2003年，国务院的机构改革，成立了国有资产监管委员会，把原来国家经贸委撤销了，把它的职能一部分放在了国家发展与改革委员会，一部分内贸职能放在了商务部，将主体职能并入新成立的国有资产管理委员会，使管资产、管人一体化，解决了管资产、管人相分离的现象，这对构建新型的政府和企业的关系，加强国有资产的管理，应该会产生非常深刻的影响。

3. 合理的政府职能定位：解决政府和社会的关系

在市场经济条件下，要鼓励行业协会的发展，更多地发挥社会中介系统的作用。调整政府组织结构，合理地进行政府职能定位，将政府信息化与政府管理创新紧密结合，建设公共行政体制。

（三）按照信息化的要求，改革政府组织机构和政务流程

构建电子政务应用系统一个重要的方面，就是要引起政务流程的重新构建，甚至引起政府组织结构的重新调整，通过电子政务的构建，促进政务流程的重新构建，也有必要调整政府的组织结构，这样对于提高政府管理的水平，推动电子政府管理的创新，都是非常有意义的。

第三节　电子政务的模式及应用

一、电子政务的模式

一个国家或者地区在推动政府信息化,发展电子政务的过程中,它的目标模式是非常重要的,也就是电子政务整体上要构建一个怎样的架构。电子网络政府的目标模式受制于一个国家政府管理的指导思想,也受制于它的管理职能,它受很多因素制约和影响。

政府管理的模式有管理型的,有管理服务型的,也有服务型的。市场经济下,我国政府管理的模式发生了重大的变化,它首先要放弃过去那种管制式的政府,逐渐向管理型、服务型方向转化。在中国,现在要构建一个服务型的电子网络政府,还为时尚早。但随着市场经济的发展,社会经济的进步,中国未来的电子网络政府模式,会由管理服务型逐步向服务型转变。其依据主要有两个方面。

(一)政府主要职责角度的管理服务型

1.政府职能的整体定位

按照我国现阶段经济社会发展的水平,政府职能的整体定位,是经济调节、市场监管、社会管理和公共服务。这四个方面的政府职能,最后一句是强调公共服务,而前面三句话,都强调了政府的管理职能。目前国家政府职能的这种定位,把管理职能放到比较重要的地位,所以,如果直接提出现阶段构建一个服务型的电子网络政府,就可能会淡化政府承担的管理职责,这不利于现阶段的政府管理。

2.政府的层次性

任何一个国家,它的政府都是从上到下分层次的,构成了一个金字塔式的管理体制。中央政府下面是地方政府,地方政府下面还有基层政府。不同层次的政府所承担的职责有一定的差异。一般来讲,层次较高的政府机构,主要是行使决策、应急指挥等职责,而基层政府更多的是提供公共服务。所以,不同层次的政府承担的责任、职责的差异,以及它的职能实现方式的差异,也决定了现阶段的电子网络政府,应该是以管理服务为主的电子网络政府。

3．市场化改革和经济转型升级时期的需要

在市场化改革和经济转型升级的过程中,可能会出现一些扰乱市场经济的无序现象,因此,在这一阶段,政府的管理职能还不能淡化。强调政府的服务职能,绝不意味着要淡化管理职能,否则社会秩序、市场秩序、经济秩序就很难得到正常的维系。从这个意义上讲,现在构建电子网络政府,它的目标模式定位在管理服务型更符合当前中国的现实。

（二）政府信息化总目标角度的管理服务型

未来的政府信息化的总目标是通过一个个具体政务的信息化来实现的,这叫电子政务,由一个一个具体的电子政务信息,到最终建成一个电子网络政府,这是一个漫长的过程。现在构建、推进电子政务,对多数单位、部门来讲,都是一项一项具体应用系统的构建。一级政府也好,一个政府部门也好,它可能承担很多责任,有很多的职能,当一级政府对外服务和对社会管理的主要职能,能够用信息化的手段来实现时,这就由政务走向了电子政务,最终目标就是要建成一个电子网络政府。电子网络政府在不同的国家、不同的地区的目标模式会有差异。比如美国、英国的电子政务的目标模式可能和现阶段中国要构建的电子网络政府的目标模式有差异,所以从政府信息化总的目标来讲,我国现阶段电子网络政府的目标模式,更符合中国国情的应该是管理服务型。

二、电子政务的应用

电子政务的灵魂、核心体现在它的应用上,就是它能够用起来,确实能够给老百姓、给企业、给社会带来方便,带来好处。如果不能应用,系统构建得再好,花的钱再多,投资再多,都是没用的。所以说,应用是电子政务的灵魂和关键。

（一）电子政务的应用阶段

1．起步阶段

在起步阶段,首先政府要在互联网上搞一个门户网站,这是一个标志。政府在互联网上的这个门户可以发布政府自身的各种各样的信息,比如说政府的组织结构,政府各个部门的职能、办事导向,还有新闻,等等。但是,整体上来看,这个阶段,政府和公众、政府和企业整体上处处都在一种被动状态。政府在门户上发布信息以后,企业和社会成员看不看,政府并不知道。企业和社会公众也是无意

中上网看到这个门户网站的某些信息,浏览以后知道政府有哪些机构、可以办哪些事情。双方都处于一种无法交流、互动的被动接触状态。

2. 政府与用户的单向互动阶段

这一阶段,政府不仅仅通过门户发布信息,而且开始提供很简单的服务,比如过去你要到政府办事,你就要到政府部门领表,现在你可以不到政府部门来了,政府部门把这个表就放在门户网站上,让企业或者社会成员下载,下载以后你再填表,然后再去政府为部门办事。这时,用户虽然不能和政府互动,但是可以通过向与政府发问。美国到了2000年,联邦政府所有的表格都可以在网站上下载。这个阶段即一个政府与用户的单向互动阶段,政府是主动的,用户是被动的。

3. 政府与用户双向互动阶段

政府不仅仅在网上给用户、给企业、给公众提供下载的表格,而且企业或者老百姓填好以后,再通过网络传回给政府,这个时候就出现了政府与企业、与公众间的双向互动。

4. 网上办事阶段

网上办事阶段即通过网络来处理事务的阶段。以纳税为例,一个企业给税务部门报税、交税,首先从政府的门户网站上把要填的表格下载,填好,然后再通过用户身份认证,把这个表格通过政府的门户网站传上去,当政府机构收到这个企业的纳税报告以后,通过网络把企业在银行账户上的钱划到国库里面,当整个过程都能够通过网络完成以后,政府才算可以在网上提供服务,企业、公众也可以在网上办理事务了。网上办事有一系列复杂的流程,例如审核、划账、安全检测等,只有网上办事整个流程处理完毕才可以说电子政务的应用已经实现了。

5. 电子政务更成熟的阶段

这个成熟阶段有一些共同的特征。

第一,政府文件的电子化必然导致公务处理和政府业务流的重新设计和机构的重新组合。传统的公务处理,如文件的起草、审批、流转等,与电子化以后政府的公务处理是不一样的,流程不一样。过去主要靠手工批办,网络环境下,文件在信息的形式流转,政府文件的电子化,以及由于文件的电子化所引起的公务流转程序的变化,必然要求政府传统业务流的重新组合,甚至会引起组织机构的重新调整,这是一个很重要的特征。

第二,政府公务人员和用户的界面由传统的窗口、柜台、办公室变成计算机屏幕。过去企业、公众到政府办事,都是到办公室,或者到某个窗口,与政府工作人员面对面直接打交道。现在,公务人员处理事务,办理审批,面对的是计算机屏幕,同样,企业或者公众要在政府办事,面对的也是计算机屏幕。这样一种界面的变化,必然导致政府运行模式的改变,甚至会引起政府内设机构的改变。

第三,构建电子网络政府,要对现有的政府业务进行信息化的改造。这是非常重要的特点,也是难点。推动电子政务,不是把传统政务过程、政务流程简单地信息化、电子化,相反,而是运用信息化、电子化对传统的政务进行改造,这是有相当难度的,也是在推动政府信息化和电子政务过程中最容易被忽视,最不易解决好的问题。

(二)电子政务的应用结构

电子政务的应用,最终会涉及三大行为主体,这就是政府(可以把它理解为一个广义的政府)、社会公众和企业。这三个行为主体,通过信息化都可能发生变化。如果说传统的政府、公民和企业所处的社会是一个物理世界的话,那么信息化和电子政务的推进,使社会逐步向数字化世界演变,表现为广义的政府行为,可以用电子政务来体现;公众、公民依赖的载体是社区,可以用电子化的社区来体现;企业的商业行为则可以用电子商务来体现。

三大行为主体从电子政务的应用角度看,可以构成五种应用结构:政府对政府的电子政务、政府对企业的电子政务、政府对公民的电子政务,企业对政府的电子政务、公民对政府的电子政务。用符号来表示,就是 G2G,G2B,G2C,B2G 和 C2G。

(三)电子政务的应用领域

电子政务的五种应用结构,最终可以形成六大类型的具体应用领域,具体介绍如下。

1. 应用型的服务

应用型服务即政府向社会提供的各种各样的服务,如政府对企业的信息化服务,政府对社会成员、社会公众的信息化服务。例如,通过政府的门户网站进行信息发布,社会成员可以查询、访问相关信息并提出建议和意见。还可发布各类项目的计划、申报、申请信息,提供相关文件法规查询等。工商管理、税务管理、保险管理、土地管理、民政管理等相关信息和服务也属于此类应用。该应用领域主要是政府面向社会的信息化服务，是电子政务应用中最具核心价值的一部分。

2. 政府部门内部的应用

政府内部的应用包括很多，主要是政府部门之间，政府上下级之间进行信息传递的一种应用。这里面包括三层含义：第一层，有隶属关系的上下级政府部门的信息传递和信息沟通。比如说国务院对各个省、市，各个省、市对下面的市、县，各个市、县对下面的乡、镇，都是有上下隶属关系的政府机关之间的电子政务的应用。第二个层次，一级政府各个部门之间的应用。比如，北京市政府有很多部门，有教育局、工商局、地税局等，这些部门之间没有直接的领导和被领导的关系，但是它都属于一级政府，是北京市政府的一个职能部门，它们之间传递信息，进行信息沟通，也有很多的具体应用。第三个层次，就是政府间的，比如说上海市政府和北京市政府，这是两个直辖市，互相之间也没有直接的领导和被领导的关系，它们之间的信息传递叫政府间的应用。再比如说北京市海淀区和河南省的郑州市，它们也可能发生信息来往，都可以叫政府间的应用。

3. 政府部门内部的各类应用系统的应用

第三大类的应用，主要面对的是政府机构内部各种具体的应用系统，如政府某个机构内部的公务流转、公务的审核、公务的处理系统。政府内部各类专项管理系统，如计划管理、项目管理、经费管理、人事管理、财务管理，都可以单独在一个机关内部构建各种各样的应用系统。无纸化办公能不能最终实现、机关内部办公效率高不高、能不能赶上时代的潮流，很大程度上体现在机构内部应用系统做得好不好、是不是符合业务需求。它是政府信息化、提高办事效率的基础性应用。

4. 政府内部的核心数据应用系统

政府内部有一些核心数据，比如国务院各部委、省一级政府、市一级政府，层次较高，可能涉及很多国家机密。针对它的核心数据，就要构成一种单独的应用系统。不是所有人都可以看到政府的核心机密，它是有社会限制的，我们把它叫作政府内部的核心数据应用系统。这些应用系统包括很多具体的内容，如会议纪要、机密文件，以及相关的管理系统，如领导事务管理系统、日程安排、个人信息等。还有涉及国家重大问题的决策分析、决策处理系统，以及涉及国家重大事务的数据分析、处理系统等，带有很高的机密性，是国家高层才需要掌握的信息，不是所有公务人员都需要了解的。

5. 政府的电子化采购

电子化采购是电子商务和电子政务的融合,也可以叫电子商务在电子政务领域里面的应用。推动电子政务,其中很重要的一个内容,就是促进政府的公开、公正、透明,规范公共权力的行使。通过政府电子化采购系统的构建,不仅仅可以推动它的公正、公开、透明,而且可能有效地抑制一些腐败现象。

各级政府机构是一个非常大的消费群体,因为它有大量的公务活动,政府要正常运转,必须要有消费。这样大的采购,如果不构建电子化采购系统,就不容易做到规范、公正、透明,不容易使公共权力、采购行为得到控制。采购的过程涉及政府、供货商和电子采购部门这三个行为主体,而政府的电子采购部门既连接政府需求方,又连接供货商。政府的电子化采购系统建立起来以后,各个部门都要做预算,财政部门把款直接拨到政府采购中心、采购部门去。而且政府采购中心采购的每一笔项目,不管是工程也好、具体商品也好,都要在门户网站上一笔一笔列出来,随时让老百姓进行查询,社会成员随时可以对任何一笔政府的采购项目提出质疑,政府要做出解答。这样的政府电子化采购系统可以真正避免暗箱操作或是权钱交易。利用这样一种现代化的电子政务系统,就形成了一种好的制度约束,可使人们在政府采购过程中节约资金、少犯错误。

6. 电子化社区

电子化社区包括社区的电子化管理和社区的电子化服务,也即管理和服务两个领域。从理论上讲,社区不属于政府,它更不是一级政府,但是,社区是一个社会载体。如今,城市的社区发展非常快,成为人们生活依赖的新的载体。尽管社区不是一级政府,但是作为新的载体,它承担了政府大量的公共服务。

现在的社区管理大体有三种:①福利型的无偿服务,这是政府公共服务的延伸,包括政府应该无偿服务的对象。②社区内各种各样的便民服务,有的叫微利服务,少量地收取一点费用,但是方便了社区里的每个人,主要是从事非营利活动的社团在社区里面的一些活动。③社区内部也有少量经营性的、市场化的服务,如社区里的物业管理就是经营性的服务。构建电子化的社区,可以使政府提供的管理服务职能得到更好的运行,这个意义非常重大。

电子政务的建设、实施过程中,既利用网络,又利用电话,把电话和网络有机结合起来,是中国推动政府信息化、发展电子政务非常有应用价值的重要领域。

国内在这方面做得比较好的有广州市天河区政府,在构建政府信息化、提供政府信息服务的时候,该区政府首先建立了一个电话呼叫中心。这个呼叫中心不由政府运行,而是外包给一个企业。在政府和公众还没有很好互动起来的时候,电话呼叫中心首先把政府和公众互动起来,收到了意想不到的效果。

三、电子政务的评估指标体系

各个国家在建设电子网络政府,在推动它的信息化的时候,都注重确立一些评价指标体系。这些评价指标体系,不同机构特点不一样,也与它所处国家的国情有关,但是这些评估指标体系可以作为电子政务执行好坏的参考。

(一)国外比较有影响的电子政务评价指标体系

1. 爱克森公司的评估指标体系

这个公司在电子政务评估体系指标里共列了三大类。第一类是信息公开,即电子政务做得好不好,首先看信息公开的程度。第二大类指标叫业务互动。即能不能在网上办事,或进行业务互动,这是评价电子政务系统的第二个重要指标。第三类是交易互动,即能不能在网上直接办理业务。它又把每一类指标分成三个级别。即成熟、一般或不成熟。用这样一个指标体系来评价一个国家或一个地区的电子网络政府总体发展状况,评价它的发展水平。

2. 联合国公共经济与公共管理局与美国公共管理协会共同构建的评估标准

该标准系统也选择了三大指标。一个是政府网站建设的现状,首先把政府的门户网站建设的现状,水平的高低,作为衡量一个国家电子网络政府整体水平高低的重要指标体系;二是分析信息基础建设,从这个角度来评价一个国家或者一个地方的电子网络政府水准;三是人力资源素质,从公务人员和人力资源素质这个视角来评价电子网络政府的水准。当然它里面又分了很多具体的小项目,也和前面第一种评价指标体系有类似之处。

3. 佳德公司的评估标准

该评估标准设计的评估档案指标也是三个。一是对公民的服务水平,即构建电子网络政府能够给公民、公众提供多少信息服务;二是运行效益,电子网络政府通过运行以后,产生了怎样的经济效益和社会效益,这是从它的结果上进行评价;

三是电子网络政府所产生的政治回报,比如对社会政治民主化的推进,对社会公民参与的促进产生了怎样的影响等。这个公司所确立的评估标准理念,确立了很多具体的小项目,很多目标甚至是量化的。

以上这三种评价指标体系的视角是不一样的,均从不同的层面对政府信息化和电子网络政府的发展水平做出评价。

（二）国内电子政务的评价指标体系

国内对电子政务的评价指标体系的研究方面,应该说还是刚刚起步。尽管有一些 IT 企业,咨询研究机构在探讨中国的电子政务评价指标体系,但是整体上还处在一种起步阶段。有关机构根据他们的研究认为,对中国的政府信息化,或者说电子政务的评价,应该有以下四个大的指标体系。

1. 社会参与度

通过社会参与的广度、深度来评价电子政务的成就。有四个具体指标:一是访问的途径,就是用户通过什么途径来获取政府的信息;二是公共终端,即公共信息交互的终端;三是服务的广度,即是政府通过门户网站提供的服务,覆盖面有多宽、多广;四是参与的人群,即何种人群参与了互动,有哪些特点等。这四个具体的指标,都体现了社会参与度这个大的指标理念。

2. 用户的体验度

用户的体验度指政府通过门户网站为用户提供信息化的服务体验。这种体验首先是对开放度的体验,即政府开放度是否足够高,政府提供的服务应用细节是否完善,反馈的速度快不快。比如民众对政府提出一个诉求,通过网络上传以后,政府能在多大程度、多长时间内能给民众回馈。其次是个性度体验,即政府门户网站除了能够提供一般的服务以外,能不能给社会成员提供更多的个性化的服务。

3. 电子化的成熟度

这个指标更多的是从技术层面上对电子政务做出评价。这里面包括网络建设的成熟度,信息管理的成熟度,数据库建设的成熟度,技术使用的成熟度,安全保障的成熟度,等等。这些指标都是围绕着政务信息化的技术支撑和保障系统体系做的评价。

4. 环境变革度

环境变革度主要是从政府信息化,或者是电子政务的其他一些支撑条件、环境条件的视角对它做的评价,这里面包括组织变革度、人员准备度、培训效果,以及工作效率。

2004 年中国城市优秀政府门户网站排行调查中,采用的评价指标有:EGR (E-Government Reality),即电子政务实现度,是衡量城市政府电子政务门户网站的核心指标,包括 OSA(On-line Service Ability)和 OAA(On-line Application Ability)两项子指标。OSA,即在线服务力,是对 65 项政府在线信息与服务提供能力的全面考察,包括充实性、交互性、时效性、个性化、透明化五项子指标。OAA,即在线应用力,是衡量城市电子政务门户网站应用能力的核心指标,包括实用性、安全性、开放性、灵活性和艺术性五项子指标。

第四节 国内外电子政务的发展

一、国外电子政务的发展

(一)国外电子政务发展的背景

政府信息化首先盛行在西方发达国家,从一定意义上讲,这些发达国家也引领了世界政府信息化的潮流,所以了解政府信息化发展过程和电子网络政府发展过程,就不能不关注国外电子政府的发展。国外电子政务发展有特定的背景,这背景涵盖了很多内容。

(1)政府在管理过程中出现了严重的信任危机。

(2)政府在管理过程中出现了严重的财政危机。

(3)从 20 世纪 70 年代以后,出现了经济一体化的趋势,经济一体化的要求也对政府提出了很高的要求。

(4)官僚制这样一种政府形态暴露出很多问题。

(5)信息技术的快速发展,为构建信息化的政府提供了可能。

在这样一个大背景下,发展中国家也在发达国家政府信息化的影响下,开始推动本国的信息化。如 2000 年,联合国教科文组织对 60 个国家进行过一个调查,最后发现有 89％的国家都在不同程度地推动电子政务的发展,并且将电子政务的发展列为国家发展的重要事项。因为,推动政府信息化、发展电子政务,在某种意义上来说,已关系到政府的竞争能力,政府竞争能力的高低在一定程度上又关系着这个国家在国际社会上的竞争能力,因此各国都开始大力推进电子政务。

(二)国外电子网络政府发展的特点

1. 与政府改革紧密结合

国外政府机构改革力度较大,它通常会涉及很多内容。首先,西方国家在政府改革时,普遍做法是大规模裁减机构和人员、削减财政开支。以美国为例,克林顿于 1993—1997 年间,在中央、地方政府裁员 28 万人,提出的口号是,只有裁减掉政府过多的机构和人员,才能减少政府的财政开支,削减预算;只有削减了预算、减少了财政开支,才能减少对老百姓的税收;只有减少了对老百姓的税收,政府才能得到民众的拥护。其次,再造政府,重新构建一个政府。在政府改革中,将政府承担的一些具体的服务型职能转移出政府,转移给民间组织,甚至转移给私营企业,让它们代替政府提供一些具体的服务职能,政府可以集中精力做好重大决策,也可以提高政府公共服务的水平和质量。再次,放松政府对社会、对市场的管制,减少不必要的烦琐的规章制度。最后,把市场机制引入政府提供的公共管理、公共服务活动中来。在公共服务中,引入了委托、承包、代理、合同等市场化运作的机制,使政府提供的公共服务水平和质量越来越高,行政管理成本也大大降低,收到显著的效果。总之,西方国家通过信息化构建电子网络政府,做到了政府信息化、构建电子网络政府和政府改革的有机结合,这一点是非常有借鉴意义的。

2. 注重统一规划和技术标准

电子网络政府的构建,除了要和政府改革相结合以外,还必须重视统一的规划制定和技术标准规范。政府信息化是一个非常巨大的社会系统工程,比电子商务要求更高。在推动电子政务的过程中,如何制定规划、统一标准,就成为推动政府信息化、发展电子政务的一个非常重要的问题。

3. 关注应用

国外特别是西方发达国家在推动电子网络政府的时候,把应用的重点不是放在政府内部办公自动化上,而是放在政府能够为社会、企业、社会成员能够提供什么样的信息服务上。因此,对社会的公共服务是其在应用领域关注的重点。

二、中国电子政务的发展状况与发展意义

(一) 中国发展电子政务的意义

从国际社会来看,一个国家推动政府信息化,首先是为了提高本国政府的管理能力和服务能力,政府能力提升后,才能提升国家在国际社会中的竞争能力。从这个意义上讲,推动电子政务、推动政府信息化意义重大。具体来讲,在中国目前条件下,加快政府信息化的步伐,加快构建电子网络政府,至少有六个方面的意义。

1. 推动政府信息化,有利于应对加入世贸组织后对政府管理提出的挑战

首先,加入世界贸易组织以后,政府在制定公共政策的时候,要充分考虑到国际贸易组织的规则。其次,加入世贸组织以后,政府在公共服务领域要逐步开放,这对于过去长期垄断的领域来讲,提出了严峻的挑战。再次,"入世"给就业带来了很大的压力。就业形势在"入世"初期因为残酷的国际竞争而更加严峻,需要政府通过更有效的方式推动和促进就业。最后,"入世"对政府管理的方式提出了很多挑战。比如过去政府大量运用行政手段,公开性、透明度比较低,审批的范围很大,审批很烦琐,审批的自由裁量权较大等,这都是政府管理方式方面存在的问题。构建政府信息化,推动电子政务,改变政府管理方式,提高政府管理的透明度、公开性,提高政府管理的效率等,可以使政府管理存在的问题得到更好的解决,对提升政府管理水平和服务能力,使政府管理适应加入世贸组织后带来的一系列挑战意义重大。

2. 推动政府信息化,可以提高政府决策的科学性、及时性和有效性

电子政务的发展可以减轻过去政府决策存在的失误,造成的重复建设和巨额的国家财政资金浪费。特别是高层政府机构可以构建一个决策支持系统,虽然它不能完全代替决策,但是它可以降低决策者的风险,提高决策的科学性、及时性和有效性,减少大量的重复建设,减少大量的财政资金浪费,这对于政府管理意义非常重大。

3. 构建电子网络政府,可以提高政府的服务水平,增强政府的服务能力

如何才能够提高政府的公共服务水平、公共服务的能力呢?推动电子政务建

设,推动政府信息化,给企业、公众在网上提供一站式的服务、在线服务,这不仅可以大大地减少政府的办事时间,而且能够提高它的公开性、透明度,这对于改善政府的公共服务、改善政府和公众的关系、提升政府的形象,意义非常重大。

4. 构建电子网络政府,可以实现资源共享,降低政府的行政管理成本

在公共管理活动中,政府部门平级和上下级之间需要实现互联互通,实现资源共享,这样就可以减少很多信息采集成本。从政府管理的发展来讲,政府通过对信息的有效管理、有效处理,可以提高信息资源的共享程度,给国家降低大量的管理成本。

5. 推动政府信息化,能够提高公务人员的整体素质

构建电子政务的应用系统,不仅能改变公务员的观念,而且可以大大提高其信息化技能,这对提高公务员队伍的整体素质十分有益。

6. 推动政府信息化,能够拉动中国 IT 企业、IT 产业的发展,特别是拉动中国应用性软件产业的发展

发展电子政务,许多应用性软件不能够完全依赖国外,需要靠本国的 IT 企业来开发,所以说推动政府信息化不仅可以拉动 IT 产业的发展,更可以带动中国应用性软件产业的发展,进而可以带动中国社会信息化的发展。

(二)中国电子政务的发展状况

我国的政务信息化进程最早可以追溯到 20 世纪 80 年代中期,我国大多数党政机关首先推动了办公自动化。到了 20 世纪 90 年代,当西方国家建设信息高速公路时,中国在政府信息化层面上也加快了步伐。从 1993 年后,政务信息化集中地体现在带"金"字头的工程,比如金桥工程、金卡工程、金税工程、金关工程等,这些"金"字头的工程建设,大大推动了政务信息化工作,也取得了比较突出的成就。如金桥工程,主要就是建设信息高速公路,也就是布网,如电信网、广电网、电力网,如果没有这些网络基础设施建设,那么推动整个社会信息化、企业信息化、政府信息化,都是没有基础的。金桥工程取得的重大成就,为我国电子政务的发展奠定了坚实的基础。金卡工程,就是在某些领域大量地使用 IC 卡,如商业银行信用卡。金卡工程的推广改变了人们的消费观念,减少了现金流通,方便了百姓,也提高了社会成员对信息手段的认识。金税工程,就是构建税收管理系统,如网上报税系统、增值税发票稽核系统等,这对加强政府管理、增加国家财政收入意义重

大。金关工程,就是在外经贸部门和海关共同构建监管工程,目的是加强报关,加强对海关的管理,打击走私贩私,最终使海关、外经贸、工商、税务、检验检疫、公安等部门都在一个大的电子系统下互联,形成中国电子口岸。

20世纪90年代中期后,伴随着网络技术的快速发展,中国开始推动部门的、行业的,乃至地区的政府信息化发展。比如1999年,我国整体上发动了"政府上网年",很多政府机构在互联网上构建了自己的门户网站。2006年1月1日,中国政府网(http://www.gov.cn)正式开通,这是国务院和国务院各部门,以及各省、自治区、直辖市人民政府在国际互联网上发布政府信息和提供在线服务的综合平台。中国政府网现开通"国务院、总理、新闻、政策、互动、服务、数据、国情"等栏目,面向社会提供政务信息和与政府业务相关的服务,逐步实现政府与企业、公民的互动交流。

在加强这些领域、行业信息化建设的同时,一些地方政府也都加快了信息化的步伐,特别是东南沿海经济相对比较发达的地区,推动的步伐更快、力度更大、取得的整体成效也比较显著。比如北京,从1996年开始构建首都政务信息平台,到2001年基本实现了部门、区县的全部联网,内容涉及领导决策支持系统、机关内部运用系统、社区服务一卡通、扩建数据基础系统,以及网上办公系统等。

近年来,我国电子政务网络接入贯通率进一步提高,各类政务创新应用不断涌现,政府数据开放开始起步,互联网＋政务服务呈现新趋势,政策保障不断增强,电子政务已成为各级政府平稳运转和高效履职不可或缺的有效手段。

1. 电子政务政策文件密集出台,政策保障不断增强

自2014年领导小组成立以来,党中央、国务院出台了多个文件,为电子政务发展提供政策指导。中央办公厅、国务院办公厅印发了《关于进一步加强国家电子政务内网建设的指导意见》,对国家电子政务内网建设做出全面部署;2014年12月,国务院办公厅发布《关于促进电子政务协调发展的指导意见》,加强顶层设计,统筹电子政务协调发展,深化应用,从提升支撑与保障政府决策和管理水平两大角度提出未来五年电子政务发展的指导意见,该文件也必将对"十三五"我国电子政务发展产生重要影响;2015年1月,国务院发布《关于促进云计算创新发展培育信息产业新业态的意见》,提出"电子政务云计算发展新模式",推动政务信息资源共享和业务协同;同月,发布《关于规范国务院部门行政审批行为改进行政审批有

关工作的通知》,要求积极推行网上集中预受理和预审查,创造条件推进网上审批,加快实现网上受理、审批、公示、查询、投诉等环节,为进一步发挥电子政务优势提供良好契机。此外,在工程项目领域,国家发改委发布了《关于开展国家电子政务工程项目绩效评价工作的意见》,重点针对国家电子政务项目建成后所达到的建设目标和应用效果评价提出了明确要求;在政府网站建设方面,中央网信办发布了《关于加强党政机关网站安全管理的通知》,国务院办公厅还出台了《关于加强政府网站信息内容建设的意见》,以及《国务院办公厅关于开展第一次全国政府网站普查的通知》等文件,为政府网站建设和管理提供政策指导。

2. 电子政务网络基础设施不断强化

国家电子政务内网建设稳步推进,按照国家统一规划和部署,计划在 2015 年底前完成中央和省(区、市)两级电子政务内网网络平台和安全体系建设。全国电子政务外网接入贯通率进一步提高。在中央层面,去年新增 12 家中央政务部门接入政务外网,目前已接入政务外网的中央政务部门和相关单位已达 97 家。从纵向联通情况看,政务外网省级覆盖率已经实现 100%,地市、区县网络接入工作明显加快,网络覆盖率分别达到 94.3% 和 83.5%。其中,实现政务外网全覆盖的省份累计达到 23 个;从各地横向接入情况看,政务外网接入省及以下各类政务部门累计达到 14.1 万家,接入终端超过 180 万台。业务承载能力不断增强,目前国家部委纵向部署全国性业务应用系统达到 35 个,部委间横向业务应用系统达到 9个。地方承载业务应用范围和深度也不断加强,浙江省通过统一部署建设并在全省广泛应用省政务服务网,推进了跨部门、跨地区政府机构间信息共享和业务协同。安徽、湖北、山东、广东、云南等地统筹外网传输通道和数据存储能力建设,在推进各级政府大规模简政放权、提升事中事后服务及监管模式等方面进行了大胆创新,有效保障和支撑了政府履职。

3. 政府数据开放开始起步

中央和地方政府开始积极尝试政府大数据应用,取得了积极进展。中国气象局与阿里云达成战略合作,双方将联手完善中国首个物流数据平台——物流预警雷达,挖掘气象大数据的深层价值,这是中国国家部委首次采用民营科技公司提供的数据服务。国家统计局开通国家数据网站(http://data.stats.gov.cn),提供由统计系统产生的,与 GDP、CPI、人口、总人口、出口、房价、社会消费品零售总额、货币、PPI、固定资产等有关的各种开源数据。2014 年上海明确了 190 项重点开放的政府数据资源,涉及公共安全、公共服务、交通服务、教育科技、金融服务、能源环境、健康卫生、文化娱乐等 11 个领域。北京市政务数据资源网(http://www.bjdata.gov.cn)自 2012 年 10 月试运行以来,网站已上线发布了 36 个政府部门 306 类 400 余个数据包,覆盖旅游、教育、交通、医疗等领域,多达 36 万条地理空间等原始数据资源,以及软件与信息服务业、文化创意产业相关政策文件 1475 件。此外,其他地方也都在积极为政府数据开放做准备。

4. 各类创新应用不断涌现

云计算、物联网、大数据、移动互联网等新技术正加快向政务领域渗透,形成一系列创新应用,在网络舆情引导、政民互动、市场监管、社会管理和为民服务等方面发挥越来越重要的作用。审计署重点推进基于"云计算"的审计数据分析系统和基于"物联网"的电子审计指挥系统。国家质检总局推广 RFID、二维码、条形码等技术应用,全面实现产品质量检测数据采集自动化和监测数据应用分析智能化。同时,政务微博、微信、移动 APP 应用已成为各级政府部门发布权威信息、加强政民互动、引导网络舆论、提升社会治理能力的一个重要组成部分。2014 年 9 月 10 日,国家互联网信息办公室下发通知,大力推动政务微博、微信服务,要求"全国各地网信部门推动党政机关、企事业单位和人民团体积极运用即时通信工具开展政务信息服务工作"。《2015 年人民日报·政务指数微博影响力报告》显示,截至 2015 年 12 月 31 日,微博平台认证的政务微博达到 152390 个,当年政务微博发博量达到 2.5 亿,阅读量达到 1117 亿。其中,党政宣传系统微博账号超过 3 万个,在全国政务微博中占比最大。排名前 100 的政务微博中,党政新闻发布账号超过 20 个,账号的分布也覆盖了不同城市。政务微博在社会管理创新、政府信息公开、网络舆论引导、倾听民众呼声、树立政府形象、群众政治参与等方面起到了积极作用,成为首个打通社会治理微循环的平台。

另据腾讯 2016 年 1 月 18 日发布的《2015 年度全国政务新媒体报告》显示,目前中国政务微信公众号已逾 10 万,政务新媒体实现了突飞猛进的发展,"两微一端"(微博、微信和移动客户端)在很多政务民生领域已成为常态。目前政务双微正在加快融合,平台矩阵成为政务新媒体的发展趋势。

5. 政府网站服务能力大幅提升

据 CNNIC 发布的数据显示，截至 2015 年 6 月 30 日，我国以 gov.cn 结尾的域名数为 57923 个。100% 的国务院组成部门和省级政府、99.1% 的地市及 85% 以上的县（区）政府都已经建设了政府网站。据中国软件评测中心发布的"第十四届（2015 年）中国政府网站绩效评估"结果显示，政府网上服务呈现七大亮点：①门户网站的运维保障水平提升明显，部委、省、市政府门户网站的可用性情况良好，站点可用性均超过了 95%。网站回复的平均时间由年初的 37 天减少至当前的 14 天，网站回应速度大大提升。②深入梳理职能业务，全面公开行政权力和责任清单，推进和落实简政放权。③依托业务系统建设，进一步提升政府数据的综合利用水平和服务能力。海南省、江西省及北京市、成都市、佛山市、广州市等地方基于建设完善资源共享平台，加强与实体大厅的对接与融合，打通了下辖部门和地区的数据共享通道，提供了一门式、一口式服务，极大地方便了公众和企业办事。④不断创新服务手段、提升服务意识，以互联网思维指导政府网站建设。浙江省及北京市、上海市、青岛市等积极探索政府数据开放。如浙江省的政府数据统一开放平台，共开放 68 个省级单位提供的 350 项数据类目，其中包含 100 项可下载的数据资源，137 个数据接口和 8 个移动 APP 应用。⑤完善信息公开体系，进一步加大政府信息公开力度。与 2014 年相比，部委、省、市、区县政府网站开通了公共资源配置类、食品药品安全类、环境保护类、安全生产类等重点领域的公开专栏比例达到了 60%，比去年提升了 17 个百分点。⑥聚焦重点事项和民生领域服务需求，提高网站办事服务的实用性。北京市、深圳市、南京市、佛山市等网站进一步做实做深网上办事服务，优化网上服务展现形式，力图以最亲切、最直白、最人性化的方式向用户提供服务。⑦整合多平台多渠道资源，加强互动交流和舆论引导。各地方各部门愈来愈重视互联网的舆情引导和互动交流，利用多元化的互动渠道提升交流互动效果。

6. 互联网政务服务呈现新趋势

除政府网站外，部分地方借助云计算、移动互联网、物联网、大数据等新技术探索和培育适应互联网新趋势的在线服务模式，实现政府服务的智慧化转型，形成三类比较有代表性的服务模式。一是基于 O2O 的服务场景融合。近年来，政务 O2O 模式悄然兴起，特别是在民政和公安等领域逐渐普及，比如护照办理、签证等都是网上申请、网下办理,这种模式不仅可以优化政府办事流程、提高效率、节省资源,同时也能为公众服务带来更好的体验。2015 年 3 月 18 日,支付宝宣布和各地政府机构合作共同建设发布"城市服务"移动便民平台,将其打造成为地方移动 O2O 生活服务平台。据悉,杭州已率先体验与推广,随后这项服务逐步登陆上海、广州、深圳、厦门、长沙、南昌、苏州等 30 多个城市以及山西全省。二是多媒一体的服务渠道融合。微博、微信、移动 APP 已成为实现政务服务的"新宠"。目前,很多地方政府和部门进一步推进电子政务与新兴媒体与技术的深度融合,整合多种媒体、多个渠道,以满足公众的多元化服务需求。三是基于社会化的网络服务平台整合。经过过去 20 年多年的发展,中国互联网领域已涌现出一批平台级的企业,与一批可称之为"互联网基础设施"的平台级应用,借助社会化的网络平台资源推进政府服务,成为政府服务转型的重要方向。例如,由中国移动全力打造的"无线城市"平台,覆盖社保查询、医讯通等 294 项与群众生活、工作信息相关业务应用。蚂蚁金融服务集团、阿里巴巴集团与新浪微博共同启动"互联网＋城市服务"战略,联合各地政府,提供"智慧城市"的一站式解决方案。

三、中国电子政务的发展展望

当前,电子政务的发展面临地区间信息化就绪程度不均衡、社会公众间"数字鸿沟"持续扩大、行政审批改革不充分、电子政务多渠道服务发展缓慢等困境;同时,信息化在助推公共行政改革的进程中,政府将面临公共服务"最后一公里"、政府自身信息能力制约等一系列的挑战。《中共中央关于全面深化改革若干重大问题的决定》和《中共中央关于全面推进依法治国若干重大问题的决定》对深化行政体制改革的路线方针政策做出了明确的部署,也为中国电子政务未来发展走向指明了方向。这就是紧紧围绕推进国家治理体系和治理能力现代化的总要求,加强统筹规划、顶层设计,完善政府信息化工作的体制机制,充分利用信息网络技术和现代化手段,以电子政务公共服务建设为抓手,有力支持并服务于政府行政改革和职能的转变,推动和保障服务型政府、法治政府的建设。

(一)中国发展电子政务要主动适应深化行政体制改革的要求

党的十八大明确提出了建设职能科学、结构优化、廉洁高效、人民满意的服务型政府的改革目标。建设服务型政府、法治政府迫切需要推进行政管理体制和行政运行方式创新。以整体的视角改善决策、执行、监督和审计机制,促进各个机制间的整合、有序与协同;减少和规范行政审批行为,建立健全公共服务供给网络平台与制度载体。因此,行政体制改革是电子政务建设的前提,改善政府的公共服务是电子政务的核心价值。电子政务发展要突破审批瓶颈,重组审批职能,将分散的审批职能全部集中并进驻政务服务中心,做到"一个窗口"对外审批,推行受理与办理分离、跨部门事项的并联、多审批环节的合并和审批过程的闭环运行等审批服务运行机制。

第一,完善适应深化改革发展的电子政务领导机制。中央网络安全和信息化建设领导小组的成立为加强统筹规划、顶层设计提供了最高组织保障。行政管理体制改革从体制机制上厘清行政职权,规范行政行为,整治行政程序,明确行政责任,实现从行为到程序、从内容到形式、从决策到执行的法定化、科学化和可行性。电子政务应助推行政审批制度改革深化,做好审批流程、业务流程和服务流程的重新设计和优化。

第二,在充分利用现代网络基础设施和有序开发政务信息资源的基础上,统一电子政务服务提供的技术平台和业务运行程序,制定支持跨部门的业务、跨平台资源的技术标准和交换体系,从职能上、功能上和供给上进行整合和集成,进一步改进政务流程的整合与优化。

第三,配合政府机构改革实现跨部门应用协同。在前期电子政务基础设施和基本框架体系初步完成后,电子政务发展将进入业务集成、数据同步和协同应用阶段,各地政府应依托电子政务网络平台开展电子化公共服务建设,努力实现跨部门、跨层级的信息共享和业务协同。采取电子政务建设与政府流程再造一体化策略,以服务对象需求为中心,提高政府各部门间一体化与政务流程的集成化。

第四,通过创新电子政务多渠道服务提供机制和模式,实现服务质量控制,解决不同群体之间、不同地区之间和城乡之间公共服务非均衡发展、数字鸿沟和最后一公里困境,提高行政效率,降低行政成本,改进政府管理,服务人民群众,维护社会公平正义。

(二)电子政务要为国家治理体系和治理能力现代化提供决策支持

《2014年联合国电子政务调查报告》更加关注整体政府以及国家层面的协同

治理。国家治理体系和治理能力现代化需要站在新的历史高度重新审视服务型政府和法治政府的技术保障。

第一,以政府信息化与电子政务建设带动政府公共服务技术创新、管理创新和服务创新。通过信息通信技术、门户网站集成、信息系统和数据整合等技术应用,改进公共服务供给方式,改善管理策略,提高合作能力。尤其是互联网络普及率、移动网络带宽不断提高后,来自社会、公众和政府内部的使用需求更加具体、明确;政府电子政务网络基础设施持续投入,以及支持和服务信息化应用的人力资源和人才队伍不断发展,都将促进公共管理向协同治理转变,并直接推动电子政务可持续发展。

第二,信息技术和互联网络空前的影响力和渗透力正深刻地改变着经济社会结构、生产方式和生活方式。政府治理现代化须顺势而为,把电子政务与政府治理有机地结合起来。在以公众为中心的决策过程中建立协同管理的机制,通过协作、合作和"众包"来调动社会、公众的网络参与和志愿服务。

第三,借助行政体制改革的强大推动力,为电子政务的新技术应用创造条件。信息化是推进治理能力和治理体系现代化的重要手段,没有信息化,就没有现代化。政府治理现代化需要观念的现代化,要具备互联网思维和信息化能力,依托电子政务平台的网络监督、电子参与、网络问政和在线咨询等功能,扩大对公权力的监督约束。

第四,加强电子政务生态环境治理。治理就是服务,要摒弃治理即管制、整治的思想,加强电子政务服务提供的法治环境、信息安全、标准规范、绩效评估和运行保障机制建设,确立社会治理与服务就是一个不断发现并满足公众需求的过程。

(三)面向公众的电子政务将成为共同趋势

电子政务和电子政府建设坚持公众需求导向,推动电子政务公共服务发展已成为国际主流趋势。随着中国经济社会的不断发展,电子政务经过多年发展,在信息网络基础设施、信息网络技术服务、业务系统平台搭建等方面都取得了长足的进步。公众的日常社会生活需求也在不断变化、不断增长,对电子政务服务提供产生了新的需求与期待。今后的电子政务建设需要在这个基础上向"满足公众需求""以服务公众为核心"的更深层次上延伸。

面向公众服务的电子政务建设,一方面需要提高政府公共管理创新和变革的能力,政府部门充分运用信息通信技术、新兴媒介工具来支持机构重组、理顺审批业务流程、扩大信息公开、完善法律法规,提供决策支持和促进人力资源开发;另一方面,需要完善政府、社会和公众之间责任、权限和权益划分,发挥市场在资源分配中的决定性作用,确保行政部门和公共部门提供的公共产品和服务范围涵盖教育、就业服务、社会保险、社会服务、医疗卫生、人口计生、住房保障、文化体育、环保和公共安全等所有民生领域。

发展以服务公众为核心的电子政务,也是加速推进实现由管理型政府向服务型政府转变的具体做法与主要内容。发展面向公众的电子政务,可以使政府向社会公众提供更加优质高效的服务,加快实现政府职能转变。这些转变将使政府职能的形式、结构以及履行能力产生更加积极的变化,政府为社会提供公共服务的覆盖面、透明度也会大大提高。

(四)信息公开、数据开放成为政务信息服务新业态

政务信息、公共数据是支撑各项电子政务应用的基础。根据《国家电子政务总体框架》,信息公开、数据开放能为政务公开、业务协同、辅助决策、公共服务等提供信息支持。尽管越来越多的国家和地区已经意识到数据开放、运用政府门户网站公开政府掌握的信息和数据的重大现实意义,但实际上仅有46个国家拥有专门的数据门户网站。建设门户网站需要及时收集散布于社会生产、生活各个角落的社会信息和数据,并将其作为一种国家战略资源。开放政府数据能够满足公众、企业获取政府信息、参与决策,有利于改善现有公共服务。可以通过以下措施推进政务信息公开和数据开放。

第一,政府信息资源开发利用是推进电子政务建设的主线。围绕社会、公众和企事业单位关心关注的热点问题、现实问题和利益问题,以公开为原则,以不公开为例外,及时准确地向社会公开行政决策的程序和结果。提高政府的透明度和办事效率,建立公众电子参与机制和途径,扩大公众知情权、参与权、表达权和监督权,助力法治政府建设。

第二,进一步完善政府信息公开与数据开放立法。信息公开、数据开放既关系到国计民生,也关系到国家安全和公民个人隐私,需要有完备的法律保障。近年来,政府信息立法受到世界各国普遍重视。在中国,现行法规条例存在法律位

阶低、责权边界不清晰、体系不健全等问题。需要进一步完善《政府信息公开条例》等相关法律、法规、规章和规范性文件,更新网络安全与信息安全保护法律体系,保护隐私权和提高安全约束力,规范政府相关机构发布的数据。

第三,提高政府信息数据准确性、完整性,保证信息公开质量。大数据是行动观察和行为发现的源泉。数据开放、大数据应用建立在现代宽带网络、高速运算、海量存储和并行处理技术的基础上。行政决策和公共政策需要政府、社会与公众的基本信息和数据。如果政府公开的数据没有利用价值,数据公开也就失去了意义。建立全面、科学的数据共享评价指标体系和数据开放激励机制,将为政务信息资源共享与电子政务公共服务发展提供强大的动力。

第四,坚持"以需求为导向"开放数据,增强政府与民众的互动。政府信息公开和数据开放不仅是依法履行行政职能的需要,也是公共服务需求导向的要求。要致力于从信息公开中获益的政策制定者能自发推动政府相关机构、公众、社会团体和其他利益相关者之间形成相互交流和相互合作的氛围。政府配置资源信息、权力运行信息、公证登记、行政审批管理信息是信息公开的重点和热点,当前财政预决算信息、人地关系信息、住房保有量信息等是公开的关键点和切入点。

第五,发挥市场在资源配置中的决定性作用,推动政府信息资源多元化开发。引导企业、非营利组织、公众和其他利益相关者合作开发;吸收具备开发环境和开发能力的非营利性开放平台和社会力量参与公益性开发;采取外包、委托、购买服务等方式鼓励企业参与竞争性开发和商业化二次开发利用。

(五)新媒体、新技术、新应用促进电子政务多渠道服务创新

由于公众对政府的行政过程和公共事务处理的透明度和公共服务的便捷性、参与性要求不断提高,尤其在涉及民生的住房、教育、医疗、环保、交通等公共服务和公共事务方面,要求政府更加重视利用信息技术,依托政府电子政务平台实现公共管理创新和公共服务多渠道提供。可以通过以下几个方面增加公共服务渠道。

第一,积极推动诸如政务微博、政务微信、政务微门户(手机客户端、移动终端)等新兴信息技术、信息产品的应用。传统的电视、广播、报纸杂志等纸质媒体的影响力正在被新兴的媒体和技术削弱。要在政府门户网站的显著位置及时刊

登发布信息、建立链接图标和导航提示,提供可供下载的位置、扫描的二维码,方便公众知晓、获取和访问相应的站点,下载相应的客户端,添加相应的关注,进而扩大政府及公共部门提供公共服务的访问途径和获取渠道。

第二,通过电子政务与新兴媒体、新技术进行深度融合,实现"一站式"服务。全媒体时代的媒介传播方式、路径和环境的变化,形成对传统的政府信息传播途径和传播方式有益的补充和完善。以互联网(包括移动网络)、智能手机(包括移动终端)为载体的全新媒体平台,已成为社会舆论、网络舆情的主要集散地;成为政府开展舆论引导、提升执政能力的重要载体;成为政府新闻信息发布、政务信息传递、舆情信息收集、疏导的主要平台。通过移动通信、社交媒体等多个渠道提供面向公众的政务服务,实现移动服务、掌中服务。

第三,通过在线咨询平台、线上线下相结合的服务热线、问政平台和交互网络扩大公众参与。3G/4G移动网络的普及推广、新媒体的广泛应用进一步简化了上网方式和访问模式,方便公众的学习、工作和生活,手机网民数量急剧增长,客观上要求电子政务建设要能够全面服务于这些庞大的社会群体,形成政府、公众、社会三者之间在现实社会与网络社会互动的新格局。

第四,把电子参与、网络问政作为互联网时代公民政治参与的新渠道和新方式,作为公民行使"四权"、参政议政、意见表达和政治文明建设的重要组成部分。网络技术的发展以及网络社会的拓展进一步提升了公众的生活质量、拓宽了公众生活的公共领域。应该直面网络政治参与对建设中国特色社会主义治理体系带来的风险和挑战,创新与变革双管齐下,有选择性地改进和构建网络政治参与,让网络更多为中国特色社会主义治理体系服务。

小 结

所谓电子政务,是指公共管理组织运用信息技术、网络技术进行办公管理的一种政务管理活动。可以分为广义、狭义的两个方面。从广义上讲,只要行使公共权力,管理公共事务,这种活动都可以叫作政务活动。电子政务就是把传统的政务活动,通过信息化的手段加以实现。从狭义来讲,电子政务可以指一个单位、一个部门内部一项很具体的政务活动。电子政务并不是简单地将传统的政府管理事务原封不动地搬到互联网上,而是要对其进行组织结构的重组和业务流程的再造,电子政府不是现实政府的一一对应。

电子政务主要包括政府间的电子政务(G2G)、政府对企业的电子政务(G2B)、政府对公民的电子政务(G2C),随着政府与企业、公民的交流、互动的增加,就有了企业对政府的电子政务(B2G)和公民对政府的电子政务(C2G)。

电子网络政府的构建、建成,对传统政府管理会产生非常深刻的影响,这种影响主要集中在四个层面上。第一,对政府形态会产生影响;其次,对政府组织结构会产生深远影响;第三,对政府运行方式会产生一定影响;第四,对政府管理功能会产生直接影响。而政府管理创新会推动电子政务的发展。

中国现阶段电子政务的目标模式,倾向管理服务型。电子政务包括应用型服务、政府部门内部的应用、政府部门内部的各类应用系统的应用、政府内部的核心数据应用系统、政府的电子化采购和电子化社区六大应用领域。

电子政务的评估指标体系在国外主要有爱克森公司的评估指标体系、联合国公共经济与公共管理局与美国公共管理协会共同构建的评估标准、佳德公司的评估标准等。国内电子政务的评价指标体系主要包括社会参与度、用户的体验度、电子化的成熟度、环境变革度等四个指标。

电子政务的建设、实施过程中,既利用网络,又利用电话,把电话和网络有机结合起来,是中国推动政府信息化、发展电子政务非常有应用价值的重要领域。

思考题

1. 简答题

(1) 什么是电子政务?它与传统政务有什么区别和联系?

(2) 我国电子政务发展有何特点?

(3) 为什么说电子政务是对政府形态的结构性革命?其实现途径是什么?

(4) 为什么要建立电子政务评价指标标准?我国电子政务的评价指标是什么?

(5) 我国电子政务的应用和发展经历了那些阶段?

(6) 电子政务的目标模式有哪几种?我国现阶段的电子政务的目标模式是什么?

2. 论述题

试结合实际论述我国电子政务发展状况,并展望发展前景。

💬 实验操作 ━━━━━━━━━━━━━━━━━━━━━━━━━

1. 访问中国政府网(http://www.gov.cn/)、首都之窗网站(http://www.beijing.gov.cn)、中国上海网站(http://www.shanghai.gov.cn/),浏览网站内容,比较各站点的特点和风格,了解电子政务的主要内容。

2. 通过对自己所在省政府门户网站及其应用的分析,了解我国电子政务当前的发展阶段和基本功能。

3. 查阅相关资料,浏览国家政府网站,分析国家电子政务应用战略及其在现阶段的实施策略。

第七章　网络银行与电子支付

支付宝

支付宝（https://www.alipay.com）是目前国内先进的第三方网上支付平台，由阿里巴巴集团创办，目的是为网络交易用户提供"简单、安全、快速"的网上支付服务。从2004年创办至今，在短短几年时间内支付宝迅速成为被广大用户广泛使用的网上安全支付工具。自2014年第二季度开始成为全球最大的移动支付厂商。

支付宝公司以"信任"作为产品和服务的核心。不仅从产品上确保用户在线支付的安全，同时让用户通过支付宝在网络间建立起相互的信任，为建立纯净的互联网环境迈出了非常有意义的一步。支付宝提出的建立信任、化繁为简、以技术的创新带动信用体系完善的理念，深得人心。在五年的时间内，用户覆盖了整个C2C、B2C及B2B领域。目前，支付宝已经进入全球几十个国家，截至2010年6月底，支付宝注册用户突破3.5亿户，日交易额超过14亿元，日交易笔数达到550万笔。截至2013年底，支付宝实名认证的用户数超过3亿户。2013年，支付宝单日交易笔数的峰值达到1.88亿笔。其中，移动支付单日交易笔数峰值达到4518万笔，移动支付单日交易额峰值达到113亿元人民币。

支付涉及用户的资金安全,目前,支付宝建立了严密的安全规范。如安全控件、短信校验服务、数字证书、第三方证书、支付盾、宝令、宝令手机版、安全保护问题、安全策略、手机安全设置等。目前支付宝的支付方式包括快捷支付、网银支付、余额支付、余额宝支付、花呗支付、找人代付等。手机端的支付有二维码支付、声波支付、NFC支付、指纹支付、脸部识别支付等移动支付及安全验证方式。

支付宝在电子支付领域稳健的作风、先进的技术、敏锐的市场预见能力及极大的社会责任感赢得银行等合作伙伴的认同。支付宝主要提供支付及理财服务。包括网购担保交易、网络支付、转账、信用卡还款、手机充值、水电煤缴费、个人理财等多个领域。在进入移动支付领域后,为零售百货、电影院线、连锁商店及超市和出租车等多个行业提供服务。还推出了余额宝等理财服务。支付宝与国内外180多家银行以及Visa、MasterCard国际组织等机构建立战略合作关系,成为金融机构在电子支付领域最为信任的合作伙伴。

支付宝的产品和服务十分丰富。除基本的支付、还款、转账、缴费等服务外,服务项目包括银行服务、缴费服务、保险理财、手机通讯服务、交通旅行、零售百货、医疗健康、休闲娱乐、美食吃喝等10余个类目。淘宝理财(包括余额宝、招财宝等)、淘宝保险、花呗、借呗等理财和融资服务大大方便了用户。

支付宝的付款方式,买家需要注册一个支付宝账户,利用开通的网上银行给支付宝账户充值,然后用支付宝账户在网站上购物并使用网上支付,货款会先付给支付宝,卖家收到支付宝的信息后给买家发货,买家收到商品后在支付宝确认,支付宝公司收到买家确认收货并满意的信息后,最终给卖家付款。支付宝交易,是指买卖双方使用支付宝公司提供的"支付宝"软件系统,且约定买卖合同项下的付款方式为通过该公司于买方收货后代为支付货款的中介支付。以买方为例,支付宝的交易流程为:买家选择商品—买家付款到支付宝—支付宝收到买家付款后即时通知卖家发货—买家收到货物满意后通知支付宝付款给卖家。

在买卖过程中,买家的支付对象为第三方的支付宝,这样买家就不用担心把款直接付给卖家而卖家不给发货的问题。同时为了保证买卖双方的利益,在交易过程中有超时机制启动,买卖双方必须在自己的交易时间内进行交易,否则会形成一定的损失。

通过学习,掌握网络银行的概念,了解我国网络银行的现状与发展;掌握电子支付系统的基本构成、种类和功能;熟悉网络银行和各种电子支付方式及其应用流程;对移动电子商务支付有一定的认识。

第一节　网络银行概述

自从 1995 年 10 月 18 日世界上第一家网络银行"安全第一网络银行"在美国诞生以来,网络银行借助国际互联网、现代信息技术及其遍布全球、24 小时不间断、低成本、高效快捷的信息传递等优势,为用户提供全方位、全天候、便捷、实时的金融服务,显示出了其强大的生命力,使网络银行的扩展速度以几何级数增长。网络银行是一种新型银行服务手段,它的出现与发展是网络经济发展的必然结果,也是电子商务发展的需要。

一、网络银行的定义与特点

(一)网络银行的含义

所谓网络银行(即 Internet Bank 或 Network Bank)是指银行利用 Internet 技术,通过 Internet 向客户提供开户、销户、财务查询、对账、行内转账、跨行转账、信贷、网上证券、投资理财等服务项目,使客户可以足不出户就能够安全便捷地管理活期和定期存款、支票、信用卡及个人投资等。可以说,网络银行是设在 Internet 上的虚拟银行柜台。

(二)网络银行的优势

网络银行是银行适应网络时代的发展需要推出的新型金融服务方式,特别是在电子商务的发展浪潮中,网络银行提供一种先进的网络支付方式,以其高效率、低成本、简单方便等优势代表着将来商业支付结算的趋势和方向。而由于网络技术的发展对传统银行业的经营模式和理念形成巨大冲击,网络银行从各个方面影响着传统银行的经营与发展。网络银行同传统银行比较起来,具有很多优势,总结起来主要有如下六点。

1. 提高了服务的准确性和时效性

网络银行要求一切交易、银行的各种业务和办公实现无纸化、电子化和自动化,这大幅度提高了银行业务的操作速度和操作水平,大幅度降低了服务成本,提高了服务的准确性和时效性,从而提高了服务质量。无纸化银行服务和电子化票据、电子化现金传递,使"瞬间传递"变为现实,网络银行采用电子手段可以在几秒内把大批资金传送到全国各地或世界各地。及时、准确、快捷、方便、可靠的高质量服务是网络银行的突出优点。

2. 降低银行服务成本,提高了服务质量

现代商业银行都面临资本、技术、服务、管理水平等全方位竞争。各家银行不断推出新的服务手段,如电话银行、自助银行、ATM、客户终端等。网络银行的服务费用最低,比普通的营业费用降低很多。这主要是由于其采用开放技术和软件,使开发和维护费用极大地降低,并方便了消费者,缩短了服务时间。通过网络查询自己的账户余额和用卡明细,比电话银行系统更直观和快捷。通过 E-mail,银行每月可向客户提供对账单,可为银行提高工作效率、节约纸张,同时银行在网上还可以对特约商户进行信用卡业务授权、清算、传送黑名单、紧急止付名单等。有了网络银行,客户就可以直接得到支付、转账等银行服务。因此,网络银行能够比电话银行、ATM和早期的企业终端服务提供更经济、生动、灵活、多种多样、标准化、规范化的服务。

3. 降低银行实物设施成本和软、硬件开发维护费用

基于 Internet 的网络银行不需要遍布各地的银行大厅和众多的员工,实物设施成本大幅降低。此外,由于消费者使用的是公共 Internet 网络资源,银行免去了建立专用客户网络所带来的成本及维护费用。其客户端由标准 PC、浏览器组成,便于维护。网上 E-mail 通信方式也非常灵活方便,便于消费者与银行之间以及银行与银行之间的沟通。

4. 降低消费者成本,消费者操作简单,界面友好

网上银行使银行走入办公室和家庭成为现实,消费者使用公共浏览器实现有声有色、图文并茂的客户服务,消费者足不出户便可进行理财、结算、转账、信贷、股票买卖等银行业务,实现消费者在银行的各类账户信息的查询,及时反映消费者的财务状况,同时也可更好地改善银行与消费者之间的关系。

5. 网上银行具有全天候服务特色

消费者可以不受时间和空间的限制,只要拥有一台能上网的计算机,无论在任何时候(Anytime)、任何地点(Anywhere)、任何场合(Anyplace)都可以与银行相连,享受每天 24 小时不间断的银行服务。

除了现金和少量必须在柜台办理的业务,绝大多数的业务都能在网上银行完成。此外,网上银行多数都与银行卡账号以及银行卡使用有相当程度的结合。

(三)网络银行运行的特点

网络银行是建立在计算机网络通信技术之上的网上金融,是一种以高科技高智能为支持的"AAA"式银行。它的发展必然引发金融业运作方式、管理模式、经营理念、风险监管等一系列重大变革。网络银行的运行具有如下特点。

1. 业务智能化、虚拟化

传统银行主要借助物质资本,通过银行员工的劳动为客户提供服务。而网络银行没有建筑物及其地址,只有网址,其分行是终端机和因特网带来的虚拟化的电子空间,主要借助智能资本,客户无须银行工作人员的帮助,可以自己在短时间内完成账户查询、资金转账、现金存取等银行业务,即可自助式地获得网络银行高质、快速、准确、方便的服务。

2. 服务个性化

传统银行一般是单方面开发业务品种,向客户推销产品和服务,客户只能在规定的业务范围内选择自己需要的银行服务,而因特网向银行服务提供了交互式的沟通渠道,客户可以在访问网络银行站点时提出具体的服务要求,网络银行与客户之间采用一对一金融解决方案,使金融机构在与客户的互动中,实行有特色、有针对性的服务,通过主动服务赢得客户。

3. 是金融业务创新的平台

传统银行的业务创新主要围绕资产业务,针对商业银行的资产负债业务,进行资产证券化,对金融产品进行改造与组合,满足客户和银行新的需求,而网络银行侧重于利用其成本低廉的优势和因特网丰富的信息资源,对金融信息提供企业资信评估、公司个人理财顾问、专家投资分析等业务进行创新和完善,提高信息的附加价值,强化银行信息中介职能。

二、网络银行的功能服务

（一）网络银行的主要功能模块

1. 银行业务项目

主要包括储蓄业务、对公业务、信用卡业务、国际业务、信贷及特色服务等子功能模块。

2. 网络银行服务

主要包括家庭银行、企业银行、学生银行、小额购物等子功能模块。

3. 信息发布

主要包括国际市场外汇行情、对公利率、储蓄利率、汇率、国际金融信息、证券行情、银行信息等子功能模块。

4. 商务服务

主要包括资本市场、企业银行服务、政府服务等子功能模块。

（二）网络银行的主要服务类型

从目前国内外一些网络银行实现的功能分析可知，它们所提供的服务并无太大的区别，大体上可以分为三类。

1. 信息服务类

不区分消费者对象，使上网浏览者都能够了解银行的信息。

2. 查询类

如查询信用卡余额、交易历史等。通过记录交易额为消费者提供方便的理财渠道。

3. 交易类

提供转账服务、个人支票的签发等。个人和企业可以通过 Internet 实现支付和转账。

目前，在 Internet 上实现的银行业务处理主要是信用卡业务、家庭银行、企业银行业务等消费者与银行关系比较密切的部分。

三、网络银行在我国的发展状况

随着 Internet 的发展及上网企业和人数的增加，世界各国的网络银行，正以几何级数飞速扩展着,大有取代传统银行业务方式的发展趋势。在我国,网络银行的发展存在如下四个有利条件。

(1)中国基本具备适合网络银行发展的 Internet 环境且发展潜力巨大。

(2)中国金融电子化的稳步发展,为网络银行的建立奠定了坚实的物质基础。

(3)国外网络银行的成功运作和中国国内各个信息网的开通,给中国网络银行的建设提供了宝贵的经验。

(4)国家的政策支持和客户对金融创新产品需求的日益增长,为网络银行的发展提供了良好的环境。

我国最早的网络银行是 1997 年招商银行创办的"一网通",而早在 1996 年 2 月,中国银行在互联网上建立和发布了自己的主页,成为我国第一家在互联网上发布信息的银行。目前中国多家银行均开办了网络银行。

以中国工商银行为例,中国工商银行 2014 年电子银行的交易额超过 400 万亿元,与 2000 年的 2 万元亿相比增长了 200 倍。个人网上银行客户已达 1.8 亿户,手机银行客户 1.4 亿户。与此同时,电子银行也继续成为工行客户办理业务的首选服务渠道,截至 2014 年末,通过工行电子银行渠道办理的业务量占全部业务量的比重已达 86%。

在我国,根据 CNNIC 历年调查数据显示,截至 2010 年 6 月底,超过 72.8%的网民选择网上支付作为付款方式。另据 CNNIC《第 37 次互联网调查统计数据报告》显示,截至 2015 年 12 月 31 日,我国网上银行用户达 3.364 亿户,网上支付用户达到 4.162 亿户,其中手机网上支付用户达到 3.577 亿户。可见,我国网络银行和网上支付正从快速发展逐步走向成熟,市场发展潜力巨大。

四、我国网络银行发展面临的问题

虽然网络银行在我国取得了很大的发展,但由于网络银行技术、CA 认证、社会诚信体系、安全问题等这些曾经被视为困扰网络银行在中国发展的旧问题依然没有在技术上得到突破,国内网络银行的发展面临如下五大瓶颈。

(一)网络经济市场需求不足,交易规模小,效益差

中国的许多传统产业如家电、纺织、化工、汽车、石油、房地产等都已开始引入电子商务,但规模和效益还微不足道。

（二）市场文化尚不适应，网上交易的观念和习惯还有相当差距

网络经济存在的问题同时也是网络银行的问题。首先，货币、交易场所、交易手段以及交易对象的虚拟化是网络经济的优点，但同时也是弱点。客户对网上交易是否货真价实心存疑虑，数字化、虚拟化交易要让人们从心理上接受还需要一个过程。其次，居民总体收入偏低、上网费用较高等导致网上客户层面较为狭窄，数量较少。最后，人们的观念及素质还跟不上网络技术的发展。

（三）信用机制不健全，市场环境不完善

个人信用联合征信制度在西方国家已有 150 年的历史，而中国于 2000 年才在上海进行试点。中国的信用体系发育程度低，许多企业不愿采取客户提出的信用结算交易方式，而是向现金交易、以货易货等更原始的方式退化发展。

（四）金融业的网络建设缺乏整体规划

就目前国内网络银行业务的基础环境来看，由于基础设施落后造成资金在线支付的滞后，部分客户在网上交易时仍不得不采用"网上订购，网下支付"的办法。虽然工、农、中、建四大商业银行都建立起自己的网站，但在网站的构架和服务内容上，仍然离电子商务和网络经济的要求有很大的距离。同时，商业银行乃至整个金融业的网络建设缺乏整体规划，使用的软、硬件缺乏统一的标准，更谈不上拥有完整、综合的网上信息系统。

（五）网上认证系统不完善不统一

同银行信用卡的情况相似，中国金融认证中心颁发的电子证书仍然有各自为政、交叉混乱的缺陷，身份认证系统不完善不统一，认证作用只是保证一对一的网上交易安全可信，而不能保证多家统一联网交易的便利。在支付安全系统方面，招商银行网上交易中的货币支付是通过该行"一网通"网络支付系统实现的，该支付系统采用业务及网上通信协议即 SSL 技术双重安全机制；建设银行采用给客户发放认证卡的方式；中国银行在个人支付方面采用 SET 协议进行安全控制，而在对企业认证方面则采用 SSL 协议。商业银行之间使用的安全协议各不相同，既造成劳动的重复低效以及人力物力的浪费，也影响网络银行的服务效率。

第二节　网络银行的申请与应用

本节内容以中国工商银行为例,介绍网络银行的申请与使用方法。

一、个人网上银行申请

(一)个人网上银行业务简述

个人网上银行是指通过互联网,为工行个人客户提供账户查询、转账汇款、投资理财、在线支付等金融服务的网上银行渠道,品牌为"金融@家"。个人网上银行提供全新的网上银行服务,包含账户查询、转账汇款、捐款,买卖基金、国债、黄金、外汇、理财产品,代理缴费等功能服务,能够满足不同层次客户的各种金融服务需求,并可为客户提供高度安全、高度个性化的服务。

(二)适用对象与开办条件

1. 适用对象

凡在工行开立本地工银财富卡、理财金账户、牡丹灵通卡、牡丹信用卡、活期存折等账户且信誉良好的个人客户,均可申请成为个人网上银行注册客户。

2. 开办条件

需提供本人有效身份证件和所需注册的工行本地银行卡或存折。

(三)开通流程

客户需在工商银行柜台签约开通网上银行及电子商务功能。否则,只经网上申请而未经柜台签约的,在登录网上银行之后,只能做账户查询操作,不能对外转账和在线支付。

(1)客户填写并提交申请材料。申请时需携带本人有效证件及注册网上银行时使用的牡丹卡前往工商银行任何一个储蓄所,提交网上银行业务申请单,并向柜台申明开通"电子商务"功能。

(2)网点审核客户提交的材料。

(3)客户设置好网上银行的登录密码和交易密码,选择一种支付时的身份验证方式(密码、电子银行口令卡或U盾移动数字证书)。目前大多数银行推荐电子银行口令卡或移动数字证书。

(4) 客户回到自己电脑上登录中国工商银行网站，点击页面左侧的“个人网上银行登录”，页面会提示用户安装安全控件，必须点击安装。如果申请的是U盾，还要安装与U盾品牌相同的驱动程序和个人数字证书(见图7-1)。通过以上的步骤，即已经完成了个人网上银行的系统设置，便可点击登录按钮登录个人网上银行。

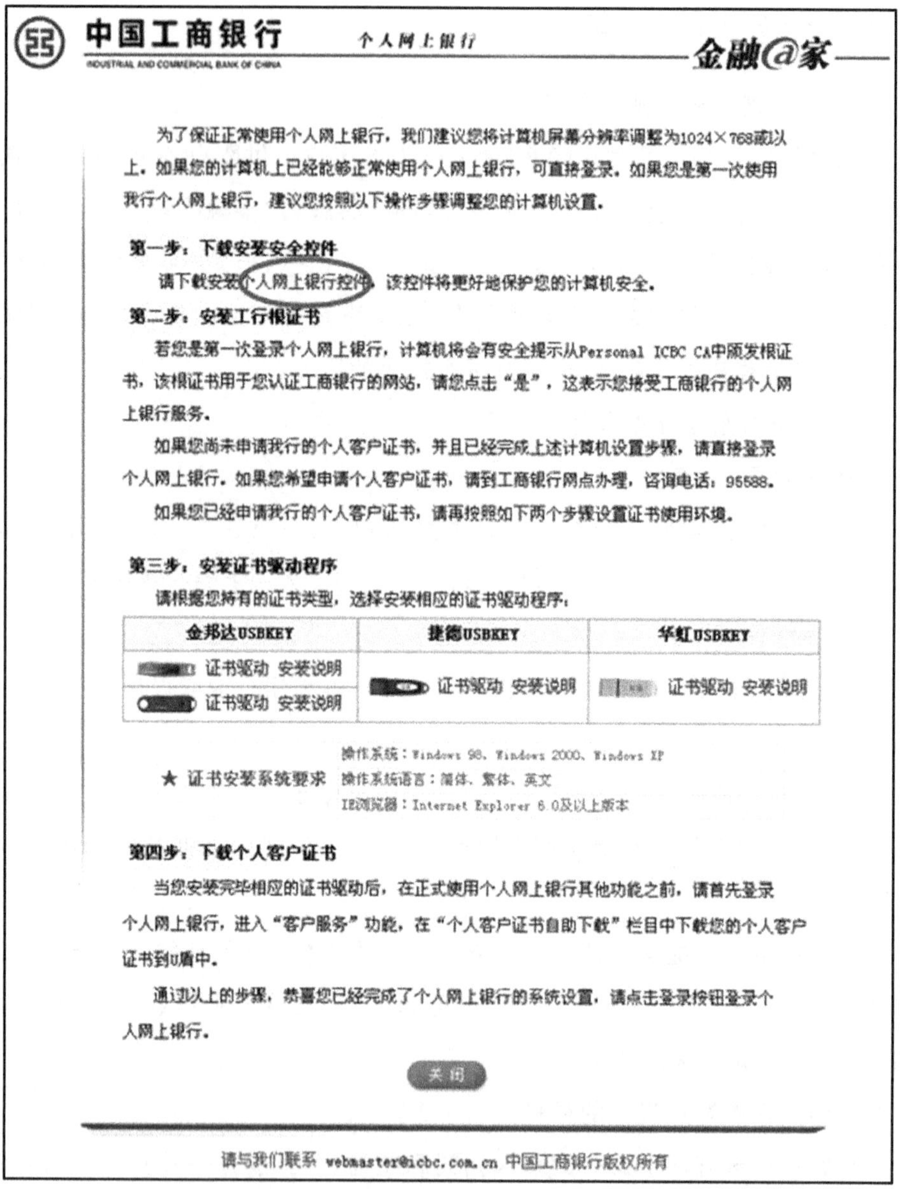

中国工商银行 个人网上银行 金融@家

INDUSTRIAL AND COMMERCIAL BANK OF CHINA

为了保证正常使用个人网上银行，我们建议您将计算机屏幕分辨率调整为1024×768或以上。如果您的计算机上已经能够正常使用个人网上银行，可直接登录。如果您是第一次使用我行个人网上银行，建议您按照以下操作步骤调整您的计算机设置。

第一步：下载安装安全控件

请下载安装个人网上银行控件，该控件将更好地保护您的计算机安全。

第二步：安装工行根证书

若您是第一次登录个人网上银行，计算机将会有安全提示从Personal ICBC CA中颁发根证书，该根证书用于您认证工商银行的网站，请您点击“是”，这表示您接受工商银行的个人网上银行服务。

如果您尚未申请我行的个人客户证书，并且已经完成上述计算机设置步骤，请直接登录个人网上银行。如果您希望申请个人客户证书，请到工商银行网点办理，咨询电话：95588。

如果您已经申请我行的个人客户证书，请再按照如下两个步骤设置证书使用环境。

第三步：安装证书驱动程序

请根据您持有的证书类型，选择安装相应的证书驱动程序：

金邦达USBKEY	捷德USBKEY	华虹USBKEY
证书驱动 安装说明 证书驱动 安装说明	证书驱动 安装说明	证书驱动 安装说明

★ 证书安装系统要求 操作系统：Windows 98、Windows 2000、Windows XP
操作系统语言：简体、繁体、英文
IE浏览器：Internet Explorer 6.0及以上版本

第四步：下载个人客户证书

当您安装完毕相应的证书驱动后，在正式使用个人网上银行其他功能之前，请首先登录个人网上银行，进入“客户服务”功能，在“个人客户证书自助下载”栏目中下载您的个人客户证书到U盾中。

通过以上的步骤，恭喜您已经完成了个人网上银行的系统设置，请点击登录按钮登录个人网上银行。

关闭

请与我们联系 webmaster@icbc.com.cn 中国工商银行版权所有

图7-1 工行网银下载页面

（5）个人网上银行登录。输入账号及密码，登录个人网上银行。

（6）登录成功后，即可实现账户查询、转账汇款、代理缴费、网上支付、银证转账、外汇买卖等网上交易权限和电子商务功能。

二、企业网上银行申请

（一）企业网上银行业务简述

企业网上银行是指通过互联网或专线网络，为企业客户提供账户查询、转账结算、在线支付等金融服务的渠道，根据功能、介质和服务对象的不同可分为普及版、标准版和中小企业版。

企业网上银行业务功能分为基本功能和特定功能。基本功能包括账户管理、网上汇款、在线支付等功能；特定功能包括贵宾室、网上支付结算代理、网上收款、网上信用证、网上票据和账户高级管理等业务功能。

（二）适用对象与开办条件

在工行开立账户、信誉良好的企业客户，包括企业、行政事业单位、社会团体等均可开通企业网上银行。开办客户需在工行开立账户并提供开户行要求的其他材料。

（三）开通流程

（1）仔细阅读《中国工商银行电子银行章程》《中国工商银行电子银行企业客户服务协议》等相关介绍材料。

（2）准备申请材料。《网上银行企业客户注册申请表》《企业或集团外常用账户信息表》《企业贷款账户信息表》《客户证书信息表》和《分支机构信息表》等表格可向开户行索取。

（3）向开户网点提交申请材料。

（4）等待网点审核通过。

（5）领取客户证书和密码信封。

（6）安装安全证书和证书驱动程序。

（7）登录后即可正常使用企业网上银行各功能。

（四）登录流程

1. 普及版登录

进入工行网站主页—选择企业网上银行登录—选择企业网上银行普及版登

录—输入卡号、密码和验证码—点击登录进入。使用企业网上银行普及版,客户只凭卡号和密码就可以随时随地登录企业网上银行,具有账户管理、首页定制、密码维护、挂失等多项在线金融服务。

2. 证书版登录

进入工行网站主页—选择企业网上银行登录—插入企业网上银行证书—选择企业网上银行登录—选择证书—输入证书密码—点击确定进入。企业网上银行证书版客户为中小企业客户提供"账务查询""账户对账""转账汇款""企业财务室""工银信使""投资理财""预约服务""客户服务"和"本地特色"的专业化服务。

三、安全使用网上银行

安全使用网上银行需注意以下几点。

(1)第一次登录前要先下载安装安全控件,防止木马盗号。

(2)登录时要注意在登录页面的 IE 地址栏中的地址应该是"HTTPS"开头的,在页面右下角的状态栏中一般还有一把黄色的锁,当把鼠标放上去时会显示"可靠的 SSL 128 位"的提示。有这两个明确标记的,可以放心输入银行卡号和登录密码。

(3)在首次登录网上银行之后,需要更改网上银行登录密码,建议设置成 10 位以上的字母与数字的组合。还可以设置一个"预留验证信息",那是在以后做在线支付时,验证客户身份用的,为的是提高在线支付的安全性。

(4)不建议选择密码方式支付,建议选择电子银行口令卡或 U 盾方式来验证身份。使用电子银行口令卡的,每次支付时系统会随机给出两组坐标位置,请在口令卡上找到相应位置刮开银膜即可获得该次支付的 6 位数字密码(见图 7-2)。如使用电子银行动态密码器,则在支付时输入当前动态密码器显示的 6 位数字密

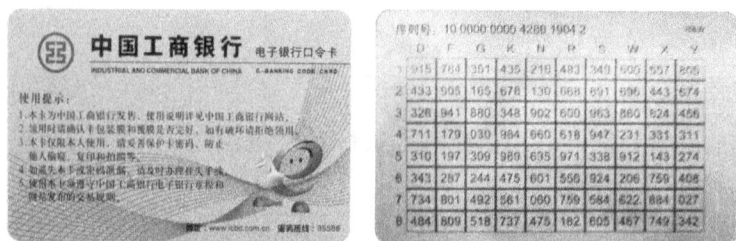

电子银行口令卡正面   电子银行口令卡背面

图 7-2　电子银行口令卡

码。如果使用 U 盾(移动数字证书)方式支付的,只要按系统提示将 U 盾插入电脑的 USB 接口,输入 U 盾密码,并经银行系统验证无误,即可完成支付业务。

(5) 使用结束时,不要直接在地址栏中输入或选择其他网址进入其他网站,而应该通过关闭页面或点击页面右上角的"退出"按钮安全退出。

第三节　电子支付概述

一、电子支付的概念、特点与发展

(一) 电子货币与电子支付的概念

虽然电子商务亦可通过传统的支付方式进行清算,例如银行支票、旅行支票或汇款单等,但是电子钱包、电子现金、网上电子资金划拨、网上信用卡等电子支付方式显然有着更大的优越性。因为它们比传统的支付方式更加快捷,成本更加低廉,而且实现了对网上购物者来说更加方便的网上支付。这些优势使得传统支付方法正日益被电子化支付方式所替代。

1. 电子支付的概念

电子支付(Electronic Payment)是以计算机和通信技术为手段,通过计算机网络系统以电子信息传递形式实现的货币支付与资金流通。

2. 电子货币的概念

电子货币是指以金融电子化网络为基础,以商用电子化工具和各类交易卡为媒介,以电子计算机技术和通信技术为手段,以电子数据形式存储在计算机系统中,并通过计算机网络系统以电子信息传递形式实现流通和支付功能的货币。

电子货币是随着电子交易的发展而产生的,是比各种金属货币、纸币以及各种票据更为方便快捷的一种支付工具。人们花了数百年时间来接受纸币这一支付手段,而随着基于纸张的经济向数字式经济的转变,货币也由纸张类型演变为数字类型。在未来的数字化社会和数字化经济浪潮中,电子货币将成为主宰。电子货币的种类包括电子现金、银行卡和电子支票等。

电子货币是在传统货币基础上发展起来的,与传统货币在本质、职能及作用等方面存在着许多共同之处。如电子货币与传统货币的本质都是固定充当一般等价物的特殊商品,这种特殊商品体现了一定的社会生产关系,二者同时具有价值尺度、流通手段、支付手段、储藏手段和世界货币五种职能。它们对商品价值都有反映作用,对商品交换都有媒介作用,对商品流通都有调节作用。

电子货币与传统货币相比,二者的产生背景不同,如社会背景、经济条件和科技水平等。其表现形式为:电子货币是用电子脉冲代替纸张传输和资金显示的,通过微机处理和存储,没有传统货币的大小、重量和印记;电子货币只能在转账领域内流通,且流通速度远远快于传统货币的流通速度;传统货币可以在任何地区流通使用,而电子货币只能在信用卡市场上流通使用;传统货币是国家发行并强制流通的,而电子货币是由银行发行的,其使用只能宣传引导,不能强迫命令,并且在使用中要借助法定货币去反映和实现商品的价值,结清商品生产者之间的债权和债务关系;电子货币对社会的影响范围更广、程度更深。

(二)电子支付的特点

与传统的支付方式相比较,电子支付具有以下特点。

(1)电子支付是采用先进的信息技术来完成信息传输的,其各种支付方式都是采用数字化的方式进行款项支付的,而传统的支付方式则是通过现金的流转、票据的转让及银行的汇兑等物理实体的流转和信息交换来完成款项支付的。

(2)电子支付的工作环境基于一个开放的系统平台(如互联网)之上,而传统支付则是在较为封闭的系统中运作,如银行系统的专用网络。

(3)电子支付使用的是最先进的通信手段,如互联网、外联网,传统支付使用的则是传统的通信媒介。电子支付对软、硬件设施的要求很高,如联网的微机、相关的软件及其他一些配套设施,而传统支付除了在银行端有较高的要求,在客户端几乎没有什么要求。

(4)电子支付具有方便、快捷、高效、经济的优势。用户只要拥有一台联网的微机,足不出户便可在很短的时间内完成整个支付过程。

(三)电子支付的发展

电子支付是计算机介入货币流通领域后产生的,是现代商品经济高度发展要求资金快速流通的产物。电子支付是利用银行的电子存款系统和各种电子清算系统记录和转移资金的,它使纸币和金属货币在整个货币供应量中所占的比例愈来愈小。电子支付的使用和流通方便,成本低,尤其是适合于大笔资金的流动。

目前,电子支付已和人们的生活密切相关,代发工资、代收费、储蓄通存通兑、银行卡、电子支票、电子现金等各种银行业务都是电子货币的表现形式。

电子支付的出现彻底改变了银行的传统操作方式,电子货币的使用也给普通消费者在购物、旅游、娱乐等方面的付款带来了极大的便利。

电子资金转账(Electronic Funds Transfer,EFT)是指通过电子计算机及其网络系统实现资金在两个不同账户之间转移的过程。银行采用计算机等技术进行电子资金转账的方式有五种,分别代表着电子支付发展的不同阶段。

(1) 第一阶段是银行利用计算机处理银行之间的业务,办理结算。

(2) 第二阶段是银行计算机与其他机构计算机之间资金的结算,如代发工资、代交水费、电费、煤气费、电话费等业务。

(3) 第三阶段是利用网络终端向用户提供各项银行服务,如用户在自动柜员机(ATM)上进行取、存款操作等。

(4) 第四阶段是利用银行销售点终端(Point of Sale,POS)向用户提供自动扣款服务,这是现阶段电子支付的主要方式。

(5) 第五阶段是网上银行支付,客户可随时随地通过互联网络进行直接转账结算,这一阶段的电子支付称为网上支付或在线电子支付。

电子支付的最新发展阶段是网上支付全面向移动支付拓展。单位或个人通过移动设备、互联网或者近距离传感设备直接或间接向银行金融机构发送支付指令产生货币支付与资金转移行为,从而实现移动支付功能。手机等移动终端随身携带的移动性,消除了距离和地域的限制。先进的移动通信技术的移动性,让用户可随时随地获取所需要的服务、应用、信息和娱乐。随着移动终端的普及和移动电子商务的发展,移动支付市场的发展前景十分广阔。

二、电子货币带来的法律问题

(一)电子数据的法律效力问题

作为电子货币的物是存储于计算机或 IC 卡中的电子数据,那么电子数据的法律效力问题就是传统法律所要解决的首要问题。我国《合同法》第 11 条规定,数据电文为书面形式之一种。据此,以电子数据为物质载体的电子货币与以纸面为物质载体的纸币具有同等的效力。但是我们认为,此种"功能等同"模式的立法只是过渡性质的立法。我国法律应明确规定作为意思表示的电子数据的法律效力,也应明确规定作为电子货币的物之一种的电子数据的法律效力。另外,承认电子数据的效力固然重要,但解决电子数据的认证问题则更具重大意义。从2005年4月1日开始正式实施的《电子签名法》应运而生。它以法律形式对直接关系公共利益的电子认证服务业设定行政许可,并授权信息产业部作为实施机关,对电子认证服务提供者实施监督管理。

（二）电子货币安全问题

安全是银行业内部和外部每一个人都密切关注的焦点问题。电子货币增加了安全风险,将自古以来孤立的系统环境转变成开放的充满风险的环境。所有零售支付系统在某种程度上都是脆弱的,而电子货币产品也增加了一些诸如鉴定、认可、完整性方面的问题。安全崩溃可能在消费者、商家或发行者任何一个层次上发生,其潜在的危险因素包括:盗用消费者和商家的设备、伪造设备、更改存储或设备间传输的数据、更改产品的软件功能等。安全攻击大部分是为了利益,但也可能是为了攻击系统本身。因此,电子货币安全问题也是立法应充分考虑的问题之一。

（三）电子货币的监管问题

电子货币的产生与发展对各国的金融机构提出了新的问题,特别是电子货币对现行金融监管制度带来了直接或间接的影响,为维护金融体系的稳定和安全、防止侵害消费者利益的行为发生,以及避免出现恶性竞争和无秩序的行为,"政府适度监督有没有必要"成为各国比较关注的问题。我们如果将电子货币作为一种科技产品来管理,沿用统一、规范和标准化原则,势必会与电子货币兴起进程中出现的产品多样化和技术、协议等的快速进化相矛盾,同时又形成一些业务领域的规则和管理的真空。因此,我们需要通过详尽的法律规定完善电子货币的监管问题。

（四）电子货币的隐私权保护问题

就法定货币而言,除了通过银行转账结算的情形外,其流通完全是匿名的,即交易当事人以外的第三人无从知晓货币的流向,持币人支付了多少金额、支付给了谁,都无据可查,从而在技术上很好地保护了当事人的交易隐私。但就目前的电子货币而言,却不能如此成功地实现这一点。账户依存型电子货币的流通完全依赖于转账结算,账户管理者保存其交易记录,因此对账户管理者而言,交易当事人毫无隐私可言。现金型电子货币流通不依赖于转账，在现实生活中谁向谁支付了多少金额，第三人并不知晓，故其具有一定的匿名性，在很大程度上保护了当事人的交易隐私。但是，现金型电子货币系统要求每一个使用者在发行者处开设一个存款账户，便于使用者申请电子货币或最后兑换法定货币时做转账之用，发行者可由此得以掌握信息，造成使用者的隐私利益受到一定程度的损害。由上可见，目前的电子货币类型都不能像法定货币那样解决使用者的隐私保护问题。这就需要我们在法律上和电子技术上加以完善。

（五）电子货币洗钱犯罪问题

电子货币的出现和利用，为犯罪分子进行洗钱活动提供了便利。就大规模的洗钱犯罪来讲，传统货币本身给犯罪分子带来许多不便，如其面值有限，大量价值的货币必然占据较大的空间，其运输、清点和计算都需要花费时间，远距离地安全传输更需要花大量的时间与资源，且容易被人发现。电子货币则不存在这些问题，犯罪分子可以通过电话线、互联网瞬间将巨额资金从地球的一端传到另一端。所以电子货币尤其是现金型电子货币，对洗钱犯罪分子具有无限吸引力，他们可以把来源于非法活动的钱利用电子货币很快转移到法律上对洗钱犯罪监管较为薄弱的国家，在那儿会更容易将这些钱合法化。如何有效地预防和打击洗钱犯罪，是电子货币发展中亟待解决的问题。

第四节　网上支付方式

一、电子支票

（一）电子支票的概念

传统上，当交易金额较多时，交易方普遍都会利用支票来付款，而电子支票 E-check（Electronic Check）则是在电子交易环境中具有同样功能的付款工具，是一种纸质支票的电子替代品，同纸质支票的功能类似，电子支票也同样绑定了一个合法的支付承诺。在纸质支票手写签名的地方，电子支票则使用能够自动审核和确认的数字签名来保证其真实性。E-check 嵌在一个安全电子文件中，其内容包括有关支票的用户自定义数据以及在纸质支票上可以见到的信息,比如被支付方姓名、支付方账户信息、支付金额和日期等。

电子支票是付款人向收款人签发的、无条件的数字化支付指令,它可以通过因特网或无线接入设备来完成传统支票的所有功能。

(二)电子支票的优势

支票是一个被广泛应用的金融工具,随着网上交易额的快速增长,电子支票的运用迎来了广阔的前景。早期开发的电子支票系统(如 Netcheck、NetBill)主要适用于小额支付,但近期开发的电子支票系统(如 E-check)主要向用于大额支付的方向发展,以满足 B2B 交易的支付需求。电子支票支付方式具有以下优势。

1. 处理速度快

由于电子支票为数字化信息,因此处理极为方便,处理的成本也比较低。电子支票通过网络传输,速度极其迅速,大大缩短了支票的在途时间,使客户的在途资金损失减为零。

2. 安全性好

电子支票采用公开密钥体系结构(Public Key Infrastructure,PKI),可以实现支付的保密性、真实性、完整性和不可否认性,从而在很大程度上解决了传统支票中大量存在的伪造问题。

3. 处理成本低

由于电子文档可以取代纸质文档,而数字签名可以替代手写签名,所以,使用电子支票取代纸质纸票,不需要创建一个全新的支付手段,可以充分利用现有的支票处理基础设施(如法律政策和商业环境等)。在充分利用电子支付手段的前提下,可以对付款人、收款人、银行和金融系统带来尽量少的影响。

4. 给金融机构带来了效益

第三方金融服务者不仅可以从交易双方处收取固定的交易费用或按一定比例抽取费用,它还可以银行身份提供存款账目,且电子支票存款账户很可能是无利率的,因此给第三方金融机构带来了收益。

(三)电子支票的应用

1. 电子支票的支付流程

电子支票的支付流程大致如下(见图 7-3)。

（1）付款人向开户银行申请一个电子支票簿。

（2）付款人开户银行根据付款人对电子支票的要求生成一个电子支票，并要求付款人对该支票进行签名。

（3）付款人利用安全 E-mail 或 WWW 方式把电子支票传送给收款人，一般用收款人的公钥加密电子支票。

（4）收款人收到该电子支票后，用付款人的公钥确认付款人的数字签名。

（5）收款人背书（Endors）支票，填写一份存款单（Deposit），并签署该存款单给收款人开户银行。

（6）收款人开户银行验证付款人签名和收款人签名，贷记（Credit）收款者账号，在合适的时间向清算所发出支票清算申请。

（7）付款人开户银行验证付款人签名，并借记（Debit）付款人账号。

（8）付款人开户银行和收款人开户银行通过传统银行网络进行清算，并对清算结果向付款人和收款人进行反馈。

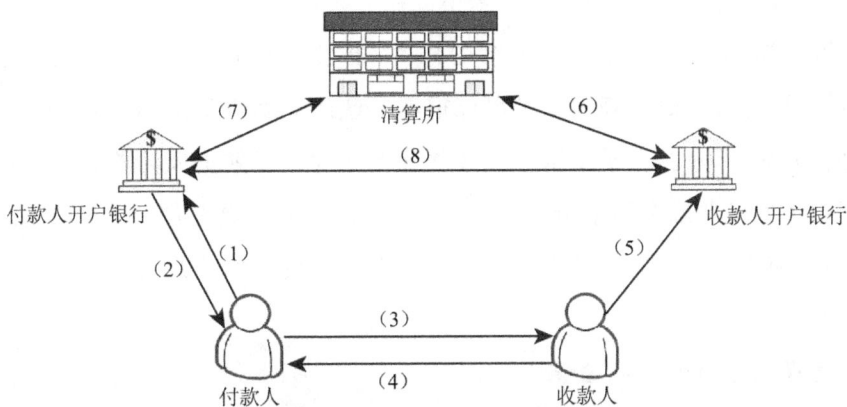

图 7-3 电子支票的支付流程

2. 电子支票的安全验证

由于 Internet 的开放性带来的相应的安全风险问题和可靠性问题，电子支票必须满足网上支付的安全需求。在电子支票系统中使用安全认证可以实现身份识别，数字签名可以取代手写签名和签章来实现信息的完整性和不可否认性，加密解密技术能实现支票信息的保密性，由于电子支票系统采用公开密钥密码体制实现其加解密和数字签名，尽管用于加密和签名的算法很重要，但一般情况下算法是公开的,秘密全部寓于密钥中,所以密钥的管理尤为重要。此外,由于电子支票的数字签名是用签发人的私钥生成的,一旦私钥被窃取,任何人都可以签发和使用电子支票,系统必须确保签名私钥的安全性。所以,实现电子支票安全支付的关键是密钥管理和签名私钥的保护。

电子支票系统中的每个用户拥有两对密钥对,其中,一对密钥用做签名和验证签名,另一对用做加密和解密。支票的签发方在电子支票文档中输入必要的支票信息,用自己的签名私钥对支票签名,然后用收款方的公开加密密钥对签名进行加密,发送加密签名后的电子支票,收款方在接收到支票时,用相应的私有密钥解密签名。同样的过程也会在收款方和银行之间发生。因此,在支票的签发方发送支票前,必须获得接收方的公开加密密钥,这就要求系统具备密钥产生、密钥分发、密钥存储的能力。电子支票是一份电子文档,可能由于种种原因造成损坏,系统必须有能力恢复电子支票和密钥。同时,为了确保公钥来自一个真实的合法用户,需要公钥证书来证实。可见,电子支票系统需要密钥管理体系结构的支持,把身份认证、公钥加密、数字签名等技术集成在一起。

众所周知,即便是有了手写签名的样本,也很难模仿出一模一样的签名。但如果有了签发人的私钥,任何人都可以很容易使用该私钥伪造出一份完全一样的签名进行欺诈。因此,电子支票系统必须确保签发人私钥的安全性。为了防止私钥在用户个人机器或在网络传输时被窃取,私钥一般存放在硬件智能卡或 PC 卡上,由用户随身携带。在电子支票系统中的签名私钥的保护是通过电子支票簿技术实现的。

3. 电子支票簿的生成过程

电子支票簿的生成过程主要有以下几个步骤。

(1)密钥生成。系统执行初始化程序,激活卡内芯片调用满足标准的密钥生成程序,生成加密和签名的密钥对,私钥保存在卡内,公钥可以从卡内导出。

(2)发卡行对支票账号、卡及持卡人进行登记。

(3)公钥以安全的方式从卡中发送到银行 CA,银行 CA 把公钥与一定的支票账户和持卡人进行映射。

(4)银行验证所有的账户信息和公钥后,给支票簿发放一张用银行私钥签名的公钥证书。

（5）系统确认银行证书的完整性，把证书及一些账户信息（如支票账号，支票限制）存入卡内。

（6）将中央 CA 给银行发放的证书存入卡内。

（7）系统生成电子支票簿卡，在卡面上打印银行的标识，持卡人姓名、识别码。

（8）随机生成初始 PIN，安装到芯片。

（9）把卡和被覆盖的 PIN 发给用户。

4．电子支票簿的存放介质

电子支票簿是一种硬件和软件装置，可以实现电子支票的签名、背书等最基本功能，它具有防篡改的特点，并且不容易遭到来自网络的攻击。常见的电子支票簿有智能卡、PC 卡、掌上电脑等。

5．电子支票簿的功能

电子支票簿的功能主要有以下几种。

（1）密钥生成。系统执行标准的加密算法在智能卡内生成的所需的密钥对，其中，公钥可以对外发放，私钥只保存在卡内，除非密钥恢复时能得到私钥的备份，否则，其他任何地方都无法获取私钥。

（2）签名和背书。用户通过执行智能卡内 ROM 芯片中的加密例程实现信息的加密和签名。

（3）存取控制。用户通过输入个人身份识别码（PIN）来激活电子支票簿，确保私钥的授权使用。系统根据不同的控制级别分别对应三种 PIN。第一种 PIN 可实现填写电子支票、对支票签名、背书支票、签发进账单、读取日志信息、更改该级别 PIN 等功能；第二种 PIN 除执行第一种的功能外还增加了对电子支票簿的管理功能，如可增加、删除证书和公钥、读取签发人的公钥和签发人的个人信息，更改管理者的 PIN 等；第三种 PIN 用做银行系统初始化，包括初始化公钥对和初始化签发人的个人数据等。

6．电子支票簿的好处

电子支票簿的好处在于保证了用户私钥的安全性；标准化和简化了密钥生成、分发和使用，使电子支票的用户不需要专门的技能和培训就能建立起很高的信任机制；能理解电子支票的语法，对电子支票的关键数据建立日志并保存，提供了使用卡进行数字签名的安全记录，还提供了解决"特洛伊木马"问题的入口点；

能随机自动生成递增的、唯一的"电子支票号",杜绝了由于 E-mail 出现问题或人为原因造成的支票副本,防止对支票的多次兑现。

二、网上信用卡支付系统

（一）信用卡的概念和优势

信用卡是银行和其他财务机构签发给那些信用状况良好的人士的一种特制卡片,上面印有发卡机构的特征图案、信用卡卡号、持有者的英文或拼音姓名、有效期限等,背面有磁条,上面录有持卡人的账号、个人密码等信息资料,是一种特殊的信用凭证。持卡人可以在发卡机构指定的商户购物和消费,也可以在指定的银行机构存取现金。

信用卡作为特殊的金融商品、现代化的金融工具,是国际流行的先进结算手段、支付工具和新颖的消费信贷方式,日益受到人们的青睐。信用卡的发行,使银行有了一种新的争取特约商户和信用卡客户存款的手段,有利于扩大银行转账结算业务,同时增加银行信贷资金的来源,从而获得更多的利息,也加快了社会流动资金周转速度,促进经济发展。另外,由于使用信用卡,改现金交易为转账结算,取代了一定数量的市场流通货币,减少了货币的发行量,减少了国家每年用于货币印刷、调拨、运输、仓储和投放所耗费的资金。信用卡的发行和使用,使持卡人通过使用信用卡获得商品和劳务服务,免除了携带大量现金的不便和风险,同时还可通过透支简便地获得银行贷款。作为特约商户来说,由于有信用卡发卡银行的信用保证,特约商户可以放心地为持卡人提供商品和服务,从而扩大商品的销售量,并减轻收款、点款工作量,简化了支付、记账和结账的过程。

（二）信用卡基本功能

信用卡的基本功能主要有如下四个方面。

1. 转账结算功能

信用卡持有者在指定的商场、饭店购物消费之后,无须以现金货币支付款项,而只需要递交信用卡进行转账结算。

2. 储蓄功能

信用卡可以在相当广泛的范围内,在发行信用卡的银行所指定的储蓄网点（或营业所、处）办理存款手续。

3．汇兑功能

当信用卡持有者外出旅游、购物或出差、需要在外地支取现金时，可以持卡在当地发卡银行的储蓄所办理存款手续，然后持卡在汇入地发卡银行储蓄所（或联营银行储蓄所）办理取款手续。

4．消费贷款功能

对于有信用的顾客，在其购物消费过程中，所支付的货物与服务费用超过其信用卡存款账户余额时，在规定的限额范围之内发卡银行允许持卡人进行短期的透支行为。

（三）网上信用卡支付

随着 Internet 的迅速发展，信用卡也成为 Internet 上最常见的付款工具之一。对消费者和商店来说，他们期望网上信用卡系统可以提供如同传统交易环境般的服务。消费者只需将信用卡号码告诉商店，即可进行消费，其他的工作则由信用卡发行处负责处理。在传统的交易环境中，信用卡已占有一席之地，所以从使用者的角度来看，将熟悉的信用卡应用于网上付款与传统邮购消费并没有太大的差别，只要提供安全的交易环境就可以达到使用者的要求程度。

网上信用卡付款系统必须确保网上交易双方的权益，提供公平、安全的交易环境。常用的信用卡交易协议主要包括 SET 和 SSL。

1．采用 SSL 安全套接层协议的网上信用卡支付流程（见图 7-4）

（1）消费者在网上商家选择好想要购买的商品放入购物车后，准备支付，此时就利用 SSL 协议在消费者客户端机器和商家服务器之间建立起安全连接。

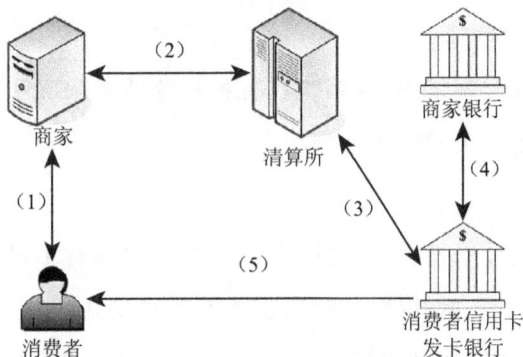

图 7-4　基于 SSL 协议的网上信用卡交易流程

（2）商家服务器在接收到消费者发送的信用卡信息后，与清算所进行联系。

（3）清算所是一个金融中介机构，此时负责与消费者信用卡发卡银行联系验证信用卡的真实性并审核账户余额。

（4）确认后，消费者信用卡发卡银行贷记商家银行中的商家账户（一般在夜间批处理进行）。

（5）每月结账日，消费者的信用卡开户银行把消费者账户的借记情况以每月账单形式发送给消费者。

2. 采用 SET 安全电子交易协议进行信用卡网上支付

采用 SET 安全电子交易协议进行信用卡网上支付时，商家、消费者和信用卡处理中心等各方都要进行身份认证，订单和付款指令都要有用户的数字签名并加密，使商家看不到持卡人的账号信息，确保支付过程的安全性。

三、电子现金

（一）电子现金的概念

电子现金（Digital Cash）又称数字现金，是纸币现金的电子化，是一种表示现金的加密序列数，它可以用来表示现实中各种金额的币值，并通过计算机网络系统以电子信息传递形式实现流通和支付功能的货币。

电子现金是一种以数据形式流通的、能被消费者和商家普遍接受的通过互联网购物时使用的数字化货币。用户可以随时通过互联网从银行账号上下载电子现金，从而保证了电子现金使用的便捷性。电子现金一般用于小额支付。

（二）电子现金的特征

在现有的电子现金系统中，各系统具有各自的特色来吸引消费者，原则上，电子现金系统必须具备以下共同的特性。

1. 不可重复性

为了维护交易的公平性及安全性，电子现金必须具有不易被复制或被篡改的特性，避免不法的行为发生，以维护商店及消费者的权益。由于 Internet 的无国界性，对于可能在不同国家或地区同时进行电子现金的重复使用的问题，更是电子现金系统必须加以特别关注的问题。

2. 可存储性

电子现金要有安全可靠的载体。为了加强电子现金不宜被复制或篡改的特性,电子现金必须储存于安全性较高的装置中,如智能卡等安全设备。

3. 匿名性

电子现金的使用与银行账户间不存在任何关联性,具备较高的匿名性,因此,使用者不用担心个人的消费行为会被泄露,可以自由地利用电子现金来进行任何消费。

4. 货币价值

电子现金必须具备货币价值,所以,电子现金必须具有传统的货币、银行信用认证或银行本票的支持,以代表电子现金所具有的实际货币价值。

5. 可交换性

电子现金必须具备相通性,以便得以和其他电子现金、货币、银行存款、银行本票等付款方式相互交易。

6. 安全性

电子现金必须具有防止诬陷的特性和防止被盗用的特性,以防止不法之徒恶意破坏,保障合法消费者的权益。

(三)电子现金的应用流程

电子现金的应用流程主要有以下几个步骤(见图 7-5)。

(1)消费者开设 E-cash 账户。消费者向银行请求开设电子现金账户。

(2)银行开通账号。接受消费者的申请以后,银行通过对消费者的审核后,开通账号给消费者。

(3)购买电子现金。消费者在电子现金发布银行办理一定的手续,然后购买。

(4)银行给消费者发放数字签名的随机数。消费者通过个人电脑电子现金终端软件从电子现金银行取出一定数量的电子现金,然后存储在硬盘上,当然根据电子现金的模式不同,也可以存放在卡或其他介质上。

(5)用电子现金购买商品或服务。消费者向同意接收电子现金的商家订货,使用电子现金支付所购商品的费用。

(6)资金清算。接收电子现金的商家与电子现金发放银行之间进行清算。

(7)数字现金库进行核对。电子现金银行将消费者购买商品的钱进行核对并支付给商家。

（8）银行向商家确认收到消费的数字现金。

（9）确认订单。商家获得付款后，向消费者发送订单确认信息。

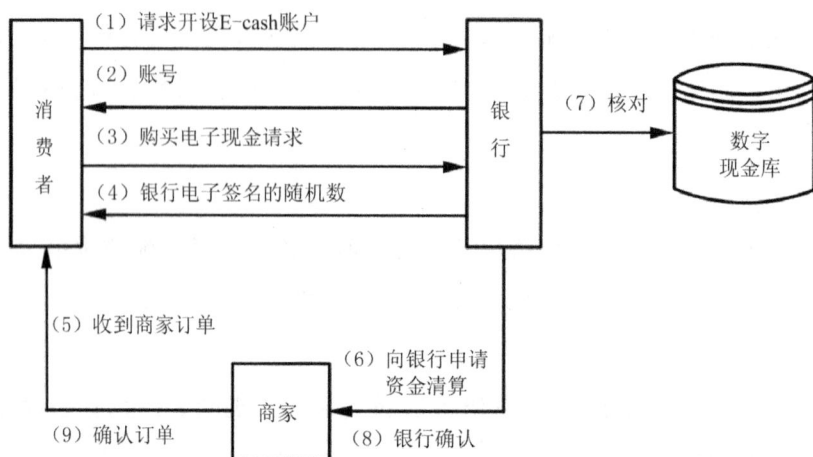

图 7-5 电子现金的应用流程

四、小额付款系统

假如消费者想用信用卡购买一小包巧克力，就会体会到小额交易刷卡的不便。因为商店必须付给信用卡公司一笔可观的费用，所以当顾客的消费额在 5 美金以下时，商家通常不接受刷卡付账。所以，在传统的付款方式下，对于消费金额较少的交易，往往交易处理成本远比所得交易金额来得大，如何减少不必要的成本是影响交易成败的重要因素，小额付款系统就是为解决小额消费问题而提出的应对方案之一。

对于那些款额特别小的电子商务交易（比如用户浏览一个收费网页），需要一种非常经济、成本很低的电子支付策略，这就是所谓的小额付款系统（Micropayment），也称为微支付。小额付款系统的特征是能够处理任意小金额数量的钱，小额交易大多发生在消费者的网上交易上，例如，自网络上下载数据、浏览新闻、数据库查询等交易。由于小额付款系统所涉及交易金额较少，且为了提高整体系统效率，一般的小额付款系统不采用较昂贵或复杂的数字加密技术。

为保持每个交易的发送速度与低成本，目前有很多厂商在致力于发展别的协议以支持 SET 和 SSL 所不能支持的小额付款方式,微支付传输协议(Micro Payment Transport Protocol,MPTP)便是其中一种,该协议是由 IETF 制定的工作草案。小额付款方式的一个重要方面是其定义随着对象而变化,有许多系统声明其是小额付款方式,允许支付小于现有货币面额的数额。如 Compaq 与 Digital 开发的"Millicent"、Cyber Cash 开发的"Cybercoin"等。

(一) Millicent

Millicent 是一种小额电子商务交易的 Internet 支付系统,其钱包用的是能够在 Web 上使用的一种叫作便条(Script)的电子令牌。Script 被安全地保存在用户的 PC 硬盘上,并用个人标识号或口令对其加以保护。用户想要购买需要支付的内容,就将被引导进入 Millicent,在拥有一个 Millicent 账户后,用户可以通过以下 3 种方法来支付款项:通过在线信用卡或者借记卡支付;通过直接记账到他们每月的 ISP 服务或者电话费用来支付;或者通过在便利商店购买的储值卡支付。Millicent 提供了很多权威或经纪人,以出售便条。它有两种支付方式:一是点击支付(Pay-per-click),仅用于需要的内容,金额可以小到 1/10 个分币;二是可以开放订购,允许并不严格的存取。

(二) Worldpay

Worldpay 是一种通过 Internet 的安全的、多币制电子支付系统。消费者拥有信用卡或借记卡授权的 Worldpay 多币制账户。账户处理是集中式的,因此可以在世界上的任何地方、任何计算机上存取资金。它把资金从消费者的账户中转拨到商家的 Worldpay 银行账户中。没有使用的资金可以在任何时候返还给原始账户的信用/借记卡用户。

(三) Cybercoin

Cybercoin 可以用于信用卡交易,在美国国内进行小额支付和电子支票转拨,是一个基于软件的电子现金产品,目前已经与 SET 结盟。Cybercoin 也叫网络硬币,主要是因为开发这种支付手段的时候,考虑是为网上进行的一些小额的交易提供支付服务,比如通过网络传输信息制品(软件等),这些产品适合于网络交易,而价格又不高,消费者使用的金额一般都在 25 美分到 10 美元之间,数额不大,像硬币一样。"网络硬币"的最大特点是交易中存在一个"中间人",消费者和商家之间存在一个"服务商"。消费者通过各种手段,比如信用卡、ATM 卡等从网络中将自己银行账户上的钱,下载到一个"钱包"里。这个钱包以消费者的名义,由服务商存在银行的某一账户上,交易的时候,通过服务商作为中介实现。也就是说,由服务商将客户"钱包"里的钱划到商家在银行的账上。这样,就不需要银行之间的结算,而由服务商执行这种结算的功能。

五、智能卡

(一) 智能卡的概念

智能卡作为存储性的预付卡,属于电子现金的一种,由于智能卡的广泛应用,我们把智能卡单列一节。

智能卡就是嵌入了一个微处理芯片的塑料卡,在芯片里存储了大量关于用户的信息。智能卡的信息存储量比一个磁卡大 100 倍,可存储用户的个人信息,包括财务数据、私有加密密钥、账户信息、信用卡号码及健康保险信息等。

智能卡(Smart Card,IC)最早是在法国问世的。20 世纪 70 年代中期,法国 Roland Moreno 公司采取在一张信用卡大小的塑料卡片上安装嵌入式存储器芯片的方法,率先开发成功 IC 存储卡,经过 20 多年的发展,真正意义上的智能卡,即在塑料卡上安装嵌入式微型控制器芯片的 IC 卡,已由摩托罗拉和 Bull HN 公司共同于 1997 年研制成功。智能卡出现十多年来,在欧洲、澳大利亚和日本都很流行,尤其是在法国,不仅在数量上领先于其他国家,而且其应用领域的多样化也更为突出,如在金融、电信、医疗、保险、旅游和交通运输等方面都有智能卡的应用。智能卡在美国远没有在欧洲等地流行,其失败的部分原因是能记录结算信息的智能卡刷卡器不普及,美国银行的法规也相应减慢了智能卡普及的速度。中国于1993 年起在全国范围内开展了"金卡工程"。"金卡工程"的目标和任务是从1993 年起,用 10 年左右的时间,在 3 亿城市人口中推广普及金融交易卡,跨入电子货币时代,其总体构想是建立全国统一的金卡专用网、金卡服务中心和金卡发行体系。

(二) 智能卡的特点

1. 智能卡快捷方便,节省人力资源

智能卡不仅用户携带方便,而且节省了用户对终端操作时大量复杂的输入劳动,只需由读卡设备将存储在智能卡上的信息读出即可;另一方面,智能卡消除了

某种应用系统可能对用户造成不利影响的各种情况,它能为用户"记忆"某些信息,并以用户的名义提供这种信息。应用本身能够配置成去适合用户的需要,而不是用户去学习和适应这种应用。例如,使用智能卡消费时就不再需要记住个人识别号码(密码)。

2. 保密性

智能卡能够大量、安全地存储数据,它非常适合应用于金融方面领域,可以很轻松地取代磁条卡而成为下一代的储蓄卡和信用卡,不仅如此,由于智能卡上数据的保密安全度很高,它已被国际大金融组织,如 Visa 和 Master 启用为电子货币,它比钞票更可靠,因为要攻破它的安全系统比制造伪币困难得多。例如,智能卡中可以存放口令,每当存取卡上数据时要对口令进行验证,这样就能保护信息不被窃取。智能卡也可以进行加密运算,对其输入、输出的数据均可采用这种方法进行保护。

3. 加快信息流通

由于智能卡与接取设备之间是采用电子信息传送,速度比人的手动输入快得多,而且可以极大地减少人为的差错。

4. 成本低

智能卡的集成电路芯片成本随着技术的进步在逐年下降,而集成度却在逐年上升。集成电路的运算能力、存储能力已经不是智能卡发展的障碍。而价格的低廉将极大地促进智能卡的商业应用。

5. 可再利用

智能卡通过重写其中的用户信息或者其他数据可以重新利用。

6. 可一卡多用

一张智能卡可以作为多种服务的接入手段,从而进一步增加其方便、友好的特性。

(三)智能卡的应用流程

首先,在适当的机器上启动用户的因特网浏览器,这里所说的机器可以是 PC 机,也可以是一部终端电话,甚至是付费电话。

然后,通过安装在 PC 机上的读卡机,用户的智能卡登录到为用户服务的银行 Web 站点上,智能卡会自动告知银行用户的账号、密码和其他一切加密信息。

完成这两步操作后,用户就能够从智能卡中下载现金到厂商的账户上,或从银行账号下载现金存入智能卡。

例如,用户想购买一束 20 元的鲜花,当用户在花店选中了满意的花束后,将用户智能卡插入到花店的计算机中,登录到用户的发卡银行,输入密码和花店的账号,片刻之后,花店的银行账号上增加了 20 元,而用户的现金账面上正好减少了这个数。当然,用户买到了一束鲜花。

(四)智能卡的分类

1. 按照其组成结构分类

(1)非加密存储器卡

其内嵌芯片相当于普通串行 E2PROM 存储器,有些芯片还增加了特定区域的写保护功能,这类卡信息存储方便,使用简单,价格便宜,很多场合可替代磁卡,但由于其本身不具备信息保密功能,因此,只能用于保密性要求不高的应用场合。

(2)加密存储器卡

加密存储器卡内嵌芯片在存储区外增加了控制逻辑,在访问存储区之前需要核对密码,只有密码正确,才能进行存取操作,这类信息保密性较好,使用与普通存储器卡相类似。

(3)CPU 卡

CPU 卡内嵌芯片相当于一个特殊类型的单片机,内部除了带有控制器,存储器,时序控制逻辑等外,还带有算法单元和操作系统,由于 CPU 卡有存储容量大,处理能力强,信息存储安全等特性。因此,广泛用于信息安全性要求特别高的场合。

(4)超级智能卡

在卡上具有 MPU 和存储器并装有键盘、液晶显示器和电源,有的卡上还具有指纹识别装置,能够如同个人电脑那样自由地增加和改变,这种智能卡还设有"自暴"装置,如果犯罪分子想打开智能卡非法获取信息,卡内软件上的内容将立即自动消失。

2. 按照数据读写方式分类

(1)接触式智能卡

接触式智能卡读卡器必须要有插卡槽和触点。以供卡片插入接触电源,有使用寿命短,系统难以维护,基础设施投入大等缺点,但发展较早。国际标准 ISO 7816 系列对此类智能卡进行了规定。

（2）非接触式智能卡

非接触式智能卡又称射频卡,是近几年发展起来的新技术。它成功地将射频识别技术和智能卡技术结合起来,将具有微处理器的集成电路芯片和天线封装于塑料基片之中。读写器采用兆频段及磁感应技术,通过无线方式对卡片中的信息进行读写并采用高速率的半双工通信协议。其优点是使用寿命长,应用范围广,操作方便、快捷,但也存在成本高,读写设备复杂,易受电磁干扰等缺点。目前,非接触式卡片的有效读取距离一般为 100～200mm,最远读取距离可达数米(应用在停车场管理系统)。国际标准 ISO 10536 系列阐述了对非接触式智能卡的有关规定。

（五）智能卡的应用与发展

鉴于智能卡所能提供的安全性能,许多的电子支付系统中都使用智能卡来作为电子货币,Mondex 及 Visa Cash 就是最好的例子。使用智能卡作为电子货币,可使用户离线作业,减少使用信用卡时所需花费的连线认证时间,可免除找零钱的麻烦。

智能卡最为人所知的用途在金融方面。早期的金融卡只具有磁条,只能提供给使用者进行查询、转账及提款功能,而且这些动作只利用各家银行各自的自动提款机才行,一旦退出 ATM 之后就无法发挥其作用了。用智能卡代替现有的磁卡,既提高了安全性,又能在一张智能卡上追加各种业务。可以作为现金卡、信用卡、证券卡,等等。

智能卡在通信领域的主要应用是移动电话和公用电话。目前,在 GSM 手机中已大量使用了 SIM (Subscriber Identify Module)卡。在 GSM 手机中 SIM 卡作为用户识别卡,用以标识单个的用户,每次通信均相关于该用户所对应的 SIM 卡,而非用户所使用的终端。另一种电信卡是我们现在广泛使用的电话 IC 卡。其中主要记录了卡的余额数据。由于 IC 卡电话机的可靠性、安全性、经济性均比磁卡电话机好,因此公用电话卡大量采用了 IC 卡。

智能卡还可以作为身份识别卡,利用智能卡的高储存容量的特性,将持卡人的个人基本身份数据储存于身份识别卡中,以取代原有的纸式身份证明文件。智能卡本身所具有的高安全存取控制功能也是它被用来开发身份识别卡的另一个主要因素。

在医疗保险领域中,可以利用智能卡大容量存储的优势,对个人健康信息、治疗记录、保险信息等进行管理。

在交通领域中,以智能卡为票证代替纸质车票及磁卡应用于公共交通自动售票、过桥收费、汽车加油等。

智能卡的下一步发展,将是由专用走向通用。随着 Java 计算机语言的出现,可加载用户程序的通用智能卡 Java 卡引起了人们的广泛兴趣。使用这种卡,客户可以在一张卡上得到金融、保险、身份识别、购物折扣等各种服务。具体来说,从打开你的家门所用的钥匙到走出国门所用的护照,将来都可以用同一张智能卡来代替,为了实现这一目标,在欧洲已经组成了 Java 智能卡标准委员会,相信这一标准的制定将掀起智能卡应用的又一高潮。

第五节　第三方支付

随着电子商务的蓬勃发展,网上购物、在线交易已经成为广大消费者日常生活的一部分。电子商务运作模型和业务流程中的三个环节——信息流、资金流和物流是促进电子商务发展的关键。作为中间环节的网上支付,已成为制约电子商务发展的"瓶颈"。由于电子商务中的商家与消费者之间的交易是在网上进行,物流与资金流在时间和空间上分离,这导致了商家与消费者之间的博弈:商家不愿先发货,怕货发出后不能收回货款;消费者不愿先支付,担心支付后拿不到商品或商品质量得不到保证。最终可能导致网上交易无法进行。第三方支付平台的出现,为商家与消费者提供了可信的交易平台,满足了双方对信誉和安全的要求,它的出现是电子市场发展的必然要求。

一、第三方支付的概述

(一)第三方支付的概念

所谓第三方支付,即一些和国内外各大银行签约、并具备一定实力和信誉保障的第三方独立机构提供的交易支持平台。通过第三方支付平台的交易,买方选购商品后,使用第三方平台提供的账户进行货款支付,由第三方通知卖家货款到达、进行发货;买方检验物品后,再通知付款给卖家,第三方再将款项转至卖家账户。第三方支付以银行的支付结算功能为基础,向政府、企业、事业单位提供中立的、公正的面向其用户的个性化支付结算与增值服务。

在第三方支付服务商的运营过程中,其优势逐渐得以体现。它可以提高支付效率,降低交易风险,提高交易成功率,降低了交易、支付过程中的多种成本。同时,推动了电子银行业务的发展,使更多的消费者享受到电子商务所带来的便捷。

(二)第三方支付的优势

第三方支付的优势体现在以下几个方面。

首先,第三方支付平台采用了与众多银行合作的方式,同时提供多种银行卡的网关接口,从而大大地方便了网上交易的进行,对于商家来说,不用安装各个银行的认证软件,从一定程度上简化了费用和操作。

其次,第三方支付平台作为中介方,促成商家和银行的合作。对于商家第三方支付平台可以降低企业运营成本,同时对于银行,可以直接利用第三方的服务系统提供服务,帮助银行节省网关开发成本。

再次,第三方支付平台能够提供增值服务,帮助商家网站解决实时交易查询和交易系统分析,提供方便及时的退款和止付服务。

最后,第三方支付平台可以对交易双方的交易进行详细的记录,从而防止交易双方对交易行为可能的抵赖以及为在后续交易中可能出现的纠纷问题提供相应的证据。

(三)第三方支付的分类

按第三方支付的行业类型分,可将第三方支付分为以下三大类。

1. 互联网型支付企业

互联网型支付企业是以支付宝、财付通为首的互联网型支付企业,它们以在线支付为主,捆绑大型电子商务网站,迅速做大做强。

2. 金融型支付企业

金融型支付企业是以银联商务、快钱、汇付天下、易宝、拉卡拉等为首的金融型支付企业,侧重行业需求和开拓行业应用。

3. 第三方支付公司为信用中介

此类支付以非金融机构的第三方支付公司为信用中介,类似银联商务、拉卡拉、嘉联支付等,这类移动支付产品通过和国内外各大银行签约,具备很好的实力和信用保障,是在银行的监管下保证交易双方利益的独立机构,它在消费者与银行之间建立起某种形式的数据交换和信息确认的支付的流程。

目前国内的第三方支付产品主要有支付宝、财富通、百付宝、PayPal、中汇支付、拉卡拉、财付通、融宝、盛付通、腾付通、通联支付、易宝支付、中汇宝、快钱、国付宝、物流宝、网易宝、网银在线、环迅支付、汇付天下、汇聚支付、迅联支付、宝易互通、宝付、乐富等。

二、第三方支付的工作流程

第三方支付平台的工作流程主要分三步:一是将买方货款转拨到第三方平台所在账户;二是当转账成功后通知卖方发货;三是接收买方确认收物信息后,将货款转拨到卖方账户。一次成功的第三方支付过程包括 9 个环节,其具体流程如图 7-6 所示。

（1）买方（网上用户）进入买方市场（电子商务网站），浏览自己所需商品的信息。

（2）买方如果觉得某件商品合适,就和卖方达成交易协议。卖方就发送信息通知买方到与其结盟的第三方支付平台进行支付。

（3）买方进入第三方支付平台,提交其账户和密码以及所付款额等信息给第三方平台。

（4）第三方支付平台接收到买方提供的银行账户信息后,进入买方账户所在银行,对其提供的账户信息进行验证。

（5）验证成功后,第三方支付平台将买方所应支付的款额转拨到第三方支付平台所在账户,对其进行临时保管。

（6）通知与其结盟的电子商务网站,买方应付货款已到,准备发货。

（7）电子商务网站配送商品到买方手中。

（8）买方收到商品后进行验证,如果满意就发送信息给第三方支付平台,确认商品已经验收,同意付款。

（9）第三方支付平台接收到用户确认信息后，将其临时保存的货款转拨给卖方，完成了一次完整的支付过程。

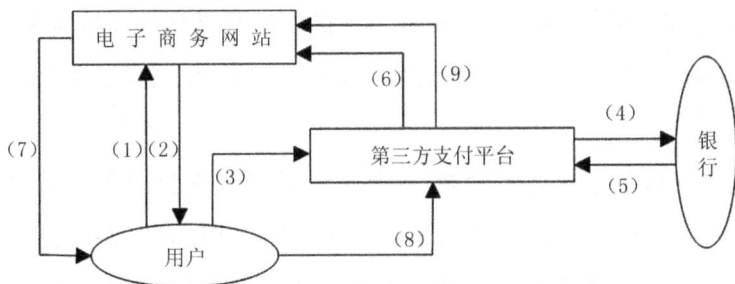

图 7 - 6　第三方支付平台的工作流程

由此可见，第三方支付平台对整个支付流程全面介入，进行监管。买卖任一方出现不满意，都可以通过第三方支付平台进行调节，直至双方满意。这样就使得支付能够顺利地完成，减少了交易的风险和成本，促进了电子商务的极大发展。

三、我国第三方支付的发展现状

第三方支付是现代金融服务业的重要组成部分，也是中国互联网经济高速发展的底层支撑力量和进一步发展的推动力。随着国内电子商务的兴起，一些信息服务企业兴办的支付平台也已经开始崭露头角，第三方支付作为新技术、新业态、新模式的新兴产业，具有广阔的市场需求前景。

我国电子商务的第三方支付平台从 2001 年开始出现。发展到 2010 年有第三方支付平台公司 320 余家。其中规模最大的支付宝、财付通成第三方支付市场最大的两家平台。

2009 年以来，第三方支付市场的交易规模以 50% 以上的年均增速迅速扩大，并在 2013 年成功突破 17 万亿元的基础，达到 17.2 万亿元，同比增长 38.71%；2014 年交易规模达到 23.3 万亿元；2015 年交易规模达 31.2 万亿元。

中国产业信息网（http://www.chyxx.com）发布的《2016—2022 年中国第三方支付行业市场深度分析与投资前景分析报告》中指出：2014 年中国第三方互联网支付交易规模达到 8 万亿，同比增速 50.3%。第三方互联网支付竞争格局微调，支付宝仍然占据半壁江山。随着我国电子商务环境的不断优越，支付场景的不断丰富，以及金融创新的活跃，使网上支付业务取得快速增长，因此第三方支付机构发生的互联网支付业务也取得了较快增长。预计 2018 年,中国第三方互联网支付交易规模将达到 22 万亿。

由此可见,我国网上的第三方支付平台正以极其迅猛的速度发展。由于电子支付的发展和电子商务的发展密切相关,它必将极大地促进我国电子商务的发展。

为促进支付服务市场健康发展,规范非金融机构支付服务行为,防范支付风险,保护当事人的合法权益,中国人民银行于 2010 年月制定并出台《非金融机构支付服务管理办法》,规范非金融机构支付业务,《办法》于 2010 年 9 月 1 日起施行。根据《办法》,非金融机构支付服务主要包括网络支付、预付卡的发行与受理、银行卡收单以及央行确定的其他支付服务。其中网络支付行为包括货币汇兑、互联网支付、移动电话支付、固定电话支付、数字电视支付等。

《办法》明确规定,非金融机构提供支付服务,应当依据本办法规定取得《支付业务许可证》,成为支付机构。支付机构依法接受中国人民银行的监督管理。未经中国人民银行批准,任何非金融机构和个人不得从事或变相从事支付业务。

《办法》规定,支付机构之间的货币资金转移应当委托银行业金融机构办理,不得通过支付机构相互存放货币资金或委托其他支付机构等形式办理。支付机构不得办理银行业金融机构之间的货币资金转移。

截至 2015 年 9 月 8 日,中国人民银行共发放 270 张第三方支付牌照。除了违规被注销 3 家,目前正式合法运营的有 267 家。

第六节　移动支付

一、移动支付的概念与种类

（一）移动支付的概念及特征

支付手段的电子化和移动化是不可避免的必然趋势。对于中国的移动支付业务而言,庞大的移动用户和银行卡用户数量提供了诱人的用户基础,信用卡使用习惯的不足留给移动支付巨大的市场空间,发展前景毋庸置疑。与此同时,移动支付也面临着信用体系、技术实现、产业链成熟度、用户使用习惯等方面的瓶颈。

移动支付"手机钱包"是全新的个人移动金融服务,主要是指通过手机账户支付,或用手机和银行卡进行绑定,通过手机短信息、语音等操作方式,允许移动用户使用其移动终端(通常是手机)对所消费的商品或服务进行账务支付的一种服务方式。

移动支付属于电子支付方式的一种,因而具有电子支付的特征,但因其与移动通信技术、无线射频技术、互联网技术相互融合,又具有自己的特征。

1. 移动性

随身携带的移动性,消除了距离和地域的限制。结合了先进的移动通信技术的移动性,随时随地获取所需要的服务、应用、信息和娱乐。

2. 及时性

不受时间地点的限制,信息获取更为及时,用户可随时对账户进行查询、转账或进行购物消费。

3. 定制化

基于先进的移动通信技术和简易的手机操作界面,用户可定制自己的消费方式和个性化服务,账户交易更加简单方便。

4. 集成性

以手机为载体,通过与终端读写器近距离识别进行的信息交互,运营商可以将移动通信卡、公交卡、地铁卡、银行卡等各类信息整合到以手机为平台的载体中进行集成管理,并搭建与之配套的网络体系,从而为用户提供十分方便的支付以及身份认证渠道。移动支付业务是由移动运营商、移动应用服务提供商和金融机构共同推出的、构建在移动运营支撑系统上的一个移动数据增值业务应用。移动支付系统将为每个移动用户建立一个与其手机号码关联的支付账户,其功能相当于电子钱包,为移动用户提供了一个通过手机进行交易支付和身份认证的途径。

(二)移动支付的种类

移动支付存在着多种形式,不同的形式其实现方式也不相同。大体上讲,有以下几种分类方式。

1. 根据支付金额的大小,可将移动支付分为小额支付和大额支付

小额支付业务指运营商与银行合作,建立预存费用的账户,用户通过移动通信的平台发出划账指令代缴费用。大额支付指把用户银行账户和手机号码进行

绑定,用户通过多种方式对与手机捆绑的银行卡进行交易操作。

2. 根据支付时支付方与受付方是否在同一现场,可以将移动电子支付分为远程支付和近场支付

远程支付也称线上支付,是指利用移动终端通过移动通信网络接入移动支付后台系统,完成支付行为的支付方式。一个典型的远程支付流程是,用户通过移动终端在电子商务网站购买产品后,按照商家提供的付款界面,跳转至手机银行或第三方移动支付页面完成支付。此外,通过短消息服务(Short Messaging Service,SMS)、互动式语音应答(Interactive Voice Response,IVR)等方式进行的移动支付也属于远程支付。近场支付是指消费者在购买商品或服务时,即时通过手机向商家进行支付,支付的处理在现场进行,使用手机射频、红外、蓝牙等通道,实现与自动售货机以及 POS 机的本地通讯。

不同形式的移动电子支付对安全性、可操作性、实现技术等各方面都有着不同的要求,适用于各类不同的场合和业务。

二、移动支付体系架构及流程

(一)移动支付体系架构

移动支付的分类多种多样,其实现方式也各不同。但总体来讲,移动支付涉及的主体有:消费者、运营商、移动支付处理中心、商家以及银行系统。

在移动支付处理系统中涉及的主要实体有消费者、商家和移动支付处理中心以及银行系统,如图 7-7 所示。

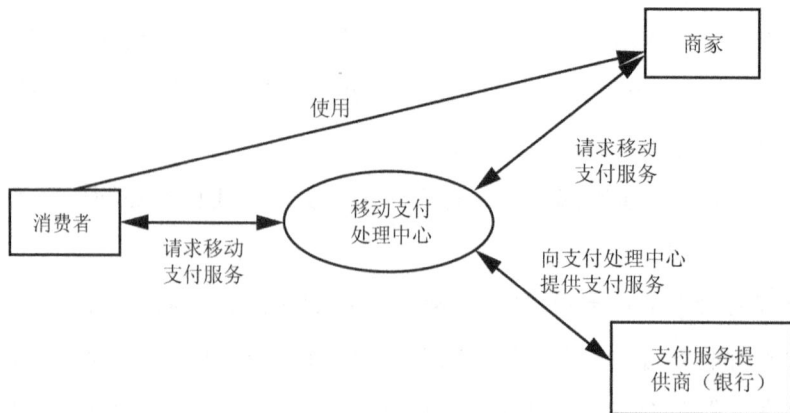

图 7-7 移动支付处理系统简单架构

从图 7 - 7 可以看出,移动支付处理中心是整个支付处理系统中的核心,它负责联系系统中的其他实体,提供支付处理服务。同时,移动支付处理中心还维护用于认证的用户信息及认证服务。移动支付处理中心实现了提供管理与消费者、商家和支付服务之间的交互。通常移动支付处理中心可以由移动运营商来实现。支付服务提供商(银行)向移动支付处理中心提供支付服务。

(二)移动支付的基本流程

1. 一个移动支付交易的主要过程

(1)消费者初始化一个交易。消费者使用自已的移动终端,输入与银行协商好的标识,进而与移动支付处理中心取得联系。

(2)消费者兑现一个交易。商家兑现商品。

(3)商家实现交易价值。如果该交易是预支付的,就直接实现了交易价值。如果是后支付的,就要在一段时间以后,通过支付处理机构或其他中间媒体来实现。

假定在交易之前已经确认了移动支付处理中心和商家的身份,即默认移动支付处理中心和商家的身份是可信的,于是整个支付过程可以分为对消费者的身份认证和交易处理两个部分。

2. 对消费者的身份认证

(1)消费者首先访问商家提供的网站,请求身份认证。

(2)消费者将认证请求发送给移动支付处理中心,移动支付处理中心通过一定的身份认证机制(应用级的身份认证)来认证消费者的身份是否合法。

(3)移动支付处理中心将认证结果发送给商家。如果消费者通过验证,则可以进行交易,否则,终止交易。

3. 对消费者完成身份认证后的支付过程

(1)消费者接入网络,进入商家为消费者提供的界面浏览并选择商品。

(2)消费者选择好商品后,将购买指令发送给商家。

(3)商家收到购买指令后,将购买指令及相关信息发送给移动支付处理中心。

(4)移动支付处理中心将确认购买信息发送到消费者的移动终端上,请求消费者确认,如果没有得到确认消息,则拒绝交易,购买过程到此终止。

(5)消费者将确认消息发送给商家。

（6）商家将消费者确认购买信息发送给移动支付处理中心，请求支付操作。

（7）移动支付处理中心通知消费者进行支付操作。

（8）消费者使用自己的移动终端输入自己的银行信用卡的账号、密码以及金额等信息，发送给移动支付处理中心。

（9）移动支付处理中心向支付服务提供商（银行）请求兑现支付。

（10）兑现支付后，移动支付处理中心通知商家可以交付商品，并保留交易记录。

（11）商家交付商品，并保留交易记录。

（12）商家将交易记录写入前台消费系统，以供消费者查询。

至此，一个完整的移动交易过程结束。

实际应用根据应用的不同需求及环境，其实现过程可能会与上面步骤有所不同。

三、移动支付发展现状与趋势

（一）移动支付发展现状

在日本，NTT DoCoMo 公司首先与 Sony 共同推出的"i-mode Felica"移动钱包方案，开辟了日本移动支付的新时代，该移动钱包主要应用于购物、交通支付、票务、公司卡、身份识别、在线金融等方面，主要合作伙伴包括连锁便利店、全日空、东日本铁路公司、票务公司 PIA 等。其后，DoCoMo 公司将"手机钱包"与信用卡进行严格绑定，新的支付应用将不需要通过现金或网络方式进行充值而直接发起信用卡支付。除了 NTT DoCoMo，日本另外两大移动运营商 KDDI 与 Vodafone 也加入 Felica 阵营，并与金融领域进行更深层的合作。日本最大的铁路运营商——东日本铁路公司的非接触式支付方案称为"Suica"，已开发零售、影院、机场、娱乐场所等多种应用。日本信用卡组织 JCB 拥有 5770 万持卡人，其非接触式方案 QuicPay 拥有 7 万用户与 1 万受理点，便利店是主要消费场所。

在欧洲，随着 3G 网络技术的商用，各大移动运营商也在积极推广移动支付业务。以芬兰为例，2002 年 3 月，芬兰最大的电信运营商索内拉公司开始向首都居民提供用手机支付购物款的服务，用户可以在指定的数十家商店用手机购物。从 2004 年 5 月开始，芬兰国家铁路局在全国推广电子火车票，乘客不仅可以通过国家铁路局网站订购车票，还可以通过手机短信订购电子火车票。

在美国,移动电子商务与移动支付方面,这几年发展比较缓慢,美国有过几次近场通信(Near Field Communication,NFC)手机支付现场实验,如 2005 年 12 月,美国最大移动通信运营商 Cingular 同诺基亚、大通银行、Visa 美国和亚特兰大的若干运动队和运动场等合作推出一个试点项目,但距离日本或韩国式的全国性大规模商业应用还很遥远。

归纳起来分析,我国移动支付发展状况总体良好,但竞争激烈,主要体现在以下几方面。

1. 移动支付整体发展势头良好

随着我国移动支付领域的快速发展,移动支付成为日常,各种支付产品也随之应运而生。中国人民银行相继发布了《中国人民银行关于推动移动金融技术创新健康发展的指导意见》《中国人民银行办公厅关于进一步做好金融 IC 卡和移动金融应用工作的通知》等相关文件支持和推动移动支付的发展,并确立了相关移动支付的标准,推动移动支付行业发展。中国人民银行于 2015 年 11 月发布的《2015 年第三季度支付体系运行总体情况》显示,2015 年第三季度共发生移动支付业务 45.42 亿笔,金额 18.17 万亿元,同比分别增长 253.69% 和 194.86%。

2. 互联网支付发展迅猛

根据艾瑞市场咨询统计数据显示,2015 年第三季度中第三方互联网行业交易规模已达到 130747.9 亿元,同比增长 9.3%,环比增长 52.6%。其中支付宝更是占据了该市场份额的 47.6%,腾讯财付通占据了 20.1%。随着时间的推移,越来越多的金融机构和相关公司推出互联网支付业务,如商业银行推出的手机银行,中国银联推出的全民付等都加入了移动互联网支付相关内容。银联全民付则更为关注线下近场支付,但线上互联网支付用户界面和用户体验都不是太好。

3. 近场支付参与的各方竞争激烈

近场支付一般有 NFC 支付、二维码支付等。NFC 支付,就是移动＋线下支付的运用,在美国、日本、澳大利亚,非常成熟,也是主流线下支付模式。但目前 NFC 近场支付在我国发展势头并不好,市场份额只占 1% 左右。近场支付中的二维码支付,被微信和支付宝等互联网公司大力推广。支付宝和微信等互联网公司目前正投入大量的资金去培养用户的扫码支付习惯,并且现在越来越多的线下商户都支持支付宝或微信的扫码支付。

（二）制约移动支付发展的因素

制约移动支付发展的因素主要有以下几个方面。

1. 支付场景有限

例如，NFC支付的代表Apple Pay，需要用户手机必须为苹果手机，且必须为iPhone 6及以上配置的苹果手机，这就限制了一部分用户。且银联不会因为Apple Pay的存在就把POS机拓展到类似于煎饼摊这样的支付宝的领地中去。支付宝、财付通的小额支付场景比较多，在高端服务业和大额支付中应用场景普遍偏少。

2. 技术与资金限制

手机支付业务需要对POS机等刷卡工具进行改造，这需要投入大笔资金，且支持闪付的POS机操作流程相对复杂。相关机构也不愿花费时间和金钱对商户和工作人员进行宣传和培训。虽然全国支持闪付的POS机数以百万计，但是真正能用的并不多，因为很多有闪付功能的POS机并没有打开这种功能。

3. 支付过程中涉及的产业链条复杂

手机支付业务需要通信运营商、银行、银联、商户和技术支持方等共同合作才能完成，在利益分配上也就存在通信运营商、银行机构、银联等各方分配问题，各方很难有效合作共同解决已有问题。比如银联无法掌握对手机终端的控制，运营商也无法像银联那样掌握如此多的POS机商家。最终导致各自为政，没办法有机统一，共同铺设移动支付网络。

4. 用户的心态和习惯亟待改善

用户在移动支付过程中感觉就是将刷银行卡的形式变成了刷手机的形式，缺乏足够的动力和吸引力去使用移动支付业务。支付宝和微信通过方便的操作方式、巨大的补贴力度和相关信用背书使越来越多的人习惯使用支付宝和微信，但也只是局限在青年人和小额支付上。

5. 个人信息和资金安全的问题仍然突出

NFC支付能够对账户的信息进行加密，相对减少了由于网络安全问题而导致的个人支付信息泄漏问题。但支付过程中支付平台在和银行、商户等环节的衔接上仍存在系统稳定性的风险。而第三方支付平台只能通过密码保护、身份验证等方式保护账户信息，这其实对于支付而言存在较大安全问题，不法分子可通过第

网络银行与电子支付 第七章

三方支付平台更加轻易地盗取用户的信息。

(三)促进我国移动支付发展的有效途径

促进我国移动支付发展的有效途径主要有以下几个方面。

1.通过制度创新确保我国移动支付的有序发展

近期中国人民银行已将互联网金融纳入统计体系,将逐渐实现对互联网金融的全面监管,且中国人民银行早在2013年就建成了中国移动金融安全可信公共服务平台(英文简称"MTPS"),旨在推动移动支付的"联网通用",促进各参与方在合理的商业模式支持下形成互惠机制和合作机制,有效地整合金融IC卡和互联网支付等优势资源。中国人民银行在移动支付推广过程中要起到指导和规范的作用,充分利用已有的MTPS平台,融合各个相关机构和企业,继续出台相关文件和行业标准,使移动支付系统具有统一的技术标准,兼容不同的移动运营商、商家、终端和银行,真正实现安全可信、联网通用这一目标。

2.通过技术创新对移动支付的发展形成强力支撑

如今支持闪付的POS机数量正在不断增加,随之带来的铺设成本也在增加。现今流行的主流品牌手机中支持NFC支付功能的设备较少,多集中在高端手机设备中,对移动支付的推广形成阻碍。工业和信息化部即将发布13.56MHz的近场通信技术,相关部门和企业要根据相关标准不断地推进技术创新,降低设备的生产和使用成本,优化设备的支付流程,增强移动支付的用户体验。

3.通过思维创新将移动支付产业的蛋糕做大

移动支付产业链复杂,涉及多方的利益。银行、卡组织、通信运营商、互联网公司等在移动支付中互相有竞争,又互相共生。彼此想要获得利益就会有竞争,但是为了利益最大化又必须有合作。因此利益相关方要推进思维创新,相互竞争的同时相互配合相互合作,将移动支付这块蛋糕越做越大。

4.消费者要以开放的心态去迎接移动支付时代

移动支付以其方便、快捷、实用等优点被普通消费者所接受,并且移动支付已经渗透到我们生活的方方面面。普通消费者要以开放的心态去迎接已经到来的移动支付时代,培养自己移动支付过程中良好的支付习惯,增强自身的安全防范意识,适应移动支付的支付流程,使移动支付为自身带来实实在在的好处。

263

（四）移动支付发展趋势分析

中央人民银行《2016 年第一季度支付体系运行总体情况》报告显示,我国银行卡发卡量继续增长,一季度末银行卡在用发卡数量 56.58 亿张,人均 4.15 张。另据工信部数据显示,2015 年全国移动电话用户总数达 13.06 亿户,移动电话用户普及率达 95.5 部/百人。另据 CNNIC 发布的《第 37 次互联网络发展状况统计报告》显示,截至 2015 年 12 月底,中国大陆手机网民已达 6.2 亿。巨大的手机消费群体和银行卡持有量,对移动支付业而言无疑是一个巨大的"金矿"。随着中国移动互联网市场规模的不断扩大,手机支付市场发展潜力巨大,国内银行和商家已纷纷介入到移动支付领域。未来移动支付产业将面临爆发式增长。智能终端的普及和移动互联网的全面快速兴起让互联网金融风起云涌,传统金融企业、互联网企业和各类资本都疯狂涌入这一市场跑马圈地,毋庸置疑,互联网金融的发展同时也搅动了移动支付市场的迅猛发展。

1. 全方位加速普及

随着智能终端的普及和功能升级,以及 4G 网络在中国各地区全方位的普及,我国超 7.3 亿城镇人口和超 6.3 亿农村人口将陆续享受到移动互联网带来的便利。类似其他行业的发展趋势,移动支付行业也势必会呈现出从一、二、三、四线城市逐渐辐射到乡、镇、村的过程。现在主流的移动支付参与者已经将渠道下沉列为未来主要的发展方向之一,预计未来移动支付行业在我国小城镇和乡村地区的渗透率将会更快速地增长。

2. 支付场景增多

未来几年,支付宝、财付通、拉卡拉等企业均会继续抢占线下的支付场景,无论是打车、餐饮、商超,还是医疗、交通、金融等领域,更多的实体场景将能接受手机钱包的付款方式。扫码支付将比 NFC 更早地在线下市场蔓延。苹果、三星等手机厂家也纷纷进入中国的移动支付领域,NFC 近场支付将为线下移动支付的发展带来更多的想象空间。有理由预期,不远的未来,移动支付将逐步发展成可以替代银行卡、现金的支付工具。

3. 小额高频化趋势

2015 年春节,"抢红包"不仅登录了直播 7 亿收视率的央视春晚,还成了春晚观众互动的一个重要环节。这标志着"抢红包"背后的移动支付完成了量的积累,正式升级成了一个全民参与的社会现象。抢红包让众多长尾用户"初识"和"初试"了移动支付,当部分用户自助或在亲朋的帮助下完成注册、认证、绑卡等过程后,完成了向移动支付用户的转化。支付宝、财付通等企业再趁热打铁地跟进一些培养用户小额高频的使用习惯的营销活动等,真正将这部分长尾用户培养成有效用户,这步将完成移动支付的质的飞跃。

4.平台开放成趋势

移动互联网时代,平台开放已是各项业务快速发展的不变规律。随着行业标准逐步统一和国家宏观政策协调推进的共同影响,移动支付平台的开放已成为必然的发展趋势。移动支付产业链各方的角色也面临着重新定位,通信运营商、银行等金融机构和第三方支付企业将联合产业链其他成员,共同打造并维护一个开放的支付平台。移动支付的开放,意味着新的商业模式不断涌现,更多的力量将会注入移动支付市场,移动支付服务提供商将会协作竞争。

5.标准统一趋势

统一技术标准能够为移动支付的发展奠定物理基础,有利于营造产业链开放、合作局面,推动我国移动支付发展进程,促进业务拓展、产品创新和国际接轨。反之,若是缺乏统一的标准,直接导致的结果就是移动支付市场比较混乱,支付的可靠性和安全性也无从保障。2012年11月,中国人民银行、工信部、国标委的相关四局组织银行和三大电信运营商召开了移动支付工作研讨会,明确指出近场支付采用13.56MHz标准。同年12月,人民银行发布移动支付技术标准,涵盖应用基础、安全保障、设备、支付应用、联网通用5大类35项标准,明确各项系统性技术要求。由此可见,我国正在为移动支付技术标准的统一不断做出努力。

小 结

网上银行是建立在 Internet 平台上的虚拟银行柜台,是传统银行业务在 Internet 上的拓展。网上银行在服务的准确性和时效性、降低成本、提高服务质量、全天候的服务特色等方面比传统银行具有很多优势,但在安全、法律保护、基础设施、环境支持等方面却存在诸多问题,制约了网上银行与在线支付业务的发展。本章以中国工商银行为例介绍了网上银行的申请与使用。

电子支付是通过计算机网络系统以电子信息传递形式实现的货币支付与资金流通。银行进行电子支付的 5 种形式分别代表着电子支付发展的不同阶段。与传统的支付方式相比较,电子支付具有先进性、开放性、方便、快捷、高效、经济等特点,也存在安全、支付条件等问题。第三方支付、移动支付代表着新兴的支付方式得到快速发展。

电子货币是随着电子交易的发展而产生的,是比各种金属货币、纸币以及各种票据更为方便快捷的一种支付工具,包括电子现金、银行卡和电子支票等。本章重点介绍了电子现金、信用卡、电子支票、智能卡的特点与应用流程,同时对于新兴的第三方支付与移动支付进行了分析与展望。

思考题

1. 名词解释

网上银行　电子货币　电子支付　电子现金　电子支票　移动支付　第三方支付

2. 简答题

(1) 与传统银行相比,网上银行具有哪些优势?

(2) 我国网上银行发展中存在哪些问题?

(3) 请简述个人网上银行的申请与使用过程。

(4) 与传统的支付方式相比较,电子支付具有哪些特点,存在哪些问题?

(5) 简述互联网上常用的几种支付方式,你认为哪些电子支付方式在中国有发展前途?

(6) 简述电子现金的使用过程与优缺点。

(7) 简述电子支票的应用流程。

(8) 简述基于 SSL 协议的信用卡支付流程。

(9) 简述移动支付的基本流程。

3. 论述题

(1) 试论述电子货币带来的主要问题。

(2) 请谈谈你对移动电子商务和移动支付发展前景的认识。

实验操作

1.访问招商银行站点(http://www.cmbchina.com),了解网上支付业务流程。

2.登录淘宝网,选择支付宝方式实践网上购物。

3.下载安装手机支付宝,并体验手机端移动购物与移动支付的过程。

第八章　物流与供应链管理

案例

从物流到供应链：宝供战略转型

宝供物流企业集团有限公司（http://www.pgl-world.com）创建于1994年，是国内第一家经国家工商总局批准以物流名称注册的企业集团，是我国最早运用现代物流理念和方法为客户提供供应链一体化物流服务的专业公司，也是目前我国最具规模、最具影响力、最领先的第三方物流企业之一。如今，宝供的物流网点已经在全国80多个城市建立了子公司和办事处，仓储总面积达100万平方米，年处理货物2亿件，货值超过500亿元，形成了一个覆盖全国，并向美国、澳大利亚、泰国等地延伸的物流运作网络。宝供拥有先进的物流信息平台，目前为全球500强中的53家大型跨国公司及国内一批大型制造企业提供物流服务，并与它们建立了战略合作伙伴关系。2009年以来，宝供集团被评定为中国5A级物流企业，还获得中国最佳信息管理企业、中国驰名商标等授权或荣誉。

2002年8月6日，宝供宣布与IBM合作，为企业提供供应链一体化解决方案。这说明宝供不再满足于只是充当企业物流规划执行者的角色，进而想成为企业物流规划的参与者甚至是主要的制定者。

一、储运利润摊薄，宝供携手 IBM 瞄准新的利润源

作为国内较为成功的第三方物流企业，宝供在短期内似乎并无利润之忧。从承包一个铁路货运转运站到成为业内的翘楚，宝供的故事一度被人当作是国内第三方物流兴起的典范而广为流传。但随着传统行业的竞争日趋激烈，物流行业的整体利润正日益减少。另一方面，由于许多企业缺乏对从供应链上下游物流环节的全过程整体规划，致使因在物流的某一环节压缩成本而导致整体成本上升的事情时有发生，正在为供应链问题付出高昂的代价。

此外，随着专业分工的细化，越来越多的企业开始将主要精力专注于自己的核心竞争力，越来越多的业务正在被外包出去，他们希望物流公司能以专业公司的身份对他们的整个物流体系提出一个一揽子解决方案。

也正是在这种背景下，宝供提出了要向供应链方向转型的策略。宝供主要采取了三个方面的措施：一是对运作资源进行整合，宝供正投入巨额资金在各地建设大型的物流基地；二是加强信息技术，宝供开发应用了仓库管理系统，并实施了ERP系统；三是提高人员素质，充实物流规划方面的人员。在外部，宝供还与 IBM 联系合作，以期利用 IBM 在信息技术方面的优势共同切入供应链服务这一市场。IBM 与宝供的合作是一种互补的关系，IBM 提供工具而宝供实施服务，共同来解决供应链的问题。

二、信息不透明，利益难平衡，宝供胜算几何？

宝供以物流专业公司的身份参与企业物流计划的制定，将以前的销售、生产、采购等单个环节的物流业务作综合性的规划，以自身的专业经验为企业提供更为优化的物流方案，这不仅能为企业压缩物流成本，也使得宝供在物流企业传统的运输费、仓储费等收入的利润空间正在缩小的条件下，获得了一个新的主要利润来源。通俗一点说，就是宝供以前主要靠储运业务赚钱，以后则主要靠供应链解决方案来赚钱了。

但在另外的一些人看来，宝供要向供应链服务商的角色转型，其面临的困难也不小。

首要的一个困难来自信息的透明化。目前国内的第三方物流企业主要的服务对象都是三资企业，宝供自身80％的客户也都是这一类的企业。因为应用第三方物流意味着原先许多不规范的暗箱操作要在与第三方物流信息共享时做到透

明化。而供应链的整合尤其是对上游供应商材料采购的物流整合则直接牵涉企业自身的生产计划等核心信息，要使这部分信息做到透明化，更是难上加难。

更大的困难来自相互间的利益平衡问题。供应链整合的一大基础在于分工细化的各环节企业专注于自身的核心竞争力。目前国内许多的企业都拥有一个庞大的营销体系，如果对供应链的整合需要对这一环节进行调整，所要遇到的阻力是可想而知的。

三、服务至上，科技先行，一体化提升客户价值

宝供以提升客户服务价值为出发点，通过为客户提供供应链一体化解决方案，改善客户的仓库设置、运输线路及配送中心的布局，并运用高效的全国性物流网络体系对客户不断深化的销售渠道给予有力的支持，以"量身定做、一体化运作、个性化服务"模式满足客户的个性化要求。

1997年开始，宝供花巨资开始信息化建设。目前已构建支持全球供应链双向一体化的物流服务平台，支持区域经济发展的综合性服务平台，支持行业供应链一体化的物流服务平台，从而实现与客户全程供应链一体化的信息合作。

通过建立共享的信息系统，降低交易成本，实现供应链上下游物流运作整体最优，基于互赢合作创造价值，促进共同发展。目前，宝供物流已经深入到制造企业的全流程中，为客户提供从原材料供应到商品的仓储、运输、配送、流通加工、包装、交叉理货以及物流系统规划和信息系统规划等一体化供应链服务。宝供已与95％以上的客户实现了电子对接，提供物流系统规划设计和信息系统设计已成为宝供的核心竞争力。

学习目标

通过学习，了解物流管理和供应链管理的基本内容，初步认识物流系统组成、供应链系统设计等基本知识，明确物流、供应链管理和电子商务的关系，理解物流管理、供应链管理对电子商务发展的意义，掌握第三方物流、物流价值和目标、电子商务物流管理和供应链管理的主要技术。

第一节　物流管理

一、物流概述

（一）物流的概念

物流（Physical Distribution，PD）一词最早出现在美国，汉语的意思是"实物分配"或"货物配送"。1905年，美国少校琼西·贝克指出："那个与军备的移动与供应相关的战争艺术的分支就叫物流。"第一次提出了物流的概念。第二次世界大战中，美国军队围绕战争供应建立了"后勤"（Logistics）理论，并将其用于战争活动中，其中所提出的"后勤"是指战时的物资生产、采购、运输、配给等活动。后来"后勤"在商业活动中得到了广泛应用，包含了生产过程和流通过程的物流，形成了范围更广泛的概念。现在欧美国家更多地把物流称作Logistics而不是Physical Distribution。20世纪50年代，日本从美国引进了"物流"的概念，到了70年代日本已成为世界上物流最发达的国家之一。20世纪80年代初，我国从日本引入了"物流"概念。

物流的定义有很多，目前在国内、国际普遍采用的有以下几种。

（1）我国《物流术语》国家标准的定义：物品从供应地向接受地的实体流动过程，根据实际需要，将运输、储存、装卸、搬运、包装、流通加工、配送、信息处理等基本功能实施有机结合。

（2）美国物流管理协会的定义：物流是供应链流程的一部分。物流是为满足消费者需求而进行的对货物、服务及相关信息从起始地到消费地的有效率、效益的流动与储存的计划、实施与控制的过程。

（3）日本对物流的定义：物流是物质资料从供给者向需要者的物理性移动，是创造时间价值、场所价值的经济活动。包括包装、装卸、保管、库存管理、运输、配送等诸活动。

（4）联合国物流委员会对物流作了新的界定：物流是为了满足消费者需要而进行的从起点到终点的原材料、中间过程库存、最终产品和相关信息有效流动和储存计划、实现和控制管理的过程。

从以上物流的定义可知,物流过程一方面包含了运输、存货、管理、仓储、包装、物料搬运及其他相关活动,另一方面包含效率与效益两方面,其最终目的是满足客户的需求与企业盈利目标。

（二）物流的价值体现

物流本身不创造物品的使用价值,但创造价值。物流活动最直接的价值体现是将生产制造产品和创造价值的生产活动同使用产品的消费活动有机地连接起来,通过物品的有效流动,实现劳动产品由生产地向消费地的转移,从而创造了场所价值和时间价值。

1. 物流创造物品的时间价值

（1）缩短时间差。对一些时间性要求非常高的物品,通过物流活动缩短从生产地到消费地的时间而增加价值。如古诗句"一骑红尘妃子笑,无人知是荔枝来"就形象地描述了当时为缩短运输的时间利用快马运送荔枝的情景。

（2）延长或制造时间差,通过储存和保管来创造时间价值。如季节性生产的稻米需要通过储存和保管来满足均衡性的消费需要,窖藏多年的陈年老酒价值更高等。

2. 物流创造物品的场所价值

即通过空间位置的转移创造价值。在通常情况下,由于生产者与消费者处于不同的场所,通过运输活动,改变生产者与消费者在场所上的差异,创造场所价值。如农产品的长途贩运。

此外,物流过程还可以通过流通加工等活动对物品进行形状或质量的改变而创造形质价值。

（三）物流的目标

物流管理是以实现企业发展战略为目标的,以此为基础,物流管理追求以低物流成本向客户提供优质的服务,强调与生产管理和销售管理协同,提高物流效率。

物流管理的具体目标主要包括以下几个方面。

1. 快速反应

快速反应关系到企业能否及时满足客户的服务需求的能力。信息技术提高了在尽可能的最短时间内完成物流作业,并尽快交付所需存货的能力。

2. 最小变异

最小变异就是尽可能控制任何会破坏物流系统表现的、意想不到的事件。这些事件包括客户收到订货的时间被延迟、制造中发生意想不到的损坏、货物交付到不正确的地点等。

3. 最低库存

最低库存的目标是减少资产负担和提高资金的周转速度。保持最低库存就是要把存货减少到与客户服务目标相一致的最低水平。

4. 整合运输

运输是最重要的物流成本之一。一般来说,运输规模越大及需要运输的距离越长,每单位的运输成本就越低。这就需要有创新的规划,把小批量的装运聚集成集中的、具有较大批量的整合运输。

5. 产品质量以及生命周期支持

由于不正确的装运或运输中的损坏导致的费用,远比第一次就正确地履行所花费的费用多。因此,物流是发展和维持全面质量管理的主要组成部分。某些对产品生命周期有严格需求的行业,回收已流向客户的超值存货也构成物流作业成本的重要部分。因而,产品生命周期支持也是设计的重要目标之一。

二、物流的功能与效益

(一) 物流的功能

1. 物流的基本功能

物流的功能是物流系统所具有的基本能力,这些基本能力有效地结合就能合理地实现物流的总目标。其功能是通过信息、运输、仓储等的协调以及装卸搬运、包装、流通加工、配送、信息处理等活动来实现的。

(1) 运输

运输功能是负责为客户选择满足需求的运输方式,具体组织网络内部的运输作业,在规定的时间内将客户的商品运抵目的地,实现所期望的低成本、高质量的运输要求。货物运输以改变"物"的空间位置为目的,从而创造"场所效用",也可以通过运输的有效组织缩短从产地到消费地的时间而创造时间价值。

按运输设备及运输工具区分,运输可分为公路运输、铁路运输、水路运输、航空运输、管道运输等。不同的运输方式各有不同的经济特征和优缺点,因而需要合理选择使用。发展联合运输则是实现运输方式合理化的一种途径。

（2）仓储

仓储功能包括堆存、保管、保养、维护等活动。物流系统需要仓储设备保证市场分销活动,同时要以始终与最低的总成本相一致的最低限度的存货来实现所期望的顾客服务。仓储保管就是在保证商品的质量和数量的前提之下,根据一定的管理规则,在一定的时间内将商品存放在一定的场所的活动,它是物流系统的一个重要的组成部分。

通过商品存储,可以调节商品的时间需求,进而消除商品的价格波动,创造时间价值;通过商品存储,可以降低运输成本,提高运输效率。

（3）包装

包装功能包括产品的出厂包装、生产过程中制品和半成品的包装以及在物流过程中换装、分装和再包装等活动。包装作业的目的不是改变商品的销售包装,而在于通过对销售包装进行组合、拼配和加固,形成适于物流和配送的组合包装单元。

在传统的生产观念中,一般都认为商品包装是生产过程的最后一个环节。在现代物流领域,一般都把商品包装看作是物流过程的起点。

包装的功能主要是保护商品、方便物流过程、促进销售、方便消费。

（4）装卸搬运

装卸搬运包括对运输、储存、包装、流通加工等物流活动进行衔接的活动,以及在储存等活动中为进行检验、维护和保养所进行的装卸活动。安全、方便的装卸活动,可以加快商品在物流过程中的流通速度。

装卸搬运是发生频率最高的一项物流作业。在同一地域范围内(如车站范围、工厂范围、仓库内部等)以改变"物"的存放、支承状态的活动称为装卸;以改变"物"的空间位置的活动称为搬运;二者全称为装卸搬运。

（5）流通加工

流通加工是在物流过程中进行的辅助加工活动。它既存在于社会流通过程中,也存在于企业内部的流通过程中,用来弥补生产过程中加工的不足。流通加工程度大多是简单加工,是对生产加工的辅助和补充。比如,为方便物流过程,降低运输、包装、仓储、装卸搬运等物流费用,自行车的龙头、踏脚板、坐垫等部件一般都安排在配送中心或销售门店现场装配。

（6）配送

配送功能使物流进入最终阶段,集经营、服务、社会集中库存、分拣和装卸搬运于一身,通过配货送货形式最终完成社会物流,实现资源配置活动。

《物流术语》国家标准中对配送的定义是:配送是在经济合理区域范围内,根据用户要求,对物品进行拣选、加工、包装、分割、组配等作业,并按时送达指定地点的物流活动。

作为一种综合的物流活动方式,配送几乎涵盖了物流中所有的要素和功能,是物流的一个缩影或某一范围内物流全部活动的体现,一般来说,配送集运输、保管、包装及加工于一身,通过一系列活动将货物送达用户需求的目的地。

（7）信息处理

进行物流管理时,需要大量准确、即时的信息和用以协调物流系统运作的反馈信息。信息质量和及时性是物流工作的关键因素,物流信息为物流的中枢神经。

信息处理功能包括进行与上述各项活动有关的各项活动的计划、预测以及对物流动态信息及其有关的费用、生产、市场信息的收集、加工、整理和提炼等活动。

2. 增值性的物流服务

除了传统的物流功能外,现代物流企业为提高竞争能力,满足客户需要,还提供具有增值性的服务功能。增值性的物流服务包括以下几种。

（1）增加便利性的服务。如为简化消费者操作手续,提供门到门服务、代办业务、自动订货等服务。

（2）加快反应速度的服务。

（3）降低成本的服务。

（4）延伸服务。包括向上提供市场调查、需求预测、采购管理、订单处理等,向下延伸至配送、代收货款、物流咨询等服务。

（二）物流的经济效益

1. 物流的经济效益的来源

一个企业的物流是一种综合能力的体现,目的是帮助企业按最低的总成本创造出价值。长期以来,人们对创造利润的环节集中关注在生产领域,因此把在生产过程中节约物质消耗而增加的利润称作"第一利润源泉",把因降低劳动消耗而增加的利润称作"第二利润源泉",而往往忽略因物流费用节省而增加的"第三利润源泉"的存在。由于科技进步的迅速扩散,当某企业开始利用一项先进技术时,其他企业即会纷纷仿效,依靠"第一利润源泉"获取超额利润的可能性已越来越小。与物质资源的节约相似,依靠提高劳动生产率而创造"第二利润源泉"的潜力也变得越来越小。物流环节被美国著名的管理学家彼得·德鲁克认为是"一块经济界的黑大陆",具有极大的"利润创造空间",是"第三利润源泉"。计算机信息技术的发展和电子商务的来临,为现代物流提供了施展的平台和可行的手段,使各种要素的配置达到最佳状态,提高了整个社会经济效益。

2. 物流的经济效益的主要体现

（1）降低社会物流的费用

现代物流运用现代化通信技术,优化市场需求与商品库存之间的信息,为供应商、制造商、零售商实现了"零库存"的理想,最终降低社会物流的费用。

（2）增加商品销售

选择合理的配送模式,减少了商品在装卸、包装、运输等环节的耗费,提高了商品流转速度,避免因缺货发生的机会损失,扩大销售区域,增加商品销售。

（3）降低了生产成本

采用以销定产的方式,减少了不必要的生产及降价处理损失,避免了货物积压,降低了生产成本。还可以根据顾客的要求提供个性化服务,有助于企业吸引顾客,提高市场占有率。

三、物流系统的组成

随着物流系统的发展,物流信息量会变得越来越大,物流信息更新的速度也越来越快,如果仍对信息采取传统的手工处理方式,则会引发一系列信息滞后、信息失真、信息不能共享等瓶颈效应,从而造成整个物流系统的效率低下。因此,为了提高物流系统的整体效率,建立基于计算机和通信技术的物流信息系统将成为物流系统的必由之路。

物流系统是由企业供应系统、生产运营系统和配送系统这些子系统所构成的有机整体,它包括采购、运输、仓储、装卸搬运、生产、流通加工、配送等具体活动。

（一）供应系统

供应物流系统包括为生产企业、流通企业购入原材料、零部件或商品的物流活动。供应系统不仅要保证供应的目标,而且还要以最低成本、最少消耗来组织供应物流活动。在现在的商品市场环境下,要降低物流过程的成本,就必须解决有效的供应网络、供应方式和库存等问题。

（二）生产运营系统

生产运营物流系统是从工厂的原材料购进入库起,直到工厂产品库的产品发送为止,原材料以及半成品等按照工艺流程在各个加工点之间不停地移动、流转这一物流活动。生产物流是制造产品的企业所特有的,它与生产流程同步。生产物流合理化对工厂的生产秩序和生产成本有很大的影响。制造业的物流系统目前有两种：一种是为制造活动提供支持的物流,它的功能要求与供应物流相同；另一种是为制造商的产品分销提供支持的物流,即为销售物流。

（三）配送系统

配送是根据用户要求,以最有效的方式在物流基地进行理货工作,并将货物送交用户的一种物流方式。一个较为完整的配送系统主要由环境、输入、输出、处理和反馈等方面构成。电子商务配送系统主要由管理系统、作业系统和网络系统组成。

四、电子商务物流管理

（一）电子商务与物流的关系

随着电子商务的迅猛增长,物流在整个商务活动中占着举足轻重的地位。

1. 物流是电子商务的重要组成部分

在电子商务中,除了少数商品和服务,如各种电子出版物、信息查询服务、计算机软件、音像制品等可以直接通过网络传输的方式进行配送外,大多数商品和服务的物流仍要经由物理方式进行线下传输。电子商务是集信息流、商流、资金流、物流为一身的整个的贸易过程。电子商务过程的实现,都需要这"四流"的协调和整合。随着信息技术的发展和网上银行的出现,信息流、商流和资金流已经可以实现快速流动；而物流作为电子商务实现过程中一个必不可少的实物流环节，它直接服务于最终顾客，物流服务水平的高低决定了顾客的满意程度，同时也决定了电子商务能否成功实现。因而，现代物流是电子商务的重要组成部分，缺少了现代化的物流，电子商务过程就不完整。

2. 物流是电子商务实现的基本保证

物流是实现电子商务的最重要环节、也是其最终的环节。物流是电子商务中实现"以顾客为中心"理念的最终保证，没有现代化的物流支持，电子商务给消费者带来的购物便捷等于零，消费者必然会转向更为安全的传统的购物方式，那网上购物也就没有存在的必要了。整个生产过程实际上就是系列化的物流过程，合理的现代化物流保障了现代化生产的高效进行，相反，缺少了现代化物流，生产将难以顺利进行，任何轻松实现的商务活动也只是纸上谈兵。

随着电子商务交易的迅速增长，带来了对物流的巨大需求，推动了物流的进一步发展，而物流也在促进电子商务的发展。"成也物流，败也物流"，实践表明，凡是电子商务业务蓬勃发展的企业，必定是物流技术发达、物流服务比较到位的企业；相反，由于缺乏及时配送等物流服务，导致不少电子商务企业处境艰难甚至倒闭。

3. 电子商务提高了物流的地位

在电子商务下，制造业会逐渐弱化，而物流业会逐渐强化。商店银行虚拟化、商务处理信息化、生产柔性化，只有物流的实体地位不断地得到加强。

制造企业会越来越弱化，主要是因为：随着经济的发展，绝大多数产品供大于求，而且随着人们生活水平的提高，需要越来越个性化、高档化，商品的生命周期越来越短，制造企业的产品就必须随之迅速地变化。今天生产这种产品，说不定明天就转而生产另外的产品；今天这个企业还能存在，说不定明天就不能存在了。于是出现柔性企业，这种企业的组织结构是由一些最基本的功能单元按产品生产的需要临时组合起来，能随时根据产品品种、规格、产量的变化而变化。随着这种企业的增加，特别是虚拟企业的增加，使得制造业的企业实体不得不随时变化，甚至时存时亡，也就是说越来越弱化。

物流企业会越来越强化，这是因为：在电子商务环境下，消费者在网上的虚拟商店购物，并在网上支付，现实的商店、银行没有了，而物流公司非但不能省，反而任务加重了。物流公司既是生产企业的仓库,又是用户的实物供应者。随着绝大多数的商店、银行虚拟化,商务事务处理信息化,多数生产企业柔性化,整个市场剩下的就只有实物物流处理工作了。物流企业成了代表所有生产企业及供应商对用户的唯一最集中、最广泛的实物供应者,是进行区域市场实物供应的唯一主体。可见电子商务把物流业提升到了前所未有的地位。

4. 电子商务对物流提出更高的要求

电子商务交易中各方的时空距离几乎为零,信息流、商流和资金流均可在网络间迅速流动,而物流由于其实物的特点,难以与"三流"同步流动,因而必须提高物流服务的信息化、自动化程度。电子商务将促进物流基础设施的改善,促进物流技术与物流管理水平的提高。

(二)电子商务物流的特点

电子商务物流是指物流企业采用网络化的计算机技术和现代化的硬件、软件系统及先进的管理手段,针对社会需求,严格地、守信用地按用户的订货要求,进行一系列分类、编配、整理、分工、配货等理货工作,定时、定点、定量地交给没有范围限制的各类用户,满足其对商品的需求。

1. 信息化

信息化是一种基于电子商务物流活动的基础,没有物流的信息化,电子商务对物流提出的准确、快速、集成、低成本的要求就无法满足。物流信息化表现为物流信息的商品化、物流信息收集的数据库化和代码化、物流信息处理的自动化和智能化、物流信息传递的标准化、物流信息储存的数字化等。因此,条码技术、数据库技术、电子订货系统、电子数据交换、快速反应及有效的客户反映、企业资源计划等先进技术与管理策略在物流管理中将会得到普遍的应用。物流信息化能更好地协调生产与销售、运输、储存等各环节的联系,优化供货程序,缩短物流时间及降低库存。

2. 社会化

社会化程度的高低也是区别新型物流配送的一个重要特征。在传统的经营方式下,无论是实力雄厚的大企业,还是小企业,一般有由企业自身承担物流职能,导致物流的高成本、低效率的结果。而在电子商务条件下,特别是对小企业来说,在网上订购、网上支付实现后,最关键的问题就是物流配送,如果完全依靠自己的能力来承担肯定是力不从心的,特别是面对跨地区,甚至跨国界的用户时,将显得束手无策。因此,物流的社会化将是适应电子商务发展的一个十分重要的趋势。

3. 自动化

自动化可以扩大物流作业能力,提高劳动生产力,减少物流作业的差错。自动化的基础是信息化,自动化的核心是机电一体化,自动化的外在表现是无人化,自动化的效果是省力化。物流自动化的设施非常多,如条码/语音/射频自动化识别系统、自动分拣系统、自动存储系统、自动导向车、货物自动跟踪系统等。

4. 网络化

一是指物流系统的计算机通信网络,包括物流配送中心与供应商或制造商的联系要通过计算机网络,另外,与下游顾客之间的联系也要通过计算机网络通信,比如,物流配送中心向供应商提出订单这个过程,就可以使用计算机通信方式,借助于电子订货系统(EOS)和电子数据交换技术 EDI 来自动实现,物流配送中心通过计算机网络收集下游客户订货的过程也可以自动完成。

二是指物流组织网络化,亦即物流企业必须在全国乃至全球范围内设立物流组织,形成反应灵敏、步调一致、信息沟通快捷的物流运作体系,以尽可能低的成本和尽可能短的时间为客户提供优质的物流服务。

5. 柔性化

在国际生产领域提出了"以顾客为中心"理念,即真正地根据消费者需求的变化来灵活地调节生产工艺,许多生产企业纷纷采用弹性制造系统(Flexible Manufacturing System,FMS)、计算机集成制造系统(Computer Integrated Manufacturing System,CIMS)、制造资源系统(Manufacturing Requirement Planning,MRPⅡ)、企业资源计划(Enterprise Resource Planning,ERP)以及供应链管理(Supply Chain Management,SCM)等柔性制造技术。这些技术的实质是要将生产、流通进行集成,根据需求端的需求组织生产,安排物流活动,实现生产的柔性化。

柔性化的生产要求物流的柔性化,柔性化物流是适应生产、流通与消费的需求而发展起来的一种新型的物理模式。这要求物流中心要根据消费需求"多品种、小批量、多批次、短周期"的特色,灵活组织和实施物流作业。

6. 智能化

这是物流自动化、信息化的一种高层次的应用。物流作业过程涉及大量的运筹和决策,如库存水平的确定、运输(搬运)路径的选择、自动导向车的运行轨迹和作业控制、自动分拣机的运行、物流配送中心经营管理的决策支持等问题,都需要借助于大量的知识才能解决。在物流自动化的进程中,物流智能化是不可回避的技术难题,好在专家系统、机器人等相关技术是国际上已经有比较成熟的研究成果。为了提高物流现代化的水平,物流的智能化已成为电子商务情况下物流发展的一个新趋势。

(三)电子商务的物流模式

从现阶段的形势来看,电子商务公司采取的物流模式一般有企业自营物流、借助传统流通渠道、物流企业联盟及第三方物流等模式。

1. 企业自营物流模式

电子商务企业自身经营物流,称为自营物流。电子商务公司自身组织商品配送,可以说是自己掌握了交易的最后环节,有利于控制交易时间。特别是在本城市内的配送上,网站组织自己的配送队伍可以减少向其他配送公司下达配送要求的手续,在网上接受订购之后可以立即进行简单的分区处理然后立即配送,使得当日配送、限时送达成为可能。如京东商城通过自建物流系统提供高质量的物流服务。

但对任何一个公司而言,拥有一支自己的配送队伍都是一笔庞大的开支,出于对成本的考虑,配送队伍的规模必须与公司的业务量相适应。另外,如何保持适当的库存规模、如何制定恰当的配送路线、如何选择合适的物流工具、如何确定合理的送达时间都是需要严格管理的。因而,不是所有的电子商务公司都有必要、有能力自己组织商品配送的。

2. 借助传统流通渠道

对于已经开展传统商务的企业,可以建立基于网络的电子商务销售系统,同时也可以利用原有的物流渠道承担电子商务的物流业务。传统流通渠道在电子商务环境下依然有其不可替代的优势。首先是传统商业历史悠久,有良好的顾客基础和品牌效应。其次是那些具有一定规模的连锁、加盟经营店使准确及时在全国范围内配送成为可能。另外,由于传统渠道本身也存在商品配送的任务,如果网站把商品配送任务交给传统流通渠道解决,可以充分利用一些闲置的仓储、运输资源,相对于使用全新的系统,成本降低了。越来越多的企业不仅有庞大的销售网络,而且还有覆盖整个销售区域的物流配送网,这些企业完全可能利用原有的物流网络和设施支持电子商务业务,这样如果开展电子商务就不需新增物流、配送投资。但是从事传统销售业务的企业在信息交换、反应速度上与电子商务的要求还有一定的差距。这些企业要么借助电子商务改造信息处理系统,要么就要忍受一些效率上的不足。

3. 物流企业联盟模式

物流企业联盟是指在物流方面通过签署合同形成优势互补、要素双向或多向流动、相互信任、共担风险、共享收益的物流伙伴关系。一般来说,组成物流联盟的企业之间具有很强的依赖性,物流联盟的各个组成企业明确自身在整个物流联盟中的优势及担当的角色,内部的对抗和冲突减少,分工明晰,使供应商把注意力集中在提供客户指定的服务上,最终提高了企业的竞争能力和竞争效率,满足企业跨地区、全方位物流服务的要求。

4. 第三方物流模式

第三方物流(Third Party Logistics,即 TPL 或 3PL)是指由物流的实际需求方和物流的实际供给方之外的第三方提供物流服务的运作模式,也称合同物流、契约物流。第三方是指提供部分或全部物流功能服务的一个外部提供者,是物流专业化和社会化的一种形式。

在商业运行中,不同的交易方式会产生不同的物流模式,因为电子商务的跨时域性和跨区域性,使得其物流活动也具有跨区域或国际化的特征。与之相应,第三方物流模式将成为电子商务时代的一种必然选择。

五、第三方物流

(一)第三方物流成因

1. 第三方物流的概念

第三方物流是物流专业化的重要形式,专业化、社会化的第三方物流的承担者是物流公司。第三方物流公司的经营方式通常是与客户签订较长时间的物流服务合同,因而也称"合同物流"。这就是说,第三方物流公司与客户之间必须建立一种长期的合作关系,而不能是一次性交易行为。第三方物流公司在经营理念上是要向客户提供其对物流总需求的全部作业或重要的作业,其中包括多种内容服务。因此,第三方物流也称"综合物流",几乎所有的第三方物流公司所提供的服务范围都超过某个单一功能,顾客可以向某一个物流公司购买其所需的全部物流需求服务,而这些服务在传统上是由多个物流公司分别提供的。

发展第三方物流可以促进企业物流活动合理化、效率化,提高整个社会物流水平。第三方物流是电子商务企业物流的主要运作方式,也是电子商务发展的必然要求。

2. 第三方物流兴起的原因

(1) 企业为了保持竞争优势的需要

为了保持竞争优势,企业必须将不擅长的业务如物流服务等进行外包,将有限的资源集中于巩固和扩展自身核心业务和核心竞争力之上。企业将自己的非核心业务外包给从事该业务的专业公司去做,从原材料供应到生产,再到产品的销售等各个环节的各种职能,都是由在某一领域具有专长或核心竞争力的专业公司相互协调和配合来完成,这样形成的供应链具有最大的竞争力。

(2) 降低成本,减轻物流负担的需要

客户对物流服务的要求越来越高,为了降低库存成本,常常要求供应商完成小批量、多批次的货物供应,这必然给供应商增加巨大的物流负担。而第三方物流可以根据情况同时为多个企业提供物流服务,在货物提供中进行统筹安排,组织不同客户的货物进行搭配装载和运输,既方便了供应商,使小批量、多批次的货物供应成为可能,也使收货方的要求得到满足。同时,由于第三方采取了大批量运输,因此也获得了规模效益。一般来说,第三方物流至少可为货主降低10%的物流费用。因此,降低成本成为许多企业选择第三方物流的重要原因。

(3) 缩短资金周转期,降低投资风险

物流的高效率依赖于先进的物流设施和管理水平,为此,企业需要投入大量的资金进行建设。企业选择第三方物流可以减少在此领域的投资,而第三方物流公司虽然必须投入大量资金用于购买物流技术设备,但由于受托企业多,设备利用率高,使用成本低,投资风险相应较小。

(4) 促使企业拓展国际业务

随着全球经济一体化的加快,不少没有国际营销渠道的企业希望进入国际市场但又不熟悉国际贸易业务的操作,国际第三方物流可以提供报关、商检、货代、运输、保险等一条龙的服务,帮助企业实现其拓展国际业务的目的。

(5)顺应供应链横向管理的思想

第三方物流企业与供需双方形成一种战略联盟关系,在共赢的基础上,保证企业和供应链对变化的客户需求具有敏捷反应的姿态。

(二)第三方物流的特征、分类和优势

1.第三方物流的特征

一般而言,第三方物流表现出如下特征:整合一个以上的物流功能;本身不拥有货物;运输设备、仓库等由第三方物流公司控制,但却不一定由第三方物流公司所拥有;按需提供全部的劳动力与管理服务;按客户要求提供特殊服务,如存货管理、生产准备、组装、集运等。

2.第三方物流的分类

第三方物流企业可以按物流业务范围划分为功能性第三方物流企业和综合性第三方物流企业。功能性第三方物流企业也称为单一第三方物流企业,它仅仅承担和完成某一项或几项物流功能,按照其主要从事的物流功能,可进一步分为运输企业、仓储企业和流通加工企业等。综合性第三方物流企业能够完成和承担多项甚至所有的物流功能,这种企业一般规模较大、资金雄厚、地域范围广,并且有良好的物流服务信誉。

3.第三方物流的优势

第三方物流服务提供一种集成运输模式,它使供应链的小批量库存补给变得更为经济。因为在某些情况下,小批量的货物运输(非满载运输)会造成运力浪费,显然是不经济的。但是多品种小批量生产的供应链环境必须小批量采购、小批量运输,这就使货物的供应频率和运输频率提高,运输费用增加。第三方物流是一种为大多数企业提高运输服务的实体,它为多条供应链提供运输服务,比如当多家供应商彼此相邻时,就可以采用混装运输的办法,把各家供应商的货物依次装在同一辆货车上,实现小批量交货的经济性,这就是第三方物流服务提供联合运输的优势。

第三方物流企业还可以提供其他形式的物流服务功能,如顾客订单处理等。采用第三方物流服务,企业还可以获得如下优势:降低成本、使企业更加集中于核心业务的发展、改进服务质量、快速进入国际市场、获得信息咨询、获得物流经验、减少风险等。

（三）第三方物流的业务流程

下面以国内某公司开发的第三方物流管理模拟系统为例,对第三方物流的业务流程作简要的介绍。

系统共包括六个角色,即生产厂家(卖方)、商场(买方)、物流中心(第三方物流企业)、车队、发货仓库和收货仓库。

基本思路是:生产厂家和商场之间通过订单进行交易,一旦交易达成,生产厂家委托物流中心进行货物的配送,物流中心便对相应的车队和发货仓库、收货仓库进行调度,完成一系列的物流配送任务。

1. 生产厂家作业系统

生产厂家代表卖方,其作业系统功能包括发货单管理和结算单管理。

2. 商场作业系统

商场代表买方,其作业系统功能是对发货单进行管理,包括(厂家)发货单确认、(物流中心)发货单确认和发货单查询。

3. 物流中心作业系统

物流中心作业系统功能包括发货单管理、运输距离管理和结算单管理。

4. 车队作业系统

车队作业系统功能包括司机管理、车辆管理和发货单管理。

5. 仓库作业系统

仓库作业系统功能包括发货单管理、出库单管理和入库单管理。

第二节　供应链管理

一、供应链管理概述

（一）供应链

1. 供应链的含义

通常,最终客户消费的产品经历了许多独立企业的业务流程,即从自然界存在的原始状态(如矿山、油田)开始,初始供应商将它们开采出来,提供给下一个供应商,下一个供应商经过加工后再提供给紧随其后的下一个供应商——直到该产品到达最终客户处,得到消费。严格地说,供应链并不是简单的一对一和业务对业务关系的企业链,而是由很多企业和关系形成的错综复杂的网络。供应链又称作需求链、价值链、逻辑工厂、扩充的企业等。

供应链是20世纪80年代后期全球制造和全球经济一体化浪潮下,为克服传统企业管理模式的弊端而形成的一个新概念。其基本思想起源于迈克尔·波特(Michael E. Porter)教授的"价值链(Value Chain)"学说。价值链思想与供应链思想是同流的,具有本质上的一致性。"价值链"学说是当代供应链理论的基石。

我国《物流术语》国家标准中对供应链的定义为:供应链是生产及流通过程中,涉及将产品或服务提供给最终用户活动的上游与下游企业所形成的网络结构。

美国供应链协会(Supply Chain Council)认为:供应链涉及从供应商的供应商到客户的客户的产品生产与交付的一切努力。

供应链是一个业务过程。供应链是围绕核心企业,将供应商、制造商、零售商及至最终客户连成一个整体的功能网链。在供应链中,每一个企业是一个节点,节点企业之间是一种需求与供应关系。目标是通过提供几个组织间业务处理的合作,把制造好的产品从生产线顺利地送到消费者手中,以获得效益。

供应链竞争的理念体现了现代企业间又竞争又合作的新型关系。其中,竞争发生于供应链与供应链之间,而供应链上的企业与企业之间,则是一种双赢(Win-win)的合作关系。竞争优势的取得与否,不完全在乎企业是否拔尖、是否有谋胜的方略,而是取决于整条供应链的构建是否科学、搭配是否合理、整体力量是否出众和无可匹敌。

2. 供应链的运作模式

(1) Push 模式

Push 又称产品驱动模式、推方式供应链,在这种模式下,制造商是主体,零售商根据制造商制造的产品进行销售,企业生产什么,消费者使用什么。

这时企业重视的是物流和企业内部资源的管理,即如何更快更好地生产出产品并推向市场,这是一种"推式"的供应链管理,管理的出发点是从原材料推到产成品、市场,一直推至客户端。

在这种模式下,供应链各节点比较松散,追求降低物理功能成本,属卖方市场下供应链的一种表现。由于不了解客户需求变化,这种运作方式的库存成本高,对市场反应迟钝。

(2) Pull 模式

Pull 模式又称需求驱动模式、拉方式供应链,在该模式下,消费者是主体,制造商根据消费者的需求来组织生产。

随着市场竞争的加剧,生产出的产品必须要转化成利润,企业才能得以生存和发展,为了赢得客户、赢得市场,企业管理进入了以客户及客户满意度为中心的管理。企业不再靠产品质量和价格赢得竞争优势,而是通过在合适的时间将合适的产品送到合适的消费者手中来获得优势。因而企业的供应链运营规则随即由"推式"转变为以客户需求为原动力的"拉式"供应链管理。这种供应链管理将企业各个业务环节的信息化孤岛连接在一起,使得各种业务和信息能够实现集成和共享。

在这种模式下,供应链各节点集成度较高,追求不惜增加物理成本来满足客户差异性需求,属买方市场下供应链的一种表现。这种方式对供应链运作的整体素质要求较高。但能降低库存成本,获取高边际利润。从发展来看,是供应链运作方式发展的主流。

(二)供应链管理

置身于网络竞争环境下,某个企业的最终成功将依赖于对企业复杂的业务关系网络进行集成管理的能力。逐渐地,供应链中很多关系的管理被提炼出来,形成一个体系,这就是供应链管理。供应链管理抓住了企业内愿意配合、企业间愿意集成和管理的机会。供应链管理处理所有的业务流程,展现了企业管理以及企业与供应链成员关系管理的新途径。

1. 供应链管理(Supply Chain Management,SCM)概念

供应链在我国《物流术语》国家标准对供应链管理的定义如下:利用计算机网络技术全面规划供应链中的商流、物流、信息流、资金流等,并进行计划、组织、协调与控制。

全球供应链论坛(GSCF)对供应链管理定义为:供应链管理是从最终用户到

初始供应商的向客户和持股者提供增值的产品、服务和信息的关键业务流程的集成。

美国供应链协会认为：供应链管理贯穿于整个渠道，主要管理供应与需求、原材料与零部件采购、制造与装配、库存与存货跟踪、订单输入、分销和向客户交货。

综上所述，供应链管理的定义可以归纳为：企业为寻求在快速多变的市场中处于领先地位，而对企业所处的供应链中（不论企业内部，还是企业外部）的各种竞争能力和资源进行集成，并对供应链中的各种运作进行同步化、集成化管理，从而形成高度竞争力，为客户提供最大价值的管理技术和方法。

2. 供应链管理的成因

（1）SCM 主要以优化企业外部资源为目的

SCM 是对协作开发、采购供应、生产管理、订单处理、销售渠道、客户服务等在内的生产经营全过程的信息化管理，其中包括信息传递和资源配置的优化、业务流程的再造、价值链激励机制的运作等。传统的供应链就像一家人围在一张小饭桌上吃饭，各夹各的菜。如今的饭桌变得硕大无比，数不清的人围在一起，手臂已经够不着，只能靠相互传递，吃饭的过程变得很复杂了。SCM 使企业实现了整个物流体系的即时协作：分销资源计划（DRP）实现协同销售，使销售渠道畅通；供应商看板管理（KANBAN）使物料需求状况实时传递给供应商，实现零库存。

SCM 就是以终端客户为导向，管理企业间的关系，协调企业间的业务。企业的价值都不是独立存在的，它是以整个供应链体系价值为基础。任何产品或服务的提供，往往需要众多企业携起手来，彼此通力合作才能顺利实现。

（2）实施 SCM 是企业降低交易成本，提高总体竞争力的需要

企业的存在是为了降低交易成本。互联网的普及，急速降低了利用外部资源的交易成本。众多的企业发现，利用外部资源的交易成本远远低于内部的交易成本。如众多的 OEM 厂商将制造业务外包出去，自身专注于开发、设计和市场营销。在这时候，如何有效地利用外部资源就成了现代企业管理者需要重新思考的问题。

现今企业的竞争成了供应链间的竞争。传统的供应链管理思想，强调企业内外之别，在企业间设置墙壁来确认自身的地盘。现代的供应链管理思想是要"推倒企业间的墙壁"来加速商品流、信息流和资金流的流动。供应链上企业间如果不能共享信息，这个供应链就不会有持久的竞争能力。

3. 供应链管理的特点

（1）战略性

供应链管理具有顺应全球经济一体化发展的强大功能。供应链管理需要管理者具有敏锐的战略眼光，能够通过对未来经济发展、市场变化和客户需求的预测，制定出长远的战略发展计划，并在激烈的竞争中保持供应链优势。

（2）过程性

供应链管理是事物发展的过程性和规律性的具体体现，具有很强的时序性、目的性、重复性和不可逆性。例如，在供应链管理过程中，信息流大多是从客户需求开始，通过零售商、分销商、批发商传到制造商那里，然后由制造商传给供应商，从而掌握客户需求；在制成产品后，又通过物流将产品从制造商、分销商、零售商送达客户手中，从而满足客户需求。它改变了企业与客户间的互动方式，由过去企业主导型的"推式"转变成客户主导型的"拉式"，其目的是将正确的产品，在正确的时间，按正确的数量、正确的质量、正确的状态，送到正确的地点，并使总成本最小。

（3）动态性

供应链管理是基于提高企业市场应变能力、及时满足客户需求而出现的一种管理方式。在供应链管理中，所有参与者都应随着市场条件、竞争环境的变化而不断进行调适和变换，而衡量调适和变换的成效如何，则要看参与各方间能否形成积极的互动和良性的循环。供应链的各个要素往往随着企业外部环境的变化而做出相应的调整和变化，并且在调整和变化中发挥各自的最佳作用，实现整体价值的最大化。

（4）信息性

供应链管理的每个部分或要素间的互动都是通过信息沟通来完成的。没有信息，供应链管理的每个部分或要素就会成为彼此孤立，形成"信息孤岛"。在供应链管理中，通过设置物流信息管理系统，可以及时掌握库存产品的数量、品种、位置等，使配送中心及时调配货物，以最便捷的形式满足客户需求。

（5）交叉性

供应链节点企业可以同时是几个供应链的成员，充当不同的角色。众多的供应链纵横交错，形成交叉结构。制造商在某个供应链中，它生产的产品通过销售渠道到达客户手中得到消费；在另一个供应链中，它生产的产品提供给下一个制造商并使产品得到进一步的加工，加工后的产品再通过销售渠道到达最终客户手中。交叉性导致了供应链管理的复杂性，企业在某个供应链管理中与某些上下游企业打交道，而在另一个供应链管理中又与另外一些上下游企业打交道，从而对管理者提出了更高的要求。

4. 供应链管理的目标

总的来说，供应链管理的目标在于获得高用户服务水平和低库存投资、低单位成本，并且寻求两个目标之间的平衡。供应链管理的目标也可以归纳为将合适的产品或服务（Right Product or Service）按照合适的状态与包装（Right Condition and Packaging），以合适的数量（Right Quantity）和合适的成本费用（Right Cost），在合适的时间（Right Time）送到合适的客户（Right Customer）的合适地点（Right Place），并使总成本为最小，即"7R"目标。

(1) 合适的产品服务

这是供应链管理最重要的目标之一，指的是要按照客户提出的品质标准、规格型号向客户提供产品。

(2) 合适的状态和包装

破损的货物不仅对客户毫无价值，而且增加了处置成本和替代产品的运输费用。因此，配送货物的状态与包装对供应链管理目标的实现也非常重要。

(3) 合适的数量

这是指要使客户的订货数量得到完全满足。

(4) 合适的成本费用

对客户来说，合适的成本即是产品或服务价值的竞争性价格的成本。显然，客户想以最低的成本得到最多的价值。通过供应链管理，有效消除了各种浪费与重复，从而使得以最低的成本费用为客户提供最大的价值成为可能。

(5) 合适的时间

这是指完全按照客户提出的时间条件，将货物准时送到客户指定的地点。过早会增加客户的负担，如增加重复劳动、占压库存空间等；太晚则会造成客户缺货，甚至导致客户停产损失。

（6）合适的客户

合适的客户不仅指企业的直接客户，而且包括客户的客户，这是供应链组织的一个显著特点。

（7）合适的地点

一个客户的总装厂可能有多个接货点，合适的配送地点对配送的成功越来越重要。企业越来越注重完成客户期望的配送增值活动，包括直接将产品作为客户的库存配送，将产品零售平面或货架重新布置，按照有助于客户使用的特定顺序堆放产品等。

5. 供应链管理的内容

供应链管理主要涉及四个主要领域：供应、生产计划、物流、需求。供应链管理是以同步化、集成化生产计划为指导，以各种技术为支持，尤其以 Internet/Intranet 为依托，围绕供应、生产作业、物流（主要指制造过程）、满足需求来实施的。

可以将供应链管理细分为职能领域和辅助领域。职能领域主要包括产品工程、产品技术保证、采购、生产控制、库存控制、仓储管理、分销管理。辅助领域主要包括客户服务、制造、设计工程、会计核算、人力资源、市场营销等。

由此可见，供应链管理关心的并不仅仅是物料实体在供应链中的流动，除了企业内部与企业之间的运输问题和实物分销以外，供应链管理还包括以下主要内容。

（1）供应链产品需求预测和计划。

（2）战略供应商和用户伙伴关系管理。

（3）企业内部与企业之间物料管理。

（4）产品设计与制造管理。

（5）节点企业的定位、设备和供应链生产的计划、跟踪和控制。

（6）基于供应链的用户服务。

（7）企业间资金流管理。

（8）内部与交互信息流管理。

供应链管理注重总的物流成本与用户服务水平之间的关系，为此，要把供应链各个职能部门有机地结合在一起，最大限度地发挥出供应链整体的力量，达到供应链企业群体获益的目的。

二、供应链管理与物流管理

（一）供应链管理与物流管理的关系

曾有一个错误的概念，认为物流就是供应链，实际上供应链管理是一个远比物流要大的概念，供应链管理侧重于物流信息与其他信息的集成处理。供应链管理理与物流管理的关系和区别如下。

1. 供应链管理是对互动界面的管理

从管理的对象来看，物流是以存货资产为其管理对象的。而供应链管理则是对存货流动中的商务过程的管理，因此更具有互动的特征。供应链管理是对整个商务过程实施精细的管理和需求管理，订单执行管理、制造流程管理，采购管理和新产品开发及其商品化管理等。在有些企业的供应链管理过程中还包括从环境保护理念出发的商品回收渠道管理。

2. 供应链管理是物流的更高级的形态

事实上，供应链管理也是从物流的基础上发展起来的，在企业运作的层次上，从实物分配开始，到整合物资管理，再到整合相关信息，通过功能的逐步整合形成了物流的概念。从企业关系的层次来看，则有从制造商向批发商和分销商再到最终用户的前向整合，再有向供应商的后向整合，通过关系的整合形成了供应链管理的概念。从作业功能的整合到渠道关系的整合，使物流从战术的层次提升到战略高度。所以，供应链管理实际上是传统物流的逻辑延伸。供应链管理的概念涵盖了物流的概念，用系统论的观点看，物流是供应链管理系统的子系统。所以，物流的运作必须服从供应链管理的整体安排。

3. 供应链管理是协商的机制

物流在管理上是一个计划的机制。主导企业通常是制造商力图通过一个计划来控制产品和信息的流动，与供应商和客户的关系本质上是利益冲突的买卖关系，常常导致存货向上游企业的转移或成本的转移。供应链管理同样制订计划，但目的是为了谋求在渠道成员之间的联动和协调。如 2003 年 3 月，美国联合技术公司在亚洲举行了大型网上拍卖，签发了总额超过 2 亿美元的电机供应合同，该公司为了提高生产周期的运行效率，甚至在互联网上公布生产计划，使其供应商能够更加迅速的对需求变化做出反应。可见，供应链管理是一个开放的系统。它的一个重要的目标就是通过协商分享需求和当前存货水平的信息来减少或消除所有供应链成员企业所持有的缓冲库存。

4. 供应链管理更强调组织外部一体化

物流主要是关注组织内部的功能整合,而供应链管理认为只有组织内部的一体化是远远不够的。供应链管理是高度互动和复杂的系统工程,需要同步考虑不同层次上的相互关联的技术经济问题,进行成本效益权衡。比如要考虑在组织内部和组织之间,存货以什么样的形态放在什么样的地方,在什么时候执行什么样的计划;供应链系统的布局和选址决策,信息共享的深度;实施商务过程一体化管理后所获得的整体效益如何在供应链成员之间进行分配;特别是要求供应链成员在一开始就共同参与制定整体发展战略或新产品开发战略等。

5. 供应链管理对共同价值有着更大的依赖性

作为系统结构复杂性增加的逻辑必然,供应链管理将更加依赖信息系统的支持。如果说物流的运作是为了提高产品到客户可行性的话,那么供应链管理则是首先解决在供应链伙伴之间的信息可靠性问题。所以有时也把供应链看作是基于信息增值交换的协作伙伴之间的一系列关系,互联网为提高信息可靠性提供了技术支持,但如何管理和分配信息则采取供应链成员之间对商务过程一体化的共识程度。所以,与其说供应链管理依赖网络技术,还不如说供应链管理首先是对供应链伙伴的相互信任,相互依存,互惠互利和共同发展的共同价值观的依赖。

6. 供应链管理是"外源"整合组织

与垂直一体化物流不同,供应链管理更多是在自己的"核心业务"基础上,通过协作整合外部资源来获得最佳的总体运作效果,除了核心业务以外,几乎每件事都可能是"外源的",即从公司外部获得的。著名的企业如 Nike、Sun 和 Dell 等,通常外购或外协所有的部件,而自己集中精力于新产品的开发和市场营销。表面上看这些企业是把部分或全部的制造和服务活动以合同形式委托其他企业代为加工制造,但实际上是按照市场的需求,将标准、品牌、知识、核心技术和创新能力等资源通过网络系统来整合或重新配置。

所以,供应链管理是资源配置的更优先的方法,其内在的哲学是"有所为有所不为"。供应链管理在获得外源配置的同时,也将原先的内部成本外部化,有助于清晰的过程核算和成本控制,可以更好地优化客户服务和实施客户关系管理。

（二）第三方物流与供应链管理的关系

第三方物流公司在与客户进行合作时，为使其物流服务能迅速有效地完成，必须要获取关于客户的大量相关信息，其中可能涉及一些商业秘密，这就使许多企业在选择第三方物流时，存在诸多顾虑。为消除这些顾虑，一个可行的办法就是使第三方物流公司和客户企业的关系从"基于交易上"的业务关系向更为一体的、长期的"伙伴关系"转变。这种关系带给双方的明显利益，从本质上说就是一种"双赢"的效果。由于实施了供应链管理的供应链企业通过合同、契约的方式，形成了长期合作、稳定的战略伙伴关系，这就为采用第三方物流运作提供了条件。而且供应链上的企业如果都组建自己的物流系统，显然不经济也没有必要，它们也需要稳定的、长期的第三方物流服务。

第三方物流和供应链管理是一种相互补充、相互需求的关系。采用第三方物流运作方式，供应链上的各个企业可以得到由第三方物流经营者提供的长期、互利互惠的专业性物流服务。反过来，第三方物流的发展也依赖于供应链的管理水平，也就是依赖于供应链中的业务流程整合程度。供应链管理的实施为第三方物流的发展提供了良好的发展环境和巨大的市场需求。因此，第三方物流企业要努力为制造企业、商贸流通企业提供供应链一体化解决方案，通过合作和共享，降低交易成本，实现供应链上下游物流运作整体最优，使物流创造第三利润，促进共同发展。

第三节　供应链管理技术

供应链管理最常见的技术和方法是快速反应（Quick Response，QR）、有效客户反应（Efficient Consumer Response，ECR）、电子订货系统（Electronic Ordering System，EOS）、供应商管理库存（Vendor Managed Inventory，VMI）等。

一、快速反应

（一）概念

快速反应着重点是对消费者需求做出快速反应。它是从美国纺织服装业发展起来的一种供应链管理方法，目的是减少原材料到销售点的时间和整个供应链上的库存,最大限度地提高供应链管理的运作效率。建议零售商与制造商建立战略联盟,并通过快速反应系统来实现销售额的增长,扩大对客户的服务,减少库存量和商品缺货率。

(二)实施步骤

QR 系统强调以信息技术的导入带动整个供应链的运作效率。实施 QR 可分为三个阶段:第一阶段是对所有的商品单元条码化,通过对商品的标准化识别处理加快订单的传输速度;第二阶段在第一阶段的基础上增加与内部业务处理有关的策略,采用自动补货与 EDI 数据交换系统提高业务自动化水平;第三阶段与贸易伙伴密切合作,采用更高级的 QR 策略,消除供应链组织之间的障碍,提高供应链的整体效率,以对客户的需求做出快速反应。

(三)QR 系统的特点

QR 系统强调零售商与制造商通过合作来共同管理零售商库存。以沃尔玛公司为例,其 QR 系统具有以下两个特点。

1. 大力推广和使用 EDI 系统、条码技术和 POS 技术

沃尔玛与合作企业实现 POS 系统的全店导入,从而在整个行业率先实现了供应链中的信息共享。零售商通过对在店铺收银台自动读取的 POS 数据进行整理分析,可以掌握任意时段每类商品的销售数量,分析出不同商品在不同时期的需求情况。供应商共享 POS 数据,可以通过第一手资料对市场需求进行预测分析,并相应地制定自己的生产和交货计划。

在 QR 系统中,供应商在发货前利用 EDI 系统向沃尔玛公司传送预先发货清单,提醒沃尔玛公司做好进货的准备工作,并省去进货数据的输入作业。沃尔玛公司在收到货物时,用扫描仪读取包装箱上的物流条码,将信息存入计算机中,并与预先存储在计算机内的进货清单进行核对,判断到货和发货清单是否一致。在此基础上,利用电子支付系统(Electronic Fund Transfer,EFT)向供应商支付货款。另外,通过进货清单数据和 POS 数据的比较,可以对库存和订货进行管理。

2. 针对预定的库存目标水准,供应商受托进行自动补货

沃尔玛把零售店商品的进货和库存管理的职能转移给供应商,并与供应商共同管理沃尔玛的流通中心。在流通中心保管的商品所有权属于供应商,供应商对 POS 数据和进货清单数据进行分析,把握商品的销售和沃尔玛的库存动向,进而

决定在什么时候以什么方式向哪个店铺发送什么货物。供应商一般以多频度、小数量的方式连续补充库存。

二、有效客户反应

（一）概念及目的

1. 概念

有效客户反应，是分销商和供应商为消除商品分销系统中不必要的成本和费用，给客户带来更大效益而进行密切合作的一种供应链管理方法。

20 世纪 90 年代，美国食品日杂百货业的竞争越来越激烈，在这样的背景下，美国食品市场营销协会联合包括可口可乐和宝洁公司在内的十多家企业一起组成研究小组，对食品业的供应链状况进行调查分析，于 1993 年 1 月提出了改进该行业供应链管理的详细报告，系统地提出了有效客户反应体系。

2. 目的

ECR 旨在消除供应链中不增值的环节，减少成本，提高整个供应链的运行效率，最有效地满足客户的需求。ECR 的优势在于供应链各成员为了提高客户满意度这个共同的目标而相互协作、共享信息并共同出谋划策。

通过 ECR，如计算机辅助订货技术，零售商无须签发订购单，即可实现订货；供应商则可利用 ECR 的连续补充技术，随时满足客户的补货需求，使零售商的存货保持在最优水平，从而提供高水平的客户服务，并进一步加强与客户的关系。

（二）ECR 的组成要素

ECR 包括贯穿供应链的四个核心过程，即开发新产品以满足客户差异性需求，开展促销活动以吸引客户，以最合理的价格、在最合理的时间、以最合理的方式提供客户所需商品，有效地管理库存以消除货物短缺现象。因此，ECR 的战略主要集中在以下四个领域：有效的店铺空间安排（Efficient Store Assortment）,有效的补货（Efficient Replenishment）,有效的促销（Efficient Promotions）和有效的新产品引入（Efficient New Product Introduction）。

ECR 是美国食品日杂百货业针对食品杂货的特点推出的供应链优化方法。ECR 抓住这类商品可替代性高、购买频率高的特性，从对客户需求做出有效反应、提升客户满意度入手，吸引客户的注意力，提高客户的回头率，并以此为中心提出了优化供应链的相应策略。在 ECR 实践中,很多企业特别注重商品分类管理和店铺空间管理,这也正体现了 ECR 以客户为中心的战略思想。

三、电子订货系统

（一）概念

电子订货系统,是指将批发、零售商场所发生的订货数据输入计算机,即刻通过计算机通信网络将资料传送至总公司、批发商、商品供货商或制造商处并完成订货技术。

EOS 能处理从新商品资料的说明直到会计结算等所有商品交易过程中的作业,可以说 EOS 涵盖了整个商流。

（二）作用

电子订货系统在零售商和供应商之间建立起了一条高速通道,使双方的信息及时得到沟通,使订货过程的周期大大缩短,既保障了商品的及时供应,又加速了资金的周转,实现了零库存战略。

1. EOS 系统给零售业带来的好处

（1）压低库存量。

（2）减少交货失误。

（3）改善订货业务。

（4）建立商店综合管理系统。

2. EOS 系统给批发业带来的好处

（1）提高服务质量。

（2）建立高效的物流体系。

（3）提高工作效率。

（4）销售管理系统化。

（三）EOS 的特点

EOS 主要有以下几个特点。

（1）商业企业内部计算机网络应用功能完善,能及时产生订货信息。

（2）POS 与 EOS 高度结合,产生高质量的信息。

（3）满足零售商和供应商之间的信息传递。

（4）通过网络传输信息订货。

（5）信息传递及时、准确。

（6）EOS是许多零售商和供应商之间的整体运作系统，而不是单个零售店和单个供应商之间的系统。

四、供应商管理库存

供应链管理使库存管理体现出集成化管理趋势，在集成化管理思想指导下，企业不再把库存管理看成是企业的内部活动，库存穿过企业边界而在供应链成员间得到管理。这种新的库存管理方法能更充分地利用整个供应链上各企业总的库存空间，提高库存利用率，降低库存成本，保证物品畅通无阻。供应商管理库存便是这类新型库存管理方法中具有代表性的一种策略。

（一）供应商管理库存概念

供应商管理库存是由供应商替代需求方履行对需求方库存进行管理的职责。在企业从根据计划实施生产转变到根据订单实施生产之后，运营流程表现为：需求方根据需要向供应商发出订单，供应商（如制造商）根据订单组织采购、生产和交货。在VMI中，供应商不再根据订单交货，而是基于销售分析和需求方库存情况组织发货。

VMI一方面节约了需求方库存管理成本，另一方面使供应商能更好地掌握市场需求动向并根据实际的或预测的消费需求进行及时补货，因此体现了供需双方的一种合作性策略。在VMI中，供需双方共享销售和库存信息，对未来市场需求进行预测，增强了预测准确性，在安全库存基础上减小了库存和运输风险，同时也缩短了基于订单的货物供给滞后时间。

（二）VMI的实施的原则

1. 自愿和协调原则

VMI建立在供需双方自愿的基础之上，供应商自愿管理需求方的库存，需求方自愿将库存管理权转让给供应商。在具体操作中，需要双方本着相互信任和透明的原则，该公开的地方公开，该共享的信息共享，坦诚相待。

2. 客户至上原则

VMI的服务对象是最终客户，供需双方制定的所有VMI策略都应围绕客户这个中心展开。供应商不能因为拥有管理需求方库存的权力而从自己便利的角度出发随意补货,而应努力掌握市场需求的第一手资料,使所有的补货建立在实际销售和对客户需求的分析预测基础之上。需求方在库存管理放权的基础之上,可集中更多的精力进行销售和客户管理,如建立客户档案、进行客户跟踪、POS 与相关技术的结合应用等。

3. 目标一致原则

在 VMI 策略下,不论是处于顺境还是逆境,供应商与需求方都拥有一致的目标。在顺境形势下,供应商不能因为库存属于需求方而缺乏责任心,或从本身利益出发而滥用权力。在逆境形势下,需求方不应过分地为难供应商,而应与供应商一起出谋划策,共渡难关。

4. 成本最小原则

VMI 追求整个供应链成本最小目标,而不是单方成本降低或成本在供应链成员间的转嫁。成本最小原则有利于双方抛开眼前利益,减缓由于冲突带来的成本转移,并抱着合作精神从长远角度对整个供应链的发展进行决策,以此提升整个供应链的竞争优势。

(三) 实施的具体内容

1. 建立供应商和需求方合作协议

为了保证 VMI 实施的正常运行,双方应共同协商制定合作协议,确定订单处理的业务流程及库存控制的有关参数,如补充订货点、最低库存水平、安全库存水平、货物所有权、付款方式、信息传递方式等。

2. 权力转让和机构调整

在制定好合作协议之后,供需双方都要进行一定的机构调整以适应 VMI 的实施。供应商要扩大管理范围,或者说将库存管理业务流程延伸到需求方,对本企业的库存和需求方的库存进行集成管理。需求方可撤销库存管理机构,并将库存管理权转让给供应商。

3. 构建信息系统

VMI 在某种程度上主要反映出供应链中供应商和需求方之间的信息快速响应关系,而供应链系统的复杂性使得供应商与需求方之间的信息交流变得复杂,如供应链的多层次性可能扭曲需求信息。因此,VMI 需要高效率的信息系统提供保障。VMI模式下,双方信息系统的构建和联通能保证供应商打破时空阻隔,像管理自己的库存一样对需求方库存进行管理。信息系统是VMI投入运行的基础,也是供需双方集成的基础。

4. 为最终客户建档

为了有效地对库存进行管理,必须能够获得最终客户的有关信息。通过建立客户的信息库,跟踪客户购货行为,可掌握不同地区、不同时段、不同年龄和不同职业的客户需求变化的有关情况。供需双方应共建、共享最终客户信息并共同对市场需求进行预测。

5. 建立监督机制

VMI是一个动态发展的过程,不同的合作伙伴在VMI策略实施中会遇到不同的问题,同一合作伙伴间的VMI在不同时期也会面临不同的挑战。为了保证VMI实施的顺利展开,有必要建立一个监督机制,对VMI的实施进行监督。

(四)案例:沃尔沃发动机公司的VMI导航项目

瑞典沃尔沃(Volvo)是一个全球发动机装配中心,一直致力于供应链的优化。2002年1月,沃尔沃发动机公司率先实行VMI导航计划,供应商主要是Dayco和Horda,其供货的库存价值约占沃尔沃发动机组装中心全部库存价值的80%。为了节约库存空间,压缩库存占用资金,沃尔沃发动机公司决定将库存管理转移到供应商一方,以腾出更多资金进行核心业务(发动机研制)方面的投资。Olsson作为第三方物流公司,主要负责将沃尔沃发动机公司需要的数量繁多的零部件由两个重点供应商Dayco和Horda的仓库运到组装中心仓库,还负责运送沃尔沃发动机公司与所有VMI有关的运输任务,送货次数达每天3次。所有送货实行现货交收,送货和到货完全按照生产需求情况执行。沃尔沃发动机公司组装的精密发动机需要1000多个零部件,以前,为了维持日常生产的需要,这些零部件必须提前进货,从而占用了公司内部很大的库存,人力、物力和财力的消耗也很大。

原来沃尔沃发动机公司的零部件库存一部分位于供应商仓库,一部分位于组装中心仓库。组装中心根据生产需求发出指令,由第三方物流公司将库存送到组装中心的仓库中备用,然后进行内部周转,而这种内部周转不会带来任何增值。改进后的流程是将供应商的仓库位置从供应商所在地转移到组装中心附近,由第三方物流公司负责按实际生产要求的信息,将货物从供应商处运送到沃尔沃发动机公司附近的供应商仓库。在按实际需要转移到组装线上之前,货物所有权归供应商所有。

在新的供货流程中,沃尔沃发动机公司要将基于市场销售情况所制定的生产计划信息传达给供应商 Dayco 和 Horda,Dayco 和 Horda 则根据这些信息生成订单,并根据订单着手本公司的相关采购和运输协调任务。与此同时,负责运输的第三方物流公司也可得到订单需求信息,从而有助于及时安排运力调度。总之,在新的供货流程中,供应商、制造商和运输公司三方能够通过共享信息,实现共赢的目标。

VMI 的实施产生了两方面的效果:一是优化了整体供应链资源,使制造商的生产活动扩大到整个供应链层次,上下游企业形成了有机整体,呈现出良好的利益依存关系,避免了由供应链交叉所带来的负面影响;二是通过信息交换,减少了不必要的周转和浪费,消除了传统供应结构中采购方居于主导地位而牺牲供应商利益的情况。

小 结

物流指物品从供应地向接收地的实体流动过程。根据实际需要,将运输、储存、装卸、搬运、包装、流通加工、配送、信息处理等基本功能实现有机结合。物流本身不创造物品的使用价值,但创造时间价值和场所价值。物流管理是以实现企业发展战略为目标的,以此为基础,物流管理追求以低物流成本向客户提供优质的服务,强调与生产管理和销售管理协同,提高物流效率。物流管理的目标原则可以归纳为"7R"和"3S1L"。物流的具体功能即是物流系统所具有的基本能力,包括运输、仓储、包装、装卸搬运、流通加工、配送以及与其相联系的物流信息处理。它们相互联系,构成物流系统的功能组成要素。现代物流企业为提高竞争能力,满足客户需要,还提供具有增值性的服务功能。

物流是电子商务的重要组成部分,是实现电子商务的最重要、也是其最终的环节,缺少了现代化的物流,电子商务过程就不完整。与此同时,电子商务也提高了物流的地位,并对物流提出更高的要求。电子商务物流的特点主要是信息化、社会化、自动化、网络化、柔性化、智能化。电子商务公司采取的物流模式一般有企业自营物流、借助传统流通渠道、物流企业联盟及第三方物流等模式。第三方物流是电子商务企业物流的主要运作方式,也是电子商务发展的必然要求。第三方物流的成因是多方面的,其中最主要的是企业为了保持竞争优势、降低成本,减轻物流负担的需要。第三方物流服务提供一种集成运输模式,它使供应链的小批量库存补给变得更为经济。

供应链是生产及流通过程中,涉及将产品或服务提供给最终用户活动的上游与下游企业所形成的网络结构。供应链的运作模式分为 Push 模式和 Pull 模式。前者属卖方市场下供应链的一种表现,这种运作方式的库存成本高,对市场反应迟钝。后者属买方市场下供应链的一种表现,是供应链运作方式发展的主流。

供应链管理是伴随着供应链竞争理念的出现而在管理领域形成的一个崭新的管理思想和方法。其成因主要是为优化企业外部资源,降低交易成本,提高总体竞争力的需要。供应链管理也是从物流的基础上发展起来的,但供应链管理是一个远比物流要大的概念,供应链管理侧重于物流信息与其他信息的集成处理,实际上是传统物流的逻辑延伸。用系统论的观点看,物流是供应链管理系统的子系统。所以,物流的运作必须服从供应链管理的整体安排。

供应链管理最常见的技术和方法是快速反应(Quick Response,QR)、有效客户反应(Efficient Consumer Response,ECR)、电子订货系统(Electronic Ordering System,EOS)、供应商管理库存(Vendor Managed Inventory,VMI)等。

思考题

1. 名词解释

物流　第三方物流　供应链管理　VMI　有效客户反应　配送

2. 简答题

(1) 物流管理的目标是什么?

(2) 什么是物流?物流的功能有哪些?

(3) 电子商务与物流有何关系?

(4) 什么是第三方物流?有何特征?

(5) 什么是供应链?它有哪几种运作模式?

（6）简述电子商务物流模式，分析各种模式的主要优缺点。

（7）简述供应链管理和物流管理的关系。

（8）简述供应链管理的主要技术。

（9）简述 VMI 的含义、实施的原则和具体内容。

3. 论述题

试论述企业间实施供应链管理的原因及特点。

💬 实验操作

1. 访问宝供物流网站（http://www.pgl-world.com），浏览网站内容，了解宝供网站的技术与服务、物流网络等内容。

2. 访问顺丰速运网（http://www.sf-express.com），浏览网站内容，体验网上寄件、自助查询等服务。

第九章 电子商务安全管理

NetEye 防火墙保障中国人民银行合肥中心支行网络安全

作为高科技犯罪的典型代表之一,银行网络安全事故近两年来在国内频频发生。近几年来,互联网上连续出现的假银行网站事件曾经轰动一时。一个行标、栏目、新闻、图片样样齐全的假冒中国银行网站,竟然成功划走了呼和浩特一名市民银行卡里的 2.5 万元。且随后不久,假工行、假农行、假银联网站也相继跟风出现。而早在 2003 年下半年,我国香港地区也曾出现不法分子伪冒东亚、花旗、汇丰、宝源投资及中银国际网站。2004 年 2 月的一段时间,长沙发生利用木马病毒盗窃网络银行资金案,造成损失达 8 万余元,直到现在谈起木马病毒,很多人仍然心惊胆战。

中国人民银行合肥中心支行是中国人民银行领导下的省级分行,作为央行的分支系统,在数据大集中趋势尽显的今天,其网内数据呈现出几何量级快速增长的态势。中国人民银行合肥中心支行每天都会发生数亿笔银行内部、银行之间、银行与企业之间的存款、取款、交易、支付、结算业务,也就是说每天都会面临对海量数据和繁杂数据信息的种种处理任务,比如对数据的过滤、关联、评价、检索、提取、摘录、核查,等等,而更重要的是这些巨量业务,绝大部分都要通过网络完成。

在目前病毒种类繁多、新型病毒尤其是混合型病毒层出不穷的网络环境下,其危险性之高可想而知。而与此同时,为保障人民银行对外提供业务服务的质量而时时对外开放的大量业务数据、办公公文等电子数据信息资产,也必须要通过保障内联服务器的永续运行,才能确保外界能够对其实现不间断访问,从而实现全行信息资源和系统资源的共享,及总行、大区行与各分支行之间的信息传输。但是,如何适应大范围网络环境的集中管理,减少银行信息系统的脆弱性,最终建设起一个可以长期适合银行发展的信息安全管理中心,一直是一个令人头疼的课题。

其实说起来,上述问题的解决并不十分困难,只要有一个能够实时分析报警、并对内网服务器网段的流量进行深层次入侵行为分析,及记录完备日志审计以便事后取证追溯的网络访问监控设备,一切难题就可迎刃而解。经过反复论证,银行最终选中东软的 NetEye 防火墙。

随后一年多的运行使用过程中,业务系统平稳运行能力被中国人民银行合肥中心支行内部的工作人员所认可。更为重要的是,其将种种原因造成的宕机成功减小到最低程度的同时,还有出乎中国人民银行合肥中心支行意料的强大突发事件处理能力。中国人民银行合肥中心支行负责人告诉记者:"银行数据处理有着时间性非常强的特点,比如每天临下班和年终结算的时候,数据量都会非常大,因此就要求所安装的防火墙能够承载与处理这种突发事件。但以往使用过的很多防火墙恰恰是在这一点上能力不足——平时倒没什么问题,但一遇到突发的、大数据量的情况,就容易发生堵塞,或者处理不了的状况,对银行的工作影响相当大。但东软的这款产品至今没有出现什么毛病。"

此外,听从专业技术人员的建议,中国人民银行合肥中心支行还把一台以前一直直接放在内网里面、外部能访问的服务器搬到了一个隔离区里,从而使外网的人只能到这里来读取数据,大大降低了危险发生的概率。银行网络安全事故的频发,其实与银行网络本身就存在的种种安全隐患有着密不可分的因果关系。所以说,网络安全其实是一个系统的、全局的管理问题,网络上的任何一个漏洞,都会导致全网的安全问题。因此银行系统在营业一线严抓管理、狠抓规章制度的制定和落实的同时,还必须积极主动地咨询专业人士,通过种种科技手段,运用识别技术、存取控制、密码、低辐射、容错、防病毒、高安全产品等专业措施,从技术上堵住各种安全漏洞,使不法犯罪分子无可乘之机。

了解计算机网络存在的安全威胁以及电子商务交易过程中的安全需求；熟悉为实现这些安全需求的安全技术，如数字加密技术、数字摘要技术、数字签名技术、认证技术、防火墙技术等；掌握为实现在线支付安全的两种常用的安全支付协议——SSL 协议和 SET 协议。

第一节　计算机网络安全概述

在计算机网络出现的最初几十年里，它主要应用于军事系统内部、各大学的研究人员之间传送电子邮件，以及共同合作的职员之间共享打印机。在这种情况下，安全性未能引起足够的重视。

但现在，以 Internet 为主的计算机网络正以惊人的速度发展着，在提高人们工作效率的同时，也在改变着人们的生产和生活方式，众多的普通市民可使用网络来处理银行业务、购物和纳税等。计算机网络能够取得如此巨大的成功，在很大程度上得益于网络所具有的开放性和匿名性等特征。但是，也正是因为这些特征也决定了网络不可避免地存在着各种安全威胁和隐患，网络安全正逐渐成为一个潜在的巨大问题。

一、网络安全的概念

国际标准化组织 ISO 对计算机系统安全的定义是：为数据处理系统建立和采用的技术和管理的安全保护，包括计算机硬件、软件和数据不因偶然和恶意的原因而遭到破坏、更改和泄漏。由此也可以将计算机网络的安全理解为：通过采用各种技术和管理措施，使网络系统正常运行，从而确保网络系统的保密性、完整性和可用性。

迄今为止可以将网络安全分为两大类：物理安全和逻辑安全。物理安全是指在物理介质层次上对存储和传输的信息的安全保护，它是信息安全的最基本保障；逻辑安全是指使用非物理手段或措施对存储和传输的信息的安全保护。

二、网络安全威胁

网络安全威胁是指网络中对存在缺陷的潜在利用,这些缺陷可能导致信息泄漏、系统资源耗尽、非法访问、资源被盗、系统或信息被破坏。针对网络安全的威胁来自很多方面,并且会伴随着信息技术的进步而不断变化。这里只介绍几个主要的方面。

（一）物理威胁

目前计算机和网络中所涉及的物理威胁主要有以下几个方面。

（1）自然火害（如地震、水灾和火灾等）、物理损坏（如硬盘损坏、设备使用寿命到期和外力破损等）和设备故障（如停电或电源故障造成设备断电等）。

（2）窃取。包括窃取设备、信息和服务等。

（3）废物搜寻。指从已报废的设备（如废弃的硬盘、软盘、光盘等）中搜寻可以进一步利用的信息。

（4）间谍行为。指采取不道德的手段来获取有价值的信息的行为,如搭线窃听等。

（5）假冒。指一个实体假扮成另一个实体后,在网络上从事非法操作的行为。

（6）操作失误（如删除文件、格式化硬盘和线路拆除等）和意外疏忽（如系统掉电、操作系统死机等系统崩溃）。

此外,像电磁辐射、线路破坏或线路干扰也属于物理威胁的范围。

（二）系统漏洞威胁

系统漏洞是指在方法、管理或技术上中存在的缺陷（有时也称为 Bug）,而这些缺陷可以致使系统的安全性降低。"堡垒是最容易从内部攻破的",外部的攻击往往是从系统内部的缺陷或漏洞开始的。目前,系统漏洞主要包括软件缺陷、硬件缺陷、网络协议缺陷和人为的失误等。

（三）身份鉴别威胁

所谓身份鉴别是指对网络访问者的身份（主要有用户名和对应的密码等）真伪进行鉴别。目前,身份鉴别威胁主要包括以下几个方面。

1. 口令圈套

常用的口令圈套是通过一个编译代码模块实现的。该模块是专门针对某一些系统的登录界面和过程而设计的,运行后与系统的真正登录界面完全相同。该模块一般会插入到正常的登录界面之前,所以用户先后会看到两个完全相同的登录界面。一般情况下,当用户进行第一次登录时系统会提示登录失败,然后要求重新登录。其实,第一次登录的用户名和密码并未出错(除非真的是输入有误),而仅仅是一个圈套,它会将正确的登录数据写入到数据文件中。

2. 口令破解

这是最常用的一种通过非法手段获得合法用户名和密码的方法。

3. 编辑口令

编辑口令需要依靠操作系统的漏洞,如果部门内部的人员建立一个虚设的账号,或修改一个隐含账号的密码,这样任何知道这个账号(指用户名和对应的密码)的人员便可以访问这个系统。

(四)有害程序威胁

计算机和网络中的有害程序是相对的,例如有些程序不是出于恶意目的,却被恶意利用。有害程序的威胁主要包括以下几个方面。

1. 病毒

计算机病毒是指编制或在计算机程序中插入的能破坏计算机功能或者毁坏数据,影响计算机的正常使用,并能自我复制的一组计算机指令或程序代码。通常认为,计算机病毒具有隐蔽性、传染性、潜伏性、破坏性等基本特征。

2. 逻辑炸弹

逻辑炸弹是嵌入在某个合法程序里面的一段代码,被设置成满足某个特定条件时就会发作。逻辑炸弹具有病毒的潜伏性。一旦条件成熟导致逻辑炸弹爆发,就会改变或删除数据或文件,引起计算机关机或完成某个特定的破坏性操作。

3. 特洛伊木马

特洛伊木马是一个包含在合法程序中的非法程序,该非法程序被用户在不知情的情况下执行。一般的木马都有客户端和服务器端两个执行程序,其中客户端程序是攻击者进行远程控制的程序,而服务器端程序即是木马程序。攻击者如果想要通过木马攻击某个系统,其先决条件是要想办法把木马的服务器端程序植入到要控制的计算机中。

4. 间谍软件

它是一种新的安全威胁，可能在浏览网页或者安装软件时，在不知情的情况下被安装到计算机中。间谍软件一旦安装就会监视计算机的运行，窃取计算机上的重要信息或者记录计算机的软件、硬件设置，严重危害计算机中的数据和个人隐私。

（五）网络信息污染

信息污染主要是指由非法信息、有害信息、无用信息或计算机病毒对网络或网络用户造成的危害。由于世界各国的国情和法律依据不同，对这些信息（尤其是非法信息和有害信息）的解释，分类也不同。但一般说来，包括如下的一些信息。

（1）制造社会混乱、危害国家安全的信息。

（2）破坏经济、商业秩序的信息。

（3）危害网络安全的信息。

（4）人身攻击、骚扰，侵犯他人利益的信息等。

第二节　电子商务安全威胁和安全需求

一、电子商务的安全问题

商务运作的一系列过程都体现着参与商务行为各方的权利、责任、义务和利益。传统的商务交易过程中，买卖双方是面对面的，因此很容易保证交易过程的安全性和建立信任关系。而电子商务作为商务活动的全新运作模式，一方面，它为全球客户提供了丰富的商务信息、简捷的交易过程和低廉的交易成本；另一方面，它可能把人们引进了安全陷阱。在电子商务过程中，买卖双方通过网络来联系，彼此可能相距千里，所有的交易活动都在基于 Internet 的电子商务平台上完成。这样许多传统意义下形成的解决办法不能简单地照抄照搬，在只有数字化、电子化交往和约定的情况下，如何建立相互信任，如何确立责、权、利，如何提供有法律依据的凭证是亟待解决的问题。

电子商务是利用计算机网络来实现的,计算机网络的安全威胁也就必然带来一系列电子商务的安全性问题,使得某些别有用心的人有机可乘。多年来中国互联网络信息中心的调查发现,安全问题一直是影响我国电子商务得到广泛应用的较为突出的问题之一。

概括起来,电子商务面临的安全问题主要涉及信息的安全问题、信用的安全问题、安全的管理问题和电子商务的法律保障问题。

（一）信息的安全问题

从技术上看,电子商务面临的信息安全问题主要来自以下几个方面。

1. 冒名他人身份

冒充他人身份,如冒充领导发布文件、调阅密件等;冒充他人消费、栽赃;利用源 IP 地址欺骗攻击,冒充主机欺骗合法主机或合法用户,窃取信息;冒充网络控制程序,套取或修改使用权限、密码或密钥等信息;接管合法用户,欺骗系统,占用合法用户的资源。

2. 系统进入

未授权人通过一定的手段进入到系统内部,从而实现了对系统资源的占领,轻易地实现了对用户信息的篡改、窃取和非法使用。这种威胁是致命的,因为入侵者不仅可以轻易地盗取系统资源、发布虚假信息,还可能在系统内植入木马、后门程序等来破坏系统进行正常工作。这些未经授权的访问者也俗称为"黑客"（Hacker）。

3. 截获数据

攻击者可能通过互联网、公共电话网、搭线或在电磁波辐射范围内安装截收装置等方式,截获传输的机密信息或通过对信息流量和流向、通信频度和长度等参数的分析,获得有价值的信息,如消费的银行卡账号、密码等。

4. 篡改数据

攻击者可能从三个方面破坏信息的完整性。

（1）篡改。改变信息流的次序,更改信息的内容,如篡改购买商品的收货地址等。

（2）删除。删除某个消息或消息的某个部分。

（3）插入。在消息中插入一些信息,让收方读不懂或接收错误的信息。

5. 信息重放

"信息重放"攻击方式,就是攻击者在截获网络上的相关信息后,并不将其破译,而是把这些数据再次发给有关的服务器,以实现其恶意的目的。

6. 伪造电子邮件

伪造电子邮件包括虚假开设网站和网上商店给用户发电子邮件,收取订货单。伪造大量用户发电子邮件,会穷尽商家资源,使合法用户不能正常访问网络资源,使有严格时间要求的服务不能及时得到响应。伪造用户发电子邮件,还可以窃取商家的商品信息和用户信用等信息。

（二）信用的安全问题

信用的安全问题主要来自三个方面。

1. 来自买方的信用安全问题

对于个人消费者来说,可能存在网络上使用信用卡进行支付时恶意透支,或使用伪造的信用卡骗取卖方的货物行为;对于集团购买者来说,存在拖延货款的可能;此外,购买者存在确认了订单而事后不承认的可能。这些都使得卖方需要为此承担安全风险。

2. 来自卖方的信用安全问题

卖方不能按质、按量、按时送寄消费者所购买的货物,或者不能完全履行与集团购买者签订的合同而不承认原有的交易,造成买方的安全风险。

3. 买卖双方都存在抵赖的情况

由于缺乏可靠的安全机制保证,买卖双方都抵赖曾经发生过的交易也时有发生。

（三）信息的管理问题

严格管理是降低电子商务风险的重要保证,特别是在网络商品中介交易的过程中,客户进入交易中心,买卖双方签订合同,交易中心不仅要监督买方按时付款,还要监督卖方按时提供符合合同要求的货物或服务。在这些环节上,都存在着大量的管理问题。防止此类问题的安全风险需要有完善的制度设计,形成一套相互关联、相互制约的制度群。

目前,人员管理常常是电子商务安全管理上最薄弱的环节。近年来我国计算机犯罪大都呈现内部犯罪的趋势,其主要原因就是工作人员职业道德修养不高、安全教育和管理松懈。另外,电子商务管理上的漏洞也带来较大的交易安全问题。

此外,目前现有的信息系统、中小规模的电子商务网站大多数都缺少安全管理员,缺少信息系统安全管理的技术规范,缺少定期的安全测试和检查,更缺少安全监控。

(四)安全的法律保障问题

电子商务的技术设计是先进的、超前的,具有强大的生命力。但同时也应该清楚地认识到,目前我国相关的法律制度建设滞后于电子商务的发展。因此在网上交易可能会承担由于法律制度滞后而造成的安全风险。

二、电子商务的安全需求

电子商务面临的安全问题和威胁导致了对电子商务安全的需求。为了保障网上交易各方的合法权益、保证能够在安全顺利的前提下开展电子商务活动,在电子商务系统中以下基本安全需求必须得到满足。

(一)信息的保密性

开展电子商务的一个很大的安全威胁就是敏感的商业信息或个人信息(包括信用卡号、用户名、地址或个人喜好方面的信息等)被窃取。例如,信用卡的账号和用户名被他人知悉,就有可能被盗用;订货和付款的信息被竞争对手获悉,就有可能丧失商机。信息的保密性就是指信息在以电子化方式传送时,保证一些敏感信息不被泄露。

信息的保密性通常是通过加密技术来隐藏数据项来实现的。但信息仍可能通过其他方式泄露出去的,如某个观测人员可以监听发送给某个特定地址的消息数目、大小、频率等,而不需要看到这些信息的内容。

(二)信息的完整性

信息的完整性是指信息在以电子化方式传送时,保持信息未被修改过,发送方和接收方都希望确保接收到的信息同发送方发送的信息没有任何出入。数据的完整性被破坏可能导致贸易双方信息的差异,将影响贸易各方的交易顺利完成,甚至造成纠纷。保证各种数据的完整性是电子商务应用的基础,它需要防止数据的丢失、重复、插入、修改以及保证传送次序的一致。

数据的完整性通常可采用提取消息摘要的方法来验证。

（三）身份的真实性

网上交易的双方很可能素昧平生，相隔千里。要使交易成功，首先要确认对方的身份。对于商家要考虑客户是不是骗子，而客户也会担心网上的商店是否是一个玩弄欺诈的黑店。因此能方便而可靠地确认对方身份是交易的前提。

目前主要采用认证技术对各方身份真实性进行认证。

（四）不可否认性

由于商情千变万化，交易一旦达成是不能被否认的，否则必然会损害一方的利益。不可否认性是防止一方对交易或通信发生后进行否认。在无纸化的电子商务方式下，不可能像在传统的纸面交易中通过手写签名和印章进行双方的鉴别，一般通过电子记录和电子合约等方式来表达。

目前，防止抵赖主要通过数字签名技术来实现。

（五）系统的可用性

可用性或称即需性，是指保证商业信息及时获得和保证服务不被拒绝。在电子商务过程中，参与各方能否及时进行数据交换，关系到电子商务的正常进行。破坏即需性后，计算机的处理速度非常低，低到一定程度就会影响电子商务系统的正常运行。如果正常客户要求的服务被拒绝，那将失去大量的客户。

保证系统的可用性一般通过杀毒软件、防火墙技术来防范。

（六）信息的访问控制性

信息的访问控制性是防止对进程、通信及信息等各类资源的非法访问。安全管理人员要求能够控制用户的权限，分配或终止用户的访问、操作、接入等权利，使系统拒绝为未被授权者提供信息和服务。

保证信息的访问控制性一般通过身份认证、防火墙等技术来实现。

三、电子商务的安全措施

解决电子商务安全问题需要从管理、技术和法律等方面综合考虑，三者缺一不可。下面分别从安全管理制度、安全技术和法律制度三个方面介绍电子商务安全管理的措施和方法。

（一）电子商务安全管理制度

依据国家计算机应急响应中心发布的数据，在所有的计算机安全事件中，约有 52% 是人为因素造成的,25% 由火灾、水灾等自然灾害引起,技术错误占 10%,组织内部人员作案占 10%,另有 3% 左右是由外部不法人员的攻击造成。简单归类,属于管理方面的原因比重高达 70% 以上,这正应了人们常说的"三分技术、七分管理"的箴言。因此,企业在开始开展电子商务时就应当形成一套完整的、适应网络环境的电子商务安全管理制度。健全的电子商务安全管理制度的成功制定和有效实施是保证网上交易和商务活动安全顺利进行的重要基础。这些安全管理制度应当包括以下内容。

1. 建立组织机构和人员管理制度

从组织体制和管理上下功夫,加强组织机构建设、人员的安全意识教育和职业道德教育、技术培训和人员的选择,严格执行多人负责原则、任期有限原则、最小权限原则和职责分离原则,建立一套行之有效的安全管理措施和手段。

2. 保密制度

保密制度需要建立完善的保密体系,确定安全防范的重点,提出相应的保密措施,并加强对密钥的管理。

3. 跟踪、审计制度

跟踪制度是要求企业建立电子商务网络交易系统的日志机制,用来记录系统运行的全过程。审计制度包括经常对系统日志的检查、审核,及时发现对系统故意入侵行为的记录和对系统安全功能违反的记录等。

4. 系统日常维护制度

包括软硬件的日常维护工作、数据备份工作等。

5. 病毒防范制度

电子商务从业人员应具备较强的病毒防范意识,给计算机系统安装防杀病毒软件并及时升级病毒库,不打开陌生地址的电子邮件,建立病毒的定期清理制度。

6. 应急措施和制度

在紧急事故发生时,利用各种应急措施和制度来保障系统继续运行或紧急恢复,如采用远程磁盘镜像技术、数据库恢复技术等,使损失减至最小。

(二)电子商务安全技术

电子商务安全技术涉及电子商务交易方自身网络安全技术、电子商务信息传输安全技术、网上身份和交易信息认证技术以及电子商务安全支付技术等四个方面。

1．电子商务交易方自身网络安全技术

为维护参与电子商务活动的交易者自身网络和系统的安全性，可以采取的技术包括：防火墙技术、病毒防治技术、虚拟专用网技术和入侵检测技术等。

2．电子商务信息传输安全技术

要保证电子商务信息传输过程中的信息机密性和完整性，一般可采用信息加密技术和数字摘要技术来实现。

3．网上交易信息和身份认证技术

安全认证技术是保障电子商务安全交易的一项重要技术。安全认证包括交易信息认证和身份认证，前者用于保证通信双方的不可否认性和交易信息的完整性，后者用于鉴别用户身份，保证交易双方身份的真实性。主要依赖数字签名技术、数字证书和认证技术等来完成。

4．电子商务安全支付技术

保障电子商务在线支付的安全是网上交易者、商家和金融机构最为关注的问题之一。为解决这一难题，一些 IT 公司和金融机构一起开发了安全在线支付协议，目前在电子商务活动中得以广泛采用的主要有 SSL 安全套接层协议和 SET 安全电子交易协议。

（三）电子商务安全法律制度

通过法律制度来规范和制约在线商务活动中人们的思想和行为，将电子商务安全纳入到规范化、法制化和科学化的轨道，是保障电子商务得到长远发展的根本。

第三节　电子商务的主要安全技术

一、数据加密技术

（一）数据加密概述

加密技术是最基本的信息安全技术，是实现信息保密性的一种重要手段，目的是为了防止除合法接收者以外的人获取敏感机密信息。所谓信息加密技术，就是用基于数学方法的程序和保密的密钥对原始信息进行重新编码，把计算机数据变成一堆杂乱无章难以理解的字符串从而隐藏信息的内容,也就是把明文变成密文的过程。这样,即使非法接收者得到密文,也无法辨认原文;而对于合法的接收者,因为其掌握正确的密钥,可以通过解密过程得到原始信息。

1. 数据加密经常用到的术语

(1)明文

人或机器能够读懂和理解的信息称为明文,它可以是文本、数字化语音流或数字化视频信息等。

(2)密文

通过数据加密的手段,将明文变换成晦涩难懂的信息称为密文。

(3)加密过程

加密过程是指将明文转换成密文的过程。

(4)解密过程

解密过程是指加密的逆过程,即将密文转换成明文的过程。

(5)密钥

密钥是用于加、解密的钥匙,它是控制明文与密文之间变换的关键。密钥可以分为加密密钥和解密密钥,分别使用于加密过程和解密过程。

(6)密码体制

密码体制是实现加密和解密过程的特定算法。

2. 加密系统的两种基本形式

(1)对称加密系统,也称为私有密钥加密系统。

(2)非对称加密系统,也称为公开密钥加密系统。

两种加密系统各有不同的特点,采用不同的方式来提供安全服务。

(二)对称加密系统

1. 概念

对称加密又叫作私有密钥加密,其特点是数据的发送方和接收方使用同一把私有密钥,即把明文加密成密文和把密文解密成明文用的是同一把私有密钥。这就要求通信双方必须都要获得这把钥匙并保持它的秘密。对于一个比较好的对称加密系统来说,除非在解密时能提供正确的密钥,否则是不可能利用解密功能来获得明文信息的。

利用私有密钥进行对称加密的过程有如下几个步骤。

①发送方用自己的私有密钥对要发送的信息进行加密。

②发送方将加密后的信息通过网络传送给接收方。

③接收方用发送方进行加密的那把私有密钥对接收到的加密信息进行解密，得到信息明文。

整个加解密过程如图9-1所示。

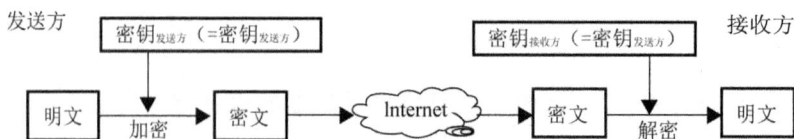

图9-1 对称加解密过程

2. 典型的加密算法

（1）数据加密标准DES

由IBM公司开发的DES(Data Encryption Standard)于1977年被美国国家标准局(NBS)接纳为美国联邦标准，又于1981年被采纳为金融业标准，是近20年来用于保护政府及商业部门的非机密数据的主要算法。DES综合运用了置换、替代、代数等多种密码技术，把信息分成64位大小的块，使用56位密钥，迭代16轮。

（2）国际信息加密算法IDEA

IDEA（International Data Encryption Algorithm）是1991年在瑞士ETH Zurich由James Massey和Xuejia Lai发明，于1992年正式公开的。此算法使用长达128位的密钥，可有效地消除任何试图穷尽搜索密钥的可能性。

（3）高级加密标准AES

基于近年来对DES存在安全隐患的认识，1997年美国国家标准和技术研究所（NIST）发起了征集AES(Advanced Encryption Standard)算法的活动，并成立了专门的AES工作组，目的是要建立更强大的加密算法标准来替代DES。经过多年的遴选，比利时密码专家Joan Daemon博士和Vincent Rijmen博士设计的Rijndael数据加密算法最终获得认可。AES算法的密钥长度可以为128位、192位或256位。

除此之外，对称加密算法还包括：3DES、RC4、RC5等。

3.对称加密系统的优缺点分析

(1)对称加密的优点

使用对称加密系统对信息进行加密和解密具有计算量小、加密速度快、效率高的优点,一般广泛应用于对大量数据文件的加、解密过程中。

(2)对称加密的缺点

①密钥的安全分发过程比较复杂和困难。密钥是对称加密系统保密通信安全的关键,通信双方必须要持有同一把密钥,且不能让他人知道,一旦密钥泄露,信息就失去了保密性。所以发信方必须安全、妥善地把密钥送到收信方。如何才能把密钥安全地送到收信方,是对称加密技术的突出问题。

②密钥的管理工作巨大。其规模很难适应互联网这样的大环境,因为如果某交易方有 n 个贸易关系的话,那他就要维持 n 把专用密钥;如果整个网络上有 n 个贸易方要求两两通信的话,总需要的密钥数将达到 $n(n-1)/2$。

③不能保证互不认识的人第一次通讯的安全保密需求。

(三)非对称加密系统

1.概念

非对称加密又称为公开密钥加密。公开密钥密码体制出现于 1976 年,在采用公开密钥加密系统进行数据的加解密时要使用一个密钥对,其中任选一个用于加密(予以公开,称为加密密钥或公开密钥 PK),而另一个则用于解密(保密持有,称为解密密钥或私有密钥 SK);加密算法 E 和解密算法 D 也都是公开的,PK 与 SK 成对出现,它们在数学上彼此关联,但不能从公开的公开密钥 PK 推断出私有密钥 SK。

2.非对称加密系统加解密算法的特点

(1)用加密算法 E 和加密密钥 PK 对明文 X 加密后,再用解密算法 D 和解密密钥 SK 解密,即可恢复出明文。

(2)加密算法和加密密钥不能用来解密。

(3)在计算机上可以容易地产生成对的 PK 和 SK。

(4)从已知的 PK 实际上不可能(或者说很难)推导出 SK。

3.非对称加密系统对于信息的加密和解密过程

(1)发送方用接收方的公开密钥对要发送的信息进行加密。

（2）发送方将加密后的信息通过网络传送给接收方。

（3）接收方用自己的私有密钥对接收到的加密信息进行解密，得到信息明文。

整个加解密过程如图9-2所示。这个过程又称为公开密钥加密系统的加密模式。

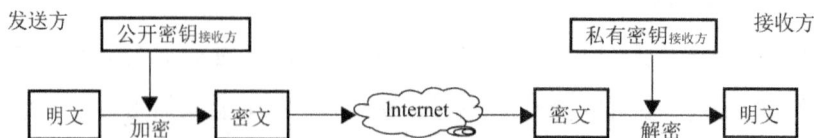

图9-2　非对称加解密过程

4. 典型算法——RSA

目前著名的公开密钥加密系统是于1978年由美国麻省理工学院的三位教授Ronald Rivest、Adi Shamir和Leonard Adleman联合发明的，所以一般把三位教授姓名的首位字母结合起来，称其为RSA加密算法。RSA是第一个成熟的、迄今为止理论上最为成功的公开密钥密码体制。它的安全性基于数论中的欧拉（Euler）定理和计算复杂性理论中的下述论断：求两个大质数的乘积相对容易，但要分解两个大质数的乘积，求出它的质因子则是非常困难的。RSA加解密过程由密钥生成、加密过程和解密过程三部分组成。

除此之外，非对称加密算法还包括：Elgamal算法、DSA算法等。

5. 非对称加密系统的优缺点分析

（1）非对称加密系统具有的优点

①由于公开密钥加密必须要由两个密钥的配合使用才能完成加密和解密的全过程，因而有助于加强数据的安全性。

②密钥少而便于管理。网络中的每一个贸易方只需要妥善保存好自己的解密密钥，则n个贸易方仅需要产生n对密钥。

③不需要采用秘密的通道和复杂的协议来传送、分发公开密钥。

④ 可以通过公开密钥加密技术实现数字签名。

（2）非对称加密系统的缺点

但公开密钥加解密也有缺点，主要是加解密速度很慢，所以它不适合于对大量文件信息进行加解密，一般只适合于对少量数据（如对密钥）进行加解密。

（四）两种加密系统的结合使用

正是因为对称加密系统和非对称加密系统各有所长，所以在实际应用中，往往将它们结合起来使用，即对于要传输的数据使用对称加密系统加密，而对称加解密过程的密钥则使用非对称加密系统加密，这样既保证了数据安全又提高了加解密的速度，以起到扬长避短的目的。

发送方和接收方对文件进行加密和解密时的实际应用如图9-3所示。

具体过程由如下几步组成。

（1）发送方生成一个共享会话密钥，并对要发送的信息用该密钥进行对称加密。

（2）发送方用接收方的公开密钥对会话密钥进行加密。

（3）发送方把加密后的信息和加密后的私有密钥通过网络传送到接收方。

（4）接收方用自己的私有密钥对发送方传送过来的加密后的会话密钥进行解密，得到双方共享的会话密钥。

（5）接收方用会话密钥对接收到的加密信息进行解密，得到信息的明文。

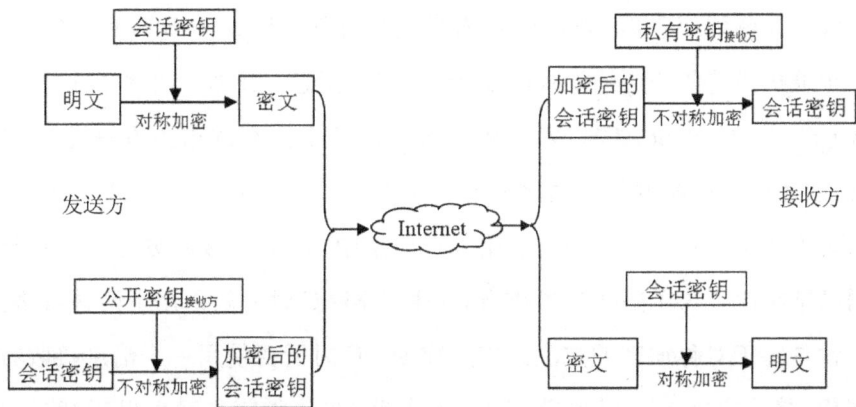

图9-3　两种加密系统的结合使用过程

二、数字摘要技术

假定从发送方给接收方的消息不需要保密，但接收方需要确保该消息在传输过程中没有被篡改或伪造过，这就需要使用进行信息完整性保护的一些技术。

数字摘要技术包括消息验证码和散列函数两种方法。

（一）消息验证码 MAC

消息验证码（Massage Authentication Code，MAC）也称为完整性校验值或信息完整性校验值。MAC 是附加的数据段，是由信息的发送方发出，与明文一起传送并与明文有一定的逻辑联系。MAC 的值与输入信息的每一位都有关系，如果在消息中的任何一位发生了改变，则就会产生出不同的 MAC 值，接收方就能知道该消息的完整性已遭到了破坏。图 9-4 给出了消息验证码的使用过程。

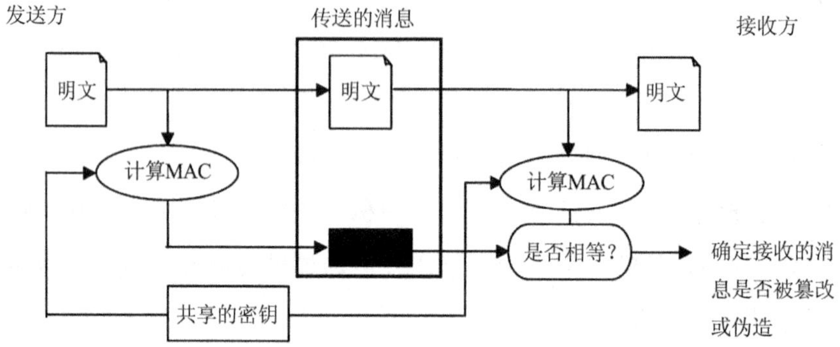

图 9-4　消息验证码 MAC

接收方在收到信息后，利用信息内容重新计算 MAC，并比较两个 MAC 值。这类似于通信系统的普通错误校验过程，例如在消息上附加一个称为循环冗余校验值（Cyclic Redundancy Check，CRC）的数据字段。不过这里有一个主要的不同，即必须考虑到可能发生的蓄意攻击。如果某个主动的攻击者改变了消息，那就无法防止攻击者重新计算和替换附加在消息中的 CRC，接收方也就不可能觉察到数据已被篡改。为了防止这类攻击，在生成 MAC 时一般采用了两种策略。

一种是基于对称加密的方法。在生成 MAC 时需要使用一个消息接收方也知道的密钥，接收方拥有可以生成 MAC 的密钥，在接收信息时可以对消息内容与MAC 是否一致进行确认。这样，如果消息被篡改了，就肯定能检查出来。

另一种是基于散列函数的方法。

（二）散列函数

散列函数一般用在数字签名中生成信息摘要（又被称之为消息摘要或数字摘要），它是一种单向函数，可以把大量的信息映射成相对较小的信息范围（例如，一条上百万位长度的信息，经过散列函数的操作，得到的输出信息只有 160 位长）。

此外它还具有以下特征。

（1）函数必须是真正单向的，也就是说不可能（或者说很难）根据散列形成的摘要来重新计算出原始的信息。

（2）散列计算不可能对两条消息求出相同的摘要，哪怕只有一位改变，摘要就完全不同。

这两条缺少任何一条都可能导致无法利用散列函数生成的数字摘要来判断消息的完整性。

散列函数典型的算法有 SHA－1 算法和 MD5 算法。

三、数字签名技术

（一）数字签名技术原理

数字签名技术是实现交易安全的核心技术之一，它的实现基础是加密技术。

传统书信或文件是根据签名或印章来证明其真实性的，但在计算机网络中传送的信息报文又如何盖章以证明身份呢？这就是数字签名要解决的问题。

数字签名必须保证接收者能够核实发送者对报文的签名；发送者事后不能抵赖对报文的签名；接收者不能伪造对报文的签名。

利用公开密钥加密系统的验证模式来实现简化的数字签名的过程如图 9－5 所示。

（1）发送方 A 用自己的私有密钥对要发送的信息加密，形成数字签名。

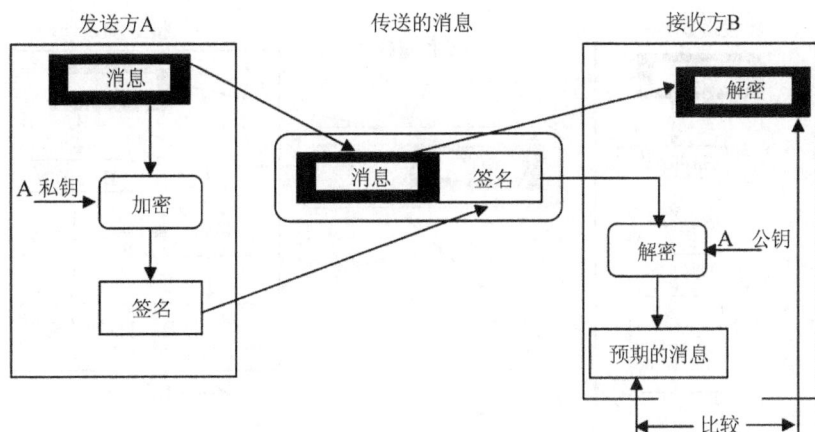

图 9－5 简化的数字签名过程

（2）发送方 A 将数字签名附在消息后通过网络传送给接收方 B。

（3）接收方 B 用发送方 A 的公开密钥对接收到的签名信息进行解密,得到信息明文。

（4）接收方将解密得到的消息与接收到的消息进行比较,若两者相同,则说明消息未被篡改过,并能确认该消息和数字签名是发送方 A 的。

因为除发送方 A 自己外没有人知道他的私有密钥 SK_A,那么除 A 外没有别人能产生密文 $SK_A(X)$,即数字签名;所以借助数字签名技术可以确定消息的发送方,可以确定消息自发出后未被篡改过。同时若 A 要抵赖曾发送报文给 B,B 可将消息原文 X 及签名 $SK_A(X)$出示给第三方,第三方很容易用 A 的公开密钥 PK_A 去证实 A 确实发送消息 X 给 B。反之,如果 B 将 X 伪造成 X′,则 B 在第三者面前出示 $SK_A(X')$就会露出马脚,因为 B 不知道 SK_A,这样就证明 B 伪造了报文 X。

可以看出通过数字签名能够实现对原始报文的鉴别,保证信息传输过程中信息的完整性、保证信息发送者的身份认证以及不可否认性。

（二）基于散列函数的数字签名技术

不难发现上述实现数字签名的过程存在着一定的问题,特别是用于处理和通信的成本过高,因为公开密钥加密系统加解密速度本来就比较慢,而这里加密和解密又不得不对整个信息内容进行,并且发送的数据量至少是原始信息的两倍。为了进行改进,可以运用散列函数来进行处理。

利用散列函数的数字签名过程如图 9-6 所示。

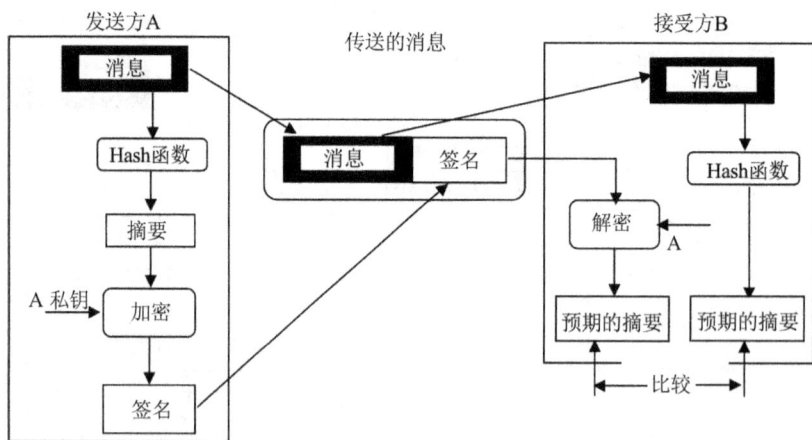

图 9-6　结合散列函数的数字签名过程

（1）发送方对要发送的消息运用散列函数形成数字摘要。

（2）发送方用自己的私有密钥对数字摘要进行加密，形成数字签名。

（3）发送方将数字签名附在消息后通过网络传送给接收方。

（4）接收方用发送方的公开密钥对接收到的签名信息进行解密，得到数字摘要。

（5）接收方运用同样的散列函数对接收的消息形成数字摘要。

（6）接收方对两个数字摘要进行比较，若两者相同，则说明消息未被篡改过，并能确认该消息和数字签名是发送方的。

四、数字证书和认证技术

（一）数字证书和认证技术概述

通过数字签名技术，可以实现对通信方身份的确认和验证，但要求验证签名的一方必须知道签名和信息发送方的公开密钥；同时如果想使用公开密钥加密系统给对方发加密信息，也需要通信对方（即接收方）的公开密钥。这就涉及公开密钥的分发和认证问题。

在分发公开密钥时并不需要保密，但必须保证公开密钥的完整性。也就是说，不能给攻击者任何替换密钥值的机会，因为这些密钥是一方所信赖的其他方的公开密钥。否则，就有可能会发生如下形式的攻击：比如，假定接收方正在对声称是由发送方进行数字签名的信息进行验证，但这时，冒名顶替者伪造了信息并用他自己的私有密钥签名，还用他的公开密钥代替了接收方所认为的发送方的公开密钥，这样使用了替换后的公开密钥接收方对数字签名进行的检查当然认为是正确的。由此，攻击者成功地伪造了发送方。

所以，公开密钥的分发并不是像在电话号码簿中公布电话号码那么简单，除非所有的用户对这样的目录及相应的访问具有高度的信任感，但事实证明这类信任是很难实现的。由此便引出了需要以数字证书的形式来进行公开密钥的分发，围绕数字证书的签发和管理就引出了相关的技术和管理框架——认证技术和公开密钥基础设施（PKI）。

1. 认证机构

认证机构（Certificate Authority，CA）又称为认证中心、证书授权机构，是承担网上认证服务、签发和管理数字证书、能确认用户身份的受大家信任的第三方机构。作为电子商务的认证授权机构,认证中心通常是企业性的服务机构,主要任务是受理数字证书的申请、签发以及对数字证书进行管理。认证机构是保证电子商务安全的关键,是公正的第三方,它为建立身份认证过程的权威性奠定了基础,为交易的参与方提供了安全保障,为网上交易构筑了一个相互信任的环境,解决了网上身份认证、公钥分发以及信息安全等一系列问题。

目前在全球处于领导地位的认证中心是美国的 Verisign 公司。Verisign 公司所提供的数字证书服务遍布世界各地,提供了我们在前文所提到的所有三类数字证书,即个人数字证书、服务器数字证书和开发者数字证书。

国内比较知名的认证中心有:中国数字认证网(www.ca365.com)、中国金融认证中心(www.cfca.com.cn)、北京数字证书认证中心(www.bjca.org.cn)、中国电子邮政安全证书管理中心(www.chinapost.com.cn/CA/index.htm)、上海市数字证书认证有限公司(www.sheca.com)等。

2. 注册机构

认证机构 CA 与其用户或数字证书申请人间的交互工作常是由注册机构(Registeration Authority,RA)来完成的。RA 负责对证书申请者进行资格审查,决定是否同意给该申请者发放证书,并承担因审核错误和为不符合资格的证书申请者发放证书所引起的一切后果。

3. 证书库

证书库是证书的集中存放地,它与网上"黄页"类似,是网上的一种公用信息库,用户可以从此处获得其他用户的证书、公钥以及证书撤销表 CRL 等信息。系统必须确保证书库的完整性,防止伪造、篡改证书。

4. 密钥备份及恢复系统

如果用户丢失了用于解密数据的密钥,密文数据将无法被解密,造成数据丢失。为避免这种情况的出现,PKI 应该提供备份与恢复解密密钥的机制。

5. 证书作废处理系统

证书在 CA 为其签署的有效期内也可能需要作废。作废证书一般通过将证书列入作废证书表(Certificate Revocation List,CRL)来完成。

6. 客户端证书处理系统

客户端证书与浏览器有关,证书申请人可以通过浏览器申请、下载证书,并安装在浏览器上使用。

(二)数字证书

1. 数字证书概述

由于在电子商务交易中,买卖双方在交易过程中互不照面,即使某一方知道他所收到的数据是完整、保密、未经篡改的,但仍有一点无法知道,那就是对方是否以假冒身份在进行交易诈骗。因此就需要有一种事物来表明自己的身份,以示自己是一个合法的用户或合法的商家。电子商务中的数字证书就是这样一种由权威机构发放的用来证明身份的事物。

数字证书,又称为公开密钥数字证书,是一种由可信任的认证机构 CA 颁发的,将某用户的身份(证书主体)与他所持有的公开密钥安全地结合在一起的数据结构,在结合之前由一个 CA 来证实该用户的身份,然后由其对包含该用户的身份及对应公钥的数据文件进行数字签名,以证明数字证书的有效性。一个用户的数字证书就是一个具有公证效果的将公开密钥与所有者的身份信息相联系的"数字身份证",从而能够实现公开密钥的真实性鉴别。

2. 数字证书的内容和结构

数字证书中一般包含证书持有者(证书主体)的名称、公开密钥、认证机构的数字签名,此外还包括证书的有效时间、认证机构的名称以及该证书的序列号等信息。交易伙伴之间可以利用数字证书来交换彼此的公开密钥。

国际电信联盟 ITU 在制定的 X.509 标准中,对数字证书进行了详细的定义,该标准等同于国际标准化组织(ISO)与国际电工委员会(IEC)联合发布的 ISO/IEC 9594 - 8:195 标准。

一个标准的 X.509 数字证书包含如下内容:证书的版本信息;证书的序列号(每个证书都有一个唯一的证书序列号);证书所使用的签名算法;证书的发行机构名称;证书的有效期;证书所有人的名称;证书所有人的公开密钥;证书发行者对证书的签名。

3. 数字证书的功能

以电子邮件为例,数字证书可以实现如下功能。

（1）通过第三方认证机构发放的数字证书安全可靠地分发用户的公开密钥。CA 中心为用户发放的证书是一个有该用户的公开密钥及个人信息并经过可信任的证书授权中心数字签名的文件。由于 CA 的数字签名使得攻击者不能伪造和篡改证书，因此证书便向接受者证实了某人和某机构对公开密钥的拥有。

（2）保密性。在发送电子邮件时，可使用收件人的数字证书对电子邮件加密。这样，只有收件人才能阅读加密的邮件，在 Internet 上传递的电子邮件信息不会被人窃取，即使发错邮件，收件人也无法看到邮件内容。

（3）身份验证。在 Internet 上传递电子邮件的双方互相不能见面，所以必须用一种能确定对方身份的方法。例如，利用发件人数字证书在传送前对电子邮件进行数字签名即可确定发件人身份，而保证不是他人冒充的。

（4）完整性。利用发件人数字证书在传送前对电子邮件进行数字签名不仅可确定发件人身份，而且传递的电子邮件信息也不能被人在传输过程中修改。

（5）不可否认性。由于发件人的数字证书只由发件人唯一拥有，故若发件人利用其数字证书在传送前对电子邮件进行数字签名，发件人就无法否认发过这个电子邮件。

4. 数字证书的类型

数字证书一般分为三种类型。

（1）个人数字证书

个人数字证书（Personal Digital ID）仅仅用于为某个用户提供凭证，一般安装在客户浏览器上，以帮助其个人在网上进行安全交易。利用个人数字证书可以发送带有个人签名的电子邮件，也可以利用对方的数字证书向对方发送加密邮件。

（2）企业（服务器）数字证书

企业数字证书（Server ID）用于为网上的某个企业 Web 服务器提供凭证。拥有 Web 服务器的企业就可以利用具有企业数字证书的互联网站点进行安全的电子交易，可以开启服务器 SSL 安全通道，使用户浏览器和服务器之间的数据传送以加密的形式进行。

（3）软件（开发者）数字证书

软件数字证书（Developer ID）用于为软件开发者提供凭证，证明该软件的合法性。利用软件数字证书可以为软件做数字标识，在互联网上进行安全的传送；

同时当用户从互联网上下载软件时,软件数字证书与微软的认证码(Authentic Code)技术共同提供了他们所需要的软件信息和对该软件的信任。

在上述的三类数字证书中前两类是常用的证书,第三类则用于比较特殊的场合。大部分认证机构都只提供前两类证书,能提供全部三类证书的认证机构不多。

5. 利用数字证书实现信息安全——数据信封技术

数据信封技术结合了对称加密技术、公开加密技术、摘要签名技术、数字证书认证等来保证数据的传输安全。它使用两个层次的加密,在外层使用公开密钥加密技术,享受公开密钥技术的灵活性和安全性;内层使用对称加密技术,享受到对称加密的高效性,且内层的对称密钥长度通常较短,使得公开密钥加密的相对低效率被限制在最低限度。同时通过数字证书和数字签名技术可以实现安全分发公开密钥、验证通信对方身份和验证数据的完整性。

(三)公开密钥基础设施

公开密钥基础设施(Public Key Infrastructure,PKI),又称公钥体系,是一种遵循标准的密钥管理平台,它能够为所有网络应用透明性地提供采用公钥加密和数字签名等密码服务所必需的密钥和证书管理。它是一种采用公钥加密技术为电子商务的开展提供一套安全基础平台的技术和规范,用户可利用 PKI 平台提供的服务进行安全通信。

PKI 基础设施采用数字证书来管理公钥,通过第三方的可信任机构——认证机构 CA 把用户的公钥和用户的其他标识信息捆绑在一起,以验证用户的身份。PKI 必须具有权威认证机构 CA 在公钥加密技术基础上对数字证书的产生、管理、存档、发放以及撤销作废进行管理的功能,包括实现这些功能的全部硬件、软件、人力资源、相关政策和操作程序,以及为 PKI 体系中的各成员提供全部的安全服务。

一个有效的 PKI 系统必须是安全的和透明的,用户在获得加密和数字签名服务时,不需要详细地了解 PKI 是怎样管理数字证书和密钥的。一般而言,一个典型、完整、有效的 PKI 应用系统应具有下述功能:公钥数字证书的管理;证书撤销表的发布和管理;密钥的备份和恢复;自动更新密钥;自动管理历史密钥;支持交叉认证。

一般而言,PKI 主要由认证机构 CA、注册机构 RA、证书库、密钥备份及恢复系统、证书作废处理系统、客户端证书处理系统等基本成分组成。

五、防火墙技术

(一)什么是防火墙

防火墙(Firewall)指的是一个由软件和硬件设备组合而成的,在可信网络和非可信网络之间(如内部网和外部网之间、专用网与公共网之间)的界面上构造的保护屏障。

防火墙能保障网络用户访问公共网络时具有最低风险,与此同时,也保护专用网络免遭外部袭击。所有的内部网和外部网、专用网与公共网之间的连接都必须经过此保护层,在此进行各种检查、认证和连接。只有被授权的通信才能通过此保护层,从而使得内部网络与外部网络、专用网络与公共网络在一定意义下隔离;这样可以防止非法入侵和非法使用系统资源,执行安全管理措施,记录所有可疑的事件。

(二)防火墙的分类及原理

根据防范的方式和侧重点的不同,防火墙可分为三大类。

1. 数据包过滤

数据包过滤(Packet Filtering)技术是在网络层对 IP 数据包进行选择,选择的依据是系统内设置的过滤逻辑,被称为访问控制表(Access Control List,ACL)。通过检查数据流中每个数据包的源地址、目的地址、所用的端口号、协议状态等因素,或通过检查它们的组合来确定是否允许该数据包通过。

数据包过滤防火墙逻辑简单,价格便宜,易于安装和使用,网络性能和透明性好。它通常安装在路由器上。路由器是内部网络与 Internet 之间必不可少的连接设备,因此在原有网络上增加这样的防火墙几乎不需要任何额外的费用。

数据包过滤防火墙的缺点有两点:一是非法访问,一旦突破防火墙,即可对主机上的软件和配置漏洞进行攻击;二是数据包的源地址、目的地址以及 IP 的端口号都在数据包的头部,很有可能被窃听或假冒。

2. 应用级网关

应用级网关(Application Level Gateways)是在网络应用层上建立协议过滤和

转发功能。它针对特定的网络应用服务协议,使用指定的数据过滤逻辑,并在过滤的同时,对数据包进行必要的分析、登记和统计,形成报告。实际中的应用通常安装在专用工作站系统上。

数据包过滤和应用网关防火墙的共同特点是它们仅仅依靠特定的逻辑判定是否允许数据包通过。一旦满足逻辑,则防火墙内外的计算机系统直接建立联系。防火墙外部的用户便有可能直接了解防火墙内部的网络结构和运行状态,这有利于实施非法访问和攻击。

3. 代理服务

代理服务(Proxy Service)也称链路级网关或 TCP 通道(Circuit Level Gateways or TCP Tunnels),也有人将它归于应用级网关一类。它是针对数据包过滤和应用网关技术的缺点而引入的防火墙技术,其特点是将所有跨越防火墙的网络通信链路分为两段。外部计算机的网络链路只能到达代理服务器,从而起到了隔离防火墙内外计算机系统的作用。此外,代理服务也对过往的数据包进行分析、注册登记,形成报告,当发现被攻击迹象时会向网络管理员发出警报,并保留攻击痕迹。

应用级网关和代理服务方式的防火墙大多是基于主机的,价格比较贵,但性能好,安装和使用也比数据包过滤的防火墙复杂。

(三)防火墙的优缺点

1. 防火墙的优势

(1)防火墙可以作为内外部网络之间的安全屏障。防火墙系统决定了哪些内部服务可以被外界访问,外界的哪些人可以访问内部的服务,以及哪些外部服务可以被内部人员访问。

(2)防火墙限制了企业网 Intranet 对 Internet 的暴露程度,避免 Internet 网的安全问题对 Intranet 的传播。

(3)作为网络安全的集中监视点。防火墙可以记录所有通过它的访问,并能提供统计数据,提供预警和审计等功能。

(4)防火墙是设置网络地址翻译器 NAT(Network Address translator)的最佳位置。Internet 的发展突飞猛进,目前使用的网际协议 IP(Internet Protocol)发生了地址枯竭危机,防火墙的这一用途是应付这种危机的有效方法之一。

2. 防火墙的局限性

防火墙是保护 Intranet 免受外部攻击的极有效方式,它应是整体网络安全计划中的重要组成部分,但同时必须注意到防火墙并非是万能的,它具有以下局限性。

(1) 防火墙不能阻止来自内部的破坏。只要简单地断开网络连接,防火墙便可以阻止系统的用户通过网络向外部发送信息。但如果攻击者已在防火墙内,那么防火墙实际上不起任何作用。

(2) 防火墙不能保护绕过它的连接。防火墙可以有效地控制通过它的通信,但对不通过它的通信毫无办法。例如某处允许通过拨号方式访问内部系统。

(3) 防火墙无法完全防止新出现的网络威胁。防火墙是为防止已知威胁而设计的。虽然精心设计的防火墙也可以防止新的威胁,但没有一种防火墙会自动抵抗所出现的任何一种新威胁。

(4) 防火墙不能防止病毒。尽管许多防火墙检查所有外来通信以确定其是否可以通过内部网络,但这种检查大多数是对源目的地址及端口号进行的,而不是对其中所含数据进行的。即使可以对通信内容进行检查,由于病毒的种类太多且病毒在数据中的隐藏方式也太多,所以防火墙中的病毒防护并不实用。

六、入侵检测技术

入侵检测(Intrusion Detection)是一种主动安全保护技术,它在不影响网络性能的前提下,对网络进行监控,从计算机网络的若干关键点收集信息,通过分析这些信息,查看网络中是否有违反安全策略的行为和遭到攻击的迹象,从而提升系统管理员的安全管理能力,提高信息安全基础结构的完整性。

按照检测方式的不同,入侵检测技术可分为实时入侵检测和事后入侵检测。

实时入侵检测在网络的连接过程中进行,通过攻击识别模块对用户当前的操作进行分析,一旦发现攻击迹象就转入攻击处理模块,如立即断开攻击者与主机的连接、搜集证据或实施数据恢复等。

事后入侵检测是根据计算机系统对用户操作所做的历史审计记录,判断是否发生了攻击行为,如果有,则转入攻击处理模块。事后入侵检测通常由系统安全管理人员定期或不定期进行的。

入侵检测系统的核心功能包括数据收集和数据分析。数据收集就是收集入侵的证据。入侵检测系统对可能攻击的分析和识别是通过攻击识别模块完成的，攻击识别模块采用的分析技术大致可分为三种：模式匹配、统计分析和完整性分析。

七、虚拟专用网技术

在现实中，一个企业可能分布在不同的地理位置上。要将这些地理上分散的部分连接成一个专网，传统的办法是使用专线。显然，这样成本是极高的。

虚拟专用网（VPN）指的是在公用网络上建立专用网络的技术，即通过对网络数据的再封包和加密传输，在公用网络上传输私有数据，形成一个逻辑上的专用网络。它具有专用网的功能，但本身并不是一个独立的物理网络。可以说 VPN 是一种建立在公用网之上的局域网。

所谓"虚拟"，是指 VPN 是一种仿真物理连接的逻辑连接，而不是固定的物理连接，任意两个结点之间没有传统专用网所需的端到端的物理链路，而是利用公用网络资源动态组成。所谓"专用"，说明它在功能上等同于传统的专用网络，具备内部局域网相同的安全性、易管理性和稳定性，可以被当作专用网来使用。

VPN 的基本处理过程如下。

（1）要保护的计算机系统发送明文信息到相应的 VPN 设备。

（2）VPN 设备根据网络管理员设置的规则，确定是对数据进行加密还是直接传送。

（3）对需要加密的数据，VPN 设备将其整个数据包（包括要传送的明文数据、源 IP 地址和目标 IP 地址）进行加密并附上数字签名，加上新的数据报头（包括目的地 VPN 设备需要的安全信息和一些初始化参数），重新进行封装。

（4）将封装后的数据包通过隧道在公用网上传送。

（5）数据包到达目的 VPN 设备后，将数据包解封、核对数据签名无误后，对数据包解密。

VPN 技术综合采用了隧道技术、加解密技术、身份认证技术和密钥管理技术等，从而在各 VPN 设备间形成了一些跨越公用网的虚拟通道——"隧道"，使得敏感信息只有预定的接收者才能读懂，实现信息的安全传输，使信息不被泄露、篡改和复制。在 VPN 技术保护下,通过账号和密码验证,我们就可以在外地轻松地进入本单位的内部网浏览和下载相关信息和数据。

第四节　电子商务安全交易协议

随着 Internet 在我国的迅猛发展,电子商务已逐渐成为人们进行商务活动的新模式,越来越多的人通过互联网从事在线商务活动。但 Internet 的开放性使其网络安全具有脆弱性,而实现电子商务的关键是要求保证整个商务活动的安全性。

2006 年 7 月中国互联网络信息中心发布的《第 18 次中国互联网络发展状况统计报告》通过大量调查研究表明:在网民不进行网上交易的诸多原因中认为交易安全性得不到保障的占到 61.5%,远比担心产品质量、售后服务、付款不便及送货不及时等其他原因要高得多;在对网民进行网络购物时采取的结款方式进行调查发现,采取网上支付(信用卡或储蓄卡)的占到 73.8%。所以如何保证网上安全支付是当前我国电子商务发展的关键环节之一。

为了保证电子商务在线支付安全,目前主要有 SSL 协议和 SET 协议,本节将对这两个协议进行比较分析。

一、安全套接层协议(SSL)

(一)SSL 协议简介

安全套接层协议(Secure Socket Layer,SSL),最初是由网景(Netscape)公司推出的一种安全通信协议,它基于 TCP/IP 的客户端/服务器(C/S)应用程序提供了服务器和客户端的鉴别、数据完整性及信息机密性等安全措施,旨在保证客户与所联系的服务器之间的安全会话。

(二)SSL 协议的体系结构

SSL 协议工作在 TCP/IP 体系结构的应用层和传输层之间,利用传输层 TCP 协议提供可靠的端到端安全传输,并且与应用层协议独立无关,应用层协议(如 HTTP、FTP、Telnet 等)能透明地建立在 SSL 协议之上。

SSL 不是一个单独的协议,而是两层结构,即 SSL 记录协议和记录协议之上的三个子协议组成。其中最主要的两个子协议是记录协议和握手协议。

1. SSL 握手协议

SSL 握手协议是位于 SSL 记录协议之上最重要的子协议,被 SSL 记录协议所封装,可让服务器和客户机在传输和接收应用数据之前,交换 SSL 协议版本信息、相互认证鉴别、协商加密算法和加密密钥;客户机提出自己所能支持的全部算法清单,服务器选择最适合它的算法,从而完成通信前的一系列参数协商,为 C/S 双方通信建立起安全连接。

SSL 协议同时使用对称加密和公钥加密算法。前者在速度上比后者要快很多,但是后者可以实现更加可靠的安全验证。为了综合利用这两种方法的优点,SSL 用公钥加密算法使服务器端在客户端得到验证,并传递对称密钥,然后再用对称密钥来更快速的加密、解密数据。

当支持 SSL 的浏览器首次连接至安全 Web 服务器时,在初始化阶段,浏览器和服务器使用握手协议互通安全信息,从而在通信双方之间建立安全传输通道,具体实现以下功能。

(1) 在客户端验证服务器,SSL 协议采用公钥方式和 X.509 格式数字证书进行身份认证,需要 CA 的参与。

(2) 在服务器端验证客户(可选的)。

(3) 客户端和服务器之间协商双方都支持的加密算法和压缩算法。

(4) 产生对称加密算法的会话共享密钥。

(5) 建立加密 SSL 连接,这样经过认证的双方在本次通信的自始至终就可以用会话密钥进行安全通信了。

2. SSL 记录协议

最低层是 SSL 记录协议,它基于可靠的传输层协议,从高层接收到数据后对它们进行分段、压缩和加密等处理,最后由传输层发送出去。在发送端,SSL 记录协议对来自高层的数据进行分组,对每一分组进行压缩(使用在握手阶段双方协商好的压缩算法),并计算其 MAC 数据,然后将他们一起加密(使用在握手阶段 C/S 双方协商好的对称加密算法和会话共享密钥),经由传输层发送出去;在接收端,SSL 记录协议对来自传输层的数据进行解密取出压缩分组,计算其 MAC 数据,并与解密后的接收数据携带的 MAC 数据进行比较,如相同则保证了数据的完整性,最后将压缩分组解压缩并重新组合成原来的数据传输给高层。通过这一过程为 SSL 连接确保了消息的机密性和完整性。另外在 SSL 协议中,所有的传输数据都被封装在记录中,故 SSL 记录协议也规定了记录头和记录数据的格式。

综上所述,SSL 协议能提供三方面的服务:认证用户和服务器,确保数据被发送到正确的客户机和服务器上;加密数据,确保信息传递过程中的机密性;维护数据的完整性,确保数据在传输过程中不被改变。这样在线支付过程中 SSL 协议就可以保证信用卡号码以及其他信息只会被认证过的服务器安全获取。

（三）SSL 协议评价

由于 SSL 协议被大部分 Web 浏览器和 Web 服务器所内置,很容易被应用;凡构建于 TCP/IP 协议簇上的 C/S 模式需要进行安全通信时,都可以使用。目前很多网上支付系统通过在 SSL 连接传输信用卡号的方式来构建,在线银行和其他金融系统也常常构建在 SSL 之上。

但 SSL 最初并不是为支持电子商务而设计的,致使 SSL 提供的保密连接也有较大的漏洞。

（1）除了传输过程外,SSL 不能提供任何安全保证,并不能使客户确信此公司接收信用卡支付是得到授权的。

（2）SSL 不对应用层的消息进行数字签名,故不能提供交易的不可否认性。

（3）客户认证是可选的,那么无法保证购买者就是该信用卡的合法拥有者。

（四）SSL 和 HTTP 相结合的使用介绍

目前,我国多家银行均结合使用 SSL 协议与 HTTP 协议,实现了电子商务系统中的实时支付。这里主要介绍中国工商银行的网上银行。

进入中国工商银行首页,点击上图中的"个人网上银行登录"按钮。这时浏览发出安全警报,开始建立安全连接,参见图 9-7 中左侧窗口的验证安全证书,再参见图 9-7 中右侧窗口,用户点击"确认"按钮开始建立安全连接。

图 9-8 显示个人网上银行页面上的安全连接已经建立,浏览器右下角状态栏的锁形图案表示用户通过网页传输的用户名和密码都将通过加密方式传送。带 SSL 的 HTTP 为 https,如图中地址栏所示。

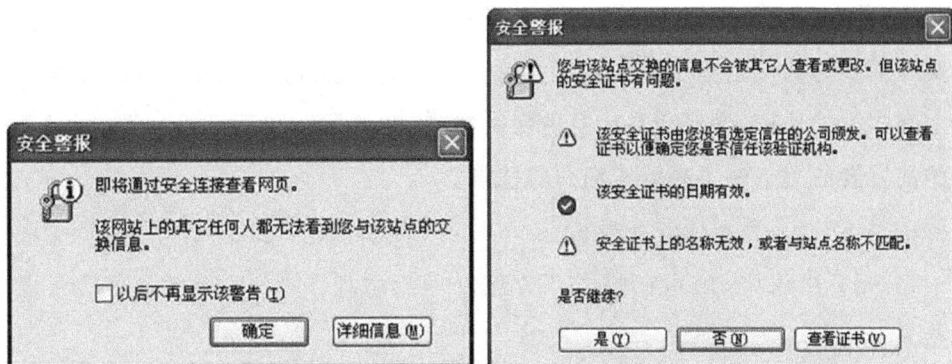

图 9-7　浏览器开始建立安全连接及浏览器验证服务器安全证书

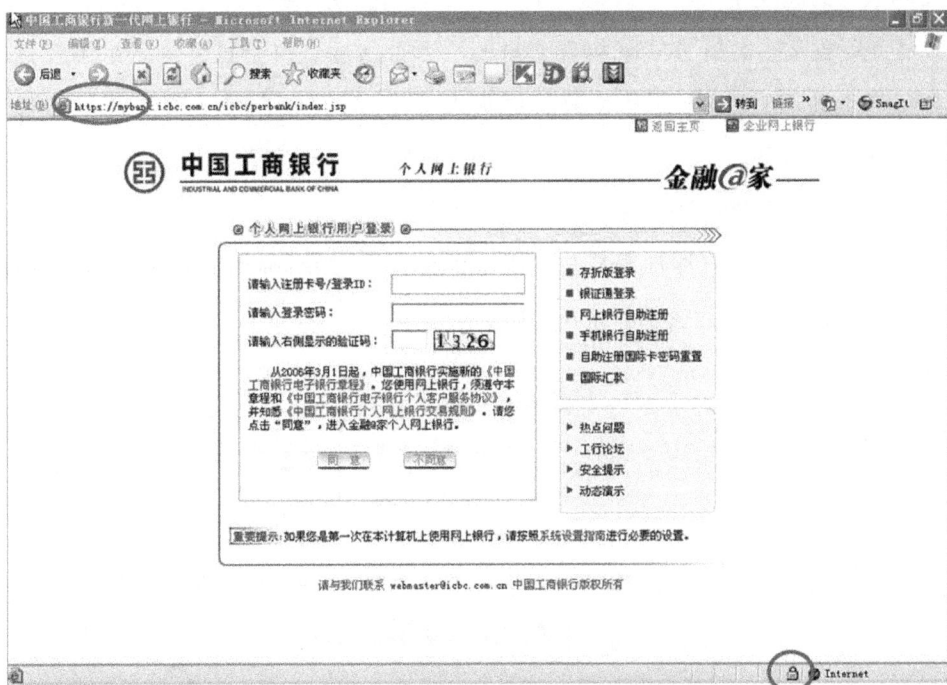

图 9-8　个人网上银行安全连接已经建立

当加密方式传送结束后,浏览器会离开交换敏感信息的页面,自动断开安全连接。

二、安全电子交易协议(SET)

(一) SET 协议简介

安全电子交易协议(Secure Electronic Transaction,SET),最初于 1996 年由 Visa 和 MasterCard 两大国际信用卡组织会同一些计算机软硬件供应商联合开发,是一种专门应用于开放网络环境中解决用户、商家、银行之间通过信用卡支付的交易而设计的安全电子支付规范。它工作在应用层,提供了消费者、商家和银行之间多方的认证,确保交易信息的保密性、完整可靠性和不可否认性,同时具有保护消费者信用卡号不暴露给商户等优点。

(二)SET 协议的信息处理模型

在 SET 协议中,信息在收发双方的处理模型如图 9-9 所示。它具有以下特点。

(1)采用数字证书的方式来完成交易参与方的身份鉴别,数字证书的格式一般采用 X.509 国际标准。

(2)用数字签名的方式来实现交易的不可否认性。由于数字签名是由发送方的私钥产生的,而发送方的私钥只有他本人知道,故发送方便不能对其发送过的交易数据进行否认。

(3)用报文摘要算法来保证数据的完整性。

(4)混合使用非对称加密算法和对称加密算法,用对称加密算法来加密数据,用数字信封来交换对称密钥。

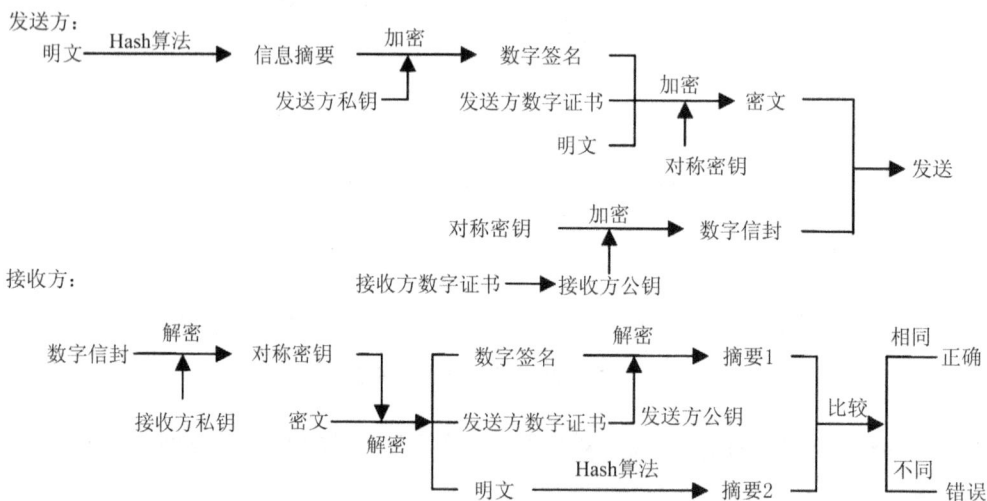

图 9-9 SET 协议的信息处理模型

值得一提的是 SET 协议还使用双重签名(Dual Signature)技术。它对 SET 交易过程中消费者的订单信息和支付信息分别使用商家的公开密钥和支付网关的公开密钥进行加密,然后将这两段信息打包在一起,发给商家,商家将其中支付信息提取出来,发给支付网关,交由结算中心处理。双重签名是 SET 的特色,通过这种方式,使得商户看不到支付信息,只能对用户的订单信息解密,故因商家没有访问信用卡信息从而免去了在其数据库中保存好信用卡的责任;金融机构看不到交易内容,只能对支付和账户信息解密,从而充分地保证了消费者的账号和订购隐私信息的安全性。

(三)SET 支付系统的主要参与者

采用 SET 协议进行网上电子交易时,主要涉及持卡人、商家、支付网关、发卡行、收单行和 CA 认证共六方。收单行是指为商家开设账号的金融机构;支付网关是由收单行或指定的第三方操作的专用系统,用来实现对支付信息从 Internet 到银行内部网络的转换,实现处理支付请求、支付授权审核和支付;CA 是为持卡人、商家和支付网关发行 X.509 数字证书的可信实体。

(四)采用 SET 协议的购物流程

采用 SET 协议的购物流程如图 9-10 所示,可分为购买请求、支付确认、交易收款三个阶段。具体分为以下几个步骤。

(1)持卡人浏览商品目录,选择需要的货物并要求商家传送订购表单。

(2)商家向持卡人传送订购表单。

(3)持卡人选择支付方式,在这里是选择信用卡在线支付,填好订购单并发送给商家。

(4)商家向持卡人发送订购确认并发运货物或递送服务。

(5)商家向支付网关请求支付授权。

(6)持卡人确认收到货物。

(7)商家向支付网关要求付款。

(8)支付网关向收单行请求付款。

(9)收单行与持卡人银行核对信息。

(10)信息核对成功批准收单行的申请。

(11)收单行向支付网关确认并支付。

(12)支付网关向商家确认并支付。

(13)商家向持卡人确认到款。

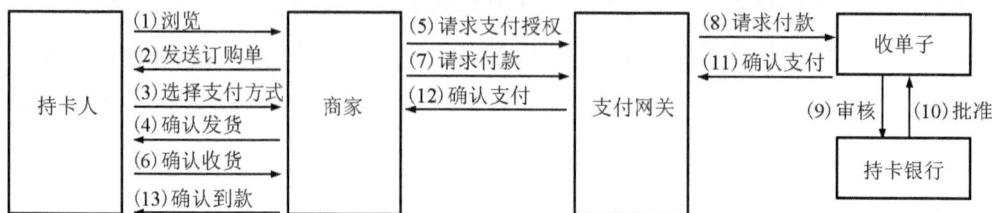

图 9-10　SET 支付系统购物流程

5. SET 协议评价

SET 协议通过制定标准和采用各种技术手段,解决了一直困扰电子商务发展的安全问题,目前已在国际上被大量实验性地使用并经受了考验,成为公认的信用卡网上支付的国际标准。虽然,SET 1.0 版于 1997 年就推出了,但它的推广实际应用却比较缓慢,主要原因有以下几点。

(1) SET 协议过于复杂,使用麻烦,要进行多次加密解密、数字签名、验证数字证书等,导致成本高、处理效率低、商家服务器负荷重。

(2) 只支持 B2C 模式,而不支持 B2B 模式,且要求客户具有"电子钱包"的场合。

(3) 只适应于卡支付业务,对其他支付方式是有所限制的。

(4) 要求客户、商家、银行都要安装相应软件。

(5) SET 的证书虽然也遵循 X.509 标准,但格式比较特殊,它主要是由 Visa 和 MasterCard 开发并按信用卡支付方式来定义的。

三、SSL 与 SET 的比较分析

SET 是一个多方的报文协议,它定义了银行、商家、持卡人之间必需的报文规范,而 SSL 只是简单地在 C/S 两方之间建立了一条安全连接;SSL 是面向连接的,而 SET 允许各方之间的报文交换不是实时的;SET 报文能在银行内部网或其他网络上传输,而 SSL 之上的卡支付系统只能与 Web 浏览器捆绑在一起。

(一) SET 较之 SSL 的优点

(1) SET 为商家提供了保护自己的手段,使商家免受欺诈的困扰。

(2) 对消费者而言,SET 保证了商家的合法性,且用户的信用卡号不会被窃取,替消费者保守了更多的秘密,使其在线购物更加轻松。

（3）对银行、发卡机构及各信用卡组织来说，因 SET 可帮它们将业务扩展到 Internet 这个广阔的空间，并使得信用卡网上支付具有更低的欺骗概率，使之比其他支付方式具有更大的竞争力。

（4）SET 的安全性远比 SSL 高。

（5）SET 对于参与交易的各方定义了互操作接口，一个系统可由不同厂商的产品构筑。

（二）SET 较之 SSL 的缺点

（1）SET 交易过程复杂、庞大，比 SSL 处理速度慢，系统负荷重。

（2）采用 SET 要比 SSL 昂贵很多。

（3）SET 仅适于信用卡支付，且对参与各方有软件要求，使用范围受到了限制。

（4）目前市场中 SET 的相关产品相对较少，也不够成熟。

总之，由于实现的复杂性和建设成本等因素，目前还是 SSL 的普及率较高；但由于网上交易的安全性需求不断提高，SET 必将是未来的发展方向，但它的普遍应用还需要一个过程。因此，在未来的一段时间里，会出现商家需要支持 SSL 和 SET 两种支付方式的局面。

小 结

计算机网络的安全是指通过采用各种技术和管理措施，使网络系统正常运行，确保网络系统的保密性、完整性和可用性。目前主要存在的网络安全威胁有：物理威胁、系统漏洞威胁、身份鉴别威胁、有害程序威胁、网络信息污染等方面。

计算机网络的安全威胁也就必然带来一系列电子商务的安全性问题，概括起来主要包括信息的安全问题、信用的安全问题、安全的管理问题和电子商务的法律保障问题。从而提出了电子商务的六项基本安全需求：信息的保密性、信息的完整性、身份的真实性、不可否认性、系统的可用性、信息的访问控制性等。解决电子商务安全问题需要从管理、技术、法律等方面综合考虑，建立一个完整的电子商务安全体系。

为实现电子商务的安全需求，常用的安全技术主要有：数据加密技术、数字摘要技术、数字签名技术、数字证书和认证技术、防火墙技术、入侵检测技术和虚拟专用网技术等。

为了保证电子商务在线支付安全,目前主要有 SSL 协议和 SET 协议,本章最后对这两个协议进行了比较分析。

思考题

1. 名词解释

信息的完整性　对称加密技术　不对称加密技术　数字证书　SSL　公开密钥基础设施　认证机构　数字签名

2. 简答题

(1) 试举例说明计算机网络存在哪些方面的安全威胁。

(2) 电子商务交易过程中会有哪些安全需求,各需要什么安全技术来实现?

(3) 常见的密钥体系分为哪两类? 它们各有什么优缺点?

(4) 为什么要把对称加密技术和非对称加密技术结合使用?

(5) 什么是散列函数? 它有什么特点?

(6) 试说明利用散列函数的数字签名是如何进行的?

(7) 什么是数字证书,标准的 X.509 数字证书一般包含哪些内容?

(8) 防火墙分为哪几类,试说明各自的实现原理。防火墙有哪些局限性?

(9) 什么是 SET? 简要说明基于 SET 协议的在线购物流程。

3. 论述题

(1) 请简述利用对称加密和不对称加密技术来实现加密的结合使用过程,并用图示进行释述。

(2) 分析电子商务主要有哪些安全技术,分别能实现哪些安全需求?

实验操作

1. 访问 Verisign 认证公司(http://www.verisign.com)或上海市数字证书认证中心(http://www.sheca.com)等 CA 认证中心,为自己的一个 E-mail 信箱申请

个人 E-mail 数字证书。

2. 在机器上安装刚刚申请的个人 E-mail 数字证书,在某个邮件收发客户端软件(如 Outlook、Outlook Express 等)环境下,进行数字证书的设置并利用该数字证书给他人发一封签名邮件;在收到他人签名邮件时同时可以获得他人的数字证书,利用他人的数字证书给对方发一封加密邮件。

第十章 电子商务系统设计与网站建设

安徽烟草电子商务系统

安徽烟草电子商务系统在设计时以基于 Internet 的供应链管理(SCM)，企业资源管理(ERP)以及客户关系管理(CRM)等先进的管理思想和理念为基础、建立企业的 IDC，形成行业多方交易平台，以对这些资源和过程进行集中，有序和高效的管理，减少中间冗余环节，降低库存，减少运行成本，提高运行效率。已经建设完成的一期工程首先搭建统一的电子商务平台(见图 10-1)，对各业务过程进行数字化处理和交互式传递，使行业内各级用户可通过该平台实现网上交易、电子结算、内部调拨、计划管理等功能，并进一步对行业内的调拨管理、库存管理、销售管理以及客户资源管理信息通过电子商务系统的接口进行收集和汇总，为决策管理者提供统一的数据信息平台和方便可靠的基础辅助支持系统。

系统在安徽烟草应用后成为国内首家网上大额在线交易的电子商务实际应用，并为企业产生了巨大的直接经济效益，主要体现在以下几个方面。

(1) 工业,商业成品库存降低 5%,减少占用资金 2000 万,减少贷款利息 100 万。

(2) 原辅料集中采购降低成本 5%,节约资金 7500 万。

(3) 工业辅料库存降低 5%,占用资金减少约 2500 万。

（4）业务流程的自动化减少了月订货会，交易会的成本，出差成本降低100万。

（5）调拨过程自动化减少了电话/传真费用约30万。

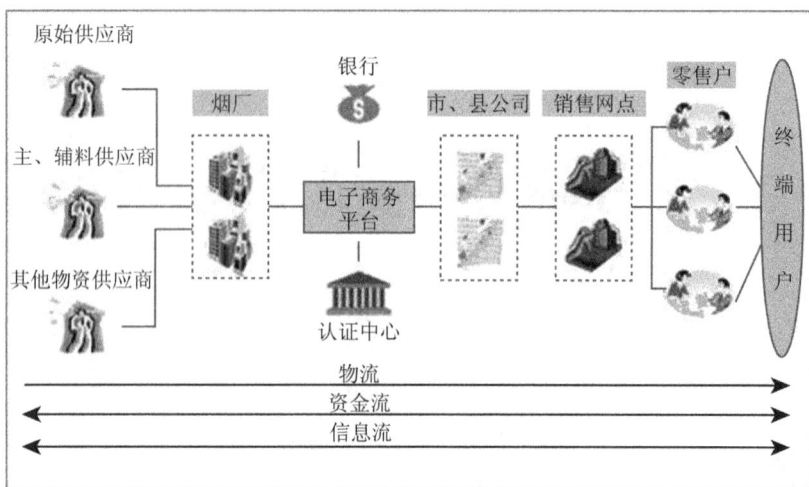

图10-1 安徽烟草电子商务系统平台

该系统是国内烟草行业第一个规划和实施的起点都比较高的电子商务系统，基于B/S三层结构，采用Java语言进行开发，基于J2EE标准，使系统具有良好的安全性、可扩展性和跨平台性，曾被国家经贸委和《计算机世界》联合评选为中国企业信息化最有价值的50个案例之一。

学习目标

通过对电子商务系统设计与网站建设的初步了解，明确电子商务系统的需求分析和系统规划原则，学会网站规划书的撰写方法，了解网站设计的关键点，理解电子商务项目管理及其过程。

第一节 电子商务系统的分析与设计

电子商务系统是互联网时代计算机系统的主流应用，是集成了数据管理、事务处理、业务流程重组、系统安全管理等技术的复杂系统。很多企业管理者和信息系统技术负责人在被电子商务系统的广阔前景所吸引的同时,亦为不知如何开展电子商务系统的建设而烦恼。

系统集成商参与项目开发的困难更多:用户需求不准确、经常变化,开发人员与业务人员沟通困难、误差极大。最后上网工程变成了网页设计大赛,花费了大量人力物力建造的网站并没有为企业带来预期中的收益,反而变成了一个摆设,甚至因为要不断投入维护费用而成了企业的负担。

设计电子商务系统时必须坚持一个原则:企业的需求是目的,任何技术都只是实现需求的手段,建设电子商务系统不是为了应用某项新技术,而是为了解决企业的实际问题。只有坚持这个原则才能避免常见的失误,如采用了很多不成熟或者复杂的技术,工程费用超标,项目进度无法保证,应用效果未如理想,等等。

电子商务系统的目标可以用以下几个问题来总结。

(1)应用环境:系统将为哪些用户服务? 他们使用什么平台,如何访问企业的电子商务系统?

(2)系统功能:系统为用户提供了什么服务? 哪些是已经有的,哪些要修改,哪些要重新开发?

(3)数据资源:为了实现这些服务功能,系统将使用哪些数据? 数据量多大,如何存储?

(4)安全管理:系统的安全性如何保证? 系统管理如何实施?

其中系统功能是范围最广泛的问题,从最早的信息发布到现在很流行的B2C、B2B、ASP等,都是系统功能的一种。

一、电子商务系统建设过程

(一)商务分析阶段

这是实现电子商务应用计划的第一步。这一阶段的工作主要是进行充分的商务分析,主要包括需求分析(包括企业自身需求、市场需求以及客户需求等)和市场分析(包括市场环境、客户分析、供求分析和竞争分析等)两个方面。

(二)规划设计阶段

充分结合商务和技术两方面因素,提出电子商务系统的总体规划、系统角色、总体格局,亦即确定电子商务系统的商务模式,以及与商务模式密切相关的网上品牌、网上商品、服务支持和营销策略四个要素。

电子商务系统设计工作由此展开,即从子系统、前台、后台、技术支持、系统流程、人员设置等各个方面全面构架电子商务系统。这是一个关键环节。

(三)建设变革阶段

一条线是按电子商务系统设计,全面调整、变革传统的组织管理和业务流程,以适应电子商务运作方式的要求;另一条是按电子商务系统设计,全面进行计算机软硬件配置、网络平台建设和电子商务系统集成,完成电子商务系统技术支持体系的建设,从技术上保障电子商务系统的正常运行。

(四)整合运行阶段

将经过变革的组织、管理和业务流程,与已经建好的电子技术平台整合起来,进行电子商务系统的试运行。再经过必要的调整、改进以后,实现电子商务系统的工作就可以进入整合运行阶段,开始实现电子商务应用。

二、电子商务系统需求分析

(一)系统需求分析应考虑的因素

系统需求的根源是业务部门运作的需求,而不是技术部门为了实现某种先进技术而提出的需求。系统方案不能因为出现了某项新技术而作改变,毕竟,使用新技术只是手段,支持企业的商业运作才是最终目的。

系统需求不仅限于业务需求,还包括了客观条件的各种限制,如项目进度的要求、与已有系统兼容的要求(如企业的所有核心数据都已经存储在 Sybase 数据库中、或者企业的旧系统留下几千台终端必须加以利用)或其他政策法规的限制(如商业系统中使用的密码系统必须经过政府有关部门的认证)。制定应用系统的实施方案时应把这些因素考虑在内。

收集系统需求的主要途径是系统分析人员与最终用户通过交谈发掘真正的系统需求,获得用户的认同,在业务部门的帮助下准确地认识业务环境(这一点是大多数技术人员最缺乏的),收集足够完整的信息,完成一系列文档作为确认本阶段工作的检查标记,并作为进行下一步工作的基础。

客户的期望值也是系统需求的一个重要因素,直接影响系统完成后的实施效果。多数企业都是第一次实施电子商务系统,且由于媒体的大肆宣扬等外界因素的影响,可能对系统的预期效果产生不切实际的期望,系统分析人员在需求分析阶段就要准确地掌握和调整客户的心理期望。

方案设计时也应把客户方技术人员的知识基础和专业训练程度考虑在内。系统需求分析阶段最好对客户方技术人员作一次全面的评估,考察他们对与电子商务系统相关的技术领域的掌握程度。评估的内容有:互联网服务器,对象技术、Java、应用开发工具、数据库技术、事务处理技术、安全技术以及对工业标准的认识程度。

系统分析人员要把这些分散的需求汇总成系统的目标,制成初步系统概要需求书,准确而完整地描述企业的总体需求,再次强调系统的预期目标,并获得企业负责人的认同,再在此基础上做系统的初步设计。

客户的态度和技术水平是影响系统设计者做出方案的重要因素,也是系统需求的一部分,系统需求分析阶段要和客户一起做出充分的交流和评估。客户的态度指企业决策者对新技术的接受程度以及愿意承受风险的程度,电子商务领域的新技术层出不穷,成熟技术的功能比不上新技术,但风险却较低,企业决策者在这方面的态度影响系统设计者设计方案时的技术选择,如果企业决策者选择较先进的新技术,系统分析人员有责任提醒他采用新技术可能面临的风险:失败的可能性较高,项目进度和开发成本可能超出预期。切勿投客户所好,隐瞒新技术背后的不利因素。企业决策者在选择系统集成商时也应小心,集成商的技术水平不是由掌握新技术的程度所决定,而是由他们运用技术解决实际问题的水平所反映。

(二)电子商务系统规划的基本原则

1.商务为本

系统设计时,应坚持以商务目的为主、以技术为辅的原则,将技术作为满足商务需求、实现商务目标的手段。

2.需求引导

即从需求出发而不是从现成的商务模式出发去实施新商务模式。

3.系统观念

电子商务系统的规划设计过程中,应尽可能考虑与拟建企业电子商务系统相关联的所有方面,制订尽可能周全完善的企业电子商务系统规划设计方案。

4.资源重组

要通过电子商务系统重组企业资源,实现企业组织、管理和业务模式的创新发展,以增强企业竞争力和未来发展潜力。

5.流程改造

电子商务绝不是对传统商务流程的简单的电子化、网络化,电子商务流程也不是传统商务流程的简单"复制"。电子商务条件下的信息交流工具和商务运作方式,为设计和实现更先进合理有效的商务流程创造了条件。

6.复合优势

系统设计需要商务人员和技术人员的通力合作,最好兼具两方面知识才能的复合型人才。

三、系统方案设计

(一)电子商务系统设计的目标

一个高质量的电子商务体系架构应该能够做到以下几点。

(1)电子商务系统体系内部网络畅通无阻,IT架构各部分保持正常稳定运行,这是保证电子商务系统高质量应用及服务的前提条件。

(2)电子商务系统应用服务能够通过广域网和公用互联网迅速而正确地传递给用户,这是电子商务系统高质量应用及服务的关键。

(3)在故障发生后,能够迅速找到根源并快速诊断问题。

(4)能从战略(综合技术、财务、市场)角度对电子商务系统应用进行控制管理。

(二)业务环境说明书

方案设计主要依靠设计者的经验,做出技术和结构的选择,并以有组织的文档反映,作为与客户交流论证方案,交付系统开发人员实施的依据,方案设计的基础是业务环境说明书。业务环境说明书重新组织系统需求,给出解决方案的业务运作方式。如果系统需求较复杂,以文字和图的方式系统地说明业务环境可以使系统更加清楚。业务环境说明书可以采用三种文档结构:业务流程图、操作规程说明和处理流程图。

1.业务流程图

业务流程图是一种直观的工具,向客户解释新系统的作用,征求使用者的配合与支持,能提高系统的实际效能。

2.操作规程说明

操作规程说明以易被最终用户理解的词语描述说明了系统的功能与使用,它规定了系统活动的框架。

3.处理流程图

处理流程图细化操作规程中描述的活动,由事件和处理流组成。处理流程图的描述接近详细设计。

(三)基于电子商务应用框架的电子商务系统的组成

1.安全性

即安全体系结构,以技术手段和安全规范组成。

2.系统管理

包括性能监测与管理、故障恢复、软件版本管理等方面的要求。

3.客户端平台

即最终用户使用的平台,如浏览器。

4.网络连接

它是客户端平台与互联网服务器间的网络连接。

5.互联网服务器

它向客户提供服务的入口点,也是应用逻辑运行的平台。

6.应用逻辑

它是在互联网服务器上运行的应用执行的处理逻辑。

7.中间连接件

即连接互联网服务器上的应用与后台核心系统的连接部件。

8.核心数据与应用

它用来构造后台的核心数据系统与应用系统。

四、系统功能检验与性能测试

全面实施复杂的电子商务系统面临巨大的风险,为了保证质量、降低风险,可以先建立实验性系统,进行功能检验和性能测试。通过实验系统的功能检验,可以消除新旧技术结合中存在的不确定因素带来的风险;性能测试则检测系统方案的性能设计是否满足用户的需要,为系统设计人员优化系统方案提供参考数据。

（一）功能检验

功能检验应把握好尺度,实验系统毕竟不是目标系统,它们是有很大差别的,所以不能指望通过实验系统检验所有的功能,那是在目标系统开发完成后系统测试要做的事情。实验系统的建立就是为了检验指定的功能,检验完成后实验系统就要放弃。

在开始测试前要明确三个问题:实验系统测试什么? 测试过程怎么测试? 如何评价测试结果? 具体内容如下。

（1）实验系统测试什么?

应明确详细具体的测试目标,不能用"检验可靠性""检验可连通性"等含糊的字眼,而应该是明确的可量化的指标。

（2）测试过程怎么测试?

需要建立实验系统的详细步骤,以及测试的具体步骤。

（3）如何评价测试结果?

制定一个明确的标准,规定哪种测试结果算是测试成功,什么结果算是失败。

（二）性能测试

性能测试主要是通过测试获得影响系统性能的具体参数,为优化系统的性能设计提供指引,性能测试的结果反映当前系统方案中的目标系统性能指数。性能测试是为了发现系统性能设计中的薄弱环节,量化性能目标。

性能测试除了记录处理响应时间这一指数外,还有 CPU 利用率、网络拥塞度、存储设备访问频度等性能指数。在性能测试中得出的性能指数的指导下,合理地利用硬件资源、设计良好可扩展性的体系结构帮助用户解决这方面的问题。

第二节　电子商务网站的规划与设计

一、电子商务网站的规划与设计的定义

（一）网站规划

网站规划是指在网站建设前对市场进行分析,确定网站的目的和功能,并根

据需要对网站建设中的技术、内容、费用、测试、维护等做出规划。网站规划对网站建设起到计划和指导作用,对网站的内容和维护起到定位作用。

一个网站的成功与否与建站前的网站规划有着极为重要的关系。在建站前应明确建设网站的目的、确定网站的功能以及网站规模、投入费用、进行必要的市场分析等。只有详细的规划,才能避免在网站建设中出现很多的问题,使网站建设能顺利进行。

(二)网站设计

网站设计的主要任务包括网站架构设计,以浏览器为客户端的 WEB 应用程序开发(例如新闻中心、网上商店、虚拟邮局、网站管理等)系统测试及网站发布。

二、网站规划设计的阶段与原则

(一)网站规划设计的基本原则

1. 明确建设网站的目的

建立网站之前,要有明确的目的,即所要建立的网站的作用是什么,服务的对象是哪些群体,要为浏览者提供怎样的服务。只有找准了网站的定位,才可能建成一个成功的网站。

2. 进行可行性分析

可行性分析就是分析是否有能力、有财力建设和维护这个网站;分析网站建立以后是否有一定的经济效益或社会效益;分析网站建设需要花费多少时间、精力、人力,性价比是否合算。

3. 网站的内容设计

建设网站就是要为用户服务的,根据网站建设的目的,分析浏览者的需求,确定网站的内容。比如要建设一个电子商务网站,就要根据消费者的需求、购买力、购买习惯等要素设计网站每个网页的功能,以满足客户的需要。

4. 网站的表现形式设计

有了好的内容,还要有好的表现形式,这就是网站本身的设计比如设计网站的 CI 标志、网站的文字排版、平面设计、三维立体设计、静态无声图文、动态有声影像等。

(二)网站规划设计的六个阶段

网站规划设计分为以下六个阶段。

（1）用户需求分析及变更。

（2）网站架构及业务流程分析。

（3）系统分析及总体设计。

（4）界面设计、交互设计及程序开发。

（5）系统测试及文档编写。

（6）客户培训、技术支持和售后服务。

（三）网站规划书撰写要点

网站规划书撰写分为以下要点。

（1）前期调研分析。

（2）网站目的及功能定位。

（3）网站技术解决方案（确定是自建服务器还是选择虚拟主机，选择操作系统、相关程序等）。

（4）网站内容规划。

（5）网页设计。

（6）网站维护（服务器及相关软件和硬件的维护、数据库维护、内容的更新、调整计划、制定相关网站维护规定，将网站维护制度化、规范化）。

（7）网站测试（服务器稳定性和安全性、程序及数据库测试、网页兼容性测试、需要的其他测试）。

（8）网站发布与推广。

（9）网站建设日程表（包括各项规划任务的开发时间，完成时间，负责人等）。

（10）费用明细（要详细列出各项事宜所需要费用的清单，估计出总的投资额度）。

三、网站规划设计的关键点

（一）网站类型

网站类型有以下几种。

（1）门户网站：如搜狐、新浪等。

（2）普及型网站：企事业单位建立和发布基本情况、通信地址、产品和服务信息、供求信息、人员招聘信息和合作信息等。

（3）电子商务类网站：具有商品发布功能、商品选购功能、具有个性化的采购订单模板、购物车、在线交易功能、商品交接、资金结算功能。

（4）媒体信息服务类网站：指报社、杂志社、电台等媒体。主要功能包括信息发布、电子出版、客户在线咨询、网站管理。

（5）办公事务管理网站：指企事业单位为了实现办公自动化而建立的内部网站，主要功能包括办公事务管理、人力资源管理、财务资产管理、网站管理等。

（6）商务管理网站：企业内部为了进行广告及商品管理、客户管理、合同管理、营销管理等目的建立的网上办公平台。

（二）网站主要内容

网站主要内容包括以下几项。

（1）站点结构图。即网站整体架构、规划、栏目设计及其内容、网站开发流程及顺序等。

（2）导航栏。注意无任何链接的内容不要做成按钮的形式，每个页面都应包括代表"返回"或前进的按钮，图片下应附有文字说明，以避免图片使用不当而引起的混淆。

（3）联系方式页面。在此页面创建可发送 E-mail 的链接。

（4）反馈表。利用反馈表，用户可以随时提出信息需求，而不必记下电话号码。

（5）引人入胜的内容。

（6）常见问题解答。

（7）精美的图片。

（8）搜索工具。

（9）新闻页面。在最新更新的信息边加注一个亮丽的小图表"新"。

（10）相关链接站点。

（三）目录结构

目录结构主要包含以下几个方面。

（1）不要将所有文件都放在根目录下。根目录下文件过多会使上传速度过慢，维护时搞不清哪些文件需要更新和编辑，哪些无用的文件可以删除。

（2）按栏目内容建立子目录。

（3）在每一个主目录下都建立独立的 Images 目录。

（4）目录的层次不要太深，一般不要超过三层。

（四）链接结构

1. 一对一的树状链接结构

浏览时一级一级退出，条理比较清晰，浏览者可以知道自己在什么位置，但是浏览效率低，要从一个栏目的子页面转到另一个栏目的子页面，必须回到首页再进行。

2. 一对多的星状链接结构

每个页面相互之间都有链接，这样浏览比较方便，随时可以到达自己喜欢的页面，但是由于链接太多，容易使浏览者迷路，搞不清自己在什么位置，看了多少内容。

因此，在实际的网站实际中，总是将这两种结构混合起来使用。总的目标是希望浏览者既可以方便快捷的到达自己需要的页面，又可以清楚地知道自己的位置。最好的办法是：首页和一级页面之间用星状链接结构，一级和二级页面之间用树状链接结构。

（五）文件命名

（1）在网站根目录中开设 images common temp 三个子目录，根据需要再开设 media 子目录，images 目录中放不同栏目的页面都要用到的公共图片，例如公司的标志、banner 条、菜单、按钮等；common 子目录中放 css、js、include 等公共文件；temp 子目录放客户提供的各种文字图片等等原始资料；media 子目录中放 flash，avi，quick time 等多媒体文件。

（2）在根目录中原则上应该按照首页的栏目结构，给每一个栏目开设一个目录，根据需要在每一个栏目的目录中开设一个 images 和 media 的子目录用以放置此栏目专有的图片和多媒体文件，如果这个栏目的内容特别多，又分出很多下级栏目，可以相应的再开设其他目录。

（3）temp 目录中的文件往往会比较多，要求以时间为名称开设目录，将客户陆续提供的资料归类整理。

（4）除非有特殊情况，目录、文件的名称全部用小写英文字母、数字、下划线的组合，其中不得包含汉字、空格和特殊字符。

（六）图片文字规格

（1）一个网页大小不得超过 80k，一般小图片为 3k 左右，大图片为 8~10k。

（2）网页内容文字部分以宋体小五号为标准，标题部分可根据设计需要设定，但尽量不要用图片和 Flash。

第三节　电子商务项目管理

一、项目管理

（一）项目管理概念

项目管理（Project Management，PM）就是以项目为对象的系统管理方法，通过一个临时性的专门的柔性组织，对项目进行高效率的计划、组织、指导和控制，以实现项目全过程的动态管理和项目目标的综合协调与优化。

所谓实现项目全过程的动态管理是指在项目的生命周期内，不断进行资源的配置和协调，不断做出科学决策，从而使项目执行的全过程处于最佳期的运行状态，产生最佳的效果。

所谓项目目标的综合协调与优化是指项目管理应综合协调好时间、费用及功能等约束性目标，在相对较短的时期内成功地达到一个特定的成果性目标。

（二）项目管理的理解

项目管理可以从以下几方面加以理解。

（1）项目管理的对象是项目本身。

（2）项目管理组织的特点为临时性、阶段性和富有柔性。

（3）项目管理的手段有计划、组织、指导和控制。

（4）项目管理的目标是通过对项目全过程的动态管理，实现项目的优化目标。

（5）项目管理的核心思想是系统方法论。

（6）项目管理的内容是质量、进度、投资、技术等。

在项目管理过程中，应考虑项目管理与一般作业管理（Operation Management）的不同，主要区别是：项目管理的整个过程充满了不确定性；还会跨越部门的界限,这增加了管理的难度;项目管理有严格的时间期限要求。

也就是说,项目管理必须通过不完全确定的过程,在确定的期限内"生产"出不完全确定的产品——项目实体,日程安排和进度控制经常对项目管理产生很大的压力。

(三)项目管理的内容

项目管理的日常活动通常是围绕项目计划、项目组织、质量管理、费用控制、进度控制等五项基本任务来展开的。项目管理贯穿于项目的整个寿命周期,它是一种运用既有规律又经济的方法对项目进行高效率和质量进行考核,并注重将当前的执行情况与前期进行比较。在典型的项目环境中,尽管一般的管理办法也适用,但管理结构须以任务(活动)定义为基础来建立,以便进行时间、费用和人力的预算控制,并对技术、风险进行管理。在项目管理过程中,项目管理者并不对资源的调配负责,而是通过各个职能部门调配并使用资源,但最后决定什么样的资源可以调拨,取决于业务领导。

一般来说,列作项目管理的一般是指技术上比较复杂、工作量比较繁重、不确定性因素很多的任务或项目。第二次世界大战期间美国对原子弹及后来的阿波罗计划等重大科学实验项目就采用了项目管理的方式,这是最早采用项目管理的典型例子。项目管理的组织形式在 20 世纪五六十年代开始被广泛应用,尤其在电子、核工业、国防和航空航天等工业领域中应用更多,目前项目管理已经应用在几乎所有的工业领域中。

项目管理是以项目经理(Project Manager)负责制为基础的目标管理。

一般来讲,项目管理是按任务(垂直结构)而不是按职能(平行结构)组织起来的。项目管理的主要任务一般包括项目计划、项目组织、质量管理、费用控制、进度控制等五项。日常的项目管理活动通常是围绕这五项基本任务展开的。项目管理自诞生以来发展很快,当前已发展为三维管理。

(1)时间维。即把整个项目的生命周期划分为若干个阶段,从而进行阶段管理。

(2)知识维。即针对项目生命周期的各不同阶段,采用的研究不同的管理技术方法。

(3)保障维。即对项目人、财、物、技术、信息等的后勤保障管理。

（四）目标

项目管理的目标，就是让质量、数量最大化的同时，所消耗的资源和时间最小化，并让老板和客户满意（见图 10-2）。

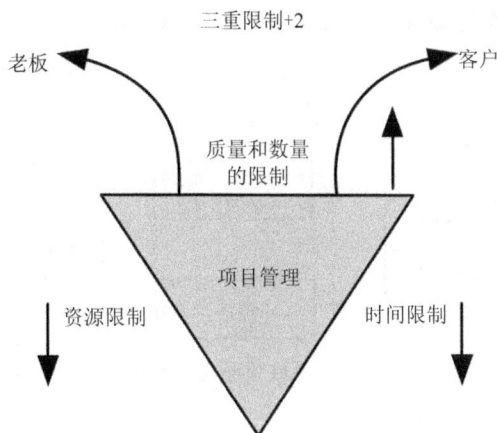

图 10-2　项目管理目标

在项目管理现实中，要避免项目陷入"三边""六拍"的境况。

"三边"是指"边行动、边计划、边修改"。造成"三边行动"的根本原因是在目标未清、职责未明的情况下就仓促开始往下做细节，结果常会因为在一些小事上扯皮导致项目被不断地延期。即便最后勉强完成了，也与最初的目标相去甚远。

"六拍"是指拍脑门（草率决策）、拍肩膀（错误激励）、拍胸脯（盲目乐观）、拍桌子（发泄训斥）、拍屁股（消极回应）、拍大腿（失败放弃）。而这些，正是没有进行正确的项目管理所导致的。

（五）项目经理的职责

1. 明确目标

项目经理首先需要让项目小组成员明确目标，不至于在没有方向或目标不明确的时候，项目小组成员无所适从，忙作一团却毫无进展。

2. 提供资源

明确方向后，项目经理应当提供必需的资源以供项目组成员开展项目。但切记，不要事必躬亲，不要把本该项目小组成员做的事情全部揽在自己身上。

3. 监督落实

必须定期监督检查项目进展情况，对不合标准的地方马上纠正。

（六）项目管理前期工作的流程

当确定了"以目标为导向"的原则后，还需要依赖"团队协作"来推行项目实施。如图 10-3 所示，项目管理前期工作的流程是制订项目的范围和目标计划后，进行团队协作工作，在团队中，工作分解是非常重要的。

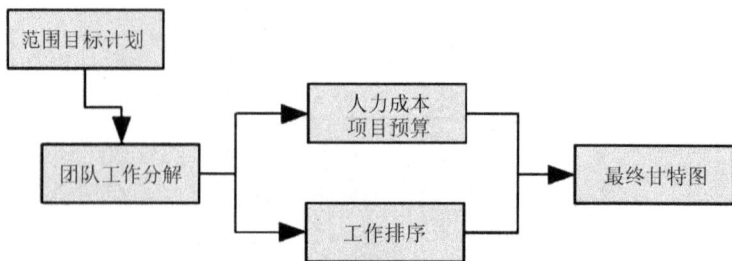

图 10-3　项目管理前期工作流程

二、电子商务项目管理

（一）电子商务项目管理概念

电子商务项目管理就是以具体的一个电子商务系统为对象的系统管理方法，通过一个临时性的专门的柔性组织——电子商务系统开发小组，对系统进行高效率的计划、组织、指导和控制，以实现电子商务系统开发全过程的动态管理和系统开发目标的综合协调与优化。

电子商务项目管理是以电子商务项目经理负责制为基础的目标管理。

（二）电子商务系统的开发步骤

电子商务平台的设计、开发、测试是开发一个具体电子商务系统的步骤。

1. 设计

通常情况下，站点的设计工作做得很不够。在一个电子商务平台的开发工作中，你需要分析所有各部分是如何联系在一起的，并且确保你已经和所有相关各方取得了一致。在其外观之下，电子商务平台是一个纯粹的分布式系统。在某些地方，你依赖于来自一个公司其他地方、商业伙伴或者第三方付费服务的数据。这些系统和服务之间的互动会对你的站点开发造成动态的影响。直接了解这些影响并且将其作为站点设计的依据是非常重要的。在项目的生命期内，设计是一个持续进行的过程。

2. 开发

系统的开发是项目中最有趣的一个阶段。是把你的想象变成现实的阶段。但也是绝大多数梦魇的开始——你发现事情并不是像你想的那样。在开发阶段你仍然需要继续设计工作,重新审视那些没能很容易的协同工作的地方。在这个阶段尽快开展(Quality Assurance,QA)工作也是很重要的。

3. 测试

测试也许是最能使项目组感到灰心失意的时期。这是实际测试成果设计的时机,但测试是为了找出项目存在的问题而及时加以修正完善。

设计、开发、测试这三个阶段经常搅在一起。在项目中进行产品维护和继续审视设计阶段的工作是很重要的。当你从测试和 QA 处获得反馈时,你需要优化甚至重新编写代码。

(三)具体的执行任务

项目管理的主要任务一般包括项目计划、项目组织、质量管理、费用控制、进度控制等五项。在这五项任务中,最重要的是项目计划,一切工作都在这个计划指导下进行的。下面我们具体给出项目计划的方法和步骤。

1. 小组构成

开发一个电子商务系统要获得成功,首先要组建一个电子商务系统开发小组,即项目组。作为项目经理需要掌握一些核心的技术或者能明白开发小组使用的技术。这项任务是由项目经理、开发组长和技术组长来分担的。这项任务的目的是:将商业要求转化为可以被开发人员和质量保证小组利用的技术要求。这些人(指负责这项任务的人们)需要对基于 Web 的应用程序设计、Microsoft SiteServer 商业版的体系、数据库设计以及备份和修复技术有着深刻的理解。根据项目的不同,他们也许还需要理解主干系统集成(Legacy System Integration)的含义。

电子商务系统通常需要两种类型的开发人员:Web 或者前端开发人员和组件或者后端开发人员。Web 开发人员必须非常熟悉 ASP、VB script、HTML、Java script 等技术,并且对组件对象模型(Component Object Model,COM)有基本认识。小组中的 Web 开发人员要负责创建站点的外观和为站点的整体感觉定调,因此图形设计也许也是非常必要的。

组件开发人员需要对基本的.COM 开发语言非常熟悉,像 C＋＋和 VB。其中很重要的一点是,他们必须理解与.COM 相关的性能含义,因为一个错误的选择将会导致极大的性能差异。另外,他们还应该了解 SQL 事务。这样通过编写客户端脚本,他们可以检验自己的代码并且节省宝贵的 QA 时间。在 Web 开发人员和组件开发人员之间的分界线并不是一成不变的。Web 开发人员一般是在站点的前端表现层上工作,这可能经常需要改变,并且必须以高度动态的方式来思考问题。组件开发人员往往集中在开发完成这些任务的组件上:与主干系统(Legacy systems)互动的组件,封装商业规则和商业逻辑的组件,访问后台数据库的组件,以及进行计算的组件。

质量保证往往是系统中最不受重视并且通常也是投资最少的部分。为了说明拥有一个强有力的 QA 资源是多么重要,小组中应该有一些精通性能测试、测试客户端开发、开发测试计划和全面管理质量保证过程的人员。

2. 规划项目内容要求——项目的核心设计

项目内容要求:项目的大小、项目的目标决定项目组应该有多大,完成任务的时间,以及商业上的要求等。在设定项目的要求时请首先考虑以下问题。

(1) 你如何验证付款?

(2) 你是否需要支持法人信用卡?

(3) 你是否需要支持虚拟贸易和仓库?

(4) 你如何完成产品交付?

(5) 你是否需要一个 non-cookie 解决方案?

(6) 你需要什么样的安全等级?

(7) 你需要后台集成吗? 如果是,怎么进行?

(8) 它能够批处理吗? 你如何处理取消订单的要求?

(9) 你是否支持实时目录?

(10) 你如何管理退货?

(11) 你是否需要提供在线订单记录?

(12) 需要提供哪些进一步的支持?

(13) 你需要支持哪种检索机制?

(14) 你出售什么样的商品? 这些产品是如何编组的?

（15）是否支持定制价格或者折扣？

（16）需要储存多少顾客的记录？

（17）需要储存多长时间的在线事务记录？

（18）你的产品目录有多大？

这里不是所有问题的完整列表，具体的每个项目要求要根据具体的项目任务进行设计。每一个问题都关系到要花多长的时间来成功的配置电子商务站点。根据这些问题，来规划一个一个的细分的项目内容和项目目标。

这项工作由项目经理或设计组长来进行，首先要与商业机构充分地进行调查和沟通来确定项目要求和目标。如果是商业部门进行项目规划，结束规划以后就把项目要求和结构交给项目组是一个好主意。这可以让项目组使用自要求完成时间向上逼近的方法来决定完成项目究竟需要多长的时间。

3．规划项目规格——确定项目标准

（1）电子商务系统通常需要三个评价标准。

①可伸缩性（Scalability）。一般以平台能承受每天多少人或者多少次点击次数作为参考。

②可靠性（Reliability）。这个标准经常用系统稳定运行时间来度量，例如 7×24（即每周 7 天，每天 24 小时）。

③响应速度（Responsiveness）。通常用系统把信息返回给终端用户所花费的时间来衡量。

这些只是基本的规格，还需要考虑更多的东西，这需要通过你和商业部门之间的谈判来确定对规格的定义。在项目组工作以前，你必须清楚地了解你的项目要求和范围。例如，如果要开发一个集成主干（Legacy）应用程序的系统，你一定要很仔细地定义你要达到的标准。如果你声明平均用户响应时间要少于 5 秒，那么，这是只在 Web 平台，还是在电子商务系统和三个路程段（Hop）以外的网络上，或者同时用于电话销售系统的目录数据库之间的整个周期？清楚地定义每一条标准，并且将其量化是非常关键的。

（2）设计电子商务系统时，至少应该给出下列规格的清楚的定义：

①在 24 小时周期内，峰值装载时间是什么时候？一天所有通信量和峰值装载通信量之比是多少？

②通信量是周期性的还是表现为随机的尖峰?

③尖峰的峰值范围是多少?

④计划可以接受的系统关闭时间是多少?

⑤目录和产品信息的更新或者改变的频率是多少?

⑥搜索索引更新的频率是多少?

⑦对以下事务要求的响应时间是多少——获得查询结果、向购物篮里添加一件商品、查看商品、确定付款信息、计算订单和验证目录级别。

⑧第三方和主干对这些活动的影响是什么样的?

⑨如果系统失败,你需要多长时间转移到后备系统上?

在分析上面每一个问题时,答案将影响你的设计。在达成每一个规格的确定目标之前,你应该给你的项目组充足的时间来考虑与之相关的每一项开发问题。

4. 安全级别——选择电子商务平台

选择电子商务平台要考虑的三个问题是:安全性、服务器选择和可恢复性。安全性是最基本的,电子商务系统是分布式的,我们必须注意到不同方面的安全性需要。

1. Web 安全性

SSL 适于消费者和 Web 服务器的交互过程的安全要求,在这里,Web 服务器是指 Microsoft Internet Information Server(IIS)。为了加强适应性和便于管理,建议利用站点服务器的签名和成员资格属性(Site Server Personalization and Membership,P&M)。Site Server P&M 提供了对 SSL、cookie 验证、分布式密码认证以及 HTML 表单的支持,并且映射到 Microsoft Windows NT。请记住将来需要一个操作小组来管理这个电子商务平台,所以你需要向他们提供管理工具或者利用已有的工具,例如支持 P&M 的微软管理控制台(Microsoft Management Console,MMC)。

2. 组件安全性

利用微软事务服务器(Microsoft Transaction Server,MTS)可以大大的简化 COM 组件的管理,它同时还提供了一种管理组件安全性的方法。向产品职员提供一种通过图形界面来管理安全性的工具。

3. 主干安全性

在设计过程中永远都需要考虑同后台系统的集成,尤其是涉及安全性时。我们需要了解如何取得对主干系统的访问权限以及我们需要支持什么样的政策。Microsoft SNA Server 提供了针对 IBM 系统的集成的安全性。在非 IBM 系统上,例如 UNIX,需要自己编写网关程序。

4. 商业到商业的安全性

虚拟仓库、执行订单和交易都依赖于公司间的安全连接。这种交易必须通过一种安全的方式进行,可利用加密技术实施。自己也可开发一种机制来实现这个目的,最方便的是利用那些公开出售的验证技术。作为站点服务器商业版的一个组成部分,商业交换管道(Commerce Interchange Pipeline,CIP)提供了对加密、S/MIME 和 DCOM,以及一种返回收条机制的支持。

关于安全性有很多要考虑的事情,这些考虑将明显的影响设计工作。必须明白想要达到哪种安全性级别,所用的不同系统的安全性级别以及它们如何影响安全需求,建议从安全性开始项目设计,并且在设计系统中的其他部分之前完成这项工作。当计划向前推进时,这将会提供一个可以返回的基础,并且可以决定在安全构架中是否需要其他的系统服务和系统特性。

5. 计划服务器

理解了电子商务系统的核心设计,处理完了项目规格,并且对安全性问题也有一个良好的认识,就需要开始认真考虑要用来运行产品的工具了,即如何计划你的服务器。

（1）开发用户原型

需要弄清楚 Web 站点的用户在什么地方消耗了他们的时间。如果你的用户在进行高级搜索上花去了 80％的时间,你也许会愿意把这项功能转移到一台单独的服务器上。没有用户行为的精确数据,你是不可能在诸如此类的事情上做出决定的。

（2）配置独立的数据库和 Web 硬件

即使在最小的环境里,你也应该认真考虑把你的数据库和 Web 系统放置在不同的服务器上。Web 服务器和数据库服务器,这二者要发挥最佳性能,需要做不同的调整,而其中的差异是非常巨大的。当你调好了一个,却会造成另一个的性能问题。同时,在数据库上,备份操作的负担通常只有在一台独立的服务器才能很好的解决。

把资源密集型的应用转移到独立服务器上：可以让那些会造成密集的系统请求的操作转移到别的服务器上去。批处理、为目录编制索引、直接邮件操作，以及 Web 日志分析等，都是应该仔细考虑是否要用专门的服务器来处理的内容。

（3）可恢复性

可恢复性即在发生系统崩溃或者其他灾难的时候，我们怎样恢复系统。更常见的情况下，是指如何恢复系统服务。如果从更广泛的角度来说，应该把事务恢复也包括进去。事务恢复是指把现在的系统状态恢复到前一个事务状态。分布式恢复是指多数电子商务系统都是建筑在多层结构上的，这个结构包括表现层、商业层以及数据层。每一层都和不同的主干（Legacy）系统相互作用，并且需要有不同的恢复策略。

（4）庞大的数据集合

这视具体的电子商务系统而言，需要维护的数据库的规模从 GB（230）到 TB（240）不等。备份和重新装载这样的系统需要高速解决方案。根据项目规格，需要知道有多少数据需要存储，以及这些数据是否必须总是处在能被访问的状态。如果需要数据来做商业报告，要把这些信息转移到一台可以用来做分析的服务器上。这不仅将减少备份和重载时间，还将提高系统的性能。还要考虑巨大的数据集合对索引修复、DBCC 操作以及维护工作的影响。

（5）不间断的操作

事务和平台的恢复工作是一件很严肃的事情。每一项都将对电子商务系统的设计和编写造成影响。在转到开发阶段以前解决 7×24 不间断操作的问题，是走向成功的关键。

第四节　企业电子商务系统软件的功能

一、企业资源计划

（一）企业资源计划概念

企业资源计划（Enterprise Resources Planning，ERP）是由物料需求计划（Material

Requirement Planning，MRP）、制造资源计划（Manufacturing Resource Planning，MRPⅡ）逐步演变并结合计算机技术的快速发展而来的。它是整合了企业管理理念、业务流程、基础数据、人力物力、计算机硬件和软件于一体的企业资源管理系统。企业资源计划贯穿于企业供应链和价值链中，包括企业的人、财、物及供应链中各环节的资源。

（二）ERP 的主要功能模块

ERP 系统对于不同的企业、不同的软件产品等都有很大的差异，由于各个企业自身管理的千差万别，各 ERP 软件产品的风格与侧重点不尽相同，因而其 ERP 产品的模块结构也相差较大。ERP 是将企业所有资源进行整合集成管理，简单地说是将企业的三大流，即物流、资金流、信息流进行全面一体化管理的管理信息系统。这里以典型的生产企业为例来介绍 ERP 的功能模块。

在企业中，一般的管理主要包括三方面的内容：生产控制（计划、制造）、物流管理（分销、采购、库存管理）和财务管理（会计核算、财务管理）。这三大系统本身就是集成体，它们互相之间有相应的接口，整合在一起对企业进行管理。随着企业对知识管理及人力资源管理的重视和加强，已经有越来越多的 ERP 厂商将知识管理、人力资源管理、业务流程重组等纳入了 ERP 系统。

1. 财务管理模块

ERP 中的财务模块与一般的财务软件不同，作为 ERP 系统中的一部分，它和系统的其他模块有相应的接口，能够相互集成，比如，它可将由生产活动、采购活动输入的信息自动计入财务模块生成总账和会计报表，取消了输入凭证烦琐的过程，几乎完全替代了以往传统的手工操作。一般的 ERP 软件的财务部分分为会计核算与财务管理两大块。

2. 生产控制管理模块

这一部分是 ERP 系统的核心所在，它将企业的整个生产过程有机地结合在一起，使得企业能够有效地降低库存，提高效率。同时，各个原本分散的生产流程的自动连接，也使得生产流程能够前后连贯地进行，而不会出现生产脱节，耽误生产，延迟交货时间。生产控制管理是一个以计划为导向的先进的生产、管理方法。首先，企业确定它的一个总生产计划，然后经过系统层层细分后，下达到各部门去执行。即生产部门以此生产，采购部门按此采购，等等。主要包括以下一些流程。

（1）主生产计划

它是根据生产计划、预测和客户订单的输入来安排将来各周期中提供的产品种类和数量，它将生产计划转为产品计划，在平衡了物料和能力的需要后，精确到时间、数量的详细的进度计划。是企业在一段时期内的总活动的安排，是一个稳定的计划，是根据生产计划、实际订单和对历史销售分析得来的预测产生的。

（2）物料需求计划

它是在主生产计划决定生产多少最终产品后，再根据物料清单，把整个企业要生产的产品的数量转变为所需生产的零部件的数量，并对照现有的库存量，可得到还需加工多少、采购多少的最终数量。这才是整个部门真正依照的计划。

（3）能力需求计划

它是在得出初步的物料需求计划之后，将所有工作中心的总工作负荷，在与工作中心的能力平衡后产生的详细工作计划，用以确定生成的物料需求计划是否是企业生产能力上可行的需求计划。能力需求计划是一种短期的、适应当前实际应用的计划。

（4）车间控制

这是随时间变化的动态作业计划，是将作业分配到具体各个车间，再进行作业排序、作业管理、作业监控的过程。

（5）制造标准

在编制计划中需要许多生产的基本信息，这些基本信息就是制造标准，包括零件、产品结构、工序和工作中心，都用唯一的代码在计算机中识别。

3. 物流管理模块

（1）分销管理

销售的管理是从产品的销售计划开始，对其销售产品、销售地区、销售客户各种信息的管理和统计，并可对销售数量、金额、利润、绩效、客户服务做出全面的分析，这样在分销管理模块中有三方面的功能，即对于客户信息的管理和服务，对于销售订单的管理，以及对于销售的统计与分析。

（2）库存控制

用来控制存储物料的数量，以保证稳定的物流支持正常的生产，但又最小限度的占用资本。它是一种相关的、动态的及真实的库存控制系统。它能够结合、满足相关部门的需求,随时间变化动态地调整库存,精确地反映库存现状。

（3）采购管理

确定合理的定货量、优秀的供应商和保持最佳的安全储备。能够随时提供定购、验收的信息,跟踪和催促对外购或委外加工的物料,保证货物及时到达。建立供应商的档案,用最新的成本信息来调整库存的成本。

4. 人力资源管理模块

以往的 ERP 系统基本上都是以生产制造及销售过程（供应链）为中心的。但近年来,人力资源开始越来越受到企业的关注,被视为企业的资源之本。在这种情况下,人力资源管理,作为一个独立的模块,被加入到了 ERP 的系统中来,和 ERP 中的财务、生产系统组成了一个高效的、具有高度集成性的企业资源系统。它与传统方式下的人事管理有着根本的不同。

5. 知识管理模块

在知识经济即将到来的今天,企业已经开始认识到他们最宝贵的资产和资源是知识,知识已成为推动经济增长的动力,故在 ERP 的管理范围内,增加了新的内容——知识管理,即把知识的识别、获取、开发、分解、储存、传递、共享等组成一条知识链,并对其进行有效的管理。

知识管理的具体方式就是将各部门和各人的知识产权和其他无形资产汇总成电子文件放在公用的网上,形成一个知识库,随时可供取阅。该知识库要有一套系统来支持和服务,还要有一些基本的安全措施和网络权限控制功能。员工可以利用该系统阅读公报和查找历史事件,并且在需要交流时彼此在虚拟的广告板上相会。例如在售后维护过程中,由于产品更新换代非常快,往往维护手册滞后于产品的更新。为此,企业可以利用知识管理技术,将每一个维护工程师的经验、技术、诀窍和与客户交往的技巧等集中起来,形成一个知识库,由大家来共享。

（三）业务流程重组 BPR

1. 业务流程重组含义

企业管理现代化是现代管理思想、现代化组织管理方法和手段的结合体。ERP 这种反映现代管理思想的软件系统的实施,必然要求有相应的管理组织和方法与之相适应。因此,ERP 与业务流程重组的结合是必然趋势。从另外一个角度来说,要充分运用现代管理的方法和技术,也必须进行企业业务流程重组。

业务流程重组(Business Process Reengineering,BPR)强调以业务流程为改造对象和中心、以关心客户的需求和满意度为目标、对现有的业务流程进行根本的再思考和彻底的再设计,利用先进的制造技术、信息技术以及现代化的管理手段、最大限度地实现技术上的功能集成和管理上的职能集成,以打破传统的职能型组织结构,建立全新的过程型组织结构,从而实现企业经营在成本、质量、服务和速度等方面的巨大改善。

它的重组模式是:以作业流程为中心,打破金字塔状的组织结构,通过新的模式让企业能适应信息社会的高效率和快节奏,使企业员工可以参与企业管理,实现企业内部上下左右的有效沟通,具有较强的应变能力和较大的灵活性。

不同行业、不同性质的企业,流程重组的形式不可能完全相同甚至可能完全不相同。企业可根据竞争策略、业务处理的基本特征和所采用的信息技术的水平来选择实施不同类型的 BPR。

2. 流程重组的类型

根据流程范围和重组特征,可将 BPR 分为以下三类。

(1) 功能内的 BPR

功能内的 BPR 通常是指对职能内部的流程进行重组。在旧体制下,各职能管理机构重叠、中间层次多,而这些中间管理层一般只执行一些非创造性的统计、汇总、填表等工作,计算机完全可以取代这些业务而将中间层取消,使每项职能从头至尾只有一个职能机构管理,做到机构不重叠、业务不重复。例如,物资管理由分层管理改为集中管理,取消二级仓库;财务核算系统将原始数据输入计算机,全部核算工作由计算机完成,变多级核算为一级核算等。

(2) 功能间的 BPR

这是指在企业范围内,跨越多个职能部门边界的业务流程重组。例如,北京第一机床厂进行的新产品开发机构重组,以开发某一新产品为目标,组织集设计、工艺、生产、供应、检验人员为一体的承包组,打破部门的界限,实行团队管理,以及将设计、工艺、生产制造进行交叉的作业管理等。这种组织结构灵活机动,适应性强,将各部门人员组织在一起,使许多工作可平行处理,从而可大幅度地缩短新产品的开发周期。

（3）组织间的 BPR

这是指发生在两个以上企业之间的业务重组，如通用汽车公司（GM）与 SATURN 轿车配件供应商之间的购销协作关系就是企业间 BPR 的典型例子。GM 公司采用共享数据库、EDI 等信息技术，将公司的经营活动与配件供应商的经营活动连接起来。配件供应商通过 GM 的数据库了解其生产进度，拟定自己的生产计划、采购计划和发货计划，同时通过计算机将发货信息传给 GM 公司。GM 的收货员在扫描条形码确认收到货物的同时，通过 EDI 自动向供应商付款。这样使 GM 与其零部件供应商的运转像一个公司似的，实现了对整个供应链的有效管理，缩短了生产周期、销售周期和订货周期，减少了非生产性成本，简化了工作流程。这类 BPR 是目前业务流程重组的最高层次，也是重组的最终目标。

由以上三种类型的业务流程重组可以看出，各种重组过程都需要数据库、计算机网络等信息技术的支持。ERP 的核心管理思想是实现对整个供应链的有效管理，与 ERP 相适应而发展起来的组织间的 BPR 创造了全部 BPR 的概念，是全球经济一体化和 Internet 广泛应用环境下的 BPR 模式。

二、客户关系管理

（一）客户关系管理概述

客户关系管理（Customer Relationship Management，CRM）是指企业与客户之间建立的管理双方接触活动的信息系统，通过有效管理客户信息资源，分析客户的需求特征，不断发现客户的价值，为客户提供满意的产品与服务，从每一个与客户接触的地方着手，在企业与客户之间建立起长期、稳定、相互信任的良好关系，为企业吸引新客户、锁定老客户；通过实现客户效用的最大化获得超额利润，提高企业竞争力。

企业实施 CRM 的目标主要包括以下几个方面：对每个客户的数据进行整合，并支持对客户进行多维的特征和行为分析；把握销售机会，提高销售额，增加利润；降低业务成本；增强客户获取、客户保留能力，提高客户满意度。

CRM 的功能可以归纳为三个方面：对销售、营销和客户服务三部分业务流程的信息化；与客户进行沟通所需要的手段（如电话、传真、网络、E-mail 等）的集成和自动化处理；对上面两部分功能所积累下的信息进行的加工处理，产生客户智能,为企业的战略战术的决策作支持。CRM 的结构详见图 10-4。

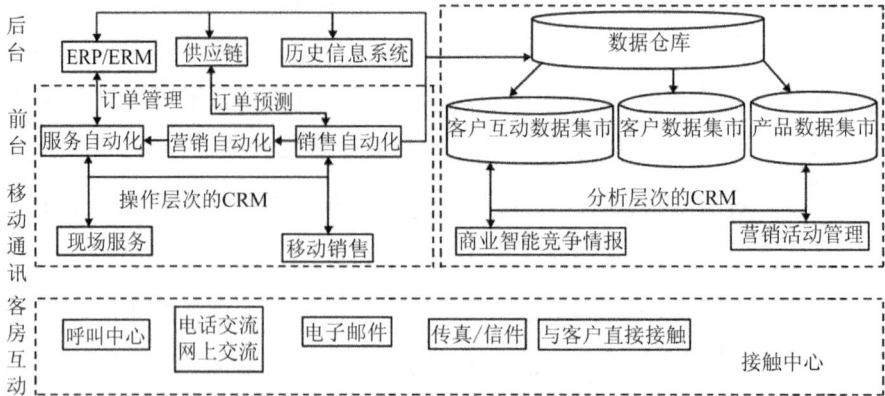

图 10-4　客户关系管理系统的结构

（二）CRM 的主要功能模块

从技术手段上讲,CRM 的实现是销售、营销、服务、计算机、电话和网络的集成。CRM 的功能模块一般包括客户管理、联系人管理、时间管理、潜在客户管理、销售管理、电话销售、营销管理、电话营销、客户服务、呼叫中心、合作伙伴关系管理、商业智能、知识管理等。下面以 ORACLE 的 CRM 产品为例,看一下其功能模块,参见表 10-1。

表 10-1　ORACLE 的客户关系管理系统的功能模块

主要模块	目标	该模块所能实现的主要功能
销售模块	提高销售过程的自动化和销售效果	销售。是销售模块的基础,用来帮助决策者管理销售业务,它包括的主要功能是额度管理、销售力量管理和地域管理
		现场销售管理。为现场销售人员设计,主要功能包括联系人和客户管理、机会管理、日程安排、佣金预测、报价、报告和分析
		现场销售/掌上工具。这是销售模块的新成员。该组件包含许多与现场销售组件相同的特性,不同的是,该组件使用的是掌上型计算设备
		电话销售。可以进行报价生成、订单创建、联系人和客户管理等工作。还有一些针对电话商务的功能,如电话路由、呼入电话屏幕提示、潜在客户管理以及回应管理
		销售佣金。它允许销售经理创建和管理销售队伍的奖励和佣金计划,并帮助销售代表形象地了解各自的销售业绩

主要模块	目标	该模块所能实现的主要功能
营销模块	对直接市场营销活动加以计划、执行、监视和分析	营销。使得营销部门实时地跟踪活动的效果,执行和管理多样的、多渠道的营销活动
		针对电信行业的营销部件。在上面的基本营销功能基础上,针对电信行业的 B2C 的具体实际增加了一些附加特色
		其他功能。可帮助营销部门管理其营销资料;列表生成与管理;授权和许可;预算;回应管理
客户服务模块	提高那些与客户支持、现场服务和仓库修理相关的业务流程的自动化并加以优化	服务。可完成现场服务分配、现有客户管理、客户产品全生命周期管理、服务技术人员档案、地域管理等。通过与企业资源计划(ERP)的集成,可进行集中式的雇员定义、订单管理、后勤、部件管理、采购、质量管理、成本跟踪、发票、会计等
		合同。此部件主要用来创建和管理客户服务合同,从而保证客户获得的服务的水平和质量与其所花的钱相当。它可以使得企业跟踪保修单和合同的续订日期,利用事件功能表安排预防性的维护活动
		客户关怀。这个模块是客户与供应商联系的通路。此模块允许客户记录并自己解决问题,如联系人管理、客户动态档案、任务管理、基于规则解决重要问题等
		移动现场服务。这个无线部件使得服务工程师能实时地获得关于服务、产品和客户的信息。同时,他们还可使用该组件与派遣总部进行联系
呼叫中心模块	利用电话来促进销售、营销和服务	电话管理员。主要包括呼入呼出电话处理、互联网回呼、呼叫中心运营管理、图形用户界面软件电话、应用系统弹出屏幕、友好电话转移、路由选择等
		开放连接服务。支持绝大多数的自动排队机,如 Lucent, Nortel, Aspect, Rockwell, Alcatel, Erisson 等
		语音集成服务。支持大部分交互式语音应答系统
		报表统计分析。提供了很多图形化分析报表,可进行呼叫时长分析、等候时长分析、呼入呼叫汇总分析、座席负载率分析、呼叫接失率分析、呼叫传送率分析、座席绩效对比分析等
		管理分析工具。进行实时的性能指数和趋势分析,将呼叫中心和座席的实际表现与设定的目标相比较,确定需要改进的区域
		代理执行服务。支持传真、打印机、电话和电子邮件等,自动将客户所需的信息和资料发给客户。可选用不同配置使发给客户的资料有针对性
		自动拨号服务。管理所有的预拨电话,仅接通的电话才转到座席人员那里,节省了拨号时间
		市场活动支持服务。管理电话营销、电话销售、电话服务等
		呼入呼出调度管理。根据来电的数量和座席的服务水平为座席分配不同的呼入呼出电话,提高了客户服务水平和座席人员的生产率
		多渠道接入服务。提供与 Internet 和其他渠道的连接服务,充分利用话务员的工作间隙,收看 E-mail、回信等

三、供应链管理

供应链管理实行的是一种集成的管理思想和方法,它执行供应链中从供应商到最终用户的物流计划、组织、协调和控制一体化等职能的管理过程。

供应链管理功能模块主要包括物料需求计划、采购管理、销售管理、库存管理、存货核算、质量管理等模块,加强了对企业业务环节的规划和控制,实现了管理的高效率、实时性、安全性、科学性、现代化、职能化。

（一）物料需求计划管理

物料需求计划管理通过 MRP 原理为工业企业自动编制采购计划和生产计划,实现计划编制的科学性和及时性,提高计划执行的可靠性。

（二）采购管理

采购管理提供从请购、订货、到货、入库、开票到采购结算的完整采购流程,支持普通采购、受托代销、分期付款、直运等多种类型的采购业务,并可对采购价格进行严格控制,对采购时间进行精细管理,对采购单据进行上下追溯,还可按照用户的实际情况定制采购流程。

（三）销售管理

销售管理提供了报价、订货、发货、开票的完整销售流程,支持普通销售、委托代销、分期收款、直运、零售、销售调拨等多种类型的销售业务,并可对销售价格和信用进行三维管理,用户还可根据实际情况对系统进行定制,构建自己的销售业务管理平台。

（四）库存管理

库存管理除了满足企业日常出入库、盘点、调拨等业务需要,还能满足组装拆卸、不合格品处理等特殊业务需求,并提供货位、批次、出库跟踪入库、ABC 分类管理等,可对可用量、最高最低库存、安全库存、周期盘点、超储与短缺品、库龄进行实时报警和监控。

（五）存货核算

存货核算从资金的角度管理存货的出入库业务,主要用于核算企业的入库成本、出库成本、结余成本,反映和监督存货的收发、领退、保管和资金占用情况。提供按存货、按部门、按仓库进行核算的功能,支持六种计价方式(个别计价法、移动加权、加权平均、先进先出、后进先出、计划价/售价),满足不同企业存货管理的需求。同时还可以进行出入库成本调整,处理各种异常;自动提取存货跌价准备,满足上市企业管理需要;自动形成完整的存货账簿,动态反映存货资金的增减变动,为库存的降低、资金周转的加速提供指导。

(六)质量管理

质量管理提供质量计划、质量检验、质量控制、质量分析及质量评估等管理功能,可帮助企业建立规范完整先进的质量管理体系。与其他系统集成使用,可实现物流过程中的全方位管理,通过对供应商供货质量评估以及对客户交付质量的追溯,实现供应链运作过程中的全程质量控制。

四、其他应用软件与技术

(一)决策支持系统

决策支持系统充分运用了决策理论、管理科学、运筹学、系统工程、人工智能、计算机技术和网络通信技术等的最新成果,开辟了为决策者提供决策依据和帮助决策者正确决策的新领域。决策支持系统作为一种新兴的信息技术,能为企业提供各种决策信息以及商业问题解决方案,从而减轻了管理者从事低层次信息处理和分析的负担,使得他们专注于最需要决策智慧和经验的工作,因此提高了决策的质量和效率。近年来,决策支持系统向智能决策支持系统和群体决策支持系统发展。

(二)专家系统

专家系统是一个智能计算机程序系统,其内部含有大量的某个领域专家水平的知识与经验,能够利用人类专家的知识和解决问题的方法来处理该领域问题。也就是说,专家系统是一个具有大量的专门知识与经验的程序系统,它应用人工智能技术和计算机技术,根据某领域一个或多个专家提供的知识和经验,进行推理和判断,模拟人类专家的决策过程,以便解决那些需要人类专家处理的复杂问题,简而言之,专家系统是一种模拟人类专家解决领域问题的计算机程序系统,专家系统在企业信息化中领域尚处于研究阶段。

(三)数据仓库

数据仓库(Data Warehouse)是一个面向主题的、集成的、相对稳定的、反映历史变化的数据集合,用于支持管理决策。数据仓库是汇总商用信息后,进而支持数据挖掘、多维数据分析等当今尖端技术和传统的查询及报表功能,这些对于企业在当今激烈的商业竞争中保持领先是至关重要的。对于数据仓库的概念可以从两个层次予以理解:首先,数据仓库用于支持决策,面向分析型数据处理,它不同于企业现有的操作型数据库;其次,数据仓库是对多个异构的数据源有效集成,集成后按照主题进行了重组,并包含历史数据,而且存放在数据仓库中的数据一般不再修改。

（四）数据挖掘

数据挖掘(Data Mining)就是从大量的数据中挖掘出有用的信息。随着计算机应用的越来越广泛,每年都要积累大量的数据,运用数据挖掘技术在这些数据当中我们可以找出"金子"来。据国外专家预测,在今后的5～10年内,随着数据量的日益积累以及计算机的广泛应用,数据挖掘将在中国形成一个新兴产业。

数据挖掘就是从数据库中发现知识,将隐含的、先前并不知道的、潜在有用的信息从数据库中萃取出来的过程。通过网络可以得到海量的数据,数据挖掘就是要从杂乱无章的海量数据中发现规律性,挖掘出对企业经营有用的情报。

数据挖掘是一个跨学科的知识领域,汲取了数据库技术、人工智能、机器学习、神经网络、统计学、模式识别、知识库系统、知识获取、信息检索、高性能计算、数据可视化等方面的成果,解决了数据挖掘的可行性、实用性、有效性和大型数据库中模型发现的可测量性等问题。

（五）协同商务

协同商务(Collaboration Business)自从2000年初被Gartner Group提出后,就一直是企业与IT关注的焦点,所谓协同商务,是一个现代企业经营管理思想,强调在全球经济的背景下,利用互联网技术,在企业的整个供应链内及跨供应链进行各种业务合作,最终通过改变业务经营的模式与方式达到资源充分利用的目的。

协同商务强调产品的设计研发、生产制造、产品交货、财务处理,甚至是最后的成效评估等,都通过电子集市使交易各方能够同步作业,它被认为是电子集市发展的第三阶段,超越了第一阶段由中立第三者主导的电子集市,以及第二阶段由产业中既有领导厂商相互结盟的电子集市的功能特质。可以说,到了协同商务阶段,电子集市才会真正成为电子化的信息枢纽,同步处理供应链和需求链,提供买卖双方增值的、专业的中介平台。

简单来说,协同商务是一种买卖双方彼此互相分享知识并共同紧密合作的一个商业环境。由于这个协同商务的环境能够是围绕在企业内不同的作业环境,所以需要许多现行的应用软件与之配套运作,如 SCM、ERP、CRM 等。

这么多种不同的商务软件到底要先导入哪一种才最好呢?这通常是企业面临的难题,根据许多案例研究发现,企业在考虑企业应用集成的时候,通常要经过三个阶段才能达到协同商务的境界。第一个阶段是企业内部集成,包括整合电子商务应用软件与企业内部现有的套装软件或旧有的自开发的软件。第二个阶段是企业外部交易层次的集成,包括整合与上游供应链体系各伙伴之间的交易信息,如订单和物流等,甚至是下游顾客的订单管理。第三阶段是企业外部关系层次的集成,包括整合策略联盟伙伴间的高附加值的信息,如客户基本资料、市场信息、产品设计信息等。

由于要达到协同商务需经过这三个阶段,所以企业在加入电子集市前需要构建公司的 E-business 平台,这时必须将“集成性”作为第一要素来考虑。曾经有些企业在引入和构建供应链管理系统后,才发现它和既有的 ERP 系统的集成不够严密,使得无法充分发挥由供应链管理系统所带来的效益。有些企业在建立网站、参加电子交易集市后,发现无法及时回应交易集市所传送的需求,主要原因在于未能将网站和 ERP 系统加以整合。所以一个完整的 E-business 平台需要能够将不同的功能加以整合,使交易能够流畅地完成。

(六)商务智能

商务智能(Business Intelligence,BI)是指将存储于各种商业信息系统中的数据转换成有用信息的技术。它通过用户查询和分析数据库得出影响商业活动的关键因素,最终帮助用户做出更好、更合理的决策。商务智能是从“根本上帮助你把公司的运营数据转化成为高价值的可以获取的信息(或者知识),并且在恰当的时候通过恰当的方式把恰当的信息传递给恰当的人”,商务智能是为了解决商业活动中遇到的各种问题,利用各种信息系统进行的高质量和有价值的信息收集、分析与处理的过程,其基本功能包括个性化的信息分析、预测和辅助决策等。

小 结

电子商务系统建设一般要经过商务分析、规划设计、建设变革、整合运行等四个阶段。电子商务系统规划中应坚持商务为本、需求导向、系统观念、资源重组、流程再造以及复合优势等基本原则。设计电子商务系统时必须坚持企业的需求是目的,任何技术都只是实现需求的手段,这一方向建设电子商务系统不是为了应用某项新技术,而是为了解决企业的实际问题。

网站规划是指在网站建设前对市场进行分析,确定网站的目的和功能,并根据需要对网站建设中的技术、内容、费用、测试、维护等做出规划。网站规划对网站建设起到计划和指导作用,对网站的内容和维护起到定位作用。网站设计的主要任务包括:网站架构设计,以浏览器为客户端的 Web 应用程序开发(例如新闻中心、网上商店、虚拟邮局、网站管理等)系统测试及网站发布。

项目管理就是以项目为对象的系统管理方法,通过一个临时性的专门的柔性组织,对项目进行高效率的计划、组织、指导和控制,以实现项目全过程的动态管理和项目目标的综合协调与优化。而电子商务项目管理就是以一个具体的电子商务系统开发为任务和对象的项目管理。项目管理的主要任务一般包括项目计划、项目组织、质量管理、费用控制、进度控制等五项。在这五项任务中,最重要的是项目计划,一切工作都在这个计划指导下进行的。电子商务项目管理有一定的工作步骤和方法,但是更多的是视具体的电子商务系统的要求和目标而定的。

目前,企业电子商务软件很多,本章重点介绍了 ERP、CRM、供应链管理的基本功能。此外,决策支持系统、专家系统、数据仓库、数据仓库、数据挖掘、协同商务等也是企业电子商务软件的重要组成部分。

思考题

1. 名词解释

电子商务系统 系统需求 网站规划 项目管理 ERP 客户关系管理
数据挖掘 商务智能

2．简答题

（1）电子商务系统设计要遵循的原则是什么？

（2）电子商务系统建设有哪几个阶段？

（3）电子商务网站规划与设计的基本原则是什么？

（4）网站规划设计的步骤有哪些？

（5）网站规划设计过程中，要如何进行目录结构设计？

（6）什么是电子商务项目管理？

（7）项目管理的具体内容是什么？

（8）项目管理的含义和内容是什么？

（9）电子商务项目管理中的项目规划包括哪些步骤？

（10）在上马 ERP 时，为什么要进行业务流程重组？

3．讨论题

试论述如何构建某个企业的电子商务系统。

实验操作

1．访问信天游网站（http：//www.travelsky.com），浏览网站内容，了解电子商务系统设计的功能、模块和内容。

2．根据网站类型，访问各种类型的网站，浏览网站内容，体会各种类型网站的设计风格和设计方法。

第十一章　电子商务法律法规

案　例

卢某与腾讯公司、某电子商务公司买卖合同纠纷案

一、基本案情

2012年6月19日,卢某在腾讯公司经营的"QQ网购"网站上购买了四款贝佳斯品牌的化妆品,化妆品由某电子商务公司开具发票。卢某向贝佳斯公司咨询后认为"QQ网购"上销售的贝佳斯是假货,故起诉腾讯公司、某电子商务公司,要求两公司共同赔偿卢某货款损失。

二、裁判结果

法院经审理认为,在"QQ网购"中涉案四种商品的详情页面均载明"本商品由天天网提供",而腾讯公司的经营范围并无销售普通商品的项目。从而认定,某电子商务公司是商品的销售者,腾讯公司实为提供"QQ网购"网络交易平台服务的经营者,腾讯公司与卢某构成服务合同关系而非买卖合同关系,故判决驳回卢某对腾讯公司的诉讼请求。

三、法官点评

消费者在网购过程中往往忽视一个重要问题,购物网站平台的运营商不一定是买卖合同的相对方。一般情形下,网络平台与消费者间不构成买卖合同关系,

不承担相应的赔偿责任。消费者在网上消费时,不宜抱有"在大网站购物质量有保证"的观念,大型网站有可能仅为交易平台的提供者,就像消费者在菜市场买菜,菜市场再大,关键还是要看卖菜的菜农。但值得注意的是,新修订的《中华人民共和国消费者权益保护法》第四十四条规定了网络交易平台提供者承责的几种情形:不能提供销售者或者服务者的真实名称、地址和有效联系方式的;网络交易平台提供者做出更有利于消费者的承诺的;网络交易平台提供者明知或者应知销售者或者服务者利用其平台侵害消费者合法权益,未采取必要措施的。据此,网络交易平台提供者在审核销售者或服务者准入其交易平台时,应更为审慎,并应加强对在其交易平台上经营的商家的监督管理。否则,交易平台提供者亦将面临承担责任的风险。

学习目标

通过学习,了解电子商务法的概念与分类;掌握电子商务法的基本原则;明确电子商务法律关系;熟悉电子商务各环节中的法律问题;重点掌握电子合同、电子签名、网络著作权等法律规定。

第一节   电子商务法律法规概述

电子商务法是调整电子商务关系的法律,自从 1997 年 7 月美国政府正式发布"全球电子商务政策框架"以来,在全球范围内掀起了电子商务的热潮。电子商务日益成为 21 世纪经济活动的核心,也是未来推动经济增长的关键动力。然而,电子商务是以不受国界限制的互联网为运行平台的,要想这一快捷的贸易方式更好地为全社会服务,需要为它制订必要的政策法规,使它更驯服、更安全。电子商务法,是随着计算机通信技术在商事领域的广泛而综合的应用,所兴起的一个法律领域。作为一种商事规范体系,它是电子商务活动实践的产物。

一、电子商务法的概念特点

（一）电子商务法的概念

电子商务法是指调整电子商务活动中所产生的社会关系的法律规范的总称，电子商务法是一个新兴的综合法律领域。电子商务法还可细分为电子商务交易法和电子商务安全法等分支。电子商务交易法主要是指规范平等主体的公民、法人通过互联网进行交易的商业行为的法律规范的总称，它属于私法范畴。而电子商务安全法是指关于电子商务信息系统安全的法律规范的总称，它属于公法范畴。电子商务法应该是公法和私法融合的产物。虽然我国现在还没有有关电子商务的专项立法，但是随着电子商务活动的广泛开展，现有法律已不能适应电子商务规范化的需要。再者，在国际电子商务立法浪潮的冲击下，我国的电子商务法必将出台，并且会随着电子商务的发展而不断充实和完善。

（二）电子商务法的发展现状

近年来世界上已有许多国家和国际组织，制定了为数不少调整电子商务活动的法律规范，形成了许多电子商务法律文件。

1. 国际

下面就列出国际一些重要的或典型的电子商务法律法规颁布情况。

（1）1990 年联合国正式推出电子数据交换 UN/EDIFACT 标准，后来被 ISO 批准成为国际标准 ISO 9735。这套标准为电子商务的推广奠定了很好的基础。

（2）早在 1991 年，美国参议院就公布了《高性能计算机法规网络案》，用于铺设全美的信息网络。

（3）1993 年，联合国国际贸易法委员会第 26 届大会审议通过了世界上第一部 EDI 统一法草案《电子数据交换及贸易数据通信手段有关法律方面的统一规则草案》。

（4）1996 年，联合国第 85 次全体会议通过了第 51/162 号决议，正式颁布了《贸易法委员会电子商业示范法及其颁布指南》（一般就称为《电子商务示范法》）。《示范法》的作用重点在于"示范"而不在于"强制"，"其目的是要向各国立法提供一套国际公认的规则，说明怎样清除此类法律障碍，如何为'电子商务'创造一种比较可靠的法律环境"。自《示范法》颁布以后，世界各国关于电子商务的立法都在不同程度上参考了《示范法》的规定,对各国的电子商务立法活动产生了重大的推动作用。

(5)1997 年,美国政府发表《全球电子商务框架》白皮书。这份政策性宣言包括一般原则与问题处理建议两个部分。提出了开展电子商务的基本原则、方法和措施。

(6)1997 年,欧盟提出《欧盟电子商务行动方案》,要求欧洲各国政府必须要以"电子政府"的工作方式适应和促进电子商务的发展。提出了制订适应电子商务发展的单一市场管理框架。

(7)1998 年美国参众两院分别通过了互联网免税法案。1999 年美国政府公布了互联网上个人隐私的保护政策。1999 年,全美通用州立法委员会(NCCUSL)草拟了《计算机及信息交易统一法》(UCITA),推荐给各州进行表决以决定是否在本州适用。这部法律实际上是一部网络商业合同法,其中许多规定是根据美国《合同法》和《统一商法典》制定。它的立法目的主要有四个:支持和促进网络环境下的计算机信息交易;明确管辖计算机信息交易的法律;通过商业惯例以及当事人的协议扩大商业惯例在计算机信息交易中的使用范围;使之成为不同管辖范围共同适用的统一法。这部法律将美国传统商业合同法原则和现代电子信息紧密结合,有力促进了电子交易的发展。

(8)1998 年,WTO 的 132 个成员签署了《关于电子商务的宣言》;9 月 WTO总务理事会通过了一个极具影响力的《电子商务工作方案》;1999 年 9 月通过了一项《数字签名统一规则草案》,就电子合同实施中的电子签名问题做了初步的规定。

(9)1998 年,新加坡颁布《1998 电子交易法令》。这是一部内容比较全面和完善的专门立法,它采纳了联合国国际贸易法委员会《示范法》的绝大部分条文,但它远较《示范法》复杂和完备。法案包括 12 部分:首则、电子记录与电子签名一般规定、网络服务供应人的责任、电子合同、可靠电子记录和电子签名、数字签名的效力、与数字签名相关的一般义务、认证机构义务、订户义务、认证机构管理、政府使用电子记录与电子签名,以及一般规定等。

(10)1999 年,欧盟通过《统一数字签名规则》(简称"统一法令"),明确规定了某一成员签订的电子商务合同,其效力应被其他任何一个成员承认等重要问题。

（11）2000 年,美国众议院通过《电子签名法》,使得电子签名与书面签名具有同等法律效力,从而为电子交易顺利进行扫清了障碍。

（12）2000 年,英国政府颁布的《电子通信法案》生效,该法案包括了加密服务提供商、便利化的电子商务和数据存储、对被保护的电子数据的调查及附录等四章。规定了自愿的许可登记制、电子签名的有效性、电子签名的证据力、取消其他法律中对以电子媒介替代纸张的限制等内容。

（13）2001 年,亚太经济合作组织（APEC）在 2001 年 APEC 无纸贸易高级别研讨会上倡议成立 APEC 电子商务工商联盟,宗旨是服务于亚太地区工商企业,全面促进 APEC 各成员经济体企业在电子商务领域的交流与合作,促进政府优化电子商务发展环境,推动亚太地区电子商务整体发展进程。

（14）2001 年,联合国促进贸易和电子商务中心（UN/CEFACT）与结构化信息标准发展组织（OASIS）正式批准 ebXML（Electronic Business eXtensile Markup Language）标准,为拓展统一的全球性的电子商务交易市场奠定了基础。

（15）2002 年,联合国第 56 届会议通过了《联合国国际贸易法委员会电子签字示范法》,这是联合国继《电子商务示范法》后通过的又一部涉及电子商务的重要法律。

（16）2004 年,召开首届 APEC 电子商务工商联盟论坛。

（17）2005 年,联合国第 60 届会议通过了《联合国国际合同使用电子通信公约》,对营业地位于不同国家的当事人之间订立或履行合同使用电子通信做出了具体规定。

（18）2005 年,联合国统计委员会第三十七届会议将"电子商务"列入"国际经济和社会分类"考虑的范畴。

（19）2008 年,召开第三届 APEC 电子商务工商联盟论坛,主题是"模式创新——APEC 电子商务发展新动力"。

2. 中国

中国真正开始制定电子商务的法律法规是从 2003 年开始的。但是前期做了很多基础性的工作。

（1）1994 年起我国已经颁布了一系列的关于电子交易方面的局部法律规范。关于网络支付方面,有 1994 年中国人民银行颁布的《中国人民银行关于改变电子联行业务处理方式的通知》;关于数据传输方面,有国家海关总署于 1999 年颁布的《海关舱单电子数据传输管理办法》;关于网络管理方面,有国务院 1997 年颁布的《计算机信息网络国际互联网管理暂行规定》以及 1998 年颁布的关于上述规定的《实施办法》、公安部 1997 年颁布的《计算机信息网络国际联网安全保护管理办法》。

(2) 1999 年 3 月全国人民代表大会常务委员会通过的《合同法》已经注意到了电子交易迅速发展对法律规范所提出的要求,《合同法》专门对数据电文做出了数条规定。规定了运营电子交易所必须重视的数个重要问题,扩展了传统观念上的"书面形式",将"数据电文"收编入内。在刑法方面,刑法 285 条、286 条、287 条对破坏作为网络交易基础设施的计算机系统或者利用计算机网络系统进行犯罪的行为做出了处罚规定。

(3) 2004 年 8 月 28 日,第十届全国人民代表大会常务委员会第十一次会议通过了《中华人民共和国电子签名法》。这是中国在电子商务领域通过的第一个法律法规。

(4) 2005 年 1 月 8 号,国务院办公厅《关于加快电子商务发展的若干意见》发布。提出了 8 条 25 点具体的意见。特别指出发展电子商务是国家的战略决策的高度。

(5) 2005 年 4 月 1 日,《中华人民共和国电子签名法》正式实施。《电子签名法》共分 5 章 36 条,重点解决了以下五个方面的问题:一是确立了电子签名的法律效力;二是规范了电子签名的行为;三是明确了认证机构的法律地位及认证程序,并给认证机构设置了市场准入条件和行政许可的程序;四是规定了电子签名的安全保障措施;五是明确了认证机构行政许可的实施主体是国务院信息产业主管部门。

(6) 2005 年 4 月,信息产业部发布《电子认证服务管理办法》。它是与《电子签名法》配套同步实施的法规,对我国电子认证服务业的规范发展有重要意义。2015 年 4 月 24 日第十二届全国人民代表大会常务委员会第十四次会议对《电子签名法》进行了修正。

(7) 2005 年 10 月,中国人民银行发布《电子支付指引(第一号)》。对电子支付业务的申请、电子支付指令的发起和接收、安全控制、差错与责任作了详细规定。目前,央行正在研究制定《电子支付指引(第二号)》将明确网上支付责任划分。

（8）2006 年 2 月，国务院办公厅转发了国家网络与信息安全协调小组《关于网络信任体系建设的若干意见》，提出了建设以"身份认证、授权管理和责任认定"为主要内容的网络信任体系的基本构想。

（9）2007 年 3 月，商务部发布《关于网上交易的指导意见（暂行）》。该意见首次对网上交易以及交易的买、卖方进行了界定，同时还提醒用户，网上交易当事人在使用网上交易之前要尽可能地多了解对方的真实身份，防范交易风险。

（10）2007 年 12 月，商务部发布《商务部关于促进电子商务规范发展的意见》。该意见从规范电子商务信息传播行为、规范电子商务交易行为、规范电子支付行为、规范电子商务商品配送行为等四个方面提出了电子商务规范发展的意见。

（11）2009 年 4 月 2 日，商务部发布《电子商务服务规范》和《电子商务模式规范》，针对电子商务 B2B、B2C、C2C 模式的特点，规定了各模式中网络交易方、网络交易平台提供商、网络支付平台提供商和网络交易辅助服务提供商的行为服务规范。

（12）2010 年 5 月 31 日，国家工商行政管理总局发布《网络商品交易及有关服务行为管理暂行办法》。该办法就维护网络商品交易秩序，规范网络商品交易及有关服务行为，保护消费者和经营者的合法权益，促进网络经济持续健康发展提出了指导意见。

（13）2010 年 6 月 14 日，中国人民银行颁布了《非金融机构支付服务管理办法》，目的是为促进支付服务市场健康发展，规范非金融机构支付服务行为，防范支付风险，保护当事人的合法权益。《办法》明确规定，从事支付业务的非金融机构须取得由央行颁发的《支付业务许可证》才能从事第三方支付业务。

（14）2010 年 6 月 24 日，商务部发布《关于促进网络购物健康发展的指导意见》。该意见就完善服务与管理体制，健全法律与标准体系，改善交易环境，培育市场主体，拓宽网络购物领域，规范交易行为，推进网络购物发展，满足消费者需要提出了指导意见。

（15）2010 年 10 月 27 日，商务部颁布《电子商务示范企业创建规范（试行）》，对面向消费者的专业网购平台、面向企业间交易的专业电子商务平台以及传统企业电子商务应用平台等电子商务企业类型明确了示范标准和动态管理制度；2011年 4 月 12 日，商务部发布了《第三方电子商务交易平台服务规范》。目的为规范第三方电子商务交易平台的经营活动,保护企业和消费者合法权益,营造公平、诚信的交易环境,保障交易安全,促进电子商务的快速发展。

(16) 2012年2月6日,国家发展改革委、财政部、商务部、人民银行、海关总署、国家税务总局、国家工商总局和国家质检总局等8个部委和机构联合发布《关于促进电子商务健康快速发展有关工作的通知》(以下简称《通知》),旨在贯彻落实《国民经济和社会发展"十二五"规划纲要》关于积极发展电子商务的任务,深入开展国家电子商务示范城市创建工作。

(17) 2012年3月11日,为增强我国电子商务平台的对外贸易功能,提高我国企业利用电子商务开展对外贸易的能力和水平,《商务部关于利用电子商务平台开展对外贸易的若干意见》发布,明确要推动解决电子商务平台开展对外贸易过程中的通关、退税、融资、信保等政策性问题。支持电子商务平台增强外贸功能,鼓励企业利用电子商务开展对外贸易,有利于促进内外贸融合,提高我国商务事业整体发展水平,夯实我国的贸易大国地位。

(18) 2013年4月15日,《国家发展和改革委员会办公厅、财政部办公厅、农业部办公厅、商务部办公厅、中国人民银行办公厅等13部门关于进一步促进电子商务健康快速发展有关工作的通知》发布。该通知提出了14项工作要求:统筹推进电子商务发展环境建设;推动电子商务企业会计档案电子化试点工作;推进商贸流通领域电子商务创新发展;完善跨境贸易电子商务通关服务;加快网络(电子)发票推广与应用;深入推进电子商务可信交易环境建设工作;建立完善电子商务产品质量安全监督机制;推动移动电子商务支付创新发展;完善电子商务快递服务制度;推进电子商务标准化工作;促进农业电子商务发展;促进林业电子商务发展;促进旅游电子商务发展;各地区加快支持电子商务发展环境建设。

(19) 2013年8月21日,为加快我国跨境电子商务发展,支持跨境电子商务零售出口,国务院办公厅转发商务部、国家发展改革委、财政部、人民银行、海关总署、国家税务总局、国家工商总局、国家质检总局、国家外汇局等部门和机构发布的《关于实施支持跨境电子商务零售出口有关政策的意见》,明确发展跨境电子商务对于扩大国际市场份额、拓展外贸营销网络、转变外贸发展方式具有重要而深远的意义。

(20) 2013年10月31日,为进一步促进各地电子商务应用,推动我国电子商务均衡发展,《商务部关于促进电子商务应用的实施意见》发布,进一步明确了促进电子商务发展的工作目标和工作原则,并落实了电子商务发展的重点任务和保障措施。

(21) 2014 年 2 月 16 日,国家工商总局发布《网络交易管理办法》,《办法》要求,网络商品经营者销售商品,消费者有权自收到商品之日起七日内退货,且无须说明理由;鲜活易腐、定做等商品除外。名人、明星、网络"大 V"等在为产品进行推广等并因此取得酬劳时,应当如实披露其性质等。

(22) 2014 年 3 月 15 日,由全国人大修订的新版《消费者权益保护法》(简称"新消法")正式实施。该次修法主要从四方面完善消费者权益保护制度,如强化经营者义务、规范网络购物等新的消费方式、建立消费公益诉讼制度等。新消法规定,经营者采用网络、电视、电话、邮购等方式销售商品,除了特殊情况,消费者有权自收到商品之日起七日内退货,且无须说明理由。但消费者需要为"反悔"埋单,承担退货运费。新消法明确规定,经营者及其工作人员对收集的消费者个人信息必须严格保密,不得泄露、出售或者非法向他人提供。经营者未经消费者同意或者请求,或者消费者明确表示拒绝的,不得向其发送商业性信息。

(23) 2014 年 12 月 24 日,为了促进网络零售的健康发展,保护依托第三方平台网络零售活动中各主体的合法权益,维护公共利益,加强公共信息服务。商务部发布《网络零售第三方平台交易规则制定程序规定(试行)》,自 2015 年 4 月 1 日起施行。

(24) 2015 年 5 月 7 日,国务院印发《关于大力发展电子商务 加快培育经济新动力的意见》,提出到 2020 年,基本建成统一开放、竞争有序、诚信守法、安全可靠的电子商务大市场。在支持政策上,《意见》要求为电商企业合理降税减负,逐步将旅游电商、生活服务类电商等相关行业纳入"营改增"范围。

(25) 2016 年 3 月 24 日,为营造公平竞争的市场环境,促进跨境电子商务零售进口健康发展,财政部、海关总署联合发布《关于跨境电子商务零售进口税收政策的通知》,对跨境电子商务零售(企业对消费者,即 B2C)进口税收政策进行调整。即从 4 月 8 日开始,跨境商品不再征收行邮税,而是按货物征收关税和进口环节增值税及消费税(消费税主要针对不含护肤品的化妆品)。原来的 50 元免税额度被取消。

（26）2016年06月27日，《民法总则（草案）》提交全国人大常委会第二十一次会议审议，待通过之后颁布实施。其中对网络虚拟财产、数据信息等新型民事权利客体做出规定，意味着网络虚拟财产、数据信息将正式成为权利。

（27）2016年6月28日，《移动互联网应用程序信息服务管理规定》由国家互联网信息办公室发布。这是为了加强对移动互联网应用程序（APP）信息服务的规范管理，促进行业健康有序发展，保护公民、法人和其他组织的合法权益而制定的法规。《规定》提出，移动互联网应用程序提供者应当严格落实信息安全管理责任，依法履行"六项义务"：一是按照"后台实名、前台自愿"的原则，对注册用户进行真实身份信息认证；二是建立健全用户信息安全保护机制；三是建立健全信息内容审核管理机制，对发布违法违规信息内容的，视情采取警示、限制功能、暂停更新、关闭账号等处置措施；四是依法保障用户知情权和选择权；五是尊重和保护知识产权，不得制作、发布侵犯他人知识产权的应用程序；六是记录用户日志信息，并保存六十日。

二、电子商务法的特点

（一）国际性

电子商务已发展为一种世界性的经济活动，它的法律框架自然不应只局限在一国（地区）范围内，而应得到国际社会的认可和遵守。电子商务法最终要以适应全世界的要求为特征，自然而然地，国际性就成了电子商务法的特征之一。

（二）技术性

电子商务是现代高科技的产物，它需要通过互联网络来进行，规范这种行为的电子商务法必然要适应这种特点。所以，有关电子商务的法律规范也必须以技术性为其主要特点之一。在电子商务中，许多法律规范都是直接或间接地由技术规范演变而成的。比如一些国家将运用公开密钥体系生成的数字签名规定为安全的电子签名。

（三）安全性

计算机网络的技术性和开放性也使得它具有极大的脆弱性。计算机及网络技术的发展使各行各业对计算机信息系统具有极强的依赖性，与此同时，计算机黑客和计算机病毒的侵入或攻击有可能给商家乃至整个社会造成极大的损失。电子商务法通过对电子商务安全性问题进行规范,有效地预防和打击各种计算机犯罪,切实保证电子商务的安全运行。所以,安全性是电子商务法的又一特征。

（四）开放性

必须以开放的态度对待任何技术手段与信息媒介,设立开放型的规范,让所有有利于电子商务发展的设想和技巧都能容纳进来。在电子商务立法中,大量使用开放型条款和功能等同性条款,其目的就是为了开拓社会各方面的资源,以促进科学技术及其社会应用的广泛发展。它具体表现在电子商务法的基本定义的开放、基本制度的开放,以及电子商务法律结构的开放等方面。

（五）复合性

电子商务交易关系的复合性来源于其技术手段上的复杂性和依赖性,它表现在通常当事人必须在第三方的协助下,完成交易活动。每一笔电子商务交易的进行,都必须以多重法律关系的存在为前提,这是传统口头或纸面条件下所没有的。它要求多方位的法律调整,以及多学科知识的应用。

（六）程序性

电子商务法中有许多程序性规范,主要解决交易的形式问题,一般不直接涉及交易的具体内容。在电子商务中以数据信息作为交易内容的法律问题复杂多样,目前由许多不同的专门的法律规范予以调整。

三、电子商务法的基本原则

（一）意思自治原则

允许当事人以协议方式订立他们之间的交易规则,是交易法的基本属性。电子商务主体有权决定自己是否进行交易、和谁交易以及如何进行交易,这完全体现了电子商务主体的意思自治,任何单位和个人利用强迫、利诱等手段进行违背当事人真实意思的交易活动都是无效的。

（二）证据平等原则

电子签名和文件应当与书面签名和书面文件具有同等的法律地位,电子商务的电子文件包括电子商务合同以及电子商务中流转的电子单据。在电子商务中,贸易合同、提单、保险单、发票等书面文件将被储存于计算机内的相应的电子文件所代替,这些电子文件就应当是证据法中的电子证据。各国法律中都逐渐加入有关电子证据的规定,使电子证据取得与传统书面证据同样的法律地位。

(三)中立原则

电子商务法的基本目标,是要在电子商务活动中,建立公平的交易规则,这是商法的交易安全原则在电子商务法上的必然反映。而要达到交易和参与各方利益的平衡,实现公平的目标,就有必要做到如下几点:技术中立、媒介中立、实施中立、同等保护。

(四)保护消费者的正当权益

电子商务活动新的特点要求对消费者的权益进行更为有力的保护,所以电子商务法必须为电子商务建立适当的保护消费者权益的规定,还必须协调制定国际规则,让消费者可以明确对某一贸易如何操作以及所使用的消费者权益保护法。

(五)安全性原则

维护电子商务活动的安全成为电子商务法的主要任务之一,电子商务法也应该以维护电子商务的安全为基本原则。电子商务以其高效、快捷的特性,在各种商务交易形式中脱颖而出,具有强大的生命力。而这种高效、快捷的交易工具,必须以安全为其前提,它不仅需要技术上的安全措施,同时,也离不开法律上的安全规范。

第二节　电子商务交易中的法律关系

在电子商务的交易过程中,买卖双方、客户与交易中心、客户与银行、银行与认证中心都将彼此发生业务关系,从而产生相应的法律关系。

一、网络交易双方的权利和义务

买卖双方之间的法律关系实质上表现为双方当事人的权利和义务。买卖双方的权利和义务是对等的。卖方的义务就是买方的权利,反之亦然。

(一)卖方的义务

在电子商务条件下,卖方应当承担三项义务。

（1）按照合同的规定提交标的物及单据。提交标的物和单据是电子商务中卖方的一项主要义务。为划清双方的责任，标的物实物交付的时间、地点和方法应当明确肯定。如果合同中对标的物的交付时间、地点和方法未做明确规定的，应按照有关合同法或国际公约的规定办理。对标的物的权利承担担保义务。与传统的买卖交易相同，卖方仍然应当是标的物的所有人或经营管理人，以保证将标的物的所有权或经营管理权转移给买方。

（2）卖方应保障对其所出售的标的物享有合法的权利，承担保障标的物的权力不被第三人追索的义务，以保护买方的权益。如果第三人提出对标的物的权利，并向买方提出收回该物时，卖方有义务证明第三人无权追索，必要时应当参加诉讼，出庭作证。

（3）对标的物的质量承担担保义务。卖方应保证标的物的质量符合规定。卖方交付的标的物的质量应符合国家规定的质量标准或双方约定的质量标准，不应存在不符合质量标准的瑕疵，也不应出现与网络广告相悖的情况。卖方在网络上出售有瑕疵的物品，应当向买方说明。卖方隐瞒标的物的瑕疵，应承担责任。买方明知标的物有瑕疵而购买的卖方对瑕疵不负责任。

（二）买方的义务

在电子商务条件下，买方同样应当承担三项义务。

（1）买方应承担按照网络交易规定方式支付价款的义务。由于电子商务的特殊性，网络购买一般没有时间、地点的限制，支付价款通常采用信用卡、智能卡、电子钱包或电子支付等方式，这与传统的支付方式也是有区别的。但在电子交易合同中，采用哪种支付方式应明确肯定。

（2）买方应承担按照合同规定的时间、地点和方式接受标的物的义务。由买方自提标的物的，买方应在卖方通知的时间内到预定的地点提取。由卖方代为托运的，买方应按照承运人通知的期限提取。由卖方运送的，买方应作好接受标的物的准备，及时接受标的物。买方迟延接受时，应负迟延责任。

（3）买方应当承担对标的物验收的义务。买方接受标的物后，应及时进行验收。规定有验收期限的，对表面瑕疵应在规定的期限内提出。发现标的物的表面瑕疵时，应立即通知卖方，瑕疵由卖方负责。买方不及时进行验收，事后又提出表面瑕疵，卖方不负责任。对隐蔽瑕疵和卖方故意隐瞒的瑕疵，买方发现后，应立即通知卖方,追究卖方的责任。

（三）对买卖双方不履行合同义务的救济

卖方不履行合同义务主要指卖方不交付标的物或单据或交付迟延;交付的标的物不符合合同规定以及第三者对交付的标的物存在权利或权利主张等。当发生上述违约行为时,买方可以选择以下救济方法。

（1）要求卖方实际履行合同义务,交付替代物或对标的物进行修理、补救;减少支付价款。

（2）对迟延或不履行合同要求损失赔偿;解除合同,并要求损害赔偿。

（3）买方不履行合同义务,包括买方不按合同规定支付货款和不按规定收取货物,在这种情况下,卖方可选择以下救济方法:要求买方支付价款、收取货物或履行其他义务,并为此可以规定一段合理额外的延长期限,以便买方履行义务;损害赔偿,要求买方支付合同价格与转售价之间的差额;解除合同。

二、网络交易中心的法律地位

网络交易中心在网络商品中介交易中扮演着介绍、促成和组织者的角色。这一角色决定了交易中心既不是买方的卖方,也不是卖方的买方,而是交易的居间人。它是按照法律的规定、买卖双方委托业务的范围和具体要求进行业务活动的。网络交易中心应当认真负责地执行买卖双方委托的任务,并积极协助双方当事人成交。网络中心在进行介绍、联系活动时要诚实、公正、守信用,不得弄虚作假,招摇撞骗,否则须承担赔偿损失等法律责任。

网络交易中心必须在法律许可的范围内进行活动。网络交易中心经营的业务范围、物品的价格、收费标准等都应严格遵守国家的规定。法律规定禁止流通物不得作为合同标的物。对显然无支付能力的当事人或尚不确知具有合法地位的法人,不得为其进行居间活动。

三、电子银行的法律地位

在电子商务中,银行也变为电子银行。网络交易客户与电子银行的关系变得十分密切。除少数邮局汇款外,大多数交易是通过电子银行的电子资金划拨来完成的。电子资金的划拨依据是电子银行与网络交易客户所订立的协议。这项协议属于标准合同,通常是由电子银行起草并作为开立账户的条件递交给网络交易客户的。所以,网络交易客户与电子银行之间的关系仍然是以合同为基础的。在电子商务中,电子银行同时扮演发送银行和接收银行的角色。其基本义务是依照客户的指示,准确、及时地完成电子资金划拨。作为发送银行,在整个资金划拨的传送链中,承担着如约执行资金划拨指示的责任。一旦资金划拨失误或失败,发送银行应向客户进行赔付,除非在免责范围内。作为接收银行,其法律地位似乎较为模糊。一方面,接收银行与其客户的合同要求它妥当地接收所划拨来的资金,也就是说,它一接到发送银行传送来的资金划拨指示便应立即履行其义务。如有延误或失误,则应依接收银行自身与客户的合同处理。另一方面,资金划拨中发送银行与接收银行一般都是某一电子资金划拨系统的成员,相互负有合同义务,如果接收银行未能妥当执行资金划拨指示,则应同时对发送银行和受让人负责。在实践中,电子资金划拨中常常出现因过失或欺诈而致使资金划拨失误或迟延的现象。如系过失,自然适用于过错归责原则。如系欺诈所致,且电子银行安全程序在电子商务上是合理可靠的,则名义发送人需对支付命令承担责任。

四、认证机构的法律地位

认证中心扮演着一个买卖双方签约、履约的监督管理的角色,买卖双方有义务接受认证中心的监督管理。在整个电子商务交易过程中,包括电子支付过程中,认证机构都有着不可替代的地位和作用。

在网络交易过程中,认证机构是提供身份验证的第三方机构,由一个或多个用户信任的、具有权威性质的组织实体。它不仅要对进行网络交易的买卖双方负责,还要对整个电子商务的交易秩序负责。

五、电子合同的法律问题

《中华人民共和国合同法》(以下简称《合同法》)第2条明确规定:"本法所称合同是平等主体的自然人、法人、其他组织之间设立、变更、终止民事权利义务关系的协议。"电子合同是指当事人利用电子手段、光学手段或其他类似手段订立的合同,在当前具体表现为当事人利用网络采用电子数据交换、电子邮件等方式订立的合同。电子合同是合同的一种特殊形式,其特殊性表现为订立合同的手段或形式发生了变化。在适用法律方面，由于 EDI 和 E-mail 等电子形式的广泛应用，因此在合同的订立、合同的形式、合同成立的时间和地点、合同内容的确定以及签字等方面都和传统的合同规则有所不同，逐渐形成了一套特殊的法律规则。

电子合同只是合同的一种特殊形式，电子合同的订立仍然遵循合同订立的基本程序——要约和承诺。要约是希望和他人订立合同的意思表示，承诺是指受要约人向要约人做出的同意按要约的内容订立合同的意思表示。承诺是订立合同的最合一个阶段。承诺以与要约结合而使合同成立为目的，并非法律行为，而属于意思表示。

（一）电子合同的法律效力

我国《合同法》第 44 条规定："依法成立的合同，自成立时生效。法律、行政法规规定应当办理批准、登记等手续生效的，依照其规定。"

1. 电子合同法律效力的内容

（1）在当事人之间产生合同关系。

（2）当事人不得随意变更、解除电子合同。

（3）当事人须履行电子合同。

（4）电子合同是处理当事人纠纷的依据。

2. 电子合同的生效要件

（1）合同当事人应具有相应的民事行为能力。

（2）意思表示真实。

（3）不违反法律或者社会公共利益。

电子错误指如没有提供检测并纠正或避免错误的合理方法，消费者在使用一个信息处理系统时产生的电子信息错误。因违反操作规程和程序而引起的损害，应由自己承担责任。在互联网上购物，如果网络经营者已经向通过互联网交易的当事人收取了网络使用费，而网络经营者没有按照法定或约定的标准提供服务，造成了信息传递失误，网络经营者应当承担法律责任。

（二）合同履行的原则

电子商务合同基本上有三种履行方式：第一种是在线付款，在线交货；第二种是在线付款，离线交货；第三种是离线付款，离线交货。

六、电子签名与认证

（一）电子签名法概述

1. 电子签名的含义及满足的要求

根据《中华人民共和国电子签名法》的规定，所谓电子签名，是指"数据电文中以电子形式所含、所附用于识别签名人身份并表明签名人认可其中内容的数据"。电子签名对于电子商务的意义犹如手书签名对于传统商务的意义一样。电子签名可以满足以下要求。

（1）发送人事后不能否认其签名并发送的数据电文。

（2）收件人能够核实发送人签名并发送的数据电文。

（3）收件人不能伪造发送人的签名和发送的数据电文。

（4）收件人不能对发送人的签名和发送的数据电文进行部分篡改。

（5）网络中的某一用户不能冒充另一用户作为发件人或收件人。

因此，电子签名在一定程度上保证了网络交易的安全，是电子商务中不可或缺的。否定电子签名的法律效力，无疑会终结电子商务的发展。

电子签名的具体技术方式分成两大类：第一类是个人身份密码或个人身份号码（PIC/PIN），即以人为的特征作为鉴别的参照物，包括了从普通的个人口令、密码，到非对称加密等；第二类是与用户个人生物特征相联系的，如指纹、视网膜纹、脑电波或声波等，都可用来辨别用户。

2. 电子签名法的目的

我国《电子签名法》共分 5 章 30 条。该法立法的直接目的是为了规范电子签名行为，确立电子签名的法律效力，维护各方合法权益。立法的最终目的是为了促进电子商务和电子政务的发展，增强交易的安全性。《电子签名法》重点解决了五个方面的问题。

（1）确立了电子签名的法律效力。

（2）规范了电子签名的行为。

（3）明确了认证机构的法律地位及认证程序，并给认证机构设置了市场准入条件和行政许可的程序。

（4）规定了电子签名的安全保障措施。

（5）明确了认证机构行政许可的实施主体是国务院信息产业主管部门。

（二）电子签名法的适用范围

制定电子签名法的主要目的是为了规范电子签名行为，确立电子签名的法律效力。目前，电子签名主要是在电子商务活动中使用的。随着信息化水平的不断提高，在政府部门对一些经济、社会事务的管理中，也开始采用电子手段，如电子报关、电子报税、电子年检以及行政许可法规定的可以采用数据电文方式提出行政许可申请等，这些也都涉及电子签名的法律效力问题，同样需要适用电子签名的有关规定。因此，电子签名法的适用范围应有一定的前瞻性和包容性，即主要适用于商务活动，但又不限于商务活动。所有使用电子签名、数据电文的领域，关于电子签名、数据电文的法律效力问题，均适用电子签名法的规定。同时，考虑到经济、社会等方面的行政管理活动中使用数据电文、电子签名的特殊情况，电子签名法授权国务院依据本法制定政务活动和其他社会活动中使用电子签名、数据电文的具体办法。

此外，基于交易安全和社会公共利益的考虑，借鉴一些国家的做法，电子签名法规定在一些特定范围内的法律文书，不适用电子签名法关于电子签名、数据电文的法律效力的规定。包括：①涉及婚姻、收养、继承等人身关系的；②涉及土地、房屋等不动产权益转让的；③涉及停止供水、供热、供气、供电等公用事业服务的；④法律、行政法规规定的不适用电子文书的其他情形。

（三）数据电文的法律效力问题

电子签名法第3条明确规定："民事活动中的合同或者其他文件、单证等文书，当事人可以约定使用或者不使用电子签名、数据电文。""当事人约定使用电子签名、数据电文的文书，不得仅因为其采用电子签名、数据电文的形式而否定其法律效力。"

关于数据电文的法律效力主要包括以下几个方面。

1. 关于书面形式

电子签名法第4条规定："能够有效地表现所载内容，并可以随时调取查用的数据电文，视为符合法律、法规要求的书面形式。"

2. 关于原件形式要求

电子签名法第5条规定："符合下列条件的数据电文，视为满足法律、法规规定的原件形式要求：①能够有效地表现所载内容并可供随时调取查用；②能够可靠地保证自最终形成时起，内容保持完整、未被更改。但是，在数据电文上增加背书以及数据交换、储存和显示过程中发生的形式变化不影响数据电文的完整性。"

3. 关于文件保存要求

电子签名法第 6 条规定："符合下列条件的数据电文，视为满足法律、法规规定的文件保存要求：能够有效地表现所载内容并可供随时调取查用；数据电文的格式与其生成、发送或者接收时的格式相同，或者格式不相同但是能够准确表现原来生成、发送或者接收的内容；能够识别数据电文的发件人、收件人以及发送、接收的时间。"

4. 关于证据效力

电子签名法第 7 条规定："数据电文不得仅因为其是以电子、光学、磁或者类似手段生成、发送、接收或者储存的而被拒绝作为证据使用。"同时第 8 条规定："审查数据电文作为证据的真实性，应当考虑以下因素：①生成、储存或者传递数据电文方法的可靠性；②保持内容完整性方法的可靠性；③用以鉴别发件人方法的可靠性；④其他相关因素。"

同时，在电子签名法中还对数据电文的归属、数据电文的收讫确认、数据电文的发送和接收时间以及数据电文的发送和接收地点进行了规定。

（四）电子签名的法律效力

电子签名法第 14 条规定："可靠的电子签名与手写签名或者盖章具有同等的法律效力。"并在第 13 条第一款规定了可靠的电子签名的条件，即：①电子签名制作数据用于电子签名时，属于电子签名人专有；②签署时电子签名制作数据仅由电子签名人控制；③签署后对电子签名的任何改动能够被发现；④签署后对数据电文内容和形式的任何改动能够被发现。同时在第 13 条第 2 款规定："当事人也可以选择使用符合其约定的可靠条件的电子签名。"也就是说，只要电子签名符合法律规定或者当事人约定的可靠条件，就与手写签名或者盖章具有同等的法律效力。

（五）电子认证机构的管理

1. 按照电子认证的内容和功能对电子认证进行分类

（1）数据电文认证

通过认证，确保数据电文确实是已知的交易对方当事人发出的，数据电文在传

电子商务
概论

输过程中没有被截获、篡改或者发生错误,并确定数据电文的发送时间、地点等。

（2）身份认证

通过认证,确保用户就是已知的或者即是交易对方当事人,其身份是真实的,而不是虚构或假冒的,从而防止非法用户访问系统或者非法进入网站使用或下载信息。

（3）网站认证

通过认证,确保数据电文是在预定的网站之间传输,使数据电文能正确地发送至其预定的目的地。

在电子商务活动中,电子签名只能解决电子文件内容的真实性和完整性,却无法确保对方身份的真实性,更无法确保与自己交易的对方在事实上就是该名称所表示的本人。为了克服这一问题,建立了电子认证制度。电子认证是以特定的机构对电子签名及其签署者的真实性进行验证的具有法律意义的服务,是"为特定签名制作实施与签署人之间联系的存在提供确定性"。

2. 电子认证机构及提供认证服务需要具备的条件

根据我国的实际情况,电子签名对电子认证机构采用了政府主导的管理模式,对电子认证服务设立了市场准入制度,即从事电子认证服务必须取得政府有关部门的许可。电子签名法第17条、第18条规定,从事电子认证服务必须具备一定的条件,并取得国务院信息产业主管部门的许可。

电子签名法第17条规定,提供电子认证服务,应当具备下列条件。

（1）取得企业法人资格。

（2）具有与提供电子认证服务相适应的专业技术人员和管理人员。

（3）具有与提供电子认证服务相适应的资金和经营场所。

（4）具有符合国家安全标准的技术和设备。

（5）具有国家密码管理机构同意使用密码的证明文件。

（6）法律、行政法规规定的其他条件。

电子签名法第18条规定：从事电子认证服务,应当向国务院信息产业主管部门提出申请,并提交符合本法第17条规定条件的相关材料。国务院信息产业主管部门接到申请后经依法审查,征求国务院商务主管部门等有关部门的意见后,自接到申请之日起四十五日内做出许可或者不予许可的决定。予以许可的,颁发电子认证许可证书;不予许可的,应当书面通知申请人并告知理由。取得认证资格的电子认证服务提供者,应当按照国务院信息产业主管部门的规定在互联网上公布其名称、许可证号等信息。

第三节 电子商务税收的法律问题

一、电子商务对税收政策产生的影响

作为一种商业活动,电子商务是应当纳税的。但从促进电子商务发展的角度,在一定时期内实行免税也是很有必要的。从网络交易的客观实际来看,由于其本身的开放性,因此管理起来十分困难。每天通过互联网所传递的资料数据数量相当庞大,其中某些信息就是商品,如果要监管所有的交易,必须对所有的信息进行过滤,这在事实上是不可能的。如果按照现有的税法进行征税,必然要涉及大量的税务争议问题。

(一)无形产品交易带来的税收问题

电子商务的出现暴露了现行税制的一些缺点,现行税制是建立在有形交易基础上的,而电子商务的数字化信息交易的出现极大地削弱了现行税制存在的基础。现行税法的征税对象以物流为主,容易监控,而电子商务下的征税对象则以信息流为主,再加上电子加密技术,难以监控和定义,纳税环节不易认定和控制。现行税法对纳税环节的规定是基于有形商品的流通过程和经营业务活动的,主要适用于对流转额征税。而信息产品的交易中,由于交易对象不易认定和控制,因而原有的纳税规定难以执行。原来可以作为有形物买卖的计算机软件、书籍、音乐作品等均可以数字化信息的形式通过网络传送。在其被转化为文字或图像以前,税务机关很难了解交易的内容和性质;即使税务机关掌握了数字化信息的内容,在线交易往往带有混合销售性质,根据现行税收政策也难以对该交易所得进行确切分类。这些交易是属于商品销售还是特许使用权转让,数字化产品属于货物还是服务,网上销售是属于商品销售应征收增值税还是属于转让无形资产应征收营业税等都难以确定,从而引起税收征管的困难。

（二）纳税主体的难确定性

传统的税收制度是以属地原则和属人原则为基础建立起来的,确定征税和行使征税管理的传统依据是通过能够控制的要素,如通过住所来确认居民,对居民行使税收管辖权;通过营业地确定企业,对企业行使税收管辖权。电子商务的发展使经济活动与特定点之间的关系弱化,从而对通过互联网提供的贸易或服务很难控制和管理。由于消费者可以匿名,制造商容易隐匿其居住地,因而电子消费很容易隐藏。这给确认从事经营活动的公司和个人带来难度,从而使传统的控制税源的方法失去作用。与住所相似,常设机构确认也出现了困难。所谓常设机构是指企业进行全部或部分经营活动的固定场所。在现行国际税收制度下,对营业利润征税一般以是否设置常设机构为标准,然而,一个进行销售或其他经营活动的网络地址能不能等同于常设机构的地址,在现行税收条约的规定中找不到根据。跨国远距离销售使得税收征管国难以对外国经销商在本国的销售和经营活动征税。此外,传统税制中对专利权、版权、商标等交易所获收入允许由收入支付单位扣缴预提税,通过互联网进行的这些交易因缺乏实物转移而使预提税变得难以征收。

（三）对增值税的属地原则的冲击

我国增值税是按属地原则进行征收。所谓属地原则,就是按商品和劳务的销售地缴纳增值税,并实行一种国境平衡,出货物要将增值税扣除使货物不含税出口,进口货物足额足率征税,视同同类国内产品。只有被认定是在本国境内销售货物和提供劳务以及进口货物才发生纳税义务。于是确定商品销售地和劳务供应地就变得十分关键。但现行的增值税属地原则在具体应用到对电子商务课税时会碰到许多困难。由于电子商务销售跨地域性,使商品和劳务消费地税收流失,加剧了地区间税源分布不平衡。随着电子商务的迅猛发展,发达地区税源较为丰富,而不发达地区税源会相对贫乏。

（四）交易环节模糊不清

在互联网上,厂商和消费者可在世界范围内直接交易。商业中介作用被削弱和取消,中介代扣和代缴税款的作用也随之削弱。目前,国内银行是税务当局重要的信息源,即使税务当局不对纳税人的银行账户进行经常性检查,潜在的逃税者也会意识到少报应缴税所担当的风险。但随着网上银行和电子货币的发展,出现了设在避税地的网上银行及其提供的"税收保护"。如果信息源是避税地银行，税务当局就无法对支付方的交易进行监控。另外，在线交易主体之间的关系变得模糊不定，更易采取转移所得、转让定价等形式规避所得税。由于电子商务在订单的下单和结算等方面通过"虚拟公司"进行操作，使关联企业的界定这一最基本、最关键问题复杂化，关联关系和价格确定的合理性变得模糊不清，功能界限混为一体，难以比较分析。另外，几种传统的方法受到挑战，可比性受控价格的可比性难以确定；销售价格由于电子商务中间环节的减少难以适用；成本加利法由于电子商业与传统商业成本不同，没有对比基础，难以对比，无法适用。

（五）所得类型难以区分

我国实行分类所得税制，所得类型不同，适用的税收政策也不一样。销售货物和提供劳务要按其利润征收正常的所得税，非居民在来源国"不出场"但有特许使用费收入，要征收预提税，电子商务交易的营业地的不同认定将会影响所得税政策的适用。而电子商务时代，营业所得、特许权收入、劳务报酬所得、利息收入等分类模糊不清，这种所得类型模糊化又将导致新的避税行为。

（六）无纸化或电子化事业的税收计征问题

电子商务的另一个特点是无纸化。无纸化交易行为对于现行税制形成了强大的冲击，其中最主要的是动摇了纸面凭证作为计税和稽查的基础。传统的税收征管和稽查都离不开对纳税人的真实合同、发票、凭证、账册、报表的审查。而电子商务是通过大量无纸化操作达成交易，税收审计稽查失去了最直接的实物凭据。许多电子产品的订购和交货都在网上进行，电子记录可以不留痕迹地加以修改，这使得确认购买、销售的过程复杂化。尤其是电子货币、电子票据的使用、电子划拨和扣缴等，使得税收征管、稽查变得更加刚难。

二、电子商务的税收征管

电子商务的出现给税务部门既带来机遇，又提出了新挑战。电子商务的飞速发展使得传统的经济贸易运作方式发生了根本转变，随之而来的是根据传统的经济贸易运作方式需要而制定的各国税收制度带来的诸多问题。

（一）电子商务税收管辖权模式

世界各国实行的税收管辖权并没有一个统一的模式，但不管实行怎样的管辖权,都坚持收入来源地管辖权优先的原则。自从电子商务出现以后,各国对收入来源地的界定发生了争议。网络空间的广泛性和不可追踪性等原因,使得收入来源地难以确定,其管辖权也难以界定。由于大多数国家都并行行使来源地税收管辖权和居民(公民)税收管辖权,就本国居民的全球所得以及非本国居民来源于本国的所得课税引起的国际重复征税,通常以双边税收协定的方式来免除。也就是说,通过签订双边税收协定,规定居住国有责任对于国外的、已被来源国课税的所得给予抵免或免税待遇,从而减轻或免除国际重复课税。但是,电子商务的发展必将弱化来源地税收管辖权。

(二)电子商务的税收征管与税源监控

要对电子商务征税,征税机构必须首先实现电子化、网络化,并使自己的网络与银行、海关、工商、网络营销者的私人网络甚至国外税务机构的网络联通,建立完善的计征和稽核网络系统,实现征税自动化。

1.建立专门的电子商务税务登记制度

纳税人从事电子商务交易业务的必须到主管税务机关办理专门的电子商务税务登记,按照税务机关要求填报有关电子商务税务登记表,提交企业网址、电子邮箱地址以及计算机密钥的备份等有关网络资料。税务机关对纳税人填报的有关事项进行严格审核,在税务管理系统中进行登记,赋予纳税人电子商务税务登记专用号码,并要求纳税人将电子商务税务登记号永久地展示在网站上,不得删除。税务机关应有专人负责此项工作,并严格为纳税人做好保密工作。

2.严格实行财务软件备案制度

现行税制要求从事生产、经营的纳税人须将财务、会计制度或者财务、会计处理办法报税务机关备案,也要求那些使用财务软件记账的企业,在使用前将其已记账软件、程序和说明书及有关资料报税务机关备案,但实行起来并不严格,征管法中也没有规定明确而严厉的法律责任,因此基本流于形式。对开展电子商务的企业,税务机关必须对其实行严格财务软件备案制度,否则税务机关将无从进行征管和稽查。实行财务软件备案制度,要求企业在使用财务软件时,必须向主管税务机关提供财务软件的名称、版本号、超级用户名和密码等信息,经税务机关审核批准后方能使用。

3. 使用电子商务交易专用发票

随着电子商务的发展，无纸化程度越来越高，为了加强对电子商务交易的税收征管，可以考虑使用电子商务交易的专用发票。每次通过电子商务达成交易后，必须开具专用发票，并将开具的专用发票以电子邮件的形式发往银行，才能进行电子账号的款项结算。同时，纳税人在银行设立账户必须在税务机关登记，并应使用真实的居民身份证，以便税收征管。

4. 确立电子申报纳税方式

除上门直接申报、代理申报、邮寄申报外，允许纳税人采取电子申报方式。纳税人上网访问税务机关的网站，进行用户登录，并填写申报表，进行电子签章后，将申报数据发送到税务局数据交换中心。税务局数据交换中心进行审核验证，并将受理结果返回纳税人，对受理成功的，将数据信息传递到银行数据交换系统和国库，由银行进行划拨，并向纳税人发送银行收款单，完成电子申报。

5. 界定征税范围和税收管辖权

扩大现行增值税范围，确保增值税链条不脱节，凡是涉及电子商务商品交易和劳务提供的均列入增值税的征税范围，不应区分该笔业务的性质是否属于转让无形资产。这样做是因为目前对以数字化方式传递的交易性质难以判定，在税法上将电子商务纳入增值税的征税范围，可以明确纳税义务，划清征管权限。为了平衡地域间的税源分布，将消费者居住地确定为电子商务的征税地，即通过互联网进行商品销售和提供劳务，无论商品和劳务是在线交易还是离线交易，都由消费者居住地的税务机关征一道增值税，而消费地已缴税款可作为公司已纳税金予以抵扣。这样，当期应纳税额－当期销项税额－当期进项税额＝消费地已纳税额。

三、电子商务的税务稽查

（一）确立电子账册和电子票据的法律地位

随着电子商务交易量的不断扩大，给税务稽查带来的困难也越来越大。目前的税务稽查只能以有形的纸质账簿、发票等作为定案依据，显然不能适应电子商务发展的需要。1999 年 10 月 1 日生效的新《合同法》确立了电子合同的法律地位，明确电子邮件、电子数据交换等形成的数据电文同样具有法律效力。因此，在

《税收征管法》《会计法》等法律文件中也应尽快予以明确,以适应电子商务的发展需要。

（二）采用独立固定的税率和统一税票

考虑电子商务在线交易商品和提供劳务产品的特殊性,及目前传统交易此类商品的税负情况,利润按独立公平的原则在消费者居住地进行分配,消费者居住地采用独立固定的税率征收。由于电子商务具有跨地域性,销售地税务机关与消费者居住地税务机关都有征税,而且消费地税务机关征的税可用作抵扣,从征管角度出发要求使用统一的税票,并逐步过渡到使用无纸票据,以及采取电子化的增值税纳税申报。这样也便于税务机关通过本身局域网展开交叉稽核,防止逃骗税的发生。

（三）推行消费地银行扣缴义务

电子商务当前主要支持手段有三种:客户账户支付、信用卡支付和电子货币支付。根据电子商务多用电子结算的特点,将征税环节设在网上银行结算阶段,当发生业务时,由消费者居住地支付货款的银行负责代扣增值税。并向当地税务机关交纳,这样既有利于防止漏税又可以保证税款的及时入库。银行应当及时将企业设立网上银行账户、交易情况及扣缴税款情况的有关信息传递给税务机关,并严格按税务机关核定税率、税负代扣代缴税款。

（四）开展网上宣传咨询和监控

建立互联网上的税法宣传和咨询服务站点,提高民众的纳税意识,丰富优质服务的内涵。税务机关可以把税收知识和法规公告制成具有处理声音、图形、图像和文字功能的多媒体查询技术,供用户浏览、下载,也可以通过 E-mail、电子公告牌 BBS 等方式进行税法宣传和供纳税人查询,与纳税人进行实时交流。这种全新的税法宣传和咨询方式有许多优点,它能使税务信息全球共享,实现 24 小时全天候宣传和咨询,同时为纳税人提供一个自由、全方位、大容量、主动的学习空间。税务机关必须适应信息社会和电子商务发展的需要,使自己的网络与银行、海关、工商、网络营销者的私人网络甚至国外税务机构的网络联通,并开发服务器上的智能监控系统,网上智能监控与网上随时在线稽查、网上"交叉稽核"并重,对网上交易进行必要的记录和跟踪,及时掌握上网企业运作情况,自动对每笔交易按交易类别和金额计税,及时催缴税款。

（五）加强国际情报交流和协调

电子商务打破了传统的时间概念和空间限制，表现出全球性特征，仅靠一国税务当局的力量很难全面掌握跨国纳税人的情况。特别是税收的征管和稽查，要全面、详细地掌握某个纳税人在互联网上的跨国经营活动，获取充足的证据，必须运用互联网等先进技术，加强与其他国家的配合情报交流。在国际情报交流中，尤其应注意纳税人在避税地开设网址及通过该网址进行交易的情报交流，以防止纳税人利用电子商务进行避税。在国际情报交流中，也要加强同海外银行的合作，以税收协定的形式规定海外银行的有关义务。

电子商务的蓬勃发展使世界经济全球化、一体化进程进一步加快，一国税收政策的选择对世界各国的影响力显著提高。因此。我国应积极参与电子商务税收理论、政策、原则的国际合作和资料交换，尊重国际税收惯例，在维护国家主权和利益的前提下，制定适合我国国情的针对电子商务的税收政策和方案，才能有力打击利用互联网偷税和避税的行为。

四、电子商务的税收的立法原则

电子商务的税收立法原则主要有以下几项。

1. 以现行税制为基础的原则

要结合考虑电子商务的特点，对现行税收制度作必要的修改、补充和完善。

2. 不宜开征新税的原则

现行课税原则应继续适用于电子商务，不必对电子商务采取存在歧视的新的课税形式。

3. 保持税收中性的原则

不能使税收政策对不同商务形式的选择造成歧视，不能由于征税阻碍新技术的发展，扼杀网上交易，不应区分所得是通过网络交易还是通过一般交易取得的分别征税。

4. 税收政策与税收征管相结合的原则

以可能的税收征收管理水平为前提来制定税收政策，保证税收政策能够被准确地实施。

5. 维护国家税收利益的原则

应当在互惠互利的基础上,谋求全球一致的电子商务税收原则,保护各国应有的税收利益。

6. 前瞻性原则

要结合电子商务和科技水平的发展前景来制定税收政策,要考虑到未来信息经济的发展可能给税收带来的问题,使相关的政策具有一定的稳定性和连续性。

五、电子商务税收的征管对策

电子商务税收的征管对策主要有以下几方面。

1. 完善现行税法

日益发展的电子商务无论是从流转税所得税,还是涉外税收以及税收基本理论方面都对现行税制提出了新的挑战。为了使电子商务有法可依,更好地解决这种新的交易方式给税收带来的问题,应在现行税法中增加有关电子商务税收的规范性条款。在不对电子商务增加新税种的情况下,完善现行税法,对我国现有增值税、消费税、所得税、关税等税种补充有关电子商务的条款,在制定税收条款时,考虑到我国属于发展中国家,为维护国家利益,应坚持居民管辖权与地域管辖权并重。

2. 推广电子发票制度

电子发票不需要经过传统纸质发票的印制环节,其申请、领用、开具、流转、查验等都可以通过税务机关统一的电子发票管理系统在互联网上进行。使用电子发票后,纳税人不再需要往返税务机关领取纸质发票,申领发票手续得以简化,降低了纳税成本;纳税人开票数据实时上传税务机关,税务机关可以及时掌握纳税人的开票情况,加强了税收征管和发票管理,提高了信息管税水平。我国自2012年初在浙江及北京、广州、深圳等22个省、市开展网络(电子)发票应用试点后,国家税务总局在发布的《网络发票管理办法(征求意见稿)》中提到,国家将积极推广使用网络发票管理系统开具发票,并力争在三年内将网络发票推广到全国。网络发票的推出是国家规范电子商务纳税的必然方式,这有利于国家对网络交易的监管,也有利于维护消费者的合法权益。

3. 加快税务系统"电子征税"的进程

同传统缴税方式相比,电子征税提高了申报效率,申报不再受时间和空间的限制,对纳税人而言,方便、省时、省钱;对税务机关来说,不仅减少了数据录入的人力、物力成本,还大幅度降低了输入、审核的错误率。其次,由于采用现代化计算机网络技术,实现了申报、税票、税款支付等电子信息在纳税人、银行、国库间的传递,加快了票据的传递速度,缩短了税款在途滞留的环节和时间,从而保证国家税款及时足额入库。

4. 建立专门的网络商贸税务登记和申报制度

各级税务机关应对从事电子商务的单位和个人做好全面的税务登记工作,掌握他们的详细资料,拥有相应的网络贸易纳税人的活动情况和记录。税务机关应对纳税人填报的有关资料严格审核,并为纳税人做好保密工作,各级税务机关应积极与银行、网络技术部门合作,定期与他们进行信息交流,以使税源监控更加有力。从事电子商务的企业或个人进行申报时,税务机关可以要求纳税人申报相应的电子商务资料,并由税务机关指定的网络服务商出具有效证明以保证资料的真实性。上网企业通过网络提供的劳务、服务及产品销售业务应单独建账核算,以便税务机关核定其申报收入是否属实。

5. 税务机关要适当地行使其核定征收权

我国税务机关要依据《税收征管法》的规定,当发现纳税人不能提供或不能如实提供企业纳税资料时,税务机关要充分运用其核定征收权,对纳税人的商业行为实行"估税"。核定征收应是税务机关对电子商务涉税案件查处过程中的一项重要的工作程序。

6. 加强国际税收协调与合作,减少避税的可能性

我国应积极参加国际互联网理论、政策、原则的国际协调。尊重国际税收惯例,在维护国家主权和利益的前提下制订适合我国国情的,针对国际互联网贸易的税收政策和方案。

第四节　网上知识产权保护

一、作品数字化著作权保护

现在,以数字形式表示的文字作品、美术作品、摄影作品、音响作品、动画作品、电影电视作品、数据库、多媒体节目等数字作品已经在全世界大量出现。随着各种数字作品的出现,作品的利用方式,包括复制、改编、发行复制品等,都已经同数字信息的储存技术、加工技术和传输技术相互结合。

关于作品数字化是一种什么性质的行为有不一致的看法。一项作品能够享有著作权的必要条件是它具有独创性,或称原创性,并已经固定于某种有形载体上。为了确定一项传统作品的数字形式是否能够获得著作权,需要考察一项传统作品的原有形式同它的数字形式两者的关系。对于这两者的关系,学术界还没有形成比较一致的意见,一种观点认为,一项传统作品的数字形式是该作品原有形式的复制品;另一种观点认为,一项传统作品的数字形式和该作品原有形式是表达同一作品内容的两种不同形式;第三种观点认为,一项传统作品的数字形式是该作品原有形式的改编作品。但总的来看,三种观点都认为:一项传统作品的数字形式并不是完全独立于该作品原有形式的一项新作品。只要一项作品具有独创性,无论是该作品的原有形式还是其数字形式,都应该享有著作权。如果有人擅自复制一项作品的数字形式,就像擅自复制其原有形式一样,应该是侵害该作品著作权的行为,应该承担一定的法律责任。

世界知识产权组织在 1996 年 12 月日内瓦会议缔结的《世界知识产权组织版权条约》和《世界知识产权组织表演和录音制品条约》条款中规定,作品的数字化被涵盖在复制权之中。

1999 年 12 月 9 日国家版权局发布的《关于制作数字化制品的著作权规定》第 2 条规定,将已有作品制成数字化制品,不论已有作品以何种形式表现和固定,都属于复制行为。

2000 年 12 月 21 日,《最高人民法院关于审理涉及计算机网络著作权纠纷案件适用法律若干问题的解释》正式施行,本解释涉及网络作品和网络侵权行为地的认定及相关法律问题。

二、网络作品的传播权保护

网络作品,是指在电子计算机信息互联网上出现的作品。根据著作权法的规定,受著作权法保护的作品应当具备 4 个条件:①必须是作者自己创作,即具有独创性的作品;②必须是属于文学、艺术或科学领域的作品;③必须以一定的形式或载体表现出来或固定下来的作品;④作品的内容不得违反宪法和法律,不得损害社会公共利益。只要在计算机网络上出现的、传播的作品符合上述 4 项条件,就是需要保护的网络作品。

网络作品并不是我国《著作权法》规定的作品类型之外的新的作品类型,而是专指在计算机网络上出现的、传播的、受我国《著作权法》保护的作品的总称。它主要是从作品传播媒介的角度来定义的作品的概念。当前网络上传输的作品几乎涉及我国《著作权法》规定保护的所有作品类型。网络中有文字作品,也有音乐、美术、摄影作品,计算机软件、数据库、电影作品,以及较为特殊的声、图、文等并茂的多媒体作品,其作品类型非常丰富。这些作品许多本身就属于著作权法律保护的作品的范围,而有些网络作品,涉及受版权法保护的其他文字、美术、摄影、音乐等作品。所以网络作品应该同出现在书本、报刊、广播、电视等其他传统媒介上的作品一样受到法律的保护。

网络作品有些是作者直接在网络中创作出来的,并且通过网络发表和传播;有些则是将已经存在或发表的传统形式的作品通过数字化转换后上载到网络上进行传播。前者本身就是以数字形式创作出来的作品,而后者是作品被数字化后才可以在计算机网络上传播。网络传播权是著作权人依法享有的通过各种方式利用其作品的权利。在网络环境下,当作品通过网络向公众传播时,法律应当赋予著作权人一种直接的控制作品在网络上传播的权利。

作品的著作权人有权决定其作品是否在互联网上进行传播使用,除依法律规定外,非著作权人将著作权人的作品在互联网上传播时,应当尊重著作权人对其作品享有的专有使用权,并取得作品著作权人的许可,否则,无权对他人作品进行任何形式的传播使用。被告作为网络内容提供服务商(ICP),未经原告许可,将原告的作品在其计算机系统上存储并上传到互联网的行为,是一种侵权行为,侵害原告对其作品享有的使用权和获得报酬权,被告应当承担相应的法律责任。

网站可以视为在网络环境下产生的新型著作权主体。首先,网站对其网页的整体享有著作权。网页从文字、颜色、图形到整体设计,都是以数字化形式加以特定的排列组合。而且网页也可以以有形形式复制,如存储在电脑硬盘上,打印到纸张上,具有可传播性,是一种"具有独创性并能以某种有形形式复制的智力创作成果"。只要网页的文字、图形以及编排不侵犯他人的著作权,网站则应视为其网页的著作权人。另外,网站对其内容的整体也享有著作权。因为对于大量来自传统媒体和网络上的信息,网站必须根据需要对其进行分门别类,加以取舍和编辑。由于编辑行为注入了编辑人的智力创作,表达了他们独特的选取和编排材料的构思、方法以及创造力,并赋予了这些材料以新的组织结构和表现形式,因而编辑人员是其编辑作品的作者。作为网站内容的编辑者,网站对其内容整体享有著作权。但网站在行使其著作权时,不能侵犯原作品的著作权。

三、网络服务商的法律责任

网络服务提供者是网络信息传输的主体。它的角色很特别,不同于传统的出版商,也不同于传统的新闻媒体。对其行为的规范是网络知识产权保护的关键问题之一。

网络服务提供者根据其提供的服务主要分为两类:①IAP(Internet Access Provider)即网络接入服务提供者,是指提供通路以使用户与网络连线,即为用户提供接入网络服务的从业者;②ICP(Internet Content Provider)即网络内容提供者,通过设立的网站提供信息服务。既包括 Yahoo、新浪网等一批大网站,也包括设立 Web 网页的个人用户。随着网络的不断发展,网络服务提供者的业务也在不断扩展,越来越多的网络服务提供者是两类服务兼营的。在发生网络著作权侵权纠纷时,被侵权人往往也追究网络服务提供者的责任,因比,网络服务提供者的责任问题需要研究和确定。

《最高人民法院关于审理涉及计算机网络著作权纠纷案件适用法律若干问题的解释》中规定,网络服务提供者通过网络参与他人侵犯著作权行为,或者通过网络教唆、帮助他人实施侵犯著作权行为的,人民法院应当根据民法通则第 130 条的规定,追究其与其他行为人或者直接实施侵权行为人的共同侵权责任。提供内容服务的网络服务提供者,明知网络用户通过网络实施侵犯他人著作权的行为,或者经著作权人提出确有证据的警告,但仍不采取移除侵权内容等措施以消除侵权后果的,人民法院应当根据民法通则第 130 条的规定,追究其与该网络用户的共同侵权责任。提供内容服务的网络服务提供者,对著作权人要求其提供侵权行为人在其网络的注册资料以追究行为人的侵权责任,无正当理由拒绝提供的,人民法院应当根据民法通则第 106 条的规定,追究其相应的侵权责任。

此外,还规定,著作权人发现侵权信息向网络服务提供者提出警告或者索要侵权行为人网络注册资料时,不能出示身份证明、著作权权属证明及侵权情况证明的,视为未提出警告或者未提出索要请求。著作权人出示上述证明后网络服务提供者仍不采取措施的,可以在提起诉讼时申请人民法院先行裁定停止侵害、排除妨碍、消除影响,人民法院应予准许。

四、域名纠纷与法律规划

(一)域名纠纷

在中国,负责管理和注册中国国家代码顶级域名的机构是国务院信息化工作领导小组。该机构根据国务院于 1997 年 6 月制定的《中国互联网络域名注册暂行管理办法》,授权中国互联网络信息中心(即 CNNIC)具体负责 cn 顶级域名下的域名的注册、管理和运行。该办法及其实施细则规定,域名不得与注册商标权、商号权等现存权利相冲突,也不得侵害第三者的其他合法利益。但在实际运作中,注册机构对于上述冲突是否存在的问题,仅要求申请人做出保证,而不进行实质性审查,因此域名与商标权的冲突仍然存在。常见的涉及网络域名的纠纷一般分为以下五种。

1. 域名抢注

域名作为网络时代的重要商业识别标志,对于企业至关重要,巨大的经济利益诱使有些人打起了低价抢注域名,然后高价出售牟利的主意,这就是网络界非常著名的"域名抢注"行为。按国际商标协会的定义,域名抢注是:"出于从他人商标(商业标志)中牟和的恶意注册并出卖域名"的行为。这种行为盛行的原因首先是因为现行的域名注册体系奉行"申请在先",而不问域名与商标权、名称权等现实权利是否有冲突。

2. 同一商标的域名争议

同一商标的两个合法拥有者都想以他们的商标做域名。这类纠纷就更难处理了。例如：享有盛名的网络目录服务商 Yahoo 与 Mss Kng Ktcens nc 蛋糕公司的"YA"商标、域名纠纷案。坐落于美国德州的原告 Mss Kng Ktcens nc 蛋糕公司于 1996 年 8 月向美国德州联邦法院起诉,称其于 1989 年以"YAO"注册了商标,其产品于 1990 年即用了"YAO"的名称,要求禁止被告 YAO 公司继续在网络上使用"YA"这个标志。该纠纷一度引起华尔街股市和网络世界的高度关注。该案经法院审理一年半,双方当事人终于协调成功,于 1998 年底达成和解。Mss Kng Ktcens nc 蛋糕公司另行登记了"www.yaoocake.con"的网页,并在网站上刊登广告、接受订单,还将双方和解声明登载于双方网站首页上,但双方和解协议内容未公开。

3. 域名混淆

一般认为,"域名混淆"包括了"盗用"和"淡化"两种方式。目前学界流行的看法,"盗用"是指利用权利人的商标、商号或域名注册成相同或相似的域名,企图利用被盗域名的知名度或者其他优势来宣传自己的网站,取得不正当利益,其实质是属于"搭便车"的不正当竞争行为。

"淡化"这个概念最早是在美国制定的《反域名侵占消费者保护法》提出,中文为"商标淡化"。在我国这种案例成为典型案件的不多。比较出名的是 1999 年年底时,大陆有一个人将"搜狐""新浪"和"雅虎"拼凑在一起,竟然三者合一,变为一个色情网站,令三大网站哭笑不得。

目前,国际上判断商标相似的原则是：在全球范围内多大程度上可能造成公众的混淆。而对混淆程度的全球评估是以商标的整体印象为基础,按照所要鉴定的商标之间在视觉、听觉和概念上的相似性,尤其是其独特性和决定性的要素之间的相似程度来鉴定的。

4. 域名反向侵夺

在网络世界,域名与商标权的冲突是常见的,起初是域名注册的"在先申请"原则没有保护好商标权,导致大批域名被抢注。但现在出台的域名争议解决政策则有"矫枉过正"之嫌,过于倾向于保护商标权人,由此又引发了新问题：某些商标持有人滥用权利,肆意侵夺域名注册人的知识成果,酿成了"反向域名侵夺"问题。

所谓"反向域名侵夺"是指域名注册人注册的域名与商标所有人的商标相同或近似,但并没有侵害商标所有人权益,商标所有人对域名注册人进行诉讼威胁或其他骚扰活动。从实质上而言,"反向域名侵夺"与"域名抢注"是相类似的网络敲诈行动。

5.域名代理纠纷

按照域名管理体制,域名注册实行代理制度,国际顶级域名由指定的国际域名注册商完成,某些时候,由于国际域名注册商的工作失误,造成注册人无法使用已注册的域名,甚至是被第三人重新注册而失去域名。目前情况,一般分为"域名丢失"和"拒绝过户"两种情况。

"域名丢失",一般是因为域名注册代理商的疏忽或者过失,致使域名权利人的域名被他人占用或者注册的情况。如忘记了为其已经注册的域名缴纳年费,导致该域名被注销,其后会因被第三人注册而无法索回。

"拒绝过户"则有鲜明的中国特色和历史原因。在1999年以前,当时代理商一般会采取先注册的策略,就是以自己的名义将某些最有可能注册的域名先注册下来,再向客户推销。当客户支付注册费后,再将该域名过户给客户。这种情形类似于"域名抢注"而又有所区别。

(二)域名纠纷的法律规范

由于域名争议涉及全球,并无国界之分,势必需要全球统一的域名纠纷解决机制。因此,ICANN于1999年3月4日公布了《关于委任域名注册机构规则的声明》,开始着手建立防止域名纠纷的机制;同年8月6日又公布了《统一域名争议解决政策》以及随后公布的实施细则,完成创设处理国际顶级域名纠纷法律依据的步骤。不久,ICANN指定了世界知识产权组织等机构为"纠纷仲裁机构",至此,全球统一的域名纠纷处理机制完成。

在中国,为妥善解决中国顶级域名纠纷,CNNIC参考上述方法,制定了《中文域名争议解决办法(试行)》,授权中国国际经济贸易仲裁委员会域名争议解决中心作为中文域名争议解决机构,由域名争议解决中心制定相应的程序规则。按照该程序规则规定,该中心采取专家组负责制解决相关域名争议,但并不妨碍当事人就同一争议向法院提起诉讼或向仲裁机构提请仲裁。

域名保护是与商标保护密切相关的问题,目前一般都划归为网络知识产权的保护范畴。鉴于有关域名的纠纷不断涌现,国际和国家层次上已公布了许多有关域名保护的法规或政策,一些国家相应出台了自己的域名注册管理制度。

对域名的国际保护目前已经做出有益的探索和尝试。为了协调国际域名制度,根据美国政府的要求,自1998年7月开始,在全球范围内组织起一场声势浩大的关于协调域名与知识产权相互关系的国际咨询及调研活动,并在多个国家举办研讨会,广泛听取来自各方面的意见,旨在通过广泛的国际磋商程序,形成一份一揽子建议,以便使既有的多边知识产权保护体系能够在网络领域得到体现。1999年4月30日,公布了长达352页和11个附件的"关于网络域名程序的最后报告",就域名与知识产权保护的相互协调提供了政策性建议。

由于域名具有国际通用的特性,域名的保护已不完全是国内法的问题,目前发生的域名抢注更多的是在国际领域,因此域名中各种问题的真正解决不能离开国际层次上的努力,需要依赖有关国际协约的签订。

在网络上,域名是商业竞争和网络营销中重要的策略性资源,也是一种有限的资源。域名是企业无形资产的一部分,但是目前各国还没有从法律上赋予域名一种专有权利。在立法尚不完善的情况下,我国应对域名充分重视并切实保护,否则将对自身利益产生不利影响。

首先,企业应及时在网络上注册自己的域名。由于域名具有十分重要的作用,因此在域名的命名上,应慎重选择,既要符合国际惯例,不违反相关规定,又要充分考虑到域名的商业价值,使域名与企业的其他无形资产相辅相成,互相映衬。

其次,针对有些企业的商号或商标已被他人注册为域名的情况,可以采取措施进行"周边注册",即注册与已有域名相似的域名。例如,当年大宝公司在"dabao"已被注册后,新注册了"dabao-sanu"为自己的域名。另外,如果企业的商号或商标已被他人抢注,企业可以选择在更高一级域或者下一级别域下进行注册。只要企业进行有效的广告宣传,提高自己注册的域名的知名度,自己的域名就有可能压倒被抢注的域名。

再次,企业的名称或商标被他人注册为域名后,企业可以通过法律的手段获得救济。对于在国际顶级域名下发生的抢注,权利人应到美国去解决,因为此类域名在美国注册。解决的途径是由法院或仲裁机构做出判决或裁定。在中国顶级域名.cn下发生的抢注,可在中国解决。企业可以通过诉讼途径解决纠纷,也可以通过与对方友好协商达成转让域名协议。

第五节　电子商务与网络隐私保护

随着网络技术的发展,个人隐私的收集和处理的网络化侵权问题也日益突出,从而形成网络隐私权这一新的网络法律规范对象。传统意义上的隐私权范围仅限于与社会公共利益无关的私生活信息,而在网络环境中,以数据形式存在的不受传统隐私权保护的个人信息或资料,对电子商家来说已经变成了可以赚钱的有用信息。如何强化网络空间个人信息和隐私权的法律保护,如何协调、平衡网络空间中个人和社会公共间的利益,已成为国际社会网络立法的当务之急。

网络隐私权是指公民在网上享有私人生活安宁和私人信息依法受到保护,不被他人非法侵犯、知悉、搜集、复制、利用和公开的一种人格权;也指禁止在网上泄露某些个人相关的敏感信息,包括事实、图像以及诽谤的意见等。

网络隐私权并非一种完全新型的隐私权,这一概念是伴随着网络的出现而产生的。虽然网络隐私权具有自己的特点,但它与传统隐私权仍有重叠的部分,因此可以说它是隐私权在网络环境下的体现。

联合国人权理事会2013年11月26日一致通过了一项保护网络隐私权的决议。这项决议由巴西和德国发起,在美国被曝大规模监听各国的背景下提出。

由于我国法律不承认隐私权为一项独立的人格权,因此我国法律并未明确隐私权,也没有形成较为系统的隐私权保护理论。这也是我国有关隐私权保护亟须解决的一个问题。而2010年7月1日实施的《侵权责任法》第2条明确列举了"隐私权",从而隐私这一受保护的法益上升到民事权利的高度。

一、网络隐私权的侵权方式

在传统社会中,法律要求相关部门替用户保守秘密,如银行要为个人保守存款秘密。在没有网络的情况下,要想搜集这些个人资料是很困难的,但是有了网络,再加上网络天生的缺陷,使一些人很容易可以获得他人的资料,并进行加工分析,获得个人隐私。

信息时代对隐私权关系的影响,一言以蔽之,就是造成隐私的失控。个人用户在互联网上寻求服务,首先需要提供可靠的个人资料,包括个人识别资料(如姓名、性别、年龄、出生日期、身份证号码、电话、通信地址、住址、电子邮件地址等情况)和个人背景(如职业、教育程度、收入状况、婚姻、家庭状况),这些都属于个人隐私,然而这是服务系统能够运作所必要的个人信息。但是,一旦用户将这些信息输入互联网,实际上就已经失去了对隐私的控制权。

(一) Cookies 文件的滥用

在电脑硬盘里,有一个叫 Cookies 的文件夹,它能够保存用户在网上冲浪时与服务器交换的信息。这种工具的本意是为了利用用户信息,分析他们的浏览习惯,为广告寻找特定的目标受众。微软在推出 Windows 98 时,在用户一无所知的情况下,试图将用户信息保存到微软的网站上,这种做法造成了重大的安全隐患,其他网站可以抓住这一漏洞,轻易读取用户 ID 号码信息。

(二) 监视软件的滥用

许多公司开始使用监视软件,这种软件可以偷偷地监视和记录下员工的每一次击键情况,不管数据是否被保存在文件中,也不论是否通过企业的电脑网络进行传输,都可能被监测。

(三) 滥用识别机制

为了跟踪在网上浏览和进行电子商务活动的人,以增加网上电子商务的安全,1999 年,Intel 公司在奔腾Ⅲ处理器中放置了用以识别用户身份的序列号。有了与机器永久联系的序列号,用户在网上所做的每一件事都会留下脚印,这不仅没能促进电子交易安全,反而变相邀请别人窥视自己的机器。这种序列号使得商人和黑客肆无忌惮地侵犯用户的个人隐私。因此,奔腾Ⅲ一推出就遭到了美国消费者和隐私权组织的抗议。

(四) 黑客攻击行为

在网上,"特洛伊木马"程序打着后门(backdoor)程序的幌子进入用户的电脑。然后,它黑客访问进而控制它。后门程序工作的方式简单而高效。比如说,用户冲浪刚下载完一个感染了"特洛伊木马"的屏幕保护程序或游戏更新软件,"特洛伊木马"就会立即自动在这台电脑上安装一个 exe 文件或命令程序,这样,电脑就等于被"劫持"了。下次这台电脑一引导,该服务器文件"特洛伊木马"也会自动启动,暗中运行一些应用程序,如上网浏览、电子银行业务。由于后门服务器文件看上去是一个有用的应用软件,因此不易被用户发现,甚至还可以躲避信息技术专家的视线。又由于黑客用后门程序伪装自己非常容易,"特洛伊木马"事件因此也明显增加。

另外,从电子邮件上获得用户隐私,是一个常用的途径。从发送到收取的整个过程中,一封电子邮件要经过几个服务器。其中的任何一个中转点,邮件上的信息都很容易被偷看。因此,一些爱窥探隐私的互联网服务提供商可以浏览进入其服务器的邮件包,技巧高超的黑客也不例外,他们可以"劫持"相关服务器来大肆偷看。

(五)政府侵犯网络隐私行为

2000 年美国联邦调查局官员承认一年多以来一直通过一种代号为"食肉者"的计算机系统,来浏览可疑分子的电子邮件。这种计算机系统在一秒内可浏览数百万封电子邮件,调查局用它来调查黑客、贩毒活动以及恐怖活动。将其命名为"食肉者"是因为它可猎取各种重要信息,只可惜这个设备不仅监视审查犯罪分子的邮件,所有人的电子邮件都是其目标。

(六)第三方泄露或共享

2000 年由美国加州健康基金开展的一项调查表明,许多网站无视保护隐私权的规定,共享用户的敏感信息。调查结果如下:大多数网站通过第三方提供的 cookies 和标题广告来获取个人化的识别信息,并将信息传递给第三方,而用户却毫不知情。搜集数据,包括身份识别信息的第三方公司往往不受网络隐私保护政策的约束,其结果就是第三方公司可以将用户的健康信息出售给商家、保险公司或未来可能是雇主的主体。在其他一些情况下,像电子邮件地址这样的敏感信息会在不经意时发回给广告商或广告网站。

二、网络隐私权的保护范围和主体权利内容

(一)网络隐私权侵权的特征

1.侵权产生的容易性

网络隐私的载体是具有虚拟性质的网络,其不可触摸性导致了私人空间、私

人信息极其容易受到侵犯。网络的高度开放性、流动性和交互性的特性决定了个人信息一旦在网络上传播，其速度之快、范围之广，以及任何人攫取的便捷性，使侵权变得十分容易，而救济变得相当困难。

2. 侵权主体和手段的隐蔽性

关于侵权主体的界定存在很大的困难。因为网络的虚拟性是侵权者用以保护自身身份的屏障。他们在窃取用户信息时可以不留任何痕迹，他们也可以应用先进的技术手段把整个侵犯过程做得无声无息，甚至他们可以变换不同的身份，所以用户根本不知道是谁盗用过自己的信息。即使会留下痕迹，由于网络的更新速度之快，等到用户发现被侵权时，"证据早已不复存在"。网络用户在通过网络进行收发 E-mail、远程登录、网上购物、远程文件传输等活动时，均可能在不知情的情况下，被他人非法收集个人信息，并用于非法用途等。整个过程用户可能浑然不知，甚至在造成侵权结果发生后，用户仍处于茫然的状态。

3. 侵权后果的严重性

由于网络的易发布性和传播性，网络信息的发布具有了更快的传播速度及更广的传播范围，极其可能造成用户个人私密资料的泄露，造成重大的物质损失。同时有可能给用户的名誉造成不良影响，给用户身心造成巨大的伤害。

4. 侵权的空间特定性

侵犯网络隐私权，其侵犯的客体必须以网络作为其载体，有别于现实环境中的隐私侵权。现实环境中的隐私侵权的载体之广泛，可以是任何人、任何物，但侵犯网络隐私权所发生的空间是特定的也是唯一的，即网络。

(二) 网络隐私权的保护的内容

网络隐私权的保护至少应包含如下内容。

1. 个人登录的身份、健康状况

网络用户在申请上网开户、个人主页、免费邮箱以及申请服务商提供的其他服务(购物、医疗、交友等)时，服务商往往要求用户登录姓名、年龄、住址、身份证、工作单位等身份和健康状况，服务者得以合法地获得用户的这些个人隐私，服务商有义务和责任保守个人的这些秘密，未经授权不得泄露。

2. 个人的信用和财产状况

这包括信用卡、电子消费卡、上网卡、上网账号和密码、交易账号和密码等。

个人在上网、网上购物、消费、交易时，登录和使用的各种信用卡、账号均属个人隐私，不得泄露。

3. 邮箱地址

邮箱地址同样也是个人的隐私，用户大多数不愿将之公开。掌握、搜集用户的邮箱，并将之公开或提供给他人，致使用户收到大量的广告邮件、垃圾邮件或遭受攻击不能使用，使用户受到干扰，显然也侵犯了用户的隐私权。

4. 网络活动踪迹

个人在网上的活动踪迹，如 IP 地址、浏览踪迹、活动内容，均属个人的隐私。显示、跟踪并将该信息公之于众或提供给他人使用，也属侵权。比如，将某人的 IP 地址告诉黑客，使其受到攻击；或将某人浏览黄色网页、办公时间上网等信息公之于众，使其形象受损，这些也可构成对网络隐私权的侵犯。

网站在实际操作中应严格遵守行业道德，在具体执行网络隐私权政策时应进一步明确主体权益。

（三）网络隐私权的主要表现

具体来说，网络隐私权的主要表现包括以下几方面。

1. 网络个人信息收集的知情权

用户不仅有权知道网站收集了哪些信息，以及这些信息的内容是什么，而且用户还有权知道这些信息将用于什么目的，以及该信息会与何人分享。当网站搜集的是用户的个人信息资料时，用户就有权知道上述事项，知情权应当是全面的、完整的，否则既无法充分、正确地行使选择权，也无法行使保护权利。

2. 网络个人信息收集的选择权

也就是指让消费者拥有对个人资料使用用途的选择权，有权许可或禁止某个或某些主体以任何方式搜集自己个人信息资料的权利。这种许可或禁止的内容可以是全部的也可以是局部的。主要体现在对个人信息资料的搜集和使用的环节上。

在目前情况下，绝大多数的网站所提供的服务都与用户付出的信息资料直接相连。从表面上看这似乎是平等的，用户付出的信息资料多，所获得的服务也多。可是仔细分析却发现这是不公平的。因为在目前情况下，服务的内容和形式还表现得较为单调。如果不提供个人信息，或者不完全提供网站所需的全部个人资料,就无法获得网站的绝大部分服务,甚至被拒绝访问。这样用户的选择权就局限在"进入"与"退出"的范围内,既不利于用户选择权的充分实现,也不利于信息的自由流动,更不利于网站的长远发展。

3. 网络个人信息资料的控制权

这一权利包括网络隐私权人通过合理的途径访问、查阅被搜集和整理的网络个人信息资料,并针对错误的内容进行修改,对所缺少的必要信息资料加以补充,对不需要的数据信息予以删除,以保证网络个人信息资料的准确、完整。

这些权利内容是"合理的访问权限""保证信息的准确无误权"和"维护信息的完整权"等权利的一个概括。网络隐私权人的这些权利内容之间关系非常密切,且相互影响,将之合并为一项权利会比较便于行使。

4. 网络个人信息资料的安全请求权

不论被收集的是何种网络信息,只要涉及网络隐私权,就必然与网络个人信息资料的安全问题有着密切的关系。不论是人为的信息泄露或被窃取,还是技术上的缺陷,操作上的失误致使信息资料或者数据的丢失,甚至是他人故意篡改和恶意删除,都将严重地影响着网络个人信息资料的正常使用和网络隐私权的保护,所以,个人信息资料的安全性问题是网络隐私权制度的基本问题之一。

当网络资料持有人拒绝采取必要措施或技术手段,以保证网络个人信息资料的安全时,利害关系人有权提起诉讼,或根据协议申请仲裁,或向有关行政职能机构申诉获得行政强制力的支持。

5. 网络个人信息资料的利用限制权

网络资料的所有者要向网络隐私权人提供服务或以其他的利益作为代价,以实现对网络个人信息资料进行利用的目的。不论是经营性行为,还是为了网络环境的安定、有序以及公共利益的维护而利用网络个人信息资料的行为,都要限定在合理的范围内。赋予网络隐私权人合理的利用限制权是必要的。这也是实现利益平衡的客观需要。

(四)对我国网络隐私权保护的建议

1. 采用综合模式,制定一些行业标准

从网络隐私权的立法趋势上来看,现今主要有立法模式和行业自律模式两种。立法模式可以较好地保护公民的网络隐私权,但单纯的立法模式又可能束缚网络经济的发展。我国网络经济还处于起步阶段,尚不成熟,同时考虑到我国的体制和一贯的法律传统,应采用综合模式,兼采两种模式之长处。可以先由行业自律组织制定一些行业标准,然后通过实践,逐步完善立法。

2. 制定网络隐私权保护的专门法律

将隐私权作为公民的一项独立的人格权利由法律明文确定下来,由于各种原因,我国立法一直忽视对公民隐私权的保护。《宪法》也只是规定公民的通信自由和通信秘密受法律保护。《民法通则》也没有将隐私权作为一项独立的人格权加以保护,司法实践中侵犯隐私权的案件也是作为侵犯名誉案件加以处理,公民不能单独以自己的隐私权受到侵犯为由进行起诉,应加强针对网络隐私权的专门立法。我国现有的一些法律或地方性的规章制度,对公民的网络隐私权起不到很好的保护作用。在网络技术飞速发展的今天,网络与人们的生活联系越来越紧密,亟需一部全国性的针对网络隐私权保护的专门立法,使得网络隐私权的保护有法可依,同时也使得侵犯网络隐私权的行为受到应有的法律制裁,使受害者得到应有的补偿。

3. 完善相关配套法律法规,使网络隐私权的保护切实可行

首先,在侵权法律责任中增加相关条文,规定侵害公民个人隐私权的民事责任,任意或者不法侵害公民的隐私权造成损害的,受害人有权要求停止侵害,赔礼道歉,并可以要求赔偿损失,特别要规定对受害人精神损害的赔偿。其次,建议在我国刑法中增设"侵犯隐私权罪"这一罪名,使严重侵犯公民隐私的行为受到刑法的制裁以增强其威慑力。最后,行政法律法规应强化工作人员对公民隐私权的保护,在现实生活中由于工作的原因,行政机关很容易收到公民相关的个人信息,所以强化行政人员对公民隐私的保护意识尤为重要,对其侵犯公民隐私的行为应予严惩。

4. 加强行业自律和政府管理

由于网络信息的虚拟性,以法律法规的刚性去管理必然会影响到网络经济的顺利发展,所以,在世界电子商务的发展过程中,对于网络隐私权的保护,以政府的管理促成行业自律已经成为许多国家和地区的共识。一方面,经营者对于隐私权的保护负有绝对的义务,其内容应该包括信息收集者的告知义务、合法收集义务、依法使用义务和防范泄密义务。经营者应切实贯彻实施,即一旦违反,应当承担相应的赔偿责任。这样从制度上保证网络用户的利益不受到侵犯,建立一种真正的互信关系。另一方面,明确政府角色定位,构架促成市场自治和行业自律的

主导型与服务型相结合起来的政府。从政府管理的性质和方式讲,社会主义国家对经济生活是管理而不是干预,是作为一种内部力量,且是作为一种内部领导力量进行管理的,而不是从外部介入干预的,所以,政府重在引导、培育和规范,是站在经济全球化的高度看待中国的网络行业的,以网络的方式管理网络,从而实现科学的、经济的、互动的和可操作的管理,实现合法自律。

小　结

　　电子商务法是调整电子商务活动中所产生的社会关系的法律规范的总称,它是私法和公法的结合,它的表现形式是制定法。电子商务法具有国际性、技术性、安全性、开放性、复合性和程序性的特点。电子商务法坚持的基本原则有:意思自治原则、证据平等原则、中立原则、保护消费者的正当权益和安全性原则。

　　电子商务交易过程中的法律主体包括:卖方、买方、网络交易中心、电子银行、认证机构和第三方物流。电子合同的特殊性表现为订立合同的手段或形式发生了变化,但电子合同同样适用《合同法》。《电子签名法》是我国电子商务立法的里程碑,电子签名对于电子商务的意义犹如手书签名对于传统商务的意义一样。电子签名是指数据电文中以电子形式所含、所附用于识别签名人身份并表明签名人认可其中内容的数据。电子认证是以特定的机构对电子签名及其签署者的真实性进行验证的具有法律意义的服务。

　　电子商务对税收原则、税收标准和税收征管构成了挑战。电子商务的发展促使税收征管和税收稽查向电子化方向迈进。

　　著作权法对著作权各项权利的规定均适用于数字化作品的著作权和网络作品的传播权保护。如何强化对网络空间个人信息和隐私权的法律保护,如何协调、平衡网络空间中个人和社会之间的利益,已成为国际社会网络立法的当务之急。

思考题

1. 名词解释

电子商务法　电子签名　网络隐私权

2. 简答题

(1) 电子商务中的法律主体有哪些?

(2) 电子商务合同成立的条件是什么?

(3) "中央一套"被人注册为避孕套的商标,你怎么看这个域名抢注现象?

(4) 网络数字化作品的著作权和传播权该如何保护?

(5) 电子签名法如何规范数据电文、电子签名的法律效力?

(6) 电子商务对我国税法构成什么挑战? 如何加强电子商务下的税收征管?

(7) 我国现阶段是否应该对 C2C 类型的电子商务征税?

(8) 网络隐私权侵权的主要特征是什么?

3. 论述题

试结合实际论述如何保护网络上个人信息和隐私的安全?

💬 实验操作 ━━━━━━━━━━━━━━━━━━━━━━━━━━━━━━

访问中国知识产权判决文书网站(http://ipr.chinacourt.org),下载一份关于电子商务知识产权方面的法院判决文书,利用你所学的电子商务法律知识对侵权责任、适用法律等方面进行案例分析。

参考文献

1. 安淑芝等.电子商务应用基础与实训[M].北京：清华大学出版社,2003.

2. 毕星.项目管理[M].北京：清华大学出版社,2011.

3. 陈德人.电子商务概论：第2版[M].杭州：浙江大学出版社,2008.

4. 戴建中.电子商务概论[M].北京：清华大学出版社,2012.

5. 范蕾.网上拍卖的运作模式与机制研究[D].长沙：中南大学硕士学位论文,2008.

6. 方美琪.电子商务概论[M].北京：清华大学出版社,2009.

7. 冯英健.网络营销基础与实践[M].北京：清华大学出版社,2013.

8. 高功步.电子商务物流管理与应用[M].北京：电子工业出版社,2010.

9. 高功步.电子商务概论[M].北京：机械工业出版社,2011.

10. 何振.电子政务基础[M].长沙：湖南大学出版社,2014.

11. 洪国彬等.电子商务安全与管理[M].北京：清华大学出版社,2008.

12. 胡怀邦等.物流管理学[M].广州：中山大学出版社,2006.

13. 胡健.电子商务物流管理[M].北京：清华大学出版社,2013.

14. 胡书君,黄娟.淘宝网盈利模式研究[J].现代商业,2008(17).

15. 黄海滨.电子商务物流管理[M].北京：对外经济贸易大学出版社,2007.

16. 黄海滨.新编电子商务教程[M].上海：上海财经大学出版社,2011.

17. 黄敏学.网络营销[M].武汉：武汉大学出版社,2015.

18. 加里·P.施耐德.电子商务:第10版[M].张俊梅,徐礼德,译.北京:机械工业出版社,2014.

19. 姜红波等.电子商务概论[M].北京:清华大学出版社,2009.

20. 金香爱.电子商务环境下税收法律体制的构建[J].税务研究,2005(11).

21. 李建中.电子商务运营实务[M].北京:机械工业出版社,2014.

22. 李如年.基于RFID技术的物联网研究[J].中国电子科学研究院院报,2009(6).

23. 刘运成.网站规划与网页设计[M].北京:清华大学出版社,2013.

24. 卢志刚.电子商务基础与应用[M].北京:中国人民大学出版社,2010.

25. 邵兵家.电子商务概论:第3版[M].北京:高等教育出版社,2011.

26. 施志军.电子商务案例分析[M].北京:化学工业出版社,2014.

27. 宋文官.电子商务概论[M].北京:高等教育出版社,2013.

28. 孙国华.物流与供应链管理[M].北京:清华大学出版社,2014.

29. 孙其博,刘杰等.物联网:概念、架构与关键技术研究综述[J].北京邮电大学学报,2010(3).

30. 仝新顺.电子商务概论[M].北京:人民邮电出版社,2015.

31. 王方华.市场营销学[M].上海:上海人民社出版,2007.

32. 王鲁滨,张巍.电子商务信任管理研究[J].中央财经大学学报,2006(1).

33. 王汝林.移动电子商务理论与实务[M].北京:清华大学出版社,2007.

34. 邢晓江,王建立,李明栋.物联网的业务及关键技术[J].中兴通讯技术,2010(2).

35. 杨坚争.电子商务营销案例[M].北京:中国人民大学出版社,2002.

36. 杨路明.电子商务恳谈会[M].北京:中国人民大学出版社,2015.

37. 曾子明.电子商务安全[M].北京:科学出版社,2013.

38. 张兵义.网站规划与网页设计[M].北京:电子工业出版社,2009.

39. 张波,蔡娟等.电子商务实用教程[M].北京:清华大学出版社,2014.

40. 张铎.电子商务物流管理[M].北京:高等教育出版社,2006.

41. 张基温等.电子商务原理:第2版[M].北京:电子工业出版社,2009.

42. 张凯.电子商务系统分析与设计[M].北京：清华学出版社,2014.

43. 张丽萍,胡坚波.移动电子商务应用现状和趋势分析[J].现代电信科技,2010(5).

44. 张耀疆.网络安全基础[M].李磊译.北京：人民邮电出版社,2006.

45. 张源.C2C网站信用模式研究[J].情报探索,2010(4).

46. 章祥荪.电子政务及其战略规划[M].北京：科学出版社,2004.

47. 赵永秀.网上开店七日通[M].北京：人民邮电出版社,2009.

48. 周曙东.电子商务概论：第3版[M].南京：东南大学出版社,2011.

49. 2015年我国电子政务发展概况.http://www.cegov.cn/tabid/77/InfoID/3775/frtid/38/Default.aspx.

50. 2015中国网络零售市场规模38285亿同增35.7%.http://www.ebrun.com/20160520/176832.shtml.

51. 2016年1季度中国网络购物市场交易数据统计分析.http://www.askci.com/news/hlw/20160613/16104528430.shtml.

52. 2016年中国第三方支付行业市场现状及发展趋势预测.http://www.chyxx.com/industry/201603/390320.html.

53. 电子数据证据及其证明力探析.http://www.gdzf.org.cn/gdfxh/gdfx/disan/201312/t20131231_454080.htm.

54. 关于我国电子商务税收对策的思考.http://china.findlaw.cn/jingjifa/dianzishangwufa/dzsws/ssyz/6884.html#p1.

55. 关于移动支付产品的发展和现状探讨.http://www.mpaypass.com.cn/news/201603/02102111.html.

56. 硅谷动力网站.http://www.enet.com.cn.

57. "互联网＋"下知识产权保护新思考.http://www.smetj.gov.cn/testIndex/disp.jsp? id＝59,914.

58. 普华永道.互联网广告中国份额或达到48%.http://tech.qq.com/a/20150603/029575.htm.

59. 赛迪网.http://industry.ccidnet.com.

60. 首都之窗网站.http://www.beijing.gov.cn.

61. 网络拍卖的法律问题分析.http://www.law-lib.com/lw/lw_view.asp? no＝4866.

62. 中国互联网络信息中心.http://www.cnnic.cn.

浙江大学出版社
ZHEJIANG UNIVERSITY PRESS

互联网+教育+出版

立方书

教育信息化趋势下，课堂教学的创新催生教材的创新，互联网+教育的融合创新，教材呈现全新的表现形式——教材即课堂。

轻松备课

分享资源

发送通知

作业评测

互动讨论

"一本书"带走"一个课堂" 教学改革从"扫一扫"开始

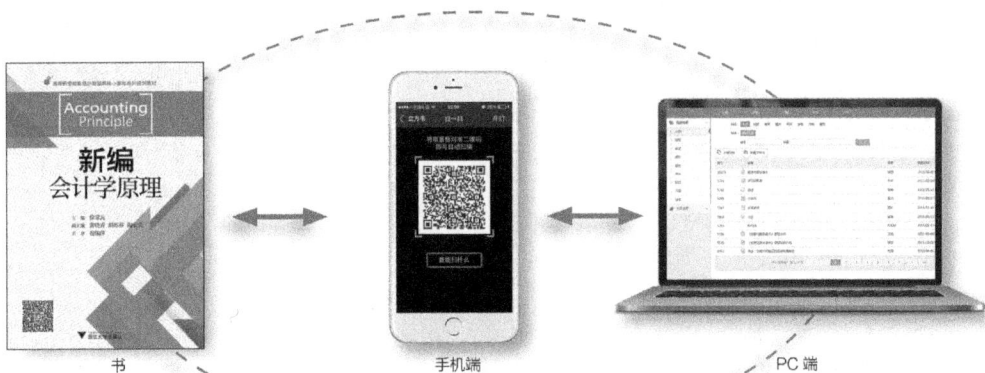

书　　　　　　手机端　　　　　　PC端

打造中国大学课堂新模式

【创新的教学体验】

开课教师可免费申请"立方书"开课，利用本书配套的资源及自己上传的资源进行教学。

【方便的班级管理】

教师可以轻松创建、管理自己的课堂，后台控制简便，可视化操作，一体化管理。

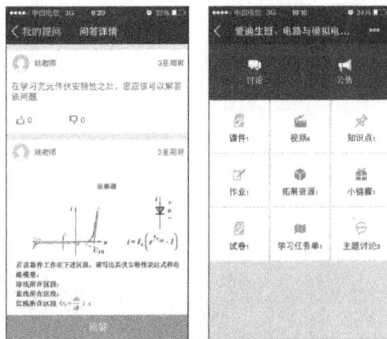

【完善的教学功能】

课程模块、资源内容随心排列，备课、开课，管理学生、发送通知、分享资源、布置和批改作业、组织讨论答疑、开展教学互动。

扫一扫 下载APP

教师开课流程 ➡

→ 在APP内扫描封面二维码，申请资源
→ 开通教师权限，登录网站
→ 创建课堂，生成课堂二维码
→ 学生扫码加入课堂，轻松上课

网站地址：www.lifangshu.com

技术支持：lifangshu2015@126.com；电话：0571-88273329